*Capa*
Decio de Almeida Prado na época do Grupo Universitário de Teatro (década de 40)

Lima Barreto/Acervo Decio de Almeida Prado – IMS

*Guardas*
Cena de *A farsa de Inês Pereira e do escudeiro*, de Gil Vicente; DAP aparece à direita, com paletó claro (1948)

Divulgação Sesc São Paulo

# A crítica cúmplice

## Decio de Almeida Prado e a formação do teatro brasileiro moderno

# A crítica cúmplice

## Decio de Almeida Prado e a formação do teatro brasileiro moderno

Ana Bernstein

IMS
INSTITUTO MOREIRA SALLES

Dados Internacionais de Catalogação na Publicação (CIP)
(Câmara Brasileira do Livro, SP, Brasil)

---

Bernstein, Ana
A crítica cúmplice: Decio de Almeida Prado e a formação do teatro brasileiro moderno / Ana Bernstein. – São Paulo: Instituto Moreira Salles, 2005.

ISBN: 85-86707-12-0

1. Crítica teatral 2. Prado, Decio de Almeida, 1917-2000 3. Teatro brasileiro – História e crítica I. Título.

04-8194 CDD-792.0150981

---

Índices para catálogo sistemático:

1. Críticos de teatro: Brasil: Apreciação crítica 792.0150981
2. Teatro brasileiro: Críticos: História e crítica 792.0150981

Printed in Brazil, 2005.
Foi feito o depósito legal.

INSTITUTO MOREIRA SALLES

Av. Paulista, 1.294, 14º andar. CEP: 01310-915. São Paulo-SP.
Tel.: (0 xx 11) 3371-4455; fax: (0 xx 11) 3371-4497.
Internet – http://www.ims.com.br
E-mail: ims@ims.com.br

Mantenedor:
UNIBANCO

Para Dora e Terry

Gleide Selma

Decio em seu
escritório (*c.* 1984)

# Sumário

# Prefácio

A dissertação de Ana Bernstein foi a primeira dedicada integralmente à análise da trajetória de Decio de Almeida Prado na crítica teatral brasileira, como ele mesmo assinalou numa de suas últimas entrevistas. Iniciado em 1993 e defendido em 15 de setembro de 1995, na pós-graduação em história social da cultura da Pontifícia Universidade Católica do Rio de Janeiro, este trabalho, se marcado visivelmente pelo enfoque histórico e voltado para o exame minucioso das escolhas, das transformações e dos pontos de apoio do pensamento de Decio ("a contribuição mais significativa que possuímos até o momento em termos históricos e críticos no âmbito teatral", para empregar as palavras de Ana), talvez possa ser lido, no entanto, não apenas segundo a perspectiva tripla que lhe serve, de fato, de orientação fundamental. Isto é, não apenas como um exercício de crítica da crítica (de Decio), como um estudo sobre a formação do teatro moderno no país (segundo a recepção ativa e cúmplice de um contemporâneo) e sobre a constituição de um novo modelo de comentário teatral na imprensa brasileira de meados do século XX.

Pois, quase à maneira de um subtexto, vão-se operando, no ensaio, discretas sugestões de trânsito dessa genealogia da crítica moderna no sentido de uma crítica do próprio presente e das relações entre cena e reflexão teatral no Brasil do atual começo de século. No sentido de uma genealogia da ausência de uma militância crítica mais ativa na vida teatral contemporânea, que vai sendo indiciada, aqui e ali, na dissertação, por meio de uma espécie de espelhamento crítico recorrente entre passado e presente. Entre o momento de consolidação de uma "nova crítica" teatral (em sintonia com as mudanças na vida intelectual e na cena brasileira nos anos 1940) e o momento atual, no qual a redefinição da prática cênica (para a qual já apontava Decio quando abandonou em definitivo o trabalho jornalístico em 1968), que deveria se ter feito acompanhar, como sugere Ana Bernstein, "de um outro tipo de crítica", parece, na verdade, sublinhar esta lacuna e apontar para uma urgente indagação sobre os modelos, as condições e as exigências do exercício crítico hoje.

Pois se Decio de Almeida Prado (no campo do teatro) e os demais integrantes do grupo Clima (em outras modalidades de crítica cultural), com base no estudo mais sistemático, no conhecimento fundamentado, numa conjunção particular entre herança modernista e formação universitária, entre vinculação social e amadurecimento profissional, redefiniram os parâmetros da crítica de cultura no Brasil dos anos 1940, coube também a essa geração um impulso decisivo na ampliação das possibilidades de especialização e na criação de uma nova mentalidade universitária, cujo resultado, pensando apenas no âmbito dos estudos teatrais, foi o aparecimento de uma série de graduações e pós-graduações atualmente com uma produção acadêmica bastante expressiva, mas cujo nível de interferência na cena brasileira ainda necessitaria, para que se veja ampliado, de uma intensificação das áreas de contato entre trabalho intelectual sistemático e prática cênica. E se, de um lado, os estudos críticos e historiográficos e o trabalho das duas gerações de analistas e pesquisadores de teatro formados pela geração de Decio parecem apontar, sem dúvida, como observa Ana, na direção de "um outro lugar para o diálogo entre a reflexão crítica e a prática cênica contemporânea", essa transferência, por outro lado, implicou igualmente, em parte, uma simultânea despotencialização da capacidade de intervenção crítica mais imediata.

Como se não fosse mais muito possível um tipo de intervenção semelhante à que se verificava não apenas na militância jornalística de Decio de Almeida Prado mas também na sua atuação direta junto ao Grupo Universitário de Teatro de São Paulo[1], ao Teatro Brasileiro de Comédia, à Escola de Arte Dramática[2], e na vida teatral brasileira, de modo geral, durante as décadas de 1940, 1950 e 1960. Com interferências decisivas, dentre as quais, para ficar num único exemplo, relatado por Ana Bernstein, a sugestão a dois alunos, com base na experiência do *theatre-in-the-round* (e no trabalho sistemático de Margo Jones, no Dallas Civic Theatre, desde 1947, com essa disposição cênica[3]), de que adotassem o formato arena como meio de viabilizar montagens mais baratas e em outros espaços que não as poucas salas de espetáculo disponíveis em São Paulo na época. A sugestão, acatada, de imediato, por José Renato Pécora, seria reelaborada depois da união, em 1955, do primeiro núcleo do Arena (criado em 1953) ao Teatro Paulista do Estudante, e da incorporação, ao grupo, de Augusto Boal, Gianfrancesco Guarnieri e Oduvaldo Vianna Filho[4]. E se transformaria, de saída econômica eficiente para produções de baixo custo, em princípio cênico fundamental do Teatro de Arena.

Não faltam, é claro, canais de ligação entre a crítica universitária e determinados grupos ou eventos teatrais contemporâneos. Exemplares, nesse sentido, são o aparecimento e a continuidade de uma série de revistas ligadas à pesquisa e à reflexão teatral nos últimos anos no país (como a *Folhetim*, do grupo Teatro do Pequeno Gesto, do Rio de Janeiro, a *Sala Preta*, da Escola de Comunicações e Artes da Universidade de São Paulo, a *O Percevejo*, do Departamento de Teoria do Teatro e da Pós-Graduação em Teatro da Universidade Federal do Estado do Rio de Janeiro – UniRio). Assim como a quantida-

---

1. Criado por Decio de Almeida Prado e Lourival Gomes Machado em 1943, duraria até 1948.Nesse ano se juntaria ao Grupo de Teatro Experimental – fundado em 1942 e dirigido por Alfredo Mesquita (1907-1986) – e, simultaneamente, à Sociedade de Artistas Amadores, dando lugar ao Teatro Brasileiro de Comédia, sob o patrocínio de Franco Zampari (Nota dos Editores).

2. Fundada por Alfredo Mesquita na Universidade de São Paulo, em maio de 1948, a EAD se tornaria um importante centro de formação de profissionais cênicos, especialmente atores. Decio de Almeida Prado foi professor da escola entre 1948 e 1963 (N.E.).

3. A encenadora norte-americana Margo Jones (1911-1955) começou a trabalhar em 1945 no Dallas Civic Theatre – o qual cedeu espaço ao seu Theatre'47 (em alusão ao ano de abertura), onde implementou o conceito de palco central, em contraposição ao palco italiano, em uma experiência pioneira nos EUA. Jones narrou a experiência no livro *Theatre-in-the-Round*, de 1951; sua proposta seria desenvolvida a partir da segunda metade do século XX por grupos como o Arena Stage de Washington, D.C. (1961), o Royal Exchange, de Manchester, Inglaterra (1976) e, no Brasil, pelo Teatro de Arena, de São Paulo (N.E.).

4. Pécora (1926), Boal (1931), Guarnieri (1934) e Vianinha (1936-1974) (N.E.).

de de estudiosos assessorando hoje o trabalho de algumas companhias, trabalhando diretamente como dramaturgos, tradutores, adaptadores, ou refletindo sobre a atualidade em teses, entrevistas e ensaios em diálogo no calor da hora com a produção cênica. Em contrapartida, a divulgação desses trabalhos e a circulação das revistas especializadas dificilmente ultrapassam o ambiente universitário, ou um público de gente diretamente interessada no assunto e habitante das mesmas cidades em que essas experiências cênicas e editoriais se realizam.

O seu alcance é bem mais restrito, evidentemente, que o das páginas de cultura da imprensa. Via, no entanto, de difícil acesso hoje para a discussão crítica propriamente dita, tendo em vista a diminuição do número, e crescente diluição interna dos jornais diários (numa sucessão de colunas, notinhas de divulgação, indicações de consumo de todo tipo), a sua opção dominante por crônicas leves, resenhas curtíssimas e material de propaganda no lugar de textos mais reflexivos, e a autopromoção do jornalismo a expressão cultural privilegiada, cujo ecletismo, compromisso com a divulgação e facilidade comunicativa se afirmam, com freqüência, em contraste com um desprezo reiterado pelo tempo lento da pesquisa universitária, pela sua preocupação conceitual e pela produção acadêmica de modo geral.

Some-se a isso que, no plano universitário, a preocupação com uma produção que resulte de um estudo aprofundado, metódico, o esforço indispensável e continuado de pesquisa sobre o passado teatral, a intensificação das inter-relações entre a crítica e a historiografia teatral e os aportes de outras disciplinas do campo das ciências humanas, que definiram, nas últimas décadas, o salto qualitativo da produção ensaística sobre teatro oriunda das universidades brasileiras, parecem ter acentuado, ainda mais, de um lado, a distância entre esta produção e um público mais amplo (e entre ela e a maior parte do jornalismo teatral brasileiro) e, de outro, o afastamento de parcela significativa da crítica universitária de uma atuação junto à produção artística contemporânea, de uma interferência mais direta no panorama teatral atual.

Afastamento do movimento artístico, de uma atuação regular em veículos de tiragem mais ampla e conseqüente restrição de interlocução que, do ponto de vista de uma geração de críticos e pesquisadores formados em cursos universitários de teatro, impõem, quase inevitavelmente, uma indagação sobre a própria função, sobre as possibilidades de criação de espaços alternativos para a discussão teatral e para um diálogo crítico intensificado entre prática teórica e prática cênica na vida teatral brasileira. Esta a situação basicamente de todos os que, na geração universitária de Ana Bernstein, interessam-se, como ela, em não manter a reflexão teórica, a pesquisa histórica e a prática analítica como domínios defesos, mas em trabalhar na confluência dessas diversas linhas de trabalho crítico com a prática cênica como movimento necessário para a compreensão e o estudo do fenômeno teatral.

Não é de estranhar, nesse sentido, que se tenha ampliado consideravelmente, nos programas de pós-graduação em teatro, o interesse em estudar a história da própria crítica teatral brasileira. Movimento auto-reflexivo que parece apontar exatamente para as condições atuais de exercício crítico. E que, no caso de Ana, se realiza em sintonia com o início de sua atuação como crítica no *Jornal do Brasil*, onde publicou resenhas teatrais sobre trabalhos de Gilberto Gawronski, Antônio Abujamra, Dácio Lima, Gabriel Vilela, Fabrizia Pinto e Moacir Góes, nos anos de 1992 e 1993, e no *Jornal de Artes Cênicas* do antigo Instituto Nacional de Artes Cênicas em 1994[5], onde publicou, dentre outros, um artigo sobre "O espaço da teoria", que já indiciava essa preocupação com o lugar da crítica universitária, com as relações e as possibilidades de interferências mútuas entre trabalho teórico e movimento artístico contemporâneo.

Preocupação acentuada, no seu caso, pelo fato mesmo de se tratar de alguém que se encaminhou para os estudos teatrais, na graduação em teoria do teatro da UniRio, como resultado, em parte, de um trabalho regular como atriz no Rio de Janeiro durante os anos 1980. Incluindo-se, entre esses trabalhos, as montagens de *Baden Baden e a didática de estar de acordo*, de Brecht[6], na Cinelândia, com direção de José Celso Martinez Corrêa[7], de *O círculo de giz caucasiano*, por Paulo Reis, no Anfiteatro do Parque Lage, e de *A muralha da China*, de Max Frisch[8], por Ariel Coelho, no Teatro da Galeria. E, ainda em 1978, dos *Sketches de rua* do Teatro da Anistia Irrestrita – TAI, com direção de Chico Terto e Paulo César Coutinho. Uma preocupação com a produção de zonas de interferência entre atividade crítica e atividade cênica que a levaria, ainda, a trabalhar como curadora dos dois primeiros festivais internacionais de teatro "Rio Cena Contemporânea", realizados no Rio de Janeiro em 1995 e 1996, e a participar, durante esses dois anos em que exerceu a função de diretora da Divisão de Artes Cênicas da RioArte, dentre outras realizações, da organização de um ciclo de debates sobre a crítica teatral, no teatro Glória, em 1995 – não à toa o ano em que concluiria sua dissertação de mestrado sobre Decio de Almeida Prado.

E, se o tema do seu estudo foi, desde o projeto inicial, a crítica teatral brasileira, a focalização no trabalho de Decio foi se definindo com a pesquisa já em processo, depois de Ana ter reunido material bastante significativo, e ainda por ser trabalhado, referente aos críticos em atividade na imprensa carioca durante as décadas de 1940 e 1950. A princípio o seu interesse voltou-se para os diversos modos de recepção às mudanças operadas então na cena brasileira. Com a ampliação do levantamento de críticos e da

---

5. O Inacen fora substituído pela Fundacen (Fundação Nacional de Artes Cênicas), em 1985; esta posteriormente também seria extinta, com outras instituições culturais, como a Fundação Nacional de Arte (Funarte), pelo presidente Fernando Collor de Mello, que criaria o Ibac (Instituto Brasileiro de Arte e Cultura), em 1990 – o qual, por sua vez, seria substituído pela nova Funarte, justamente em 1994 (N.E.).

6. Bertolt Brecht (1898-1956), dramaturgo alemão, autor de peças como *Mãe Coragem* e *A ópera dos três vinténs*, é um nome central no desenvolvimento do teatro político. Pregava uma atuação marcada pelo "distanciamento", em contraposição ao realismo que caracterizou o teatro tradicional, associado por Brecht à cultura burguesa do século XIX. O conceito se tornaria justamente conhecido como "distanciamento brechtiano" e originou toda uma corrente dramatúrgica (N.E.).

7. Encenador, ator e dramaturgo nascido em Araraquara (SP) no ano de 1937, fundaria, em 1958, com colegas da Faculdade de Direito do largo de São Francisco, o Oficina – um dos grupos de maior importância na história do teatro brasileiro (N.E.).

8. Escritor suíço (1911-1991). *A muralha da China*, sua peça mais conhecida, é de 1947. Como romancista, um de seus trabalhos de destaque é *Homo faber* (1957).

compilação de críticas de jornal, começou a se indagar sobre o processo de consolidação do ideário moderno e sobre os modelos estéticos e textuais que fundamentavam e diferenciavam a escrita jornalística do período. Foi nesse momento do seu trabalho de pesquisa documental que se dedicou à análise minuciosa das coletâneas reunindo as críticas teatrais de jornal de Decio de Almeida Prado. E que, diante do seu caráter de modelo para a "nova crítica" dos anos 1940-1950 e de seu engajamento com a produção teatral sua contemporânea, percebeu que o emprego de uma abordagem monográfica – tendo por base a obra de Decio e mantendo a perspectiva panorâmica, a visão geral do jornalismo teatral dessas décadas, em segundo plano – talvez pudesse servir de via privilegiada para compreender o processo de formação do teatro brasileiro moderno, visualizado segundo a participação e o ponto de vista particular do crítico.

Com relação à obra crítica de Decio de Almeida Prado, foi feita, no entanto, na dissertação, uma restrição propositada de enfoque, optando-se pela tematização exclusiva de seu trabalho na imprensa, nele incluídos não só os 22 anos de trabalho regular no jornal *O Estado de S. Paulo* mas também os textos escritos anteriormente para a revista *Clima* e as colaborações para as revistas *Veja* e *Visão*. Restrição que seria incentivada pelo próprio Decio, que foi um dos primeiros leitores da dissertação e que prestou grande auxílio à mestranda durante as diversas etapas do trabalho, por meio de depoimentos minuciosos, indicações bibliográficas precisas e da disponibilização de material deixado de fora das suas coletâneas de críticas. Decio de Almeida Prado considerava as colaborações de jornal um corpus relativamente homogêneo, definido, com textos de extensão regular, modelo e ambição semelhante, ao calor da hora, e vinculação imediata ao contexto teatral, conjunto que, diferenciado dos ensaios e estudos históricos, permitiria, a seu ver, consideração analítica à parte.

Foi esta a opção de Ana Bernstein na sua dissertação. E procurou realizar, tendo em vista esse corpus jornalístico, uma análise em dupla direção. De um lado, em busca do que caracterizaria, em geral, essa escrita crítica; de outro, em busca dos seus aspectos de diferenciação interna. Assinalando, nesse sentido, no que se refere ao levantamento dos fundamentos que definiriam o método crítico de Decio: a sua cumplicidade com relação ao teatro moderno; a discussão de um espetáculo nos termos postulados implicitamente por ele mesmo; a idéia de personalidade extraordinária como aspecto definidor da natureza do grande ator; a influência de Copeau e Jouvet[9] desde os seus primeiros escritos sobre teatro; o privilégio teórico da noção de representação; a hierarquização entre os dois momentos, a seu ver fundamentais, da criação teatral (dramaturgia e espetáculo), subordinando os demais aspectos cênicos ao "texto original"; a visão da encenação como um conjunto homogêneo, no qual todos os elementos devem se achar interliga-

9. Os franceses Jacques Copeau (1879-1949) e Louis Jouvet (1887-1951). Copeau, crítico literário, fundador e diretor da *Nouvelle Revue Française*, diretor do teatro Vieux-Colombier, acreditava ser o texto o elemento essencial da representação. O despojamento do espetáculo é característico do seu trabalho à frente do Vieux-Colombier. A encenação, para ele, "não é o cenário: é a palavra, o gesto, o movimento, o silêncio". Jouvet foi considerado seu sucessor e compartilhava com Copeau o desprezo a teorizar, em favor de uma atuação mais intuitiva do que sistemática (N.E.).

dos por uma idéia comum. E, no que se refere à natureza da crítica, sua consideração numa espécie de interseção entre impressão e juízo, entre intuição e trabalho construtivo de exegese e pesquisa. E atribuindo-se a ela um caráter formativo e informativo, e uma função ativa, de militância, uma interferência direta nos rumos da vida teatral, que afastaria decisivamente o seu exercício crítico da passividade que costuma marcar um resenhismo teatral pautado, em geral, apenas pelo "julgamento de resultados".

Se esta poética da cumplicidade parece definir, segundo Ana, os textos de interferência de Decio e se estes princípios básicos se mantêm, de modo geral, ao longo da sua militância crítica, isso não significa, todavia, que não se possa procurar os seus pontos de diferenciação interna, que não se possa dimensioná-la segundo as transformações e revisões a que seriam submetidos alguns aspectos do seu método de análise. Nesse sentido, Ana distingue três momentos fundamentais na trajetória, como crítico militante, de Decio de Almeida Prado. Destacando, então, a princípio, um primeiro momento, ainda não profissional, na revista *Clima* (1941-1944), o seu período de formação como crítico, marcado decisivamente pelo pensamento teatral de Jacques Copeau (assimilado, a princípio, via Louis Jouvet, durante a sua permanência de dois anos no Brasil) e sua defesa da "convenção teatral" (versus ideário naturalista), da consonância da encenação ao texto original, da dimensão literária a que se deveriam subordinar as "recriações" espetaculares. Seguindo-se, a esse momento de aprendizado, os seus anos de trabalho no jornal *O Estado de S. Paulo*, período de afirmação do próprio método e de opção por uma "crítica viva", em diálogo direto com as transformações históricas e o panorama cultural do país e com a preocupação em formar uma consciência teatral, em criar condições para o estudo mais alentado e regular das artes cênicas e em consolidar o teatro moderno brasileiro. A essas atividades jornalísticas e didáticas duradouras, se seguiria, ainda, segundo a periodização de Ana, um terceiro momento a que chama de "anos de transformação", quando, entre 1964 e 1968 e diante de uma modificação radical da sensibilidade teatral e de uma reestruturação da prática cênica, a cumplicidade metódica do crítico se converteria em crescente estranhamento, parecendo impossível a Decio, então, continuar avaliando espetáculos propostos "dentro de postulados totalmente diferentes e que, às vezes, já correspondiam à sensibilidade de outra geração".

Mas Ana Bernstein aponta, ainda, em seguida, para um quarto momento – na sua periodização, um momento posterior ao abandono, por Decio de Almeida Prado, do trabalho regular na imprensa, quando passaria a se dedicar exclusivamente à pesquisa histórica e ao ensaísmo teatral. Se, na sua dissertação, esse quarto período era indicado apenas brevemente, pois a sua preocupação fundamental era com a militância jornalística do crítico, ao retrabalhar o seu estudo para a edição em livro, Ana ampliou o último capítulo e procurou conectar, de modo mais amplo e preciso, os estudos históricos de Decio sobre a formação do teatro brasileiro à sua preocupação fundamental com a consolidação do teatro moderno e com o caráter, a seu ver, necessariamente formativo da crítica.

A essa conexão se poderia acrescentar, no entanto, uma outra, que guia não apenas este último capítulo mas todo o estudo de Ana Bernstein sobre a obra de Decio de

Almeida Prado. Pois se, nesse trabalho minucioso e marcado, como o do crítico, por uma extrema cumplicidade com a obra estudada, há um movimento de dialogização e de conexão entre duas formações (a da cena e da crítica teatrais modernas no Brasil), entre formas distintas de exercício crítico (a crítica militante e a pesquisa universitária) e entre modos diversos de enfocar o problema do teatro no âmbito do sistema cultural brasileiro (por meio de uma interferência direta na produção contemporânea, ou por meio do estudo sistemático dessa formação histórica problemática), esses desdobramentos parecem apontar, de certo modo, para além do objeto central da tese. O que parece pautá-la – como, de modo geral, aos trabalhos da geração da revista *Clima*, a que pertence Decio – é uma preocupação semelhante de "conhecer o que fomos" para "compreender o que somos". De, por meio de perspectiva histórica e do estudo da formação da crítica teatral moderna, pensar, simultaneamente, numa redefinição do exercício crítico hoje. De, em diálogo com o método crítico de Decio de Almeida Prado, com essa militância imbricada à sua contemporaneidade artística, se perguntar sobre as formas possíveis de uma atuação crítica "viva" na hora atual. Insinuando-se, dentre elas, o movimento de, via distância temporal, via exercício historiográfico, figurar criticamente o próprio presente, como faz Ana Bernstein em *A crítica cúmplice*.

Flora Süssekind*

* Pesquisadora no Setor de Filologia do Centro de Pesquisas da Fundação Casa de Rui Barbosa e professora do Departamento de Teoria do Teatro da UniRio.

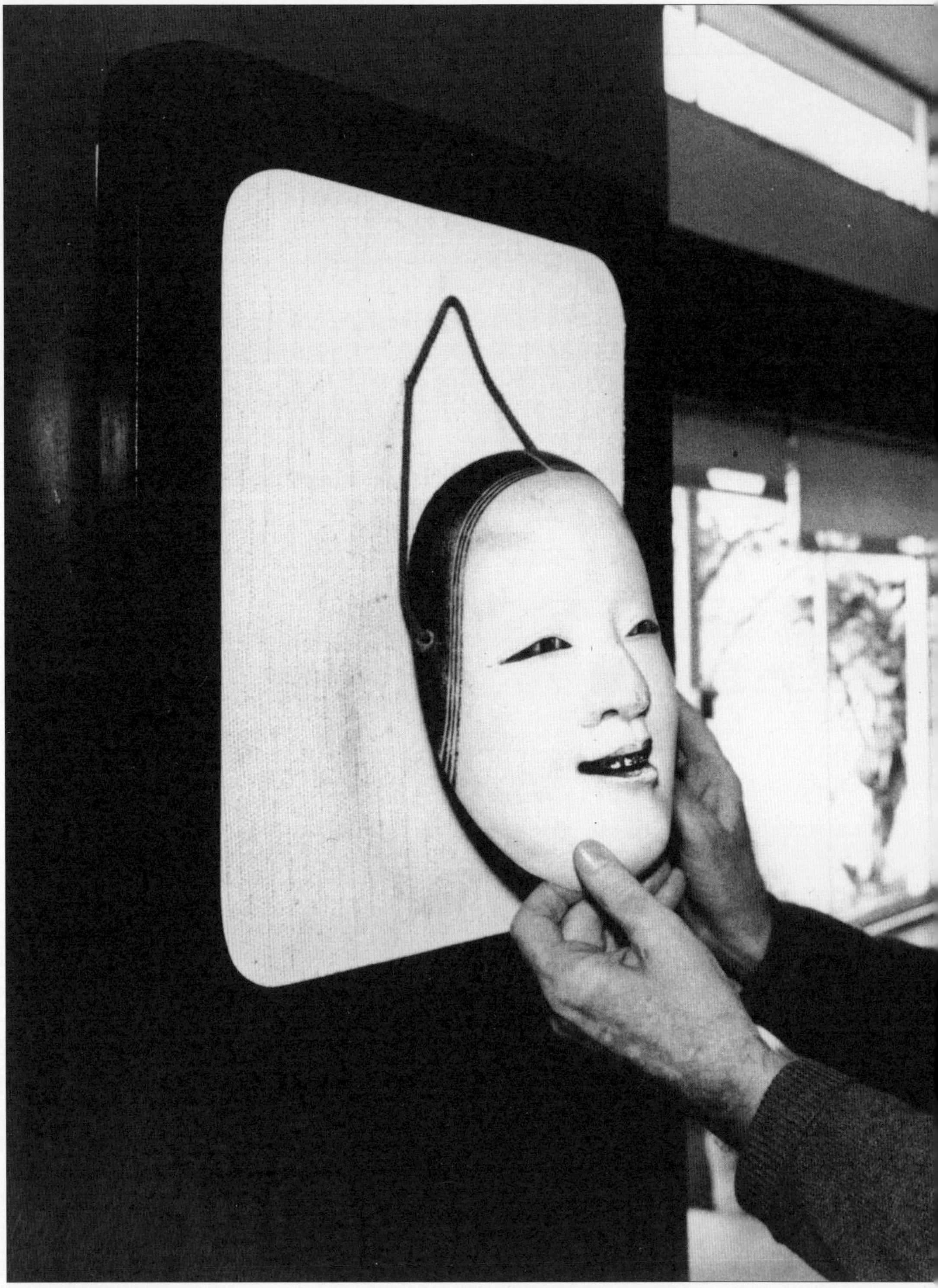

Sérgio Tomisaki

Decio de Almeida Prado em sua
casa, no Pacaembu, em São Paulo,
tendo nas mãos uma máscara
de teatro japonês (1988)

# Agradecimentos

No primeiro dos sete volumes de *Em busca do tempo perdido*, de Marcel Proust, romancista francês (1871-1922), uma simples xícara de chá, acompanhada de *petites madeleines*, provoca no narrador uma sensação súbita de prazer, a princípio sem que ele possa identificar a causa de tal transformação. É que o sabor do pequenino bolo, mergulhado no chá, havia trazido de volta memórias de sua infância.

Também para mim, chá e *madeleines* trazem de volta memórias preciosas, das tardes passadas em companhia de Decio de Almeida Prado em sua casa no Pacaembu, das longas e fascinantes horas de conversa que tivemos em 1994 e 1995. Na época, eu estava escrevendo o que seria a primeira versão deste livro, como dissertação de mestrado para o Programa de História Social da Cultura da PUC do Rio de Janeiro, e nossos encontros eram pontuados pelo chá com *madeleines*. Iniciou-se ali uma amizade que, apesar da distância geográfica (primeiro entre o Rio de Janeiro e São Paulo e mais tarde entre esta última cidade e Nova York), revelou-se das mais queridas, vindo complementar afetivamente a admiração que Decio de Almeida Prado já me despertara como crítico, historiador e homem de teatro. Por sua extrema generosidade e genuíno interesse, sempre pronto a prestar toda espécie de esclarecimentos, a enviar-me material para a realização deste trabalho – artigos publicados em jornais, críticas inéditas em livro, etc. –, além da leitura atenta do texto e das sugestões oferecidas, penso que não seria um exagero considerar Decio um cúmplice deste livro.

A memória do teatro no Brasil tem sido feita, até hoje, de forma insatisfatória. A dispersão e a má conservação dos documentos e dos registros da nossa história teatral tornam qualquer pesquisa neste campo uma tarefa por muitos momentos ingrata. Sendo assim, os depoimentos de pessoas que viveram e participaram de alguma forma desta história, seus agentes diretos, assumem importância ainda maior, porque constituem, algumas vezes, possibilidades únicas de se restabelecer determinados fatos culturais. Neste sentido, foram inestimáveis para este trabalho os testemunhos de Maria Inês Barros Almeida, Geraldo Queiróz, Henrique Oscar, Sabato Magaldi e Barbara Heliodora. Apesar da precariedade causada pela desarticulação da Fundação Nacional de Arte durante o governo Collor, de conseqüências desastrosas para o seu acervo, contei não só com a ajuda mas também com a extrema solicitude dos funcionários de sua biblioteca – em especial de Mércia Furtado Varela –, que possibilitaram a pesquisa sobre o teatro brasileiro dos anos 1930 a 1970. O presente livro é a versão revisada e ampliada da dissertação de mestrado defendida em 1995, que teve orientação dos professores César Guimarães e Flora Süssekind. Agradeço a César Guimarães pelo estímulo intelectual e pela abertura de contribuir com um trabalho fora de seu campo de pesquisa, oferecendo sempre sugestões valiosas. Além disso, guardo as melhores recordações de nossas conversas, permeadas da espirituosidade que lhe é peculiar.

A Flora Süssekind, orientadora e amiga querida, devo os mais especiais agradecimentos, pela disposição e entusiasmo com que apoiou este trabalho em suas múltiplas fases, desde a pesquisa até a presente publicação. Não fosse a confiança depositada por ela em meu estudo, este provavelmente jamais teria se materializado no texto que agora se publica. Sua leitura exigente e, ao mesmo tempo, carinhosa do livro, levou-me, não poucas vezes, a repensar e redirecionar o rumo de diversas questões. Além disso, sua amizade e generosidade – artigos raros na vida acadêmica – são, para mim, inestimáveis.

Aos professores Antônio Edmilson Martins Rodrigues e Ricardo Benzaquém de Araújo, que participaram da banca de defesa da dissertação, agradeço pela contribuição feita em forma de críticas e comentários. A Edna Maria de Lima Timbó, secretária do Departamento de História Social da Cultura da PUC-RJ, agradeço pelo profissionalismo, a boa vontade e principalmente o bom humor com que sempre se dispôs a me ajudar nos aspectos burocráticos da vida acadêmica.

Na sua forma inicial de dissertação, este trabalho contou com bolsas concedidas pelo CNPq e pela PUC-RJ.

A Arnaldo Chain, amigo querido, agradeço a hospitalidade "carioca" e o carinho com que me recebeu todas as vezes que fui a São Paulo para conversar com Decio de Almeida Prado, e, posteriormente, para tratar do livro. A Heloisa e Arnaldo, meus pais, agradeço o suporte que me deram para a feitura e publicação do livro, das mais variadas maneiras. A Terry O'Reilly, meu marido, sou grata pelo apoio de todas as horas.

À equipe do Acervo Decio de Almeida Prado – Maria Inês Rivaben Ricci, Flávia Oliveira Nunes e Eliana Simões Ferreira – devo os mais sinceros agradecimentos pela prontidão, a gentileza e a total disposição com que atenderam sempre aos meus pedidos, pesquisando artigos em jornais e revistas, buscando referências e enviando-me material solicitado com a maior rapidez. Este auxílio foi essencial para a revisão do livro, especialmente porque a minha atual residência em Nova York limita meu acesso aos arquivos e acervos necessários. Ao IMS e, em especial, a Antonio Fernando De Franceschi, agradeço o apoio e a paciência com que contei para a conclusão do presente volume.

Em vários momentos recorri ao professor João Roberto Faria para elucidar fatos relacionados à atividade acadêmica de Decio e pude contar não só com sua ajuda e boa vontade mas também com seu entusiasmo pelo trabalho, sempre gratificante e estimulador. Agradeço ao professor Paulo Eduardo Arantes a extrema delicadeza em enviar-me seu ensaio "Decio de Almeida Prado e o papel do teatro no sistema da cultura brasileira"[1]. E a Sabato Magaldi sou grata pelas sugestões oferecidas em 1994, quando o entrevistei e quando o projeto da dissertação ainda não estava totalmente definido.

Devo ao professor Antonio Candido o esclarecimento de questões relacionadas ao grupo de *Clima* e às ocasiões em que substituiu Decio de Almeida Prado na crítica teatral de *O Estado de S. Paulo.*

Agradeço a Mariangela Alves de Lima o diálogo extremamente produtivo para a reelaboração do texto final do livro.

Por fim, gostaria de expressar minha gratidão a Silvia Sampaio, filha de Decio de Almeida Prado, que gentilmente eliminou dúvidas relativas à cronologia, além de colocar à minha disposição seu acervo particular e de ceder fotos para a ilustração desta obra.

1. Publicado na revista *Cultura Vozes*. Petrópolis, n. 6, junho de 1989.

O passado, para quem sabe ver,
continua vivo sob o presente

Decio de Almeida Prado
(*João Caetano*. São Paulo: Perspectiva, 1972, p. XI)

Gleide Selma

DAP em sua
biblioteca (*c.* 1984)

# Introdução

O movimento de renovação teatral que se inicia em fins da década de 1930 e toma corpo na década de 1940, de forma quase simultânea nas cidades do Rio de Janeiro e de São Paulo, por meio da atuação de grupos amadores, não só dá origem ao teatro brasileiro moderno como também é responsável pelo surgimento de um novo tipo de crítica teatral no país.

Limitada até então a um curto registro jornalístico e com um tom próximo da crônica, a crítica teatral tinha, muitas vezes, um caráter exclusivamente social. É Decio de Almeida Prado quem vai modernizá-la – primeiramente na revista *Clima*, entre 1941 e 1944, e, em seguida, no jornal *O Estado de S. Paulo*, para o qual o crítico escreve por 22 anos, de 1946 a 1968.

A transformação operada no cenário cultural de São Paulo na década de 1930, com a chegada de professores franceses como Jean Maugüé, Claude Lévi-Strauss e Fernand Paul Braudel, entre outros, para a recém-fundada Faculdade de Filosofia, Ciências e Letras da Universidade de São Paulo[1] – o que alteraria de forma radical a mentalidade da intelectualidade paulista –, somada à atividade dos modernistas ligados à Semana de 22, se relaciona de forma direta com a formação desse novo crítico. Dessa dupla conjunção universidade-modernismo nasceria a chamada geração de *Clima*, da qual fazem parte, além de Decio de Almeida Prado, Antonio Candido, Ruy Coelho, Paulo Emilio Salles Gomes, Lourival Gomes Machado e Gilda de Mello e Souza[2] – isto é, "*críticos, críticos e mais críticos*"[3].

Decio de Almeida Prado seria também fundador e diretor do Grupo Universitário de Teatro de São Paulo, uma das companhias amadoras responsáveis pela modificação do panorama teatral brasileiro na década de 1940, juntamente com o Grupo de Teatro Experimental, a Sociedade de Artistas Amadores de São Paulo, Os Comediantes

---

1. Maugüé (1904-1990), Lévi-Strauss (1908) e Braudel (1902-1985) foram alguns dos professores que integraram a chamada "missão universitária", a qual trouxe ao Brasil, a partir de 1935, uma série de acadêmicos franceses, com o intuito de compor as bases do ensino das ciências humanas na capital paulista. Em 1969, a Faculdade de Filosofia, Ciências e Letras da USP passaria a se chamar Faculdade de Filosofia, Letras e Ciências Humanas (N.E.).

2. Nos anos 1930, os então estudantes Antonio Candido de Mello e Souza (1918), Ruy Galvão de Andrada Coelho (1920-1990), Paulo Emilio Salles Gomes (1916-1977), Lourival Gomes Machado (1917-1967) e Gilda de Moraes Rocha (1919) – futuramente, de Mello e Souza, ao se casar com Antonio Candido – formaram, ao lado de Decio, um grupo social, que costumava se reunir na confeitaria Vienense, após as aulas da Faculdade de Filosofia. Em 1941, eles fundariam, junto com Alfredo Mesquita (1907-1986), a revista *Clima*, na qual dariam início à sua atividade crítica. Anos mais tarde, usariam o mesmo nome para se referir também ao grupo da década de 1930 (N.E.).

3. Cf. depoimento de Antonio Candido. *In:* NEME, Mário (org.). *Plataforma da nova geração*, Porto Alegre: Globo, 1943, p. 34.

e o Teatro do Estudante do Brasil, ambos do Rio de Janeiro[4]. A introdução e a consolidação de uma nova maneira de conceber a cena teatral, incorporando a figura do encenador, responsável pela submissão dos diversos elementos do espetáculo a uma idéia comum, resultando numa representação mais homogênea e orgânica, foram as metas dessa geração de 1940, que contou, desde a primeira hora, com o apoio de uma crítica militante.

De fato, Decio de Almeida Prado se distingue, desde suas primeiras críticas, por se colocar declaradamente ao lado da nova geração, defendendo interesses comuns, criticando o que havia de velho no teatro profissional brasileiro de então. Daí a noção de uma crítica cúmplice, engajada, próxima à produção teatral, dialogando ininterruptamente com aqueles que se encontravam do lado da experiência "prática" do palco. Além disso, Decio se preocuparia, sobretudo, com a formação de uma consciência teatral. Não só no que dizia respeito ao profissional de teatro mas pensando também no público. É exemplar dessa preocupação a "Carta a uma jovem atriz", endereçada por ele a atriz Cacilda Becker, na qual a aconselha a cultivar, sobretudo, a vida do espírito, não se deixando seduzir pelo sucesso comercial[5].

Durante todo o tempo em que Decio de Almeida Prado exerceu a crítica jornalística, alguns conceitos e princípios por ele abraçados não se alteraram. Outros, entretanto, se modificariam, justificando a divisão, aqui realizada, para efeito de análise da sua trajetória como crítico militante, em três períodos distintos. O primeiro, o período da revista *Clima*, momento ainda não profissional e que se estende de 1941 a 1944, será considerado aqui, como o dos "anos de formação" do crítico. O segundo período, de 1946 a 1964, se caracteriza como um período de formação e já "consolidação" do instrumental operacional, quando o crítico define e amadurece os conceitos com que trabalha. E o terceiro e último período, que se estende de 1964 a 1968, se distingue pela "transformação", pela revisão crítica de alguns dos conceitos que até então haviam guiado a crítica de Decio.

Algumas características são comuns aos três períodos que marcam a trajetória profissional de Decio de Almeida Prado. Uma delas é a diferença que ele faz entre ciência e crítica, ratificando a natureza subjetiva desta ao considerar impossível a emissão de juízos de valor, de validade objetiva, a partir de avaliações estéticas. Por isso Decio nun-

4. Os Comediantes foi formado em 1938. Na definição do cenógrafo e pintor Tomás Santa Rosa (1909-1956), um de seus fundadores, o programa do grupo "deveria ser uma interpretação brasileira do movimento de Copeau, na França [...]". *Apud* DORIA, Gustavo. *Moderno teatro brasileiro*. Rio de Janeiro: MEC/Serviço Nacional de Teatro, 1975, p. 74. O Teatro do Estudante do Brasil (TEB) – fundado por Paschoal Carlos Magno (1906-1980) com o objetivo de melhorar o repertório teatral brasileiro por meio da divulgação de obras de importância da dramaturgia universal – estréia em 1938, com *Romeu e Julieta*, de William Shakespeare. Em 1948, a montagem de *Hamlet*, também do dramaturgo inglês, consagra o TEB nacionalmente e revela o ator Sérgio Cardoso (1925-1972) (N.E.).

5. O artigo "Carta a uma jovem atriz" foi publicado no número 1 do *Jornal das Artes*, de janeiro de 1949 (São Paulo). No texto, Decio de Almeida Prado se dirige a uma nova intérprete – que depois ele admitiria ser Cacilda Becker Yáconis (1921-1969). Ver entrevista à autora, no "Apêndice 2" a este volume (N.E.).

ca deixará de se considerar um crítico impressionista. Também permanece inalterado o seu entendimento da essência do grande ator, baseada, acreditava, em uma personalidade excepcional, que o intérprete emprestaria aos seus personagens. Do mesmo modo, a preocupação em examinar todos os elementos do espetáculo iria se manter, sempre que possível, mesmo quando o espaço disponível para o seu texto era exíguo.

Nos aqui denominados anos de "consolidação", predomina em sua crítica o cuidado com a formação de platéia e de uma consciência teatral, prevalecendo, muitas vezes, mais o tom didático do que a livre reflexão estética. A reiteração da concepção da montagem submissa ao autor, nos moldes de Jacques Copeau, é também uma constante desse período, denotando a existência de uma hierarquia, do ponto de vista de Decio de Almeida Prado, entre esses dois momentos de criação, o do espetáculo e o do texto.

Entre a criação literária e a crítica, haveria, também, níveis de distinção. Somente a primeira constituía, neste primeiro período, para Decio, uma criação. A crítica, não se ocupando senão do trabalho alheio, derivada mais da inteligência do que da interioridade do homem, não seria, portanto, no seu entender, criação.

Na terceira fase, que constitui o que chamaremos de anos de "transformação", o teatro brasileiro parecia caminhar com suas próprias pernas. O crítico podia, então, voltar-se mais para o objeto, para a análise estética propriamente dita. Grupos como o Teatro de Arena e o Oficina vinham transformar a linguagem teatral, utilizando o espaço da cena de formas não-convencionais, experimentando novos estilos de interpretação. Decio de Almeida Prado acompanharia todo esse movimento, até o seu abandono da crítica militante, precipitado por um incidente ocasionado pela censura. O reconhecimento da função do crítico como criadora e a aceitação de novas formas de encenação, extrapolando os limites da teoria de Copeau, são mudanças que se podem notar nesses anos.

O primeiro capítulo deste livro examina o panorama teatral dos anos 1930 no Rio de Janeiro e em São Paulo – exame necessário para compreender o movimento de renovação liderado pelos grupos amadores. A situação do teatro profissional é analisada por meio do repertório, dos gêneros teatrais mais em voga, da organização das companhias de atores, do estilo de representação, da duração das temporadas e das salas de espetáculos disponíveis. Também são discutidas aqui a crítica jornalística e as relações entre teatro e Estado no país. O debate sobre a existência ou não do teatro brasileiro permeia toda a década, envolvendo escritores como Álvaro Lins, Sérgio Milliet, Manuel Bandeira[6] e homens de teatro como Renato Vianna e Santa Rosa[7]. A estréia de *Vestido*

6. Álvaro de Barros Lins (1912-1975), Sérgio Milliet da Costa e Silva (1898-1966), mais notadamente críticos, Manuel Carneiro de Sousa Bandeira Filho (1886-1968), poeta (N.E.).

7. Dramaturgo e ator, Renato Vianna (1894-1953) criou o Teatro-Escola no Rio de Janeiro em 1934; já Santa Rosa, antes mencionado entre os principais nomes da companhia Os Comediantes, fundou o jornal *A Manhã* – para o qual escreveu e fez ilustrações – e foi crítico de arte do *Diário de Notícias*. Santa Rosa inovou a cenografia teatral no Brasil, por meio da utilização de sombras, luz e cores como elementos de cena (N.E.).

*de noiva*, de Nelson Rodrigues, dirigida por Ziembinski e encenada com o grupo amador Os Comediantes[8], não só altera os termos deste debate, dando lugar a uma crise na crítica, como também traz para o primeiro plano a tensão entre os profissionais e os amadores no meio teatral de então.

A modificação do cenário cultural paulistano a partir da criação da Universidade de São Paulo em 1934 e o surgimento da geração de *Clima* formam o núcleo do segundo capítulo. A nova mentalidade que emerge da Faculdade de Filosofia, Ciências e Letras se materializa, fora do meio acadêmico, na revista *Clima*. E também aqui há uma tensão e um enfrentamento entre os críticos de rodapé e a crítica universitária, por vezes denominada de "científica". É com *Clima* que se define o caminho profissional de Decio de Almeida Prado, e também de outros membros do grupo, como Antonio Candido e Paulo Emilio Salles Gomes. Parte desse capítulo é dedicada à crítica teatral de Decio na revista, considerada como seu período de formação. Sua atuação como diretor do Grupo Universitário de Teatro também é estudada aqui e posta em relação com esse seu período de aprendizado crítico.

O capítulo 3 procura determinar os conceitos adotados pelo crítico durante os anos em que o moderno teatro brasileiro começa a se firmar, estabelecendo-se como uma atividade profissional contínua e criando um público próprio. A crítica amadurece paralelamente ao teatro; sem perder o caráter militante e a preocupação formativa características do momento inicial, ela vai se tornando mais exigente, colocando-se antes como reflexão estética do que como agente estimulador do teatro: Shen Te descobre que não pode prescindir de Shui Ta[9]. A autodefinição de Decio como "impressionista" também é discutida aqui – bem como sua concepção da crítica, nesta fase, como uma atividade criativa de segundo grau, apenas. O capítulo termina com o exame da atuação de Decio de Almeida Prado como diretor do "Suplemento Literário" de *O Estado de S. Paulo*, entre 1956 e 1967.

O fascínio de Decio pela arte da interpretação é analisado no capítulo 4, cujo texto é uma versão revisada e ampliada do ensaio "A arte do crítico e a arte do ator", pu-

8. A estréia dessa peça de Nelson Falcão Rodrigues (1912-1980), em 1943, no Rio de Janeiro, é considerada um divisor de águas nas artes cênicas nacionais – não só pela dramaturgia mas também, e em grande parte, pela encenação renovadora, dirigida pelo polonês Zbigniew Marian Ziembinski (1908-1978), radicado no Brasil desde 1941 (N.E.).

9. Shen Te e Shui Ta são personagens de *A alma boa de Sichuan*, de Bertolt Brecht. Na peça, três deuses descem à Terra, em busca de uma boa alma que justifique a existência do mundo, sob risco de destruição. Ao chegar à cidade chinesa de Sichuan, só encontram abrigo com a prostituta Shen Te – a qual, no dia seguinte, é recompensada por eles com uma soma em dinheiro que lhe basta para abrir uma tabacaria. Tão logo a notícia se espalha, ela se vê cercada de oportunistas e credores, cujas demandas não consegue refutar. Em vista disso, cria um duplo masculino, oposto e complementar: Shui Ta, que cuida de seus negócios de forma dura, enquanto ela supostamente teria partido em viagem. Em resumo, daí se conclui que a bondade de Shen Te não pode prescindir do temperamento cruel de Shui Ta. Cabe aqui uma explicação sobre a grafia: preferimos escrever "Shen Te" e "Shui Ta" – ao contrário de traduções vigentes no Brasil, que adotam "C" no lugar de "S" – pois essa forma corresponde à usada pelo autor alemão (que, ao menos no caso da personagem feminina, chegou a considerar o "C" e, todavia, acabou optando pelo "S"). Além disso, abandonamos os correntes "Setsuan" ou "Se-Tsuan", uma vez que é comprovado que Brecht tomou o nome do local que aparece no título de sua peça de uma província que existe realmente na China e que, pelas normas atuais de transliteração (Pinyin, em vigor a partir de 1979), se escreve em português "Sichuan" (N.E.).

blicado originalmente em *Decio de Almeida Prado – Um homem de teatro*, livro organizado por João Roberto Faria, Vilma Arêas e Flávio Aguiar[10]. Nele eu procuro definir a visão de Decio quanto à natureza do grande ator. A questão da personalidade do intérprete é discutida por meio do exame dos textos de Decio sobre João Caetano, Procópio Ferreira[11] e Cacilda Becker. Considerados pelo crítico como paradigmáticos de suas respectivas épocas, eles se distinguiriam, precisamente, por sua personalidade excepcional. Dercy Gonçalves e Alda Garrido[12] funcionam como contraponto necessário na delimitação dos limites da arte da interpretação. O fim do capítulo retoma o debate sobre o impressionismo crítico – uma vez que o juízo sobre o grande ator é em parte subjetivo, condicionado pela experiência estética –, sem deixar de levar em conta a perspectiva individual e da geração de Decio de Almeida Prado.

O capítulo 5 tem por objeto as mudanças do teatro brasileiro nas décadas de 1960 e 1970: a criação de grupos como o Arena e o Oficina, dos Centros Populares de Cultura[13], a afirmação de uma dramaturgia moderna de temática nacional, destacando-se o caráter militante e nacionalista do período e o surgimento do "teatro agressivo", com a montagem de *O rei da vela*, de Oswald de Andrade[14], por José Celso Martinez Corrêa. Estas mudanças são analisadas à luz da situação política e social do país pré e pós-64. A imposição da censura, a supressão dos direitos civis e o desrespeito aos direitos humanos, presentes desde o golpe militar de 31 de março de 1964, agravam-se a partir de 13 de dezembro de 1968, com a decretação do AI-5. No teatro, a luta contra a censura acaba por provocar a saída de Decio de sua função de crítico, após a devolução, por parte da classe teatral, dos prêmios Saci concedidos pelo *O Estado de S. Paulo*, em repúdio a um editorial publicado pelo diário[15]. No curto espaço de quatro anos que separa 1964 de 1968, mudanças estruturais vão alterar, progressivamente, o fenômeno teatral, resultando numa crise sem precedentes na história do teatro brasileiro. Mudanças a que a crítica de Decio não ficaria indiferente, traduzindo-se num progressivo estra-

---

10. São Paulo: Edusp, 1997, pp. 201-220.

11. João Caetano dos Santos (1808-1863), considerado o primeiro grande ator brasileiro, e Procópio Ferreira, nascido João Álvaro Quental Ferreira (1898-1979), intérprete cômico de enorme prestígio do teatro nacional (N.E.).

12. Dolores Gonçalves Costa (1908), por pseudônimo, Dercy Gonçalves, e Alda Garrido (1896-1970), atrizes cômicas de grande projeção popular. Para Decio de Almeida Prado elas se distinguem, acima de tudo, por sua excentricidade (N.E.).

13. A idéia de organizar um Centro Popular de Cultura foi de Oduvaldo Vianna Filho, Chico de Assis, Leon Hirszman e Carlos Estevam Martins, entre outros, a partir da mobilização criada em torno do espetáculo *A mais-valia vai acabar, seu Edgar*, de autoria de Vianinha e com músicas de Carlos Lyra, encenado em 1961, na Faculdade de Arquitetura da Universidade do Brasil, no Rio de Janeiro. Com o apoio da União Nacional dos Estudantes – UNE, o CPC organiza núcleos de teatro, música, cinema, literatura, arquitetura e educação, com a finalidade de promover a conscientização política das massas por meio das artes. Durante o período que vai de 1961, quando é fundado o primeiro CPC, até o golpe militar, em 31 de março de 1964, episódio que marca o fim da iniciativa, o movimento se estende por quase todo o Brasil, com a criação de inúmeros Centros Populares de Cultura (N.E.).

14. Escritor, nascido José Oswald de Sousa Andrade (1890-1954), um dos principais nomes do grupo modernista. *O rei da vela*, de 1937, só chegaria ao palco com a montagem de José Celso Martinez Corrêa e seu Teatro Oficina, 30 anos depois (N.E.).

15. O editorial, publicado em 11 de junho de 1968, intitulava-se "A censura e o teatro" (N.E.).

nhamento e, conseqüentemente, no estremecimento da cumplicidade que a caracterizara até então – sobretudo em face ao "teatro agressivo", trabalhado programaticamente, em particular pelo grupo Oficina.

O capítulo 6 abrange a atividade acadêmica de Decio de Almeida Prado. Pois o afastamento da crítica jornalística significaria, para Decio, a oportunidade de voltar-se integralmente para uma outra modalidade de crítica, para a escrita de ensaios e estudos historiográficos, paralelamente à sua atividade de professor de literatura brasileira na Universidade de São Paulo. Desta atividade resultariam nove livros que, examinados em conjunto, constituem uma verdadeira história do teatro brasileiro – alguns podem mesmo ser considerados como clássicos. A cumplicidade de Decio de Almeida Prado com o teatro, portanto, não se esgota com sua saída de *O Estado de S. Paulo,* mas continua até o fim de sua vida, do que dão provas não apenas o seu trabalho de pesquisa, a escrita de ensaios fundamentais, mas também o seu papel na formação de toda uma geração de estudiosos, críticos e professores da área.

Acervo Decio de Almeida Prado/IMS

Decio em uma
fazenda no interior
paulista (*c.* 1941)

# 1

# Panorama teatral 1930-1940

## O "nada" como ponto de partida

Até os anos 1940, falar de teatro brasileiro constituía, obrigatoriamente, um problema ontológico. Em grande parte das diferentes tentativas historiográficas existentes bem como nas fontes disponíveis para pesquisa e estudo do que tem sido a atividade teatral no Brasil nos três últimos séculos – e em especial, durante a primeira metade do século XX, quando começa de modo mais sistemático este trabalho –, a dúvida acerca da existência ou inexistência do teatro brasileiro e o conseqüente debate que daí se origina constituem verdadeiro pano de fundo para a produção teatral no país, a despeito da regularidade de algumas companhias e da forte presença de determinados gêneros teatrais, como a revista, a burleta e a comédia de costumes.

Ao escrever sua *História do teatro brasileiro*, Carlos Süssekind de Mendonça expôs o problema com rara clareza:

> No Brasil, os preconceitos tomam forma absolutamente inesperada. Não se procura controverter sobre as virtudes do teatro; não se discutem mais as inconveniências ou vantagens que ele tenha; não se objeta, apenas, contra um ou outro aspecto, mais em foco, da arte cênica em geral.
>
> Vai-se, de pronto, às fontes. Corta-se o mal pela raiz. E afirma-se, categoricamente, que o teatro não existe, que ainda está para nascer ou que nasceu tão torto que morreu no berço...[1]

Desta forma, ele distingue sinteticamente as três principais correntes de pensamento sobre a questão, que se prolongaria por, pelo menos, outras duas décadas. Mais grave, a seu ver, no entanto, era o fato de não ser esta discussão

> [...] um gracejo de desocupados, como, à primeira vista, pode parecer. São asseverações de boa gente, de gente responsável. São juízos que vivem nas histórias da literatura nacional,

1. Cf. MENDONÇA, Carlos Süssekind de (1899-1968). *História do teatro brasileiro*. Rio de Janeiro: Mendonça Machado e Cia, 1926, p. 37. (N.E.: Em todas as transcrições deste livro, optou-se pela atualização ortográfica e a correção – gramatical ou de qualquer natureza – de eventuais erros, além de terem sido feitas as devidas mudanças para a padronização editorial do IMS.)

nos ensaios de crítica, nos retrospectos, nos prefácios, nos compêndios, nas crônicas, em tudo onde se fale de teatro no Brasil.[2]

Para a primeira tendência referida por Süssekind de Mendonça, o teatro brasileiro não existiria e nem poderia existir, visto ser a arte teatral a culminância da cultura de um povo e, sendo o Brasil uma nação ainda em fraldas, seria impossível, por conseguinte que possuísse cultura teatral. Esta era a posição defendida por Renato Vianna – dramaturgo, diretor e elemento ativo do teatro durante as décadas de 1920, 1930 e 1940. A segunda tendência, representada por Machado de Assis e José Veríssimo[3], por exemplo, não negaria que o teatro brasileiro tivesse existido, mas entendia que nascera, vivera e morrera junto com o teatro romântico. A terceira posição – e a que talvez tenha arregimentado o maior número de adeptos –, compõe-se "dos que pensam que o teatro brasileiro não existe porque o que existe, com tal nome – comédias, vaudeviles, farsas e revistas – não é teatro."[4]

Esta é, por exemplo, a postura de Álvaro Lins, um dos mais influentes críticos literários da década de 1940 no Brasil. No rodapé que assinava semanalmente no *Correio da Manhã*, jornal de grande peso naquele momento, escreveu reiteradamente – apesar de não ser crítico de teatro – a respeito de como via a situação teatral naquele princípio de década, tendo sido um dos principais responsáveis pelo êxito, junto à crítica e à intelectualidade, de *Vestido de noiva*, de Nelson Rodrigues. Vejamos como é colocada a questão em dois textos publicados no jornal.

Em "Shakespeare e o teatro no Brasil", Álvaro Lins escreve diretamente ao então Ministro da Educação e Saúde, Gustavo Capanema[5], propondo uma "fórmula de salvação", com o propósito de situar "o nosso teatro num outro plano que não seja este em que se acha: um plano negativo e vazio"[6].

A fórmula proposta – tradução e representação de todos os textos de Shakespeare no Brasil – ajudaria a estabelecer uma corrente de influências e tradições teatrais que até aquele momento não existia, aos olhos do crítico, e cujo "resultado final, como em outros países, poderá ser o advento de teatro brasileiro"[7].

Note-se que o crítico fala em advento do teatro brasileiro. Podemos observar ainda que, se a proposta é ingênua, ela vale por demonstrar o vínculo que começa

2. *Ibidem*. O autor refere-se em particular às posições defendidas por José Veríssimo (*História da literatura brasileira*, 1916), Machado de Assis (*Crítica*, 1910), Clóvis Beviláqua (*Épocas e individualidades*, 1889) e Sílvio Romero (*Martins Pena*, 1901).

3. Joaquim Maria Machado de Assis (1839-1908), escritor, e José Veríssimo (1857-1916), crítico (N.E.).

4. MENDONÇA, Carlos Süssekind. *Op. cit.*, p. 38.

5. Gustavo Capanema Filho (1900-1985) (N.E.).

6. Cf. LINS, Álvaro. "Shakespeare e o Brasil", artigo publicado em 29.11.41. *In Jornal de crítica, 2ª série*. Rio de Janeiro: José Olympio, 1943, p. 177.

7. *Ibidem*, p. 184.

a se estreitar, desde 1937, entre o teatro e o Estado. De fato, é no momento seguinte à instauração do Estado Novo que se cria o Serviço Nacional de Teatro, conquistando, dessa forma, o apoio de grande parte da classe teatral para o projeto político de Getúlio Vargas[8].

A razão de ser de tal proposta pode ser encontrada em outro texto de Álvaro Lins, intitulado "Esquecimento do problema do teatro no Brasil":

> Criar é a palavra justa. Não estamos, no nosso caso, nem diante de uma tradição interrompida, nem diante de uma tradição degradada. A nossa realidade é a de um vazio. O que se chamou teatro em Martins Pena, em França Júnior, no próprio Artur Azevedo – sabemos que as melhores páginas deste escritor são seus contos e não as suas peças – não era propriamente uma literatura, uma arte teatral. Era um arremedo, um divertimento, um passatempo de depois do jantar.[9]

E, apesar de defender a tese de que "só uma reação de autores será [...] uma força capaz de fazer criar um teatro brasileiro", Álvaro Lins não reconhece nenhum dos três comediógrafos[10] como verdadeiros autores teatrais, muito provavelmente por se dedicarem a gêneros considerados pouco nobres, destinados a divertir o público, como as comédias de costumes e as revistas de ano.

O ponto de vista de Renato Vianna é semelhante. Para ele

> [...]nossa literatura dramática nasceu de sete meses e morreu anjinho [...]. Evidentemente sob esse ponto de vista não existimos. Em matéria de literatura dramática brasileira ainda não passamos de *O juiz de paz da roça*. Ficamos aí. [...] O que hoje temos é um falso teatro, um teatro de imitação e de tradução, vazio de qualquer característica nacional.[11]

Interessantíssima é a postura de Antônio de Alcântara Machado[12], crítico teatral nos anos 1920 e que, ao longo do tempo, acabaria por modificar radicalmente seu modo de pensar, realizando, no campo da crítica, uma das contribuições teatrais mais significativas ao movimento modernista. Em sua primeira fase, porém, sua visão do tea-

8. Getúlio Dornelles Vargas (1882-1954) governou o Brasil de 1930 a 1945, no período ditatorial conhecido como Estado Novo, e depois, eleito por voto direto, de 1951 a 1954 – mandato encerrado por seu suicídio (N.E.).

9. *In Os mortos de sobrecasaca.* Rio de Janeiro: Civilização Brasileira, 1963, p. 283.

10. Luís Carlos Martins Pena (1815-1848), Joaquim José da França Júnior (1838-1890) e Artur Nabantino Gonçalves de Azevedo (1855-1908), assinaram diversas peças cômicas, como, respectivamente, *O juiz de paz da roça* (1843), *As doutoras* (1889) e *A capital federal* (1897) (N.E.).

11. Declaração feita por Renato Vianna em 1949 e publicada na *Tribuna da Imprensa*, seção "Teatro", na coluna "Há tempos atrás", em 16.12.56.

12. Antônio Castilho de Alcântara Machado D'Oliveira (1901-1935), escritor (N.E.).

tro coincide com os juízos acima expostos. Dizia ele: "Diante do teatro universal o brasileiro forma um contraste que põe tristeza na gente. O teatro brasileiro não tem tendências. Não tem nada. Nem está provado que existe"[13].

O pouco que existia teimava em ser, segundo ele, na forma e no espírito, o mais afrancesado possível. Escrevendo a respeito de uma comédia de Batista Jr.[14], Alcântara Machado lamenta a conformação ao modelo estrangeiro: "Não quero saber de peças estrangeiras escritas por brasileiros. Ainda sou dos que esperam o nascimento do teatro nacional. Nacional, nacional. Pode ser que seja tola ilusão, mas é assim mesmo"[15].

O que para a maioria se afigurava como situação dramática, no mau sentido do termo, para outros, no entanto, configuraria um excelente campo de experimentação: a possibilidade de criação de uma forma realmente nacional. Para Walter Benevides, por exemplo, "o teatro brasileiro continua não existindo. Mas justamente por isso é que eu acho a sua situação maravilhosa. [...] O que por ele se fizer há de ser cousa nova, e portanto nossa. Do contrário é inútil"[16].

E o próprio Álvaro Lins, dez anos depois, chegaria a idêntica conclusão: "Temos portanto o 'nada' como ponto de partida: e esta pode ser uma vantagem muito importante"[17].

Com a encenação de *Vestido de noiva*, de Nelson Rodrigues, pelo grupo Os Comediantes – cuja estréia em 28 de dezembro de 1943, tem sido quase unanimemente considerada o marco inaugural do teatro brasileiro moderno[18] –, a tônica do debate, como podemos observar nas crônicas e no noticiário teatral da época, deixaria de ser a dúvida estrutural, a questão ontológica do teatro nacional, para assumir ares de saudação ao tardio surgimento do verdadeiro teatro brasileiro, comparando-o qualitativamente ao resto da produção local.

Pompeu de Souza, crítico do *Diário Carioca* sob o pseudônimo de Roberto Brandão, afirmaria que "a contribuição do sr. Nelson Rodrigues ao teatro brasileiro foi, a rigor, a da criação total do gênero em termos estéticos universais"[19] e para Sérgio Milliet "o bom teatro ressurgia após o período lamentável de decadência e comércio", pois "as pe-

---

13. Machado, Antônio de Alcântara, "Resposta a um inquérito". *Apud* Lara, Cecília de. *De Pirandello a Piolim: Alcântara Machado e o teatro no modernismo.* Rio de Janeiro: Inacen, 1987, p. 34.

14. José Armando Batista Júnior (1887-1948), revistógrafo e empresário teatral (N.E.).

15. *Apud* Lara, Cecília de. *Op. cit.*, p. 64.

16. Benevides, Walter. "Teatro brasileiro". *In Festa*, n. 5, 01.02.28. *Apud* Lara, Cecília de. *Op. cit.*, p. 15.

17. Cf. Lins, Álvaro. "Esquecimento do problema teatral no Brasil". *Op. cit.*, p. 283.

18. Vale notar que a historiadora e pesquisadora de teatro brasileiro Tânia Brandão é uma das poucas vozes a discordar desse marco. Ela argumenta que a data deve ser vista antes como simbólica, um dos muitos eventos – ainda que o de maior repercussão – dentro do processo de modernização do teatro pelos amadores. Em "As modernas companhias de atores", diz ela: "É fundamental perceber que a data de 1943, da estréia de *Vestido de noiva*, sob a direção de Ziembinski, com o grupo Os Comediantes, é apenas uma data-símbolo. Configura um fato novo, uma mudança radical, a proposição de um novo teatro, mas tal se dá fora do mercado e despertando uma luta contra o novo claramente formulada". *In O teatro através da história, volume II – O teatro brasileiro.* Rio de Janeiro: Centro Cultural Banco do Brasil, 1994, pp. 211-234

19. Souza, Pompeu de. "Introdução". *In*: Rodrigues, Nelson. *Obras completas.* Rio de Janeiro: Nova Aguilar, 1993, p. 135.

ças de Nelson colocam o nosso teatro num plano novo, inteiramente novo, e num nível em que já ninguém esperava vê-lo"[20]. Dizia-se, enfim, que "o teatro verde e amarelo, que dormia a sono solto, anestesiado pelas fábricas de gargalhadas e embalado ao som da 'berceuse' da rotina, acordou estremunhado e saiu para a vida, para o arejamento, através do despertador ruidoso do *Vestido de noiva*"[21].

Da análise destes e de inúmeros outros exemplos verificamos que, quando se trata de justificar o "anêmico", "débil", "inexistente", "vago e imponderável"[22] teatro brasileiro ou seu atraso em relação às demais artes, alguns pontos são reiteradamente invocados: é constante, por exemplo, a menção à ausência de uma dramaturgia nacional bem como a recusa de gêneros considerados como formas ligeiras de diversão (o "teatro para rir"), a crítica às montagens descuidadas e apressadas que privilegiam sempre a vedete da companhia, e, como veremos adiante, o "mau gosto" do público.

## Um repertório "para rir"

Durante os primeiros 40 anos do século XX não se pôde falar, de fato, em mudanças significativas na cena teatral brasileira. O quadro manteve-se praticamente inalterado: o Rio de Janeiro, então Distrito Federal, era o estado onde se concentrava a atividade de teatro no país, para depois irradiar-se em excursões por outras regiões. O número de salas e casas de espetáculo era reduzido e permanecia restrito quase que totalmente ao chamado circuito Cinelândia-Rossio[23]. Basta dizer que, até 1937, a capital do país, cuja população era então de 2 milhões de habitantes, dispunha de apenas sete teatros, chegando ao início da década de 1940 com 11, nem to-

---

20. MILLIET, Sérgio. "Álbum de família". *In*: RODRIGUES, Nelson. *Op. cit.*, pp. 207-209.

21. B.F., "Os comediantes no rádio". *Folha Carioca*. Rio de Janeiro, 30.08.44.

22. Santa Rosa: "Nas origens de nossas tradições culturais, o teatro é das artes a mais débil, aquela à qual as correntes de nossa inteligência menos contribuíram ou menos deram atenção". "Realidade mágica do teatro". "Suplemento de Letras e Artes" do *Correio da Manhã*. Rio de Janeiro, 16.10.49; Renato Vieira de Melo [a respeito de Os Comediantes]: "Estava diante de uma tentativa de singular bravura e nobre intenções, de um esforço que pretende fazer e está fazendo alguma coisa que transborda do comum e empresta ao vago, ao quase imponderável do teatro brasileiro um mais alto sentido de arte e vitalidade". "Uma nova dramaturgia". *O Jornal*. Rio de Janeiro, 13.07.44; Ludo – pseudônimo do crítico Brício de Abreu: "As dificuldades que cercaram a organização e o elenco de Álvaro Moreyra foram inúmeras e não cremos que tenha ele conseguido o que queria. Resta-nos a consolação de ter ele obtido o que de melhor se pode obter no nosso exíguo e anêmico meio artístico". *Dom Casmurro*. Rio de Janeiro, n. 5, 10.06.37.

23. Atual praça Tiradentes.

dos em funcionamento[24]. Esses números, no entanto, variavam muito, uma vez que a *saison* teatral – para usar a expressão da época –, durava de quatro a seis meses, no máximo, pois começava em março e já em agosto as companhias partiam em excursão, à procura de novos públicos. Encontramos com bastante freqüência nos noticiários teatrais da cidade referências ao fato de haver, em determinados momentos, apenas um (ou, até mesmo nenhum) teatro em funcionamento.

A presença das companhias de Portugal, que aqui permaneciam por longas temporadas, tendia a diminuir gradativamente. Um grande número de elementos que delas se desligavam, incorporando-se definitivamente ao país e à nossa cena, iriam dar origem a companhias luso-brasileiras. O teatro português e o francês eram as referências predominantes da cena nacional. Mesmo quando começava a se tornar cada vez mais rara a afluência de companhias de além-mar – e seu prestígio a se mostrar cada vez menor, como nos anos 1920, período que se segue à Primeira Guerra Mundial, quando há uma verdadeira valorização da dramaturgia local em nossos palcos (valorização essa não apenas nacional mas também de cunho nacionalista) –, grande parte dos nossos atores e companhias mantinham-se ainda atados a um "padrão" português de representação, inclusive no que dizia respeito ao sotaque.

O afã nacionalista, porém, quando as comédias de costumes pareceram redescobrir o Brasil, trazendo para o teatro os tipos regionais, a paisagem do campo, as tradições populares – e que teve como principais dramaturgos Gastão Tojeiro, Cláudio de Sousa, Viriato Correia, Armando Gonzaga e Oduvaldo Vianna[25] (este último introduzindo no palco os temas urbanos) – não durou muito. Dois fatores teriam contribuído para seu esvaziamento: o retorno das companhias estrangeiras, tão logo se normaliza a situação mundial; e o desinteresse do público pelo gênero.

Cecília de Lara, no seu trabalho sobre Antônio de Alcantâra Machado, escreve, sobre isso, que

> A justificativa de A. A. Machado [para o "decréscimo do ardor patriótico"] é de que não se representavam mais peças nacionais porque o público não as tolerava – juízo que coincide com o de Miroel Silveira, segundo o qual o enfraquecimento do interesse pelo "gêne-

24. No jornal *Correio da Manhã* de 19 de março, encontramos na seção "Teatros" um artigo intitulado "A temporada oficial de 1940", no qual se lê: "A imprensa noticiou, há dias, a existência de um plano do Ministério da Educação para a temporada oficial de 1940. [...] As semanas entretanto vão se passando, o plano não foi publicado, o Serviço Nacional suspendeu as *démarches* que estavam sendo feitas e o meio teatral se encontra numa situação difícil [...] Assim, o Gymnastico permanece com suas portas fechadas, o mesmo sucedendo com o Carlos Gomes, apalavrado desde o começo do ano para a temporada de 1940". Os teatros existentes nesse momento são: Carlos Gomes (Rossio), João Caetano (Rossio), Teatro República (av. Gomes Freire), Rival (Cinelândia), Apollo (r. Dom Pedro I), Glória (r. da Glória), Gymnastico (av. Graça Aranha), Regina (Cinelândia), Recreio (r. Dom Pedro I) e Serrador (r. Senador Dantas). Além desses há, ainda, o Teatro Municipal, reservado, porém, aos espetáculos líricos ou às temporadas das companhias estrangeiras.

25. Gastão Manhães Tojeiro (1880-1965), Cláudio Justiniano de Sousa (1876-1954), médico e dramaturgo, Manuel Viriato Correia Baima do Lago Filho (1884-1967), dramaturgo, jornalista, contista e empresário teatral, Armando Gonzaga da Silva (1889-1954), autor e crítico teatral e Oduvaldo Vianna (1892-1972), comediógrafo, empresário teatral, jornalista, escritor e diretor cinematográfico (N.E.).

ro nacionalista-regionalista" se devia ao "excesso de encenações sem criatividade nos quais o caipira acabara se empobrecendo num clichê sem nenhuma autenticidade...[26]

Do final dos anos 1920 aos 1940, excetuando-se algumas experiências como as empreendidas por Renato Vianna (no movimento Batalha da Quimera), por Álvaro Moreyra e seu Teatro de Brinquedo e por Flávio de Carvalho com o Teatro da Experiência[27] – tentativas que tinham em comum a idéia de realizar um teatro que se diferenciasse daquele existente, tanto em relação aos gêneros representados quanto em relação à própria fatura cênica –, predominam a revista, a burleta, a farsa e a comédia de costumes. Estes, os gêneros destinados à produção local. Às companhias estrangeiras, principalmente francesas, cabia a tarefa de nos dar o drama e a tragédia, gêneros "mais nobres e elevados", reservados a um "público seleto e numeroso, o inteligente culto público das temporadas francesas"[28].

Vemos aqui dois aspectos altamente característicos da mentalidade teatral da época. O primeiro diz respeito a uma hierarquia entre os gêneros, típica do século XIX, mas ainda vigente nos anos 1940, e que funciona como elemento regulador de toda a discussão a respeito da existência de uma cena nacional[29]. A revista ou o teatro musicado, a farsa e as comédias são consideradas gêneros inferiores, quando não vulgares e de mau gosto. Como bem observa Decio de Almeida Prado, o próprio termo "chanchada", derivado do idioma espanhol, significa "porcaria", mas seu uso foi assimilado no Brasil de tal forma que passou a "figurar em nosso vocabulário como legítimo produto nacional"[30]. Ao contrário do que acontecia com o drama e a tragédia, nobres e elevados, para os quais, porém, não possuíamos atores à altura, segundo se pensava então.

A esta escala de valores correspondiam naturezas diversas de público: os primeiros são gêneros populares por excelência, principalmente o teatro musicado e as chanchadas[31]. Há um tipo de comédia que, fugindo à regra da diversão a qualquer preço,

---

26. Cf. LARA, Cecília de. *Op. cit.*, p. 52.

27. Álvaro Moreyra (1888-1964), escritor, e Flávio de Resende Carvalho (1899-1973), arquiteto – na verdade, formado engenheiro – e artista plástico modernista (N.E.).

28. *Diário de Notícias*. Rio de Janeiro, 29.06.40, seção "Teatro". A nota se refere à temporada da companhia Vieux-Colombier, no Teatro Municipal.

29. Como veremos adiante, a noção da hierarquia entre os gêneros será amplamente utilizada na discussão que se instaura mais efetivamente com a encenação de *Vestido de noiva*, de Nelson Rodrigues, pelo grupo de amadores denominado Os Comediantes. Nesse momento, impõe-se com toda força o questionamento sobre as possíveis bases de criação de um autêntico teatro brasileiro, em que toma parte, inclusive, grande parcela da intelectualidade da época.

30. Cf. ALMEIDA PRADO, Decio de. *Peças, pessoas, personagens*. São Paulo: Companhia das Letras, 1993, p. 75.

31. Tanto que, ao ser anunciado o plano do Serviço Nacional de Teatro para a temporada oficial de 1940, em que não constava ao certo o apoio ao teatro musicado, uma série de protestos surgiu nas seções teatrais. Reproduzimos, a título de exemplo, a nota publicada no diário carioca *Correio da Manhã*, em 14.07.40, sob o título "E o teatro popular?": "O teatro musicado que interessa é o gênero *music-hall*. Por vários motivos: porque é o gênero mais 'nosso' e porque é também o teatro do *turiste* que vem ao Rio de Janeiro. [...] Há ainda um outro aspecto. A comédia, a lírica e a opereta são espetáculos para uma certa 'elite'. O teatro de revista é que é *o espetáculo do povo*. O Serviço Nacional de Teatro, organizando uma temporada oficializada, terá sem duvida que levar em conta esse fato, cuidando também do espetáculo popular" (grifos nossos).

era considerada "familiar", e à qual comparecia o público de classe média, incluindo aí senhoras e senhorinhas[32]. Toda a propaganda girava então em torno deste fato. No *Diário Carioca* de 30 de abril de 1940, por exemplo, a manchete da seção teatral é "*Acredite se quiser*, o espetáculo que o Recreio dedicou à família carioca". E, no corpo do texto, há uma descrição do espetáculo, composto de "uma série de quadros originais e cheios de graça sadia e limpa, que tornam o atual e sensacional cartaz do Recreio o espetáculo mais familiar da atual estação teatral".

Por fim, o repertório das companhias estrangeiras e o teatro lírico destinavam-se à elite que não encontrava, nos espetáculos do circuito Cinelândia-Rossio, realizações correspondentes a seus ideais de cultura – tão bem representados pelas temporadas francesas.

Foi em parte buscando preencher o *gap* entre o teatro que aqui se fazia e o assim chamado público culto que Álvaro Moreyra idealizou o Teatro de Brinquedo. Vejamos como ele definia seus propósitos:

> [...] o *Teatro de Brinquedo* não tarda a surgir. Terá só a platéia. E a platéia, cento e oitenta lugares, apenas. A trupe é formada de senhoras e senhoritas da sociedade do Rio, escritores, compositores, pintores. Tudo gente de noções certas. O teatro de elite para a elite. Teatro para as criaturas que não iam ao teatro...[33]

Não era apenas para esta sociedade carioca que o teatro, tal como era feito, opunha-se à noção de arte séria, conceito largamente utilizado neste debate. Também os homens de letras e artes – pintores, compositores, escritores, "a gente de noções certas", segundo Álvaro Moreyra – julgavam a situação teatral deplorável.

Podemos afirmar, com segurança, que o critério de avaliação teatral mais efetivo, neste período, é o riso. Tanto para a apologia como para a censura. Da comicidade de um espetáculo dependia o sucesso de sua temporada. A nota publicada no *Diário Carioca* de 6 de abril de 1940 dá o tom exato da noção teatral predominante: ficamos sabendo que "o que se precisa agora é da organização de espetáculos leves, alegres, divertidos, para amenizar as noites cariocas".

Porém, se a finalidade básica do teatro consistia em fazer o público rir a qualquer preço, começam a surgir, nos mesmos noticiários e espaços reservados às críticas, alguns comentários que indicam um certo cansaço deste estado de coisas, um desejo de mudança de rumos. Ao mesmo tempo em que se apregoavam peças co-

32. Nas colunas de teatro dos jornais cariocas de 1940, é comum a menção à chamada Vesperal Vermouth, destinada às "senhoras e senhorinhas" e que tinha lugar à tarde (15h30 ou 17h, dependendo do teatro), antes das duas sessões noturnas habituais.

33. *Apud* Doria, Gustavo. *Moderno teatro brasileiro.* Rio de Janeiro: Ministério da Educação e Cultura, 1975, pp. 27-8. A referência à platéia explica-se pelo fato de que, nessa época, os edifícios teatrais eram bem maiores do que os de hoje, comportando, além dela, frisas, camarotes e galerias.

mo "um inexcedível sucesso de riso", onde o público "tem delirado de hilaridade"[34], encontramos críticas em que já se esboça uma certa reação à ditadura do riso. Um exemplo disso é a crítica de *Uma mulher infernal*, publicada nas "Primeiras"[35] do *Correio da Manhã*:

> *Uma mulher infernal* é uma peça feita exclusivamente para rir. Como outras tantas comédias desse gênero, sua finalidade e objetivos únicos consistem nisso: despertar a gargalhada do público. Já se sabe que o espetáculo não se apresenta à platéia com maiores pretensões. O espectador entra para rir e ri mesmo, ainda quando não o queira.[36]

Muito semelhante é a crítica de *Filhinho da mamãe*, de Armando Gonzaga, publicada no mesmo jornal:

> [...] escolheu a Companhia Delorges uma comédia de Armando Gonzaga, um de nossos autores que cultivam o gênero popular, especializando-se nos espetáculos ligeiros de fazer rir ao público. *Filhinho da mamãe* obedece estritamente a essa finalidade: a de despertar o riso da assistência. O autor não se incomoda em criar coisas absurdas ou situações falsas. O essencial é divertir e, desde que divirta, o mais não tem importância. Com efeito, o público que enchia o Carlos Gomes riu muito e gostou da peça. Era, no caso, o essencial.[37]

E Manuel Bandeira, ao escrever sua impressão sobre o teatro da época, afirmaria que

> [...] o nosso teatro, com todo o seu repertório "para rir", é uma coisa melancólica demais. [...] Não tolero o tom declamado dos atores, a sua insuportável indiscrição de efeitos. Houve tempo em que gostei das revistinhas populares do Rossio. Parecia-me que dali podia sair um teatro brasileiro. Afinal as revistinhas do Rossio esgotaram-se sem dar em nada.[38]

Começa a se articular, no debate teatral, a antítese entre "teatro para rir" e "teatro sério" ou "teatro de arte", sendo também freqüente o uso das expressões "teatro elevado" e "bom teatro". Nesta polarização, falar em "teatro para rir" é o mesmo que falar em teatro profissional.

---

34. "Notas e notícias": "Sucesso de gargalhadas alcançado por Delorges e sua companhia em *Filhinho da mamãe*". *Correio da Manhã*. Rio de Janeiro, 14.05.40.

35. O termo, utilizado por vários jornais ao publicarem as primeiras críticas de um espetáculo, deriva provavelmente do francês *première*, referente à estréia de um espetáculo.

36. *Correio da Manhã*. Rio de Janeiro, 15.07.40.

37. "Primeiras". *Correio da Manhã*. Rio de Janeiro, 12.05.40.

38. Cf. BANDEIRA, Manuel. "Vestido de noiva". *In:* RODRIGUES, Nelson. *Op. cit.*, p. 181.

No teatro profissional, além dos elencos das revistas, existiam algumas poucas companhias mais ou menos estáveis, organizadas ao redor de um nome importante, como Procópio Ferreira, Jayme Costa, Dulcina-Odilon e Eva e seus Artistas[39]. As temporadas eram geralmente curtas, com raras exceções, devido ao público reduzido, e as montagens feitas às pressas e sem maiores cuidados[40]. Mal estreava um espetáculo e já se iniciavam os ensaios do próximo.

Em termos de interpretação, predominava ainda a especialização dos atores e era normal que autores escrevessem suas peças já pensando no intérprete que provavelmente desempenharia este ou aquele papel específico. Em *O teatro brasileiro moderno*, Decio de Almeida Prado descreve a formação característica dessas companhias:

> Os elencos deviam comportar em princípio um intérprete para cada diferente tipo de papel. Entre os homens, por exemplo, um galã, um centro cômico, um centro dramático, sem computar os numerosos "característicos", encarregados de conferir pitoresco às chamadas pontas. Entre as atrizes, no mínimo, uma ingênua, uma dama galã (mulher já em plena posse da sua feminilidade), uma caricata (as solteironas espevitadas) e uma dama-central, que viveria no palco as mães dedicadas ou as avós resmungonas e compassivas.[41]

Somente com tal especialização tornava-se possível o levantamento rápido de novos espetáculos, visto que os períodos de ensaios entre uma peça e outra eram mínimos (consistiam, muitas vezes, em apenas uma semana). A preparação do espetáculo ficava a cargo do ensaiador, que tanto podia ser um ator com maior experiência profissional como o diretor administrativo do teatro. Na verdade, não se requeria dele mais do que a disposição dos objetos de cena (na maior parte das vezes reaproveitados de cenários já existentes) e as marcações do elenco, com o cuidado de deixar sempre o centro do palco disponível para a vedete da companhia, que quase nunca comparecia a tais ensaios. Tudo girava em torno do primeiro nome da companhia. Menotti Del Picchia[42] comparou, certa vez, essa forma de representação a "uma espécie de sistema planetário, onde, em torno de um astro de primeira grandeza, coruscante e essencial, gravitam satélites secundários [...]"[43].

---

39. Jayme Rodrigues Costa (1897-1967), fundador, em 1926, da companhia que levava seu nome; Dulcina de Morais (1908-1996) liderava, com seu marido, Odilon Azevedo (1904-1966), a companhia Dulcina-Odilon, criada em 1934; a companhia Eva e seus Artistas foi organizada por Luís Iglésias (1905-1963) e Eva Nolding Fodor Todor (1922) em 1940.

40. A única exceção eram, provavelmente, os espetáculos de Dulcina, que, apesar do repertório composto basicamente de comédias de boulevard, procurava realizar montagens mais bem-cuidadas. A esse respeito ver *O teatro brasileiro moderno*, de Decio de Almeida Prado e *Moderno teatro brasileiro*, de Gustavo Doria.

41. Cf. ALMEIDA PRADO, Decio de. *O teatro brasileiro moderno*. São Paulo: Perspectiva, 1988, p. 15.

42. Paulo Menotti Del Picchia (1892-1988), escritor modernista.

43. *Apud* SÜSSEKIND, Flora. *Papéis colados*. Rio de Janeiro: Universidade Federal do Rio de Janeiro, 1993, p. 76.

O que diferencia, basicamente, tais métodos daqueles que começam a ser empregados a partir de *Vestido de noiva* é a que não se compreendia a encenação como um todo homogêneo, onde os diversos elementos vêm se somar a uma idéia comum.

Curiosamente, o que conferia fama e reconhecimento a um grande ator não era sua versatilidade, a capacidade de brilhar em diferentes gêneros, de criar cada papel da forma mais adequada ao texto e à montagem. O que tornava grande um ator, como bem observa Decio de Almeida Prado, era apresentar-se, a cada vez, igual a ele mesmo:

> [...] O que se exigia dele, de resto, não era tanto preparo técnico, recursos artísticos extraordinários, versatilidade, e sim, ao contrário, que se mantivesse sempre fiel a uma personalidade, a sua, naturalmente engraçada e comunicativa. [...] um Procópio Ferreira, um Jayme Costa apresentavam ao público, a vida inteira, salvo ligeiras modificações, a mesma imagem, o rosto e as inflexões que os espectadores tinham aprendido a admirar e a querer bem.[44]

O fato é que o teatro profissional investia pesadamente no filão do riso, fosse porque o público assim o desejava, segundo muitos, fosse porque, como profissionais, precisavam seguir as tendências economicamente mais proveitosas, o que, ao fim e ao cabo, acabava dando na mesma. Procópio, por exemplo, justificava-se:

> [...] a arte é comercial. Você não deve oferecer ao público aquilo que o público não quer. Porque eu sempre ofereci ao meu público peças para fazer rir – porque o público quer rir, o público precisa de rir.[45]

A opinião de Ludo, no periódico *Dom Casmurro,* é idêntica, ressalvando, porém, o despreparo e o mau gosto do público como fatores responsáveis por esta opção:

> Procópio tem que servir a um público que vai ao teatro para fazer a digestão, e não para ver teatro. Temos a certeza de que o martírio do grande ator é justamente esse, o de não poder realizar o teatro que o seu temperamento artístico e a sua cultura pedem. No Brasil quando se diz "um ator cômico" é o mesmo que dizer "gargalhadas". Que Procópio [...] realizasse um repertório com peças finas, irônicas ou cheias de um humorismo intelectual e de bom gosto [...], o público lá iria atraído pelo grande nome do ator, mas não voltaria porque não compreenderia tal espetáculo. [...] Mas a culpa é exclusivamente do nosso público. Cada povo tem o governo e a arte que merece [...].[46]

---

44. Cf. ALMEIDA PRADO, Decio de. *O teatro brasileiro moderno,* p. 21.

45. *Apud* ALMEIDA PRADO, Decio de. "Procópio Ferreira: um pouco da prática e um pouco da teoria". *In Peças, pessoas, personagens,* p. 44.

46. *Dom Casmurro.* Rio de Janeiro, n. 2, 20.05.37.

As escassas tentativas de representação de gêneros "sérios", como o drama, deviam-se aos grupos amadores, provenientes de clubes, grêmios, círculos dramáticos e associações de teatro como a Associação dos Artistas Brasileiros – de onde surgiriam Os Comediantes – e o Teatro do Estudante, fundado por Paschoal Carlos Magno.

A atuação dos grupos amadores, tanto no Rio como em São Paulo, foi de vital importância ao processo de consolidação do teatro brasileiro moderno. Como não havia escolas, a renovação dos quadros profissionais devia-se, quase sempre, à incorporação de elementos oriundos do teatro amador. Começa a se afirmar, com estes grupos, uma nova mentalidade teatral. Por não terem como prioridade resultados financeiros imediatos, podiam dedicar maior tempo e cuidado à preparação dos espetáculos, tanto na parte material quanto, e principalmente, na interpretação, no estudo do texto – que inexistia na cena profissional, onde imperava ainda, de forma absoluta, o ponto. Além disso, muitos desses grupos eram formados por pessoas oriundas de camadas sociais mais abastadas, o que contribuía para despertar interesse. O *Diário de Notícias*, por exemplo, registra a estréia da temporada de Os Comediantes em 1940 da seguinte forma:

> Há uma evidente curiosidade em torno desses espetáculos, não só por se tratar de peças escolhidas [tratava-se de *A verdade de cada um*, de Pirandello e *Uma mulher e três palhaços*, de Marcel Archard], como porque a sua interpretação está entregue a elementos de prestígio na sociedade carioca.[47]

Em sua análise do momento teatral da década de 1940, Victor Hugo Adler Pereira aponta também para a estreita relação entre o sucesso do grupo e sua ligação com a intelectualidade e o poder. Diz ele que

> Os Comediantes surgiram de um núcleo de intelectuais consagrados no movimento modernista, que se vincularam ao poder político e à administração pública. Por conseguinte, o grupo teatral contava com apoio junto a instâncias decisórias de financiamento e legitimação da cultura pelo poder público, assim como despertavam a simpatia de intelectuais de renome.[48]

Alguma facilidade de trânsito entre as esferas oficiais do governo pode ter contribuído de fato, mas de nada valeria se já não houvesse, de forma latente, um espaço pronto a absorver as experiências que o grupo viria a realizar. O trabalho de Os Comediantes

47. *Diário de Notícias*. "Teatro". Rio de Janeiro, 13.01.40. (N.E.: Os autores citados são Luigi Pirandello, 1867-1936, italiano, e Marcel Archard, 1899-1974, francês.)

48. Cf. PEREIRA, Victor Hugo Adler. *Momento teatral: cultura e poder nos anos 40*, dissertação de mestrado apresentada ao Departamento de Letras da PUC-RJ, 1981, p. 100.

funcionou, em parte, como catalisador da insatisfação com a realidade teatral do momento, constituindo-se em um modelo de representar com que muitos sonhavam, mas que não sabiam ainda definir de maneira precisa.

## A velha e a nova crítica

Se a montagem de *Vestido de noiva* dirigida por Ziembinski define, em geral, o marco do início do teatro moderno brasileiro, processando um verdadeiro corte histórico – ao romper com a estrutura formal estabelecida e também porque introduz um novo procedimento de trabalho, em que as funções (cenografia, iluminação, direção, interpretação) eram atribuídas de modo claro –, no terreno da crítica é também um divisor de águas, pela querela que se cria, nesse momento, entre o velho e o novo teatro e entre a velha e a nova guarda dos críticos.

Renato Vieira de Melo, crítico de *O Jornal*, foi talvez um dos primeiros a chamar a atenção para a necessidade de critérios adequados às novas propostas teatrais:

> Aplicar no julgamento da peça de Nelson Rodrigues critérios convencionais seria incorrer no erro irremediável da incompreensão. *Vestido de noiva* tem tudo para provocar resistências e atritos naqueles que teimam em permanecer grudados à poética do velho Sarcey, de que o teatro é a arte das convenções.[49]

Santa Rosa, cenógrafo e um dos principais dirigentes do grupo Os Comediantes, em entrevista ao *Correio Paulistano*, também assinalava o despreparo da crítica. Na sua opinião,

> [...] com esses árbitros de espetáculos, então, dá-se um caso curioso: habituados a um teatro sem intenção cultural, a um teatro para rir, vêem-se desprevenidos e chocados quando defrontam algo de mais denso e elevado. Usam, então, do critério e palavras costumeiros, o que redunda numa prova pública e lamentável de incultura.[50]

A verdade é que, excetuando-se a atuação de Antônio de Alcântara Machado – responsável pela coluna "Teatros e Música" do *Jornal do Commercio* no período de 1923 a 1925 e colaborador da *Revista do Brasil* (1926) e do *Diário Nacional* (entre 1928 e

---

49. "Uma nova dramaturgia". *O Jornal*. Rio de Janeiro, 13.07.44. (N.E.: A citação refere-se a Francisque Sarcey, 1827-1899, crítico teatral francês.)

50. Cf. entrevista ao *Correio Paulistano*. São Paulo, 20.06.44.

1929) e de quem falaremos adiante de forma mais detalhada – a crítica que se fazia até meados da década de 1940 não era uma crítica *stricto sensu*. Quase todos os jornais possuíam um espaço destinado ao noticiário teatral, onde vez por outra saíam as "Primeiras" (primeira – e na maioria das vezes única – avaliação de um espetáculo), que tanto podiam ser publicadas sem assinatura, não se distinguindo muito das demais notícias teatrais, como podiam ser identificadas por iniciais, sendo comum ainda o uso de pseudônimos. Aos poucos, porém, começam a ser mais freqüentes as críticas assinadas de fato.

O formato dessas críticas é tipicamente curto, de 15 a 20 linhas no máximo, não fazendo, de hábito, nenhuma objeção ao espetáculo. Mas o que nelas chama a atenção é o seu tom próximo à crônica social, onde os critérios mais fartamente empregados são o bom gosto (critério empregado, mas nunca definido), a beleza, a correção, a elegância e a graciosidade das atrizes, o brilho dos cenários, a comicidade do texto, a leveza da peça. Nas "Primeiras" de *Suicídio por amor*, de Abadie Faria Rosa[51], por exemplo, o crítico, referindo-se ao desempenho do elenco, assinala:

> Aurora Aboim, a dra. Leonor, seguiu-o [a Procópio Ferreira] na trajetória luminosa. Trata-se de alguém que reúne a arte o fascínio de mulher sedutora. 'Chic', elegantíssima, de singular bom gosto, vestiu 'toilletes' que prenderam a atenção da platéia.[52]

E, no *Diário de Notícias*, uma nota a respeito da representação de *Uma mulher e três palhaços* por Os Comediantes destacava:

> [...] a peça foi representada com muito bom gosto dentro de um ambiente original, gracioso e interessantíssimo. [...] A sra. Mary Cardoso esteve encantadora pela sua graça pessoal, o encanto de suas atitudes e, sobretudo, pela linha que imprimiu à personagem. A sua figurinha, muito gentil, casava-se perfeitamente com a Isabel que fez viver dentro da mais extravagante feminilidade.[53]

Tudo o que ficamos sabendo das peças é, na verdade, excessivamente vago e indefinido. Os conceitos empregados servem muito pouco à análise de uma obra ou de um trabalho teatral. Mesmo quando há uma referência à linha em que a atriz conduz a personagem, o crítico não chega a explicitar que linha é esta, nem a forma como ela se relaciona ao todo da representação.

Ao caráter social das críticas somava-se ainda o publicitário. Não há ainda, nesse momento, a figura do crítico especializado. Ele é, geralmente, um jornalista, um ho-

---

51. Abadie Faria Rosa (1889-1945), dramaturgo de grande sucesso nas décadas de 1920 e 1930. Foi presidente da Sociedade Brasileira de Autores Teatrais e diretor do Serviço Nacional de Teatro (N.E.).

52. Segismundo. "Primeiras": "Suicídio por amor". *Diário de Notícias*. Rio de Janeiro, 29.06.40.

53. "Uma mulher e três palhaços no Ginástico pelos 'Os Comediantes'". *Correio da Manhã*. Rio de Janeiro, 24.01.40.

mem de letras, um autor teatral (Raymundo Magalhães Júnior, Viriato Correia e Guilherme Figueiredo[54], por exemplo, escreviam regularmente), que não raro exercia, *pari passu* ao ofício da crítica, a função de divulgador, quando não acumulava mesmo a de empresário. Nesse aspecto, a crítica conservava-se como no tempo de Artur Azevedo. Em seu ensaio sobre a crônica teatral na virada do século, Flora Süssekind chama a atenção para o fato de que "não parecia nada problemático, no período, que um crítico fosse também autor, ensaiador ou promotor de espetáculos em temporada. Sequer se cogitava numa diferenciação radical de funções"[55].

Talvez o retrato mais eloqüente desta crítica seja a Associação Brasileira de Críticos Teatrais (ABCT), criada em 1937 e que, apesar de ter por finalidade principal "trabalhar pelo engrandecimento do teatro nacional, e intervindo em todas as questões que a ele interessem, entendendo-se diretamente com as autoridades, associações ou empresas, para pleitear leis e sugerir medidas em benefício geral; tomar todas as outras iniciativas que forem sugeridas para o progresso do teatro brasileiro sob todos os seus aspectos"[56], tinha sua atuação diluída em atividades de caráter puramente social.

É o que se depreende de inúmeras referências em jornais, todas do mesmo tipo: "Por motivo da eleição da estrela Alda Garrido para a 'Rainha do Baile das Atrizes', a Associação Brasileira de Críticos Teatrais se congratulou com a Casa dos Artistas" ou "O Presidente da ABCT telegrafou, em nome dessa entidade, aos srs. Pinto, Luís Iglésias e Procópio Ferreira, felicitando-os por motivo da inauguração das respectivas temporadas nos teatros Recreio, Rival e Serrador"[57]. Além da intensa atividade telegráfica, constava entre as atividades promovidas pela ABCT a realização de um teatro-radiofônico infantil e a atribuição de prêmios aos melhores da temporada, talvez a única iniciativa – ainda de caráter social – efetivamente voltada para a produção teatral.

Com *Vestido de noiva*, a crítica parece dividir-se em dois partidos: o daqueles que saudavam a encenação do grupo Os Comediantes como a bandeira de um novo teatro a ser implantado e o dos que buscavam defender a todo custo o teatro que, de um dia para outro, representava integralmente o que havia de velho e ultrapassado.

Abadie Faria Rosa, dramaturgo, primeiro diretor do Serviço Nacional de Teatro, crítico teatral do *Diário de Notícias* e um dos principais representantes da velha crítica, não hesitava em apontar problemas, sempre que possível, nas propostas e realizações de Os Comediantes. Mesmo antes da consagração do grupo com *Vestido de*

---

54. Raymundo Magalhães Júnior (1907-1982), jornalista, contista, dramaturgo, biógrafo e ensaísta; Viriato Correia (1884-1967), jornalista, romancista e autor de livros de literatura infanto-juvenil; Guilherme Oliveira de Figueiredo (1915-1997), dramaturgo, romancista, jornalista e crítico teatral (N.E.).

55. Cf. SÜSSEKIND, Flora. "Crítica a vapor: a crônica teatral brasileira na virada do século". *Op. cit.*, p. 57.

56. Estatutos da Associação Brasileira de Críticos Teatrais, fundada em 31 de julho de 1937.

57. *A Noite*. Rio de Janeiro, 30.01.40 e 12.03.40. (N.E.: O texto refere-se a Álvaro Pinto e Luís Iglésias, empresários teatrais.)

*noiva*, o crítico publicava uma nota que deixa claro o embate entre o velho e o novo, ou ainda entre amadorismo e profissionalismo, título, aliás, da nota em questão. Diz ele:

> O amadorismo teatral prepara-se para enfrentar o profissionalismo. Um dos grupos de amadores, que se batizou com o nome de Os Comediantes, já lançou, em entrevista de um de seus ilustres dirigentes, a luva do desafio... São eles que vão nos dar, no seu próprio dizer, o verdadeiro teatro, o teatro que ainda não tivemos, a expressão concreta do teatro-arte.
>
> [...] Os Comediantes foram favorecidos por uma larga subvenção. Os espetáculos têm a obrigação de ser, pelo menos, de grande atração visual.
>
> Esperemos e desejemos [...] que eles sejam, além de bonitos, fiéis a uma exata interpretação, vivida com verdade e exteriorizada com alma. Isso é que interessa, porque isso a subvenção não pode dar. O artista [...] não se improvisa, não nasce com o estudo. [...]
>
> É preciso que seja artista por temperamento, por vocação, dons que nem o estudo, nem a boa vontade são capazes de facultar a um intérprete, isento de qualidades nativas. Só por encanto. Mas a época dos milagres não é mais dos nossos dias..." [58]

Além da reação motivada pela larga subvenção (160 contos de réis) dada ao grupo, inédita na história do teatro brasileiro até então, dois pontos levantados pelo crítico sintetizam o debate: a oposição entre "teatro-arte" e "teatro profissional" (ou "teatro para rir"); e a dicotomia que procura estabelecer entre o estudo e a preparação dos amadores e a vocação e o talento dos profissionais.

Freqüentemente procura-se justificar, nesta discussão, a falta de qualidade das produções profissionais pela necessidade pragmática de ganhar dinheiro. É nestes termos que Raymundo Magalhães Júnior aborda a questão:

> [Os Comediantes] não devem expor ao ridículo os profissionais que pensam em cruzeiros, que fazem do teatro um meio de vida para si e os seus contratados. Ninguém pode pensar em arte apenas e a não ser quando se tem a felicidade de recrutar para o palco comerciantes abastados como o sr. Carlos Perry ou altos funcionários do Banco do Brasil, como o sr. Nelson Vaz. E quando, ainda assim, se vai buscar nos cofres do governo aquela coisa abjeta que Os Comediantes tanto desprezam: o cruzeiro...[59]

A criação do verdadeiro teatro brasileiro, a elevação dos padrões de representação ao nível do teatro-arte, a consolidação de uma nova mentalidade teatral e de profissionais formados dentro dessa mentalidade, bem como a formação de um público para

58. Cf. Rosa, Abadie Faria. "Amadorismo 'versus' profissionalismo". *Diário de Notícias*. Rio de Janeiro, 27.03.43.
59. *In* "'Os Comediantes' que riem e 'Os Comediantes' que choram...". *A Noite*. Rio de Janeiro, 20.11.44.

este teatro são algumas das questões que vão perpassar os textos críticos durante toda a década de 1940, deixando entrever a necessidade de uma nova crítica, capaz de fazer face aos problemas levantados pela emergência dessa nova realidade teatral.

## Quem tem smoking?

Até princípios dos anos 1940, a cidade de São Paulo, ao contrário do Rio de Janeiro, não possuía um teatro profissional regular – vez por outra, um grupo se formava, para logo adiante se dissolver. Apenas a Companhia Arruda, de teatro regional, mantinha uma atuação mais ou menos constante, assim mesmo alternando excursões pelo interior do estado com vindas à capital. As temporadas teatrais consistiam, portanto, nas visitas de grupos vindos do Rio e do exterior, além de esporádicos espetáculos beneficientes promovidos pela "nata" da sociedade local. Este era o caso, por exemplo, das festas realizadas pela Liga das Senhoras Católicas, ocasiões em que se organizavam representações de "grande êxito familiar, já que todas as moças da sociedade tomavam parte delas", segundo conta Alfredo Mesquita[60].

Ao analisar esse período, Sabato Magaldi descreve da seguinte forma a situação teatral da cidade:

> As velhas temporadas profissionais, em São Paulo, eram praticamente uma importação do Rio de Janeiro. Alguns atores paulistas, de aceitação popular, nunca se alçaram a um repertório de qualidade. A procura de um teatro artístico deveu-se ao Teatro Experimental, dirigido por Alfredo Mesquita, e ao Grupo Universitário de Teatro, fundado por Decio de Almeida Prado. A cidade que mais crescia no mundo não havia ainda incluído o teatro entre os seus hábitos quotidianos.[61]

A "cidade que mais crescia no mundo" possuía, naquele momento, apenas três teatros em atividade: o Santana, o Colombo e o Boa Vista, além do Teatro Municipal, onde geralmente se apresentavam as companhias estrangeiras.

Apesar desse panorama desolador, duas experiências ocorreram, nas décadas de 1920 e 1930, que devem ser lembradas: o grupo A Colméia, de Renato Vianna, e o Teatro da Experiência, de Flávio de Carvalho.

Tanto Renato Vianna quanto Flávio de Carvalho ligam-se ao movimento modernista e marcam, ao lado de Álvaro Moreyra, Antônio de Alcântara Machado e Oswald

60. Coleção Depoimentos – II. Rio de Janeiro: Serviço Nacional de Teatro – SNT, 1977, p. 15.
61. *In Panorama do teatro brasileiro*. São Paulo: Difusão Européia do Livro – Difel, 1962, pp. 194-195.

de Andrade, a presença – freqüentemente negada ou subestimada – do teatro no movimento deflagrado pela Semana de 22. Afirma-se a torto e a direito, e com muita freqüência, que o teatro teria sido a única arte a não participar do movimento, sendo necessárias duas décadas para que o sopro renovador que perpassou todas as demais artes na Semana de Arte Moderna chegasse finalmente até ele. Admitem-se, é certo, as contribuições de Oswald de Andrade – cujos textos só chegaram ao palco 30 anos depois –, de Álvaro Moreyra, com o Teatro de Brinquedo, e de Renato Vianna que, juntamente com Villa-Lobos e Ronald de Carvalho[62], foram os responsáveis pela Batalha da Quimera, movimento que pretendia realizar um teatro de síntese, utilizando "a aplicação cênica do som e da luz como valores da ação dramática, a importância dos silêncios, a valorização dos planos cênicos e da direção" [63].

Já Flávio de Carvalho e seu Teatro da Experiência são, por muitos, simplesmente ignorados – ou citados apenas em rápidas referências. Felizmente essa lacuna foi parcialmente reparada com a publicação da biografia do artista, escrita por J. Toledo[64], obra que recupera de forma mais detalhada a trajetória-relâmpago dessa experiência e, mais recentemente, com a publicação de *Flávio de Carvalho*, de Luiz Camillo Osório, que trata de sua contribuição nas artes plásticas, na arquitetura e no teatro. Igualmente importante para a reavaliação da presença do teatro no quadro do modernismo é o trabalho de Cecília de Lara, que veio resgatar o papel de Antônio de Alcântara Machado, nosso crítico pau-brasil.

O Teatro da Experiência foi talvez a iniciativa teatral de mais curta duração da nossa história. Produto da agitação cultural que tinha lugar no Clube dos Artistas Modernos, associação fundada por Flávio de Carvalho, Di Cavalcanti, Antônio Gomide e Carlos Prado[65] em 1932, a proposta do Teatro da Experiência era por demais avançada para a época e para a então provinciana cidade de São Paulo, terminando como caso de polícia. O Teatro da Experiência, como o nome deixa claro, visava ser um laboratório de pesquisa cênica no mais amplo sentido, realizando não só experimentações de forma e conteúdo mas também ligadas à recepção teatral e à análise do comportamento do público. Segundo o próprio Flávio de Carvalho,

> Lá seria experimentado o que surgia de vital no mundo das idéias: cenários, modos de dicção, mímica, dramatização de novos elementos de expressão, problemas de iluminação e de som conjugados aos movimentos de formas abstratas, aplicação de determinados testes (irritantes ou calmantes) para observar a reação do público com o intuito de formar

62. Heitor Villa-Lobos (1887-1959), compositor, e Ronald de Carvalho (1893-1935), poeta (N.E.).

63. *Apud* Doria, Gustavo. *Op. cit.*, p. 14.

64. Toledo, J., *Flávio de Carvalho, o comedor de emoções*. Campinas/São Paulo: Universidade Estadual de Campinas/Brasiliense, 1994; Osório, Luiz Camillo; *Flávio de Carvalho*. São Paulo: Cosac & Naify, 2000; de Lara, Cecília, *op. cit.*

65. Emiliano Di Cavalcanti (1897-1976), artista plástico, Antônio Gonçalves Gomide (1895-1967), pintor, desenhista e escultor, e Carlos da Silva Prado (1908-1992), arquiteto, pintor e gravador (N.E.).

uma base prática da psicologia do divertimento, realizar espetáculos-provas só para autores, espetáculos de vozes, de luzes, promover o estudo esmerado da influência da cor e da forma na composição teatral, diminuir ou eliminar a influência humana ou figurada na representação, incentivar elementos alheios à rotina e escrever para o teatro... e muito mais coisas que no momento me escapam.[66]

A peça de estréia deveria ser *O homem e o cavalo*, de Oswald de Andrade. Como, porém, Oswald tardava a terminar a peça, Flávio de Carvalho tomou para si a tarefa de escrever o texto do espetáculo inaugural do Teatro da Experiência. O resultado foi *O bailado do deus morto*, um espetáculo de teatro-dança em que a percussão, a coreografia, os gestos expressivos, o cenário, a iluminação, os figurinos e o texto – cuja emissão era abafada e distorcida em razão das máscaras de alumínio que cobriam os rostos dos atores – criavam uma espécie de ritual para celebrar a morte do deus. *O bailado do deus morto* abriu e encerrou as atividades do Teatro da Experiência. A ousadia formal do espetáculo[67] criou grande impacto junto à platéia que lotou as três únicas apresentações antes de sua proibição pela polícia, sob acusação de atentado ao decoro e à moral. O crítico Francisco de Sá publicou, na ocasião, o artigo "O 'Teatro da Experiência' é um caso de polícia", onde dizia, entre outras coisas que

*O bailado do deus morto* [...] outra coisa não é senão uma autêntica "macumba", apenas com a agravante de que não tem o menor respeito pela religião, pela família ou pela moral! Tanto assim que a meia dúzia de figuras que bailam macabramente na semi-escuridão

66. Texto de Flávio de Carvalho incluído no catálogo do III Salão de Maio, em 1939, mencionado por Luiz Camillo Osório (*op. cit.*, p. 21).

67. J. Toledo chega mesmo a afirmar que a experiência levada a cabo por Flávio de Carvalho antecipa, em 20 anos, o trabalho de Jerzy Grotowski (1933-1999). A justificativa, a seu ver, reside no fato de que *Akropolis*, espetáculo concebido pelo encenador polonês em 1962, "foi apresentado por atores mascarados que se comunicavam com vozes onomatopaicas e desumanas, o que como se viu, acontecia com a peça *O bailado do deus morto*, de Flávio, em 1933... e o nome 'teatro de laboratório' como também é chamado o 'teatro pobre' de Grotowski [...] já era proposta conhecida e séria naqueles tempos idos". Talvez seja o entusiasmo do biógrafo pelo objeto de estudo que leva Toledo a ver no Teatro da Experiência um precursor de Grotowski. É importante ressalvar, no entanto, que as semelhanças entre as duas experiências são apenas superficiais. E, nesse caso, em parte também equivocada, já que em *Akropolis* os atores não estavam realmente mascarados, mas usavam sua expressão facial como máscara. Grotowski explica que "cada ator guardava uma expressão facial particular, um tique defensivo que tinha sido elaborado com os músculos faciais sem o uso de maquiagem. Era pessoal para cada um, mas enquanto grupo era agonizante – a imagem da humanidade destruída". (Cf. "An interview with Grotowski". *The Drama Review*, volume 13, n. 1 [T. 41], outono de 1968, p. 43). É impossível julgar um espetáculo a partir da memória, da documentação e de relatos de testemunhas. Aquilo que sobrevive ao espetáculo é, por natureza, diferente do espetáculo. Toda e qualquer análise de espetáculos e performances do passado é, portanto, um exercício de recriação e imaginação. Feita a ressalva de que não temos acesso ao espetáculo de Flávio de Carvalho senão por meio de registros alheios, parece inadequado concluir que a brevíssima existência do Teatro da Experiência antecipa o trabalho de Grotowski com base apenas nos elementos formais de *O bailado* e na vontade de experimentar expressa pelo artista. O trabalho de Grotowski é, antes de tudo, o resultado de um longo e árduo processo de pesquisa e de treinamento do ator, assim como um questionamento maior da função do teatro.

> do cenário exótico, com a cara coberta por máscaras de folhas de flandres e os cabelos de estopa, proferem obscenidades e dizem coisas descabeladas, com todas as letras e em alto diapasão, para que não se perca uma única sílaba!

Para, ao final, concluir: "O Teatro da Experiência é um caso de polícia. Nada mais"[68]. Artistas do Rio e de São Paulo endossaram manifestos de apoio ao experimento de Flávio de Carvalho e contra a arbitrariedade da ação da polícia – que, não satisfeita em censurar a peça, também fechava o teatro –; mas as manifestações favoráveis foram em vão. Terminava ali a brevíssima "Experiência".

Embora sem repercussão imediata, as idéias modernistas se traduziram no palco e na dramaturgia por meio das experiências de vanguarda de Renato Vianna, Flávio de Carvalho e de Oswald de Andrade. No plano da crítica, a atuação de Antônio de Alcântara Machado – embora relativamente curta (1923-1933) – foi das mais significativas, com uma surpreendente trajetória, caracterizada por uma transformação radical no seu modo de pensar e entender o teatro e, conseqüentemente, por uma total revisão dos conceitos de que se utiliza na crítica.

Cecília de Lara identifica duas fases distintas de sua atividade crítica: a primeira, que vai do período em que começa a escrever no *Jornal do Commercio* (1923) até 1925, momento em que "sofreu um autêntico processo de conversão". "[Alcântara Machado] gradativamente substituiu suas posições, a ponto de, num período de menos de dez anos, completar o giro situando-se em posição oposta"[69], sendo que, nesta segunda fase, tudo aquilo que antes lhe parecia defeito ou deficiência do teatro brasileiro passa agora a ser considerado pelo crítico como a matéria-prima de onde será possível surgir um teatro nacional de fato.

A primeira coisa que chama a atenção na crítica de Antônio de Alcântara Machado, ainda segundo Cecília de Lara, é o fato de que, num período em que a maior parte dos críticos – e do público – interessava-se tão-somente pelos atores ou atrizes, Alcântara Machado se preocupava em analisar os diversos elementos da cena (texto, interpretação, música etc.) para, a partir desses aspectos, emitir um juízo. Lamentava constantemente a mesmice do repertório das companhias estrangeiras, assim como a má qualidade das adaptações aqui realizadas e a falta de originalidade da produção nacional, em particular das revistas, sobre as quais, escreve:

> Mas é revista nacional, o que vale dizer, é uma série de cenas, copiadas umas, desenxabidas outras, imorais quase todas. Mas faz rir a valer a assistência. Conseguiu o que desejava, portanto. E de revistas nacionais, mais não se pode exigir.[70]

68. *Apud* TOLEDO, J. *Op. cit.*, p. 185.
69. Cf. LARA, Cecília de. *Op. cit.*, p. 14.
70. *Apud* LARA, Cecília de. *Op. cit.*, p. 56.

Extremamente familiarizado com as tendências modernas do teatro europeu, graças à permanência de alguns meses no continente, Antônio de Alcântara Machado postula, num primeiro momento, a importação de técnicas de vanguarda, aliadas à exploração de temas nacionais, por autores nacionais. Ele conclama os escritores:

> Argumentos nacionalíssimos. Há a importar as fórmulas, somente as fórmulas. As de hoje, as deste tempo, as fórmulas inovadoras e moças de Romains, de Shaw, de Pirandello, de Zimmer, de Tchapeck, de Gantillon, de tantos, de tantos.[71]

Posteriormente, Alcântara Machado termina por identificar-se totalmente ao movimento modernista, propondo então um "teatro bagunça", o teatro inspirado por Piolim[72], pelo circo, pelas tradições populares e pelo folclore: "Um teatro bagunça da bagunça sairá". E, em outro texto, justifica:

> [...] a salvação pelo popular é o que se pode tentar no teatro brasileiro. Que venham a farsa grosseira, a comédia de costumes, de pé no chão, os ingênuos de subúrbio, o folclore, o samba, o carnaval, a feitiçaria, o vernáculo estropiado, os dramas do sertão, [...] graças e desgraças da civilização brasileira.[73]

Esta posição não somente é oposta à sua primeira fase crítica, quando abominava o teatro ligeiro e o improviso, como também demonstra claramente a estreita ligação entre Alcântara Machado e o modernismo, em particular as idéias antropofágicas[74].

No intervalo de tempo que há entre o fim da atividade crítica de Antônio de Alcântara Machado e o momento em que Decio de Almeida Prado começa a escrever no jornal *O Estado de S. Paulo*, a crítica esvazia-se por completo. Miroel Silveira observou certa vez que

> [...] a crítica teatral no Brasil tinha até um sentido anedótico. A gente que é de imprensa sabe. Quando na redação chegava um convite para uma estréia, a pergunta era aquela: Quem tem smoking? Isso porque as estréias se davam sempre no Teatro Municipal.[75]

---

71. MACHADO, Antônio de Alcântara. *Cavaquinho e saxofone (solos) 1926-1935*. Rio de Janeiro: José Olympio, 1940, p. 438.

72. Abelardo Geraldino Pinto (1897-1973), famoso palhaço Piolim, admirado pelos modernistas como criador de um estilo de representação autenticamente brasileiro (N.E.).

73. *Apud* LARA, Cecília de. *Op. cit.*, p. 117.

74. No *Manifesto da poesia pau-brasil* (1924), Oswald de Andrade propunha abraçar o primitivismo e o passado barbáro, característicos do Brasil, como aquilo que constitui a sua verdadeira identidade, substituindo a cópia de modelos estrangeiros pela invenção e a surpresa. No *Manifesto antropófago* (1928), ele radicaliza essa posição e propõe a antropofagia como uma fórmula para reverter a colonização. Em vez de ser devorado pelo colonizador, o Brasil deveria devorá-lo. A devoração das idéias estrangeiras, devidamente digeridas e processadas a partir da realidade do país, geraria não a cópia, mas um produto novo, brasileiro.

75. ALMEIDA PRADO, Decio de. Coleção Depoimentos – II, p. 38.

O que se passa de realmente significativo nesse período, em São Paulo, para o movimento teatral, é a formação de grupos amadores – cuja junção, anos depois, sob os auspícios do industrial ítalo-brasileiro Franco Zampari, daria origem ao importantíssimo Teatro Brasileiro de Comédia. São eles o Grupo de Teatro Experimental, de Alfredo Mesquita, o Grupo Universitário de Teatro, de Decio de Almeida Prado, a Sociedade de Artistas Amadores de São Paulo, organizado por Madalena Nicol, e o English Players, grupo da comunidade inglesa na cidade[76].

No Rio ou em São Paulo, o discurso dos amadores é, na essência, o mesmo, como podemos verificar pelo exame dos depoimentos daqueles que participaram do movimento de renovação teatral e da leitura de documentos e registros da época. Os Comediantes, por exemplo, definiam seus propósitos da seguinte forma:

> Os Comediantes, organização de artistas para o estudo do teatro, vêm desenvolvendo em nosso meio [...] um constante trabalho de aprimoramento do espetáculo teatral, procurando levantar com a ajuda do interesse do público, o nível cultural do espetáculo...[77]

E Alfredo Mesquita, organizador do Grupo de Teatro Experimental, lembra que

> [...] este grupo nosso tinha um ideal maior, ou seja, levantar o nível do teatro brasileiro, fazer um teatro cultural e educar o público para a aceitação de peças fora do âmbito das possibilidades do teatro profissional da época.[78]

Muito contribuiu para o trabalho desses grupos a permanência no Brasil da companhia de Louis Jouvet. Impossibilitado de retornar à Europa devido à guerra, acabou permanecendo no país por um período de dois anos, quando as platéias do Rio e de São Paulo tiveram oportunidade de assistir a um primeiro exemplo de encenação que, sem dúvida, contribuiu para ajudar a formar um padrão estético diferente do que aqui imperava.

Ao contrário da Primeira Guerra Mundial, que isolou o país e terminou por incentivar um teatro de cunho nacionalista, a Segunda Guerra, paradoxalmente, serviu para colocar o Brasil em contato com o que havia de melhor internacionalmente em

76. Os espetáculos inaugurais do TBC foram *La voix humaine*, de Jean Cocteau (1889-1963), apresentado no original por Henriette Risner Morineau (1907-1990) e *A mulher do próximo*, de Abílio Pereira de Almeida (1906-1977), representado pelo Grupo de Teatro Experimental em 11 de outubro de 1948. A seguir apresentaram-se o Grupo Universitário de Teatro com O *baile dos ladrões*, de Jean Anouilh (1910-1987), com tradução de Antonio Candido; o English Players (sob o nome de Sociedade dos Artistas Amadores de São Paulo), com *I Have Been Here Before*, de J. B. Priestley (1894-1984), encenado no original; e o Grupo de Artistas Amadores, de Madalena Nicol (1919), com *Esquina perigosa*, também de Priestley. O Grupo de Teatro Experimental apresentou ainda *À margem da vida*, de Tennessee Williams (N.E.).

77. Processo 24.694 de pedido de subvenção de Os Comediantes ao ministro da Educação e Saúde Gustavo Capanema, 20.03.44.

78. Cf. Alfredo Mesquita. *Op. cit.*, pp. 25-6.

termos artísticos, sem contar a enorme importância da colaboração dos estrangeiros que aqui chegaram – o exemplo paradigmático é o de Ziembinski que, como já vimos, com Os Comediantes surpreenderia o país em sua versão de *Vestido de noiva.* Decio de Almeida Prado assinala a relevância dessa conjugação de elementos estrangeiros para o movimento cultural do país e, em particular para o teatro:

> O Jouvet fez desde peças recentes até peças do início da carreira dele, juntamente com o Copeau. [...] Todos nós íamos ver, toda São Paulo. Também vinham para cá as companhias de *ballet* que já não podiam se exercitar na Europa. [...] Veio a exposição de arte francesa... Foi um momento extremamente rico, tínhamos coisa em quantidade.[79]

Se fatores externos contribuíam para o aquecimento do movimento cultural nas principais cidades do país, internamente muito se deve à Universidade de São Paulo, criada em 1934, e para a qual vieram professores estrangeiros – notadamente franceses – como Claude Lévi-Strauss, Roger Bastide[80] e Jean Maugüé. Podemos afirmar que sua influência foi decisiva para a formação de toda uma geração de críticos, entre os quais se encontram aqueles da chamada geração *Clima* – revista criada em 1941, na qual Decio de Almeida Prado publicará seus primeiros textos sobre teatro.

79. Ver entrevista à autora, no "Apêndice" a este volume.

80. Francês (1898-1974), foi professor de sociologia da USP, tendo vivido no Brasil durante 16 anos (N.E.).

Mario de Andrade: Poesias Completas: Martins Editora: São Paulo: 1955

Silêncio em tudo. Que a música
Rola em disco sem cessar.
Uns pensam, outros suspiram,
Um escuta.

*Reunião em casa de Lourdes e Lourival*

Lourdes reina a paz em Varsóvia.
A advertência dos vidrilhos
Ladrilha tudo. Nos cantos
Murcham as flores de retórica.

*Lourdes dos Santos Machado*

Rui bom, cuidado! Motorista
Dos highlands do pensamento:
Nessas landas os nativos
Não consertam as estradas.

*Ruy Coelho*

Minas Gerais, fruta paulista,
Sambre et Meuse bem marxante,
Periga às vêzes, por confiança
Nas gageures.

*Antonio Candido*

Êsse clima de São Paulo,
Muito vento e bem calor,
Abrir e fechar de portas
Nas auroras do cristal.

*Clima*

Paulo Emílio assim que o ruído
Ruiu, o trem descarrilou

*Paulo Emilio Salles Gomes*

No screen-play ruim... Mas os ratos
Os ratos roem por aí.

Um largo gesto desmaia
Na ribalta. Não faz mal
Que em São Paulo deciolizem
Lagartixas ao sol.

Décio A. Prado

Essa impiedade da paineira
Consigo mesma... Qualquer vento,
Vento qualquer... Os canários
Cantam que mais cantam.

Alfredo Mesquita

Lourival Gomes Machado

Lourival sentencioso,
Parceiro de dor e vale,
Nunca houve fúrias de Averno
Em diabo grande.

O arreliquim de Tintagiles, Gilda,
Me esconde tudo, neblina.
A hera deu flor... A saudade
Lilá ri das inquietações.

Gilda Mello e Souza
(naquela época
Morais Rocha)

Silêncio em tudo... Que a música
Na cuíca mansa e amiga,
Faz que diz mas não diz...
Adormeceram.

Não me peça o sentido das
várias alusões: não sei

Reprodução de poema
de Mário de Andrade sobre
o grupo Clima, com anotações
de Décio de Almeida Prado

# 2

# Formação

## Uma nova mentalidade

Até o início da década de 1940, São Paulo era pouco mais do que uma província. Apesar de sua atividade industrial – e, em parte, por causa desta –, iniciada na última década do século XIX, a cidade apresentava uma situação precária em setores essenciais para a população de baixa renda, como moradia, higiene e transporte. Em *Formação histórica de São Paulo*, Richard Morse descrevia as condições em que vivia a maioria dos habitantes:

> Em 1940, 40 a 60% dos moradores da cidade estavam em condições abaixo do normal. Um *survey* de 261 cortiços revelou que apenas 43% de seus moradores gozavam de boa saúde. Parte dos problemas dos cortiços pode ser explicada pela falta na cidade de habitações decentes e baratas e pela necessidade de se aglomerarem os trabalhadores perto do lugar de emprego, dada a insuficiência e o alto custo do transporte.[1]

Ao mesmo tempo, São Paulo crescia sem parar, desordenadamente[2]. É precisamente esse contraste entre coexistentes – o rápido crescimento e a persistência de traços atrasados, representativos de uma sociedade rural, pré-burguesa – que os modernistas e, em especial, Oswald de Andrade, vão explorar em sua poesia e em seus manifestos[3]. Como observa Roberto Schwarz em "A carroça, o bonde e o poeta modernista", "[o] foco da invenção [da poesia de Oswald] está na exposição estrutural do descompasso histórico [...] do país"[4], através da justaposição do moderno e do arcaico que se traduzem como alegoria do Brasil.

---

1. MORSE, Richard. *Formação histórica de São Paulo – De comunidade à metrópole.* Tradução de Maria Aparecida Madeira Kerberg *et. al.* São Paulo: Difel, 1970, p. 297.

2. Claude Lévi-Strauss, no livro *Tristes trópicos*, comentava a esse respeito: "Em 1935, os paulistas se gabavam do ritmo de construção em sua cidade; a média de uma casa por hora. Tratava-se, então, de palacetes; asseguram-me que o ritmo continua o mesmo, mas para os grandes edifícios. A cidade desenvolve-se com tal rapidez que é impossível encontrar-lhe um mapa: cada semana exigiria uma nova edição" (São Paulo: Anhembi, 1957, p. 97).

3. Ver SEVCENKO, Nicolau. *Orfeu extático na metrópole – São Paulo, sociedade e cultura nos frementes anos 20.* São Paulo: Companhia das Letras, 1992.

4. SCHWARZ, Roberto. "A carroça, o bonde e o poeta modernista". *In Que horas são?*. São Paulo: Companhia das Letras, 1987, p. 13.

Ao descrever, em *Tristes trópicos*, suas impressões da cidade de São Paulo em 1935, Claude Lévi-Strauss apontava, precisamente, para esse fenômeno de justaposição entre moderno e arcaico:

> Pastagens estendem-se ao pé de edifícios em cimento, um bairro surge como uma miragem, avenidas rodeadas de luxuosas residências se interrompem dos dois lados de ravinas; uma torrente lamacenta aí circula entre bananeiras, servindo ao mesmo tempo de fonte e de esgoto para taperas de pau-a-pique, onde se encontra a mesma população negra que, no Rio, acampava no alto dos morros. As cabras correm ao longo das encostas. Certos lugares privilegiados conseguem acumular todos os aspectos.[5]

Mas é Oswald de Andrade quem sintetiza essa antinomia de forma precisa, no poema que serve de elemento central para o ensaio de Schwarz:

> *pobre alimária*
>
> O cavalo e a carroça
> Estavam atravancados no trilho
> E como o motorneiro se impacientasse
> Porque levava os advogados para os escritórios
> Desatravancaram o veículo
> E o animal disparou
> Mas o lesto carroceiro
> Trepou na boléia
> E castigou o fugitivo atrelado
> Com um grandioso chicote.[6]

Os advogados a caminho do escritório representam, como Schwarz nota, simultaneamente o progresso e um certo atraso. O bonde, transportando somente advogados, "sugere a sociedade simples, o leque profissional idílica ou comicamente pequeno. Sem esquecer que o progresso requeria engenheiros, e que neste sentido, corrente até hoje, o batalhão de bacharéis está na contramão e aponta para 'o lado doutor, o lado citações, o lado autores conhecidos'"[7].

É este quadro limitado que a criação da Universidade de São Paulo em 1934 vai alterar – aos poucos, mas de forma definitiva –, ocasionando, juntamente com a ampliação dos horizontes profissionais, a transformação profunda do perfil cultural da cidade.

A universidade – reunindo às já existentes Faculdades de Direito, de Medicina e Escola Politécnica a recém-criada Faculdade de Filosofia, Ciências e Letras – vai surgir

5. LÉVI-STRAUSS, Claude. *Op. cit.*, p. 100.
6. *Apud* SCHWARZ, Roberto. *Op. cit.*, p. 14.
7. SCHWARZ, Roberto. *Op. cit.*, p. 15.

como iniciativa independente proposta pelas elites paulistas, em meio a um contexto complexo: sob o rescaldo do movimento modernista dos efervescentes anos 1920 e o conturbado início da década seguinte, marcado pelas revoluções de 1930 e 1932[8].

Aproveitando-se do apoio de Armando de Salles Oliveira[9], o qual, apesar do envolvimento no Movimento Constitucionalista de 1932, foi nomeado interventor de São Paulo por Getúlio Vargas, Julio de Mesquita Filho[10] propõe a criação da USP, elevando a um novo plano as reflexões sobre a reforma do ensino no Brasil, que já vinham sendo discutidas desde a década anterior e que tiveram em Fernando de Azevedo[11] seu principal articulador.

Para as oligarquias paulistas, a Universidade de São Paulo representava a oportunidade de gerar novos quadros intelectuais, funcionando como centro de formação e irradiação de um pensamento de elite. Para tal, vão buscar na França não só o modelo de instituição de ensino superior como também a maior parte dos professores que irão compor, juntamente com professores vindos da Itália e da Alemanha, o corpo docente da Faculdade de Filosofia, Ciências e Letras – a qual se distingue, assim, desde o início, por uma mentalidade bastante diferente daquela que, até então, caracterizava a classe intelectual brasileira de um modo geral.

Numa época em que os cursos de educação superior se restringiam à formação de técnicos, advogados e médicos, uma faculdade voltada para o ensino das ciências sociais, de filosofia e letras adquiria contornos no mínimo exóticos, não apenas para a população em geral mas também para o meio cultural brasileiro à época, para uma intelectualidade formada, em sua maioria, por autodidatas cujas credenciais eram o diploma de bacharel e o gosto pelas artes.

O sociólogo Luis Werneck Vianna aponta as diferenças de natureza entre, de um lado, a ensaística não universitária predominante no período, marcada pela "erudição" e pela não-especialização, e, de outro, um novo tipo de mentalidade que começa a tomar forma precisamente com a USP:

> Até a criação da Escola Livre de Sociologia e Política de São Paulo (1933) e da Universidade de São Paulo – USP (1934), quando se institucionalizam as ciências sociais como disciplina aca-

---

8. A Revolução de 30 foi iniciada pelas oligarquias, insatisfeitas com o resultado das eleições presidenciais daquele ano, em associação com grupos radicais do Exército brasileiro. O movimento derrubou o governo legalmente constituído, sendo Getúlio Vargas empossado em 3 de novembro, no lugar do eleito Júlio Prestes. Vargas implementou um governo centralizador e autoritário, dissolveu o Congresso Nacional, os poderes legislativos estaduais e municipais e destituiu os governadores dos estados, colocando em seu lugar interventores. Dois anos depois, a 9 de julho, estourou a Revolução ou Movimento Constitucionalista, que visava à volta do país ao regime democrático – já que, desde 1930, permanecia o Governo Provisório de Vargas e não fora aprovada uma nova carta magna. Apesar do apoio de grande parte da população de São Paulo, onde o movimento começara, as tropas constitucionalistas foram rendidas (N.E.).

9. Armando de Salles Oliveira (1887-1945), político e engenheiro, foi um dos líderes da Revolução Constituinte de 1932. De 1915 a 1938 atuou como diretor em *O Estado de S. Paulo* (N.E.).

10. Jornalista (1892-1969), foi diretor de *O Estado de S. Paulo*, onde sucedeu ao fundador Julio de Mesquita (N.E.).

11. Educador, sociólogo e historiador (1894-1974), foi também crítico literário e humanista (N.E.).

> dêmica, a universidade brasileira caracterizava-se por ser uma coleção de centros de formação profissional. A ciência, como no caso paradigmático das pesquisas sobre as questões de saúde pública, nasce por fora da universidade, que também não é concebida como um lugar de construção de uma identidade nacional, nem de exercício de uma reflexão crítica sobre o país. [...] Havia, sim, uma rica ensaística de tipo erudito, fortemente influenciada pela literatura sociológica européia, originária de uma intelectualidade que ou gravitava em torno do Estado ou era parte integrante dele, distante da universidade, quando não indiferente a ela. [...] Assim é que a institucionalização das ciências sociais não se aproveita de uma prévia existência do trabalho científico na universidade, nem tem como se vincular diretamente à tradição da forte ensaística que lhe era antecedente. As ciências sociais institucionalizadas surgem *ex-novo*, uma efetiva descontinuidade no campo da organização da cultura e dos intelectuais.[12]

Essa descontinuidade de que nos fala o texto é ocasionada, basicamente, por dois fatores: tanto pela introdução de um tipo de organização mais sistemática do conhecimento, estranha à nossa prática cultural até então, que incentivava, de forma predominante, o saber desinteressado, quanto pela afirmação de uma perspectiva essencialmente histórica e crítica, resultante da profunda influência que vão exercer em nosso meio pensadores de primeira linha como Claude Lévi-Strauss, Fernand Braudel, Roger Bastide e Jean Maugüé, entre outros.

Apenas poucos anos são necessários para que tal mudança se faça sentir de maneira muito clara. Não por acaso, duas publicações, lançadas em 1944 e 1945, se intitulariam, significativamente, *Testamento de uma geração* e *Plataforma da nova geração*[13]. Organizada por Edgard Cavalheiro, atendendo a sugestão de Sérgio Milliet, a primeira trazia uma série de depoimentos de intelectuais, entre os quais Mário de Andrade, Oswald de Andrade, o próprio Sérgio Milliet, Afonso Arinos de Melo Franco, Artur Ramos e Alceu Amoroso Lima (sob o pseudônimo de Tristão de Athayde)[14], previamente publicados em *O Estado de S. Paulo*. Como bem observa Carlos Guilherme Mota em *Ideologia da cultura brasileira*, o conjunto de testemunhos evidencia um sentimento de crise compartilhado por essa geração, uma sensação de que se chegava ao fim de um ciclo. Para Mota, "o sentimento de crise não advinha apenas da conflagração mundial" (e vale lembrar que o momento, no plano internacional, era de grande instabilidade, em razão da Segunda Guerra Mundial, enquanto no plano nacional vivia-se o autoritarismo do Estado

12. "Introdução". *In Cientistas sociais e vida pública* – número especial (vol. 37) de *Dados – Revista de Ciências Sociais*. Rio de Janeiro: Instituto Universitário de Pesquisas do Rio de Janeiro – Iuperj, 1994, pp. 363-364. Sobre a criação da Universidade de São Paulo e, particularmente, da Faculdade de Filosofia, Ciências e Letras, ver também o excelente trabalho de Paulo Eduardo Arantes *Um departamento francês de ultramar – Estudos sobre a formação da cultura filosófica uspiana*. São Paulo: Paz e Terra, 1994.

13. Respectivamente: Cavalheiro, Edgard (org.), Porto Alegre: Globo, 1944; Neme, Mário, edição citada.

14. Mário Raul de Morais Andrade (1893-1945), com Oswald, um dos principais nomes da literatura modernista; Afonso Arinos de Melo Franco (1905-1990), jurista, escritor e político; Artur de Araújo Pereira Ramos (1903-1949), antropólogo e folclorista; Alceu Amoroso Lima (1893-1983), professor e crítico literário (n.e.).

Novo) mas de uma "recessão da atividade crítica"[15]. Ele chama atenção ainda para o fato de que a transformação introduzida pela produção intelectual da geração recém-formada pela USP ainda não se fizera sentir, sendo necessário esperar até o final da década para que esta se afirmasse.

Obedecendo à mesma fórmula empregada pelo *Testamento*, *Plataforma da nova geração* é composto por uma série de depoimentos organizados por Mário Neme e publicados no jornal *O Estado de S. Paulo* no período que vai de meados de 1943 ao início de 1944, e se autodenomina "um verdadeiro pronunciamento, uma espécie de definição de princípios, de idéias e de pontos de vista pelos quais se batem e se norteiam os moços escritores brasileiros"[16]. Dentre os jovens intelectuais com idade entre 20 e 30 anos cujos depoimentos constituem a *Plataforma*, encontram-se Ruy Coelho, Antonio Candido, Paulo Emilio Salles Gomes e Lourival Gomes Machado, todos eles formados pela Faculdade de Filosofia da Universidade de São Paulo e fundadores da revista *Clima*.

Carlos Guilherme Mota enxerga na *Plataforma da nova geração* uma visão significativamente diferente da que marca a organização da "obra gêmea". Ele sublinha o surgimento de uma "vertente radical" de pensamento que pode ser discernida nos depoimentos de Edgar da Mata Machado[17], Paulo Emilio Salles Gomes e Antonio Candido. A própria organização do inquérito por Mário Neme introduz novos elementos na formulação das questões apresentadas à nova geração, a saber: a "política e ideologia parecem adquirir nova perspectivação na abordagem do fato cultural" e a inclusão da referência ao "povo," "categoria – um tanto embaraçada –" que, todavia, "surge nos horizontes"[18]. Os depoimentos do livro também tendem a rechaçar a problemática visão monolítica de uma geração homogênea e, conseqüentemente, de uma plataforma comum. Antonio Candido, por exemplo, ressaltaria as afinidades entre a sua geração, formada na esteira da Revolução de 1930, e escritores como Carlos Drummond de Andrade e Sérgio Milliet.

Se, por um lado, começa a se delinear um certo embate entre os modernistas de 20 e a nova geração, do qual a *Plataforma* e o *Testamento* são indícios significativos, por outro, há, entre os moços – em especial aqueles que compõem a geração de *Clima*, que é a que nos interessa mais de perto aqui – e os intelectuais modernistas, muitos pontos de contato[19], como nos contaria Decio de Almeida Prado:

> De fato, a minha geração toda é muito influenciada pela Faculdade de Filosofia e pela literatura francesa. O nosso modelo, em certo sentido, estava na Europa. [...] A Faculdade

15. MOTA, Carlos Guilherme. *A ideologia da cultura brasileira (1933-1974)*. São Paulo: Ática, 1985, pp. 84-5.

16. Cf. NEME, Mário. *Op. cit.*, p. 7.

17. Edgar de Godói da Mata Machado (1878-1907), poeta e jornalista (N.E.).

18. MOTA, Carlos Guilherme. *Op. cit.*, p. 112.

19. Exemplo significativo da mútua influência entre modernistas de 1922 e a geração de *Clima* é o poema de Mário de Andrade incluído em *Lira paulistana* (*In Poesias completas*, vol. II. São Paulo: Martins, 1955, pp. 399-400). O poema, sem título, versa sobre uma reunião do grupo na casa de Lourdes e Lourival Gomes Machado, e cada estrofe alude a um dos membros de *Clima*. A reprodução da poesia – anotada por Decio de Almeida Prado, identificando as referências e enviada à autora – encontra-se às pp. 56 e 57 deste livro.

> de Filosofia da Universidade de São Paulo foi toda formada por franceses, não só no início mas depois também. Os professores franceses vinham, davam aulas aqui e mantinham uma correspondência muito grande. [...] Nós tínhamos o modelo francês, mas o nosso objeto era o Brasil, o mesmo objeto da geração de 22. Porque os próprios Oswald e Mário tinham uma influência estrangeira muito grande, mas estavam interessados no Brasil, em dar uma forma nova ao Brasil. Nós também. Temos uma influência muito grande francesa, às vezes inglesa, sobretudo essas duas, mas encarando o Brasil.[20]

Formados pela Faculdade de Filosofia, Ciências e Letras no período de 1938 a 1941 e unidos pelos interesses comuns, sobretudo em torno das aulas de filosofia do professor Jean Maugüé, Antonio Candido, Decio de Almeida Prado, Ruy Coelho, Gilda de Moraes Rocha, Lourival Gomes Machado e Paulo Emilio Salles Gomes[21] vão constituir o núcleo básico da revista *Clima*, cujo primeiro número apareceria em maio de 1941. A idéia da revista, que funcionou como um balão de ensaio para toda uma geração de críticos, partiu de Alfredo Mesquita, o mesmo que pouco tempo depois criaria e dirigiria o Grupo de Teatro Experimental e a Escola de Arte Dramática. Apesar de dez anos mais velho, Alfredo ligara-se ao grupo por meio da Faculdade de Filosofia, onde seguira alguns cursos e participara de atividades culturais. Segundo Antonio Candido, Alfredo "imaginou fundar com eles uma revista que lhes servisse de oportunidade para se definirem e de veículo para se manifestarem"[22].

E, junto com Lourival Gomes Machado, Alfredo Mesquita distribuiria as seções, da seguinte maneira: Antonio Candido responderia por "Letras"; Decio de Almeida Prado, por "Teatro"; Paulo Emilio Salles Gomes ficaria com "Cinema"; o próprio Lourival, com "Artes Plásticas"; Antonio Branco Lefèvre, com "Música"; Marcelo Damy de Sousa Santos, com "Ciências" e Roberto Pinto de Souza, com "Economia". Ruy Coelho e Gilda de Moraes Rocha participavam de forma intensa na feitura da revista, revezando-se em várias seções, como espécies de "coringas"[23]. Curioso é que, no momento em que foram definidos os titulares das seções, tanto Decio de Almeida Prado quanto Antonio Candido encontravam-se ausentes, tendo sido informados *a posteriori* de suas novas atribuições. Atribuições que, como lembra Antonio Candido, durariam toda a vida:

> Alfredo e ele [Lourival Gomes Machado] determinaram quais seriam as seções fixas, em número de sete, e escolheram os seus encarregados, além de apontar alguns amigos como colaboradores íntimos. Essa atribuição foi importante em nossas vidas, porque definiu o

20. Entrevista à autora, em 11 de maio de 1995.
21. Paulo Emilio Salles Gomes é o único a se formar depois de 1941, pois havia morado alguns anos na França, onde cursou a École des Hautes Études Sociales et Internationales. Volta para o Brasil em 1939 e algum tempo depois ingressa na Faculdade de Filosofia, Ciências e Letras da Universidade de São Paulo.
22. "Clima". *In Teresina etc.* São Paulo, Paz e Terra, 1980, p. 154.
23. O termo é de Decio de Almeida Prado. Vide entrevista à autora no "Apêndice 2" a este volume.

> que seria a atividade de cada um para sempre. Foi assim que nos tornamos praticantes de várias modalidades de crítica, cabendo a Decio a de teatro.[24]

Alfredo Mesquita encarregou-se ainda de arranjar os anúncios que tornariam a publicação viável financeiramente. Logo após o lançamento do primeiro número, para o qual escreveu o "Manifesto" – que aparece assinado pela "Redação" –, Alfredo afasta-se da revista, cuja direção coubera, desde o início, a Lourival Gomes Machado, responsável também pelo projeto de capa. No entanto seu objetivo havia sido plenamente atingido: *Clima* não só vai servir como um veículo de expressão deste grupo e de uma nova mentalidade que se afirmava, como também vai definir, de fato, para toda a vida, a vocação e a atividade profissional de vários de seus integrantes, entre eles Decio de Almeida Prado. É em *Clima* que esses jovens estudantes de filosofia e ciências sociais que, ao longo de suas carreiras, iriam se revelar como os mais importantes críticos de cultura de sua geração, têm a oportunidade de publicar pela primeira vez (excetuando-se, é claro, os jornais de colégio)[25].

A importância de *Clima* na formação desta geração pode ser medida pelo depoimento de Candido, mais de 50 anos após o fim da revista:

> Para o nosso grupo ela teve um papel decisivo, pois nos permitiu organizar de modo sistemático o que não passava de troca despreocupada de idéias e manifestação de tendências vagas, formando uma "atmosfera" comum que marcou a todos nós. Eu diria que *Clima*, como revista e como grupo da revista, foi para nós uma oportunidade de formação recíproca, cada um recebendo e comunicando cultura sem perceber que o estava fazendo.[26]

Com efeito, *Clima* não só deu ao grupo a oportunidade de sistematizar idéias e métodos de pensamento como também serviu para afirmar a seriedade e a competência intelectual do grupo, funcionando, conseqüentemente, como passagem para maiores realizações profissionais. Antonio Candido, por exemplo, seria convidado a assinar o rodapé semanal da *Folha da Manhã* (hoje *Folha de S.Paulo*), adquirindo projeção nacional como crítico literário; Decio assumiria a crítica teatral do jornal *O Estado de S. Paulo*, função que exerceria por 22 anos; Ruy se tornaria responsável pela crítica de cinema no *Diário de S.Paulo*; e Lourival passaria a assinar a crítica de arte na *Folha da Manhã* e na *Folha da Noite*[27].

---

24. "A partir de *Clima*". *In Homenagem a Decio de Almeida Prado*. São Paulo: João Scortecci Editora, 1995, pp. 13-4.

25. Durante os anos de 1929 a 1933, Decio de Almeida Prado e Paulo Emilio Salles Gomes, seu grande amigo e companheiro de ginásio, organizam vários jornaizinhos. Para o primeiro deles, *D. Quixote*, Decio escreve uma conferência sobre o poeta parnasiano Vicente Augusto de Carvalho (1866-1924). Em 1935, criam a revista *Movimento*, para a qual Decio redige várias resenhas de livros. A revista durou apenas um número, teve capa de Anita Malfatti e trazia colaborações de Lúcia Miguel-Pereira, Mário de Andrade, Flávio de Carvalho, Pontes de Miranda, Sérgio Milliet, Luiz Navarro Filho e Paulo Emilio (que multiplicou sua participação com diferentes pseudônimos).

26. "A partir de *Clima*". *Op. cit.*, p. 14.

27. Ver PONTES, Heloisa. *Destinos mistos – Os críticos do grupo Clima em São Paulo (1940-68)*. (São Paulo: Companhia das Letras, 1998), para uma análise mais detalhada.

# Criar um "clima"

O primeiro número de *Clima*, com nada menos de 184 páginas – nos números posteriores a média vai se manter em cerca de 130 – , trazia, além do "Manifesto" já mencionado, um texto autocrítico da própria geração modernista, "A elegia de abril", incluído à guisa de apresentação por Mário de Andrade; um ensaio de Ruy Coelho sobre Proust, (*Marcel Proust e a nossa época*, posteriormente publicado em livro[28]); um conto de Gilda de Moraes Rocha, "Week-end com Teresinha"; as seções fixas de Antonio Candido ("Livros"), Antonio Branco Lefèvre ("Música"), Lourival Gomes Machado ("Artes Plásticas"), Paulo Emilio Salles Gomes ("Cinema"), Marcello Damy de Sousa Santos ("Ciência"), Roberto Pinto de Souza ("Economia" e "Direito"); poemas de Almeida Salles[29] e um projeto de bolsas de estudo concedidas pela revista com o objetivo de "incrementar o interesse pela filosofia, pelas ciências e pelas letras" e, também, de "incentivar e possibilitar o estudo de jovens brasileiros brilhantes e esforçados que, por dificuldades econômicas, não podem levar seus estudos além do curso secundário"[30]. Decio de Almeida Prado, em vésperas de se casar e, posteriormente, em lua-de-mel no Rio de Janeiro, só começará efetivamente a escrever para a revista a partir do terceiro número, embora o seu nome apareça como responsável pela seção de "Teatro" já no segundo. O texto publicado neste número, no entanto, vem assinado P.E. (Paulo Emilio Salles Gomes) e não D.A.P., como Decio costumava firmar então[31].

"O 'Manifesto' da 'Redação' – escrito por Alfredo Mesquita" – e "A elegia de abril", de Mário de Andrade, são documentos-chave para a compreensão do espírito e do momento em que a revista aparece.

O "Manifesto" afirma – e reafirma várias vezes – que *Clima* era feita "por gente moça e para gente moça", mas deveria e pretendia "ser lida pelos mais velhos". "Não tinha sido criada apenas com o propósito de facilitar os primeiros passos de jovens cientistas, escritores e artistas "como também para mostrar aos mais velhos e aos de fora, sobretudo àqueles que tem o mau hábito de duvidar e negar *a priori* valor às novas gerações, que há em S. Paulo uma mocidade que estuda, trabalha e se esforça,

---

28. *Proust e introdução ao método crítico*. São Paulo: Flama, sd.

29. São três poemas: "Dedicatória ao livro da adolescência", "A morte das rosas" e "Noturno". (N.E.: Formado pela Faculdade de Direito da USP, Francisco Luiz de Almeida Salles – que nasceu em 1912 e morreu no ano de 1996 – foi crítico de cinema e teve papel relevante na criação, em 1970, do Museu da Imagem e do Som de São Paulo. Por haver estado à frente, em várias ocasiões, da Cinemateca Brasileira, era chamado pelos amigos, como Paulo Emilio, de "Presidente".)

30. Revista *Clima*. São Paulo, n. 1, maio de 1941, p. 104.

31. O próprio Decio rememora o fato, em entrevista à autora, no "Apêndice 2" a este volume.

sem o fim exclusivo de ganhar dinheiro ou galgar posições"[32]. A intenção da revista é "criar entre nós esse ambiente, esse 'clima' de curiosidade, de interesse e de ventilação intelectual de que tanto necessitamos e que tanta falta nos faz"[33]. Uma revista que, na prática, começara na Faculdade de Filosofia, Ciências e Letras da USP e, mais particularmente, nos pouco ortodoxos cursos ministrados pelo francês Jean Maugüé, que aqui chegara em 1935, na primeira leva de docentes vindos da França, ao lado de Claude Lévi-Strauss.

Maugüé distinguia-se dos demais professores por seu jeito pouco afeito às convenções universitárias[34] e, sobretudo, pelo formato de suas aulas. Partindo do princípio de que "filosofia não se ensina, quando muito ensina-se a filosofar"[35], o filósofo buscou fazer, sempre que possível, a relação entre o ato filosófico – por essência crítico – e os mais diferentes elementos e atividades do cotidiano. Daí suas aulas conterem sempre comentários sobre filmes, música, literatura, pintura, etc., como recordaria Decio de Almeida Prado:

> [Maugüé] tinha um interesse geral pela arte. Citava freqüentemente livros, literatura, comentava filmes às vezes, ou alguma exposição de arte francesa, de pintura francesa. Tinha um interesse amplo, variado. Nesse sentido talvez ele tenha exercido alguma influência sobre nós, da filosofia servir apenas de ponto de partida para compreender o mundo moderno, a arte moderna.[36]

Paulo Eduardo Arantes, ao analisar o papel desempenhado por Maugüé na formação da cultura filosófica uspiana, entende que o princípio assumido pelo filósofo de que a filosofia não se ensina terminaria por gerar uma contradição em termos, visto que "o diploma em filosofia sancionava uma competência cujo espírito o desautorizava". Segundo o autor, tal princípio equivalia a "lembrar antes de tudo que a filosofia não possui objeto próprio e que portanto essa disciplina invisível e inapreensível não pode se apresentar como um conjunto de conhecimentos objetivamente transmis-

32. Revista *Clima*. São Paulo, n. 1, maio de 1941, p. 4. Embora o lançamento da revista estivesse previsto para o mês de abril, a publicação só saiu, de fato, no mês seguinte, devido à demora na concessão da licença da censura, que na época, cabia ao Departamento de Imprensa e Propaganda (DIP). É interessante observar a semelhança entre o "Manifesto" de *Clima* e o da revista *Movimento*, criada por Paulo Emilio Salles Gomes, Decio de Almeida Prado e Paulo Affonso de Mesquita Sampaio em 1935. *Movimento*, cujo lema era "A revista do presente que enxerga o futuro", colocava-se como "um órgão dos moços paulistas que estudam, trabalham e lutam", uma "resposta a um pedido que o ambiente moço do Brasil faz há vários anos". Além do mais, *Movimento* buscou, como se pôde verificar, a colaboração da "velha guarda dos novos", política também adotada por *Clima*.

33. Revista *Clima*. São Paulo, n. 1, maio de 1941, p. 5.

34. ARANTES, Paulo Eduardo. *Op. cit.*, p. 68.

35. *Apud* ARANTES, Paulo Eduardo. *Op. cit.*, p. 63.

36. Ver entrevista à autora no "Apêndice 2" a este volume.

37. Cf. ARANTES, Paulo Eduardo. *Op. cit.*, p. 64.

síveis"[37]. Mas, se, do ponto de vista dos filósofos *stricto sensu*, isto poderia se constituir em um sério problema, para esse núcleo de jovens que se reunia em torno das aulas de Maugüé – dos quais nenhum abraçou a filosofia como finalidade em si mesma (já que mesmo Gilda de Mello e Souza se dedicaria unicamente à estética), como carreira acadêmica exclusiva –, terminou por se revelar justo o contrário. A disciplina aparentemente "invisível e inapreensível" seria, na prática, um instrumento largamente utilizado para o conhecimento em outros campos do saber. Nesse sentido, a Faculdade de Filosofia, Ciências e Letras, como bem observa Antonio Candido, desempenhou "menos uma função específica, de formar especialistas em filosofia, do que a função genérica de criar uma atmosfera favorável ao espírito crítico e à reflexão sobre a realidade social e cultural"[38].

A produção intelectual dos diversos membros do grupo de *Clima*, ao longo da vida, se caracteriza por ser mais voltada para a crítica do que para a teoria. A idéia da filosofia como ponto de partida para a compreensão do mundo, efetivamente assimilada pelos alunos de Maugüé, se evidencia de modo claro pelo fato de que estes não se tornaram filósofos, dedicando-se ao pensamento abstrato, mas sim "analistas do concreto", na definição de Candido[39]. Ao escrever sobre Paulo Emilio em *Exercícios de leitura*, Gilda comentaria este aspecto do grupo:

> Efetivamente, como explicar o apelo das coisas, do real, dos acontecimentos e das obras, que nos atingia a todos, recém-formados em filosofia e ciências sociais, e nos levava, assim que nos libertávamos das tarefas universitárias, a abandonar o pensamento abstrato, para o qual não fomos talhados, pelas pesquisas de antropologia ou a análise das produções artísticas?[40]

*Clima* é o veículo que dá a essa nova geração a oportunidade de aplicar, na análise da produção cultural e artística, os métodos de pensamento e crítica aprendidos com os professores franceses. O próprio Mário de Andrade, convidado pelo grupo a colaborar na edição inicial, obedecendo a um projeto que previa para cada número a participação de um escritor de prestígio, nota a importância deste fato. Em "A elegia de abril" ele analisa a "inteligência nova do país" e, embora confessando que não a considera superior à de sua geração[41], chama atenção para o fato de que esta possui um maior interesse pela inteligência lógica e reconhece que

> Esta melhoria sensível da inteligência técnica se manifesta principalmente nas escolas que tiveram o bom senso de buscar os professores estrangeiros, ou mesmo brasileiros educa-

---

38. "Entrevista". *In Brigada ligeira e outros escritos*. São Paulo: Universidade Estadual Paulista Julio de Mesquita Filho – Unesp, 1992, p. 236.

39. Em conversa com Decio de Almeida Prado e Gilda de Mello e Souza, Antonio Candido diz que "Paulo [Emílio Salles Gomes], você [Decio], Gilda e eu somos analistas do concreto. Nós sempre fizemos análise de livro, de filme, de peça de teatro...". "Antonio Candido". *In*: Ventura, Zuenir (entrevistas); Abrantes, Paulo Roberto; Martins, Marília (orgs.). *3 Antônios e 1 Jobim – Histórias de uma geração*. Rio de Janeiro: Relume-Dumará, 1993, p. 114.

40. "Paulo Emilio: a crítica como perícia". *In Exercícios de leitura*. São Paulo: Duas Cidades, 1980, p. 212.

41. Revista *Clima*. São Paulo, n. 1, maio de 1941, p. 8.

dos noutras terras, os quais trouxeram de seus costumes culturais e progresso pedagógico, uma mentalidade mais sadia que desistiu do brilho e da adivinhação. [...] por isso não me desagrada a modesta consciência técnica com que a escola de São Paulo se afirma em sua macia lentidão, na pintura como nas ciências sociais, ajuntando pedra sobre pedra, amiga das afirmações bem baseadas, mais amorosa de pesquisar que de concluir.[42]

Essa "mentalidade mais sadia" a que se refere Mário de Andrade, fruto da transformação cultural processada pela Universidade, tem, portanto, na revista, seu primeiro produto externo ao ambiente acadêmico. Nesse sentido, *Clima* pode ser considerada a primeira manifestação pública deste espírito universitário, desta "inteligência nova" que, aos poucos, começa a alterar substancialmente toda uma prática consagrada no campo da crítica – em especial literária, cinematográfica e teatral, nas quais as transformações se farão sentir de forma mais profunda.

## Os "chato-boys"

O traço que vai distinguir de forma marcante o grupo de *Clima*, desde o princípio, é, portanto, a crítica. Não a crítica como até então se fazia nos rodapés ou nas seções culturais dos jornais, mas a crítica universitária, especializada.

De acordo com Flora Süssekind, a crítica de rodapé alicerçava-se, entre outras coisas, sobre três aspectos fundamentais: a personalidade do crítico, a publicidade (freqüentemente auxiliada pela polêmica, um de seus principais instrumentos) e o diálogo estreito com o mercado[43]. Analisando a tensão gerada em meados da década de 1940 – e que tende a se acirrar no decorrer da década de 1950 – pelo surgimento da crítica universitária, a autora destaca uma das principais diferenças entre elas: a especialização.

O crítico de rodapé era, fundamentalmente, um "homem de letras", um bacharel. Embora com outro status e ocupando maior espaço no jornal, a crítica literária apresentava, em certos pontos, uma natureza semelhante àquela que constatamos na crítica teatral da mesma época. Muito mais próximas da crônica e da nota jornalística do que do exercício da análise propriamente dito, ambas obedeciam a critérios cujo valor residia, antes de tudo, no crítico, na "personalidade" que os empregava.

Se para os homens de letras a crítica servia, em grande parte, como exercício de retórica, veículo de impressões pessoais ou instrumento de publicidade para referen-

42. *Loc. cit.*
43. *In* "Rodapés, tratados e ensaios – A formação da crítica brasileira". *Op. cit.*, pp. 13-33.

dar uma posição intelectual, em contrapartida, a geração formada pela universidade a entendia "como princípio, como meio e como fim", segundo afirma Lourival Gomes Machado em seu depoimento para *Plataforma da nova geração*. É ele quem nos diz, ainda no mesmo livro, que

> [...] essa atitude que parece não ter sido uma plataforma vem sendo um sistema. [...] Nós precisamos de crítica. Crítica que faça um tardio, mas imprescindível balanço dos valores do passado. Crítica que analise as condições e as tendências atuais. Crítica que propagandize e eduque, expandindo um pouco mais toda a atividade intelectual que ainda se fecha em pequenas elites privilegiadas de espírito, embora freqüentemente desprotegidas de fortuna [...] Precisamos conhecer cada uma das peças do mosaico da inteligência nacional para escapar aos padrões velhos da civilização que se esvai e iniciarmos uma nova escala de valores por que se possa medir a criação nova, a ciência nova e, principalmente, a nova crítica.[44]

Em seu testemunho para este mesmo *Plataforma*, Antonio Candido chamava atenção para o fato de se estar

> [...] assistindo em São Paulo à formação de uma geração que encara a atividade intelectual como um estudo e um trabalho que sejam instrumentos de vida, sendo esta concebida como uma necessidade permanente de revisão e um ataque sem dó a tudo o que signifique individualismo narcísico e hipertrofia do próprio eu.[45]

Uma geração orientada para a crítica e a análise e cuja prática tem por princípio básico a discussão fundamentada, o estudo das relações entre a obra e o meio social e a reposição das questões levantadas pelo próprio objeto de estudo.

Não é de espantar, portanto, que uma tensão crescente viesse a se instaurar, diante de concepções tão distintas a respeito da natureza da atividade intelectual, tal como era vista por esta geração ainda em formação e por aquela que chegava então à "maciez dos cinqüentões repousados"[46], acostumada a cultivar precisamente o individualismo narcísico.

Ao escrever para o quinto número de *Clima*, Oswald de Andrade deixa transparecer uma certa irritação quanto à postura do grupo de críticos. Diz ele: "A sua geração lê desde os três anos. Aos 20 tem Spengler no intestino. E perde cada coisa!"[47].

Ruy Coelho, em seu depoimento a *Plataforma*, responde a Oswald e analisa as diferenças entre a geração de 22 e a geração de *Clima*. A seu ver, a seriedade do seu gru-

44. *Op. cit.*, p. 27.
45. *Ibidem*, p. 33.
46. Depoimento de Lourival Gomes Machado. *In Plataforma da nova geração*, p. 28.
47. "Bilhete sobre fantasia". Revista *Clima*. São Paulo, n. 5, outubro de 1941, p. 5.

po o afasta da maioria dos intelectuais da geração anterior, na medida em que esta, com exceção de Mário de Andrade e Sérgio Milliet, se apoiaria tão-somente no "palpite", e não no conhecimento fundamentado e acredita que "a intuição genial que os animava era garantia bastante para tudo o que dissessem sobre qualquer matéria"[48].

Não demorou muito para que esta seriedade valesse ao grupo o apelido de "chato-boys", dado pelo próprio Oswald de Andrade, como relembra Decio de Almeida Prado:

> No *Clima*, por exemplo, o tom era muito sério, seríssimo, tanto que o Oswald de Andrade nos chamou de "chato-boys". "Boys" porque éramos meninos, de 20 e poucos anos; "chato" porque ele achava que nós tínhamos um lado universitário, sem querer. Aliás, quando o primeiro número do *Clima* saiu, o pessoal do Rio também achou uma coisa em geral muito pesada, muito chata por causa disso. Nós estávamos sob o peso também da universidade, dos professores franceses que tínhamos tido.[49]

É preciso que se diga, porém, que o tom sério da revista destoava do caráter alegre e social característico do grupo de *Clima*. A revista nascera daquela troca despreocupada de idéias mencionada por Antonio Candido, das conversas que tinham lugar, quase sempre, na confeitaria Vienense, onde o grupo de amigos – incluídos aí os futuros fundadores de *Clima* – se reunia todas as tardes após as aulas. Mas a verdade é que, na medida em que o novo pensamento surgido na Faculdade de Filosofia, Ciências e Letras – e representado pelo grupo da revista – começa a adquirir uma certa publicidade, repercutindo fora dos limites estritamente acadêmicos, surgem as primeiras reações.

O que se questionava como um tom excessivamente "sério" não dizia respeito aos propósitos do grupo, ou ao projeto de uma revista cujos artigos assumem antes a forma de ensaios e as críticas são algo mais do que simples notas, mas sim dizia respeito ao fato de que os membros de *Clima* privilegiavam, como dissera Mário, mais o ato de pesquisar do que o de concluir, mais a análise do que a síntese. Em suma, o que se criticava, no fundo, era a própria maneira de pensar resultante da formação acadêmica, a forma como as questões passavam a ser abordadas, e também a linguagem diferenciada[50]: em outras palavras, a especialização do grupo. O que os reparos à sua seriedade encerram, finalmente, é o confronto entre aquilo que Mário de Andrade denominou de mentalidade mais sadia e aquela acostumada ao brilho e à adivinhação, calcada no individualismo e no narcisimo e refratária, sobretudo, ao pensamento sistemático e à linguagem acadêmica.

---

48. *Op. cit.*, pp. 242-243.

49. Ver entrevista à autora no "Apêndice 2" a este volume. (N.E.: Observe-se que Decio se refere à revista no masculino, "o *Clima*", como se estivesse falando do grupo – algo que se verifica também entre os outros membros responsáveis pela publicação. A razão para isso se perdeu; os próprios remanescentes não sabem explicá-la.)

50. Mesmo entre os que saudaram o surgimento da revista, como Sérgio Milliet, que considera a geração de *Clima* uma das mais promissoras, encontramos uma certa desconfiança em relação à mentalidade acadêmica. Em "A novíssima", por exemplo, Milliet escreve: "Confunde-nos um pouco a mentalidade universitária dessa geração. Não que nos pareça incompatível com o êxito literário, mas temos receio de que venha influir num sentido didático que leva ao academismo de preferência ao realismo". Revista *Clima*. São Paulo, n. 3, agosto de 1941, p. 135.

Este confronto é explícito, por exemplo, no texto de Antonio Candido sobre o livro de Álvaro Lins *Jornal de crítica*. Escrevendo sobre a função do crítico, Candido distingue entre o individualista, "gideano", e o crítico orgânico, funcionalista, aquele que "busca numa produção não apenas o seu significado artístico mas a sua conexão com as grandes correntes de idéias da época, e a sua razão de ser em face do 'estado' de um dado momento"[51].

Também Ruy Coelho, no seu ensaio "Da crítica" – publicado no mesmo número de *Clima* – , opõe a crítica criadora ou filosófica àquela impressionista. Para Ruy, "os que a ela se filiam arrastam por toda a parte um eu enorme e entulhante, que cria entre eles e o mundo exterior um nevoeiro, projeção de si próprios"[52]. A crítica filosófica, ao contrário, opera ao mesmo tempo externa e internamente, penetrando na experiência artística a partir do exterior, mas buscando nesta seu movimento imanente, seu sentido essencial. A análise racional não descarta, entretanto, a visão intuitiva; antes a corrige. E, a partir daí, busca relacionar a obra aos valores e atitudes de sua época.

Para essa nova geração, a crítica cumpria, como vemos, uma função bem definida. O sistema, de que fala Lourival Gomes Machado, impõe-se por uma postura comum, reveladora daquilo que parece constituir efetivamente a base e o programa do grupo de *Clima*: importava, antes de mais nada, levar a cabo o "balanço dos valores do passado", conhecer "cada uma das peças" que compunham o "mosaico da inteligência nacional"[53]. Programa que o grupo de *Clima* iria colocar em prática: Lourival em seu estudo sobre a arte brasileira; Decio, ao longo de sua atividade acadêmica, escreve diversos estudos históricos sobre o teatro brasileiro, de Anchieta até o final do século XX; Paulo Emilio se dedicaria ao estudo de Humberto Mauro[54]; e Antonio Candido, em seus estudos dos anos 1940-1950, aos momentos decisivos da formação da literatura brasileira. Decio de Almeida Prado sublinha esse interesse, essa vontade de interpretação do país, que liga sua geração à dos modernistas:

> [...] o Paulo Emilio, por exemplo, passou dez anos na França, escreveu sobre Jean Vigo, livro publicado lá e traduzido também para o inglês. Mas depois que ele veio para o Brasil acabou estudando Cataguases, o cinema brasileiro. Antonio Candido escreveu sobre a literatura brasileira, eu escrevi sobre o teatro brasileiro, quer dizer, nós temos uma herança, talvez ainda dos modernistas, de muito interesse pelo Brasil[55]

Herança dos modernistas de um lado, de outro, a educação universitária: o fato é que a preocupação central que irá nortear desde o princípio – mantendo-se por toda

51. "*Jornal de crítica*". Revista *Clima*. São Paulo, n. 10, junho de 1942, p. 67.
52. "Da crítica". *Ibidem*, p. 49.
53. Cf. depoimento de Decio de Almeida Prado à autora.
54. Humberto Duarte Mauro (1897-1983), cineasta realizador de *Brasa dormida* (1928), um dos pioneiros do cinema falado no Brasil (N.E.).
55. Ver entrevista à autora, no "Apêndice 2" a este volume.

a vida – o trabalho desenvolvido pelos diferentes membros de *Clima*, é o problema da formação – seja na literatura, no teatro, no cinema ou nas artes plásticas – de uma expressão brasileira.

## A vocação insuspeitada

A carreira de crítico teatral de Decio de Almeida Prado tem início na revista *Clima*. Embora seu pai fosse apaixonado pelo teatro e costumasse levá-lo aos espetáculos que chegavam à cidade, Decio não manifestara, até aquele momento, um interesse específico por esta arte. Seu primeiro amor, segundo ele próprio, foi a literatura. E, em seguida, o cinema, tendo, inclusive, substituído seu amigo Ruy Coelho, por um curto período, na função de crítico do *Diário de S.Paulo*[56].

No entanto a tarefa que lhe fora entregue em *Clima*, meio arbitrariamente, acabou por ser o início de sua atividade profissional, ligando-o para sempre à história do teatro brasileiro:

> Uma revista de jovens, que reunia um grupo de amigos, deu-me, dentro da literatura, um espaço reservado, uma parte determinada, aquilo que se chamava seção fixa – a do teatro. Estava definido para sempre o meu futuro, no jornalismo e na universidade. O que fora até essa altura divertimento artístico, *hobby* intelectual, atividade circunstancial e descompromissada, tornar-se-ia o centro de minhas preocupações enquanto ser pensante e escrevente. Durante os 50 anos seguintes – pasmem todos, são mesmo 50 anos, até um pouco mais – prossegui, como colega obediente, no caminho que os meus amigos – amigos do coração, é verdade – haviam escolhido para mim, certamente me conhecendo melhor do que eu mesmo me conhecia. E confesso, revendo agora esses cinco decênios, que tenho certo orgulho em haver contribuído, com a minha geração e na medida de minhas forças, para que o teatro saísse da posição humilhante de primo pobre que ocupava entre as artes literárias brasileiras.[57]

No momento em que Decio começa a escrever, o movimento teatral da cidade de São Paulo é fraquíssimo, quase inexistente, como já vimos. Ele havia retornado de uma viagem de dois meses aos Estados Unidos, onde participara de um curso na Universidade da Carolina do Norte. Após o final desse período, tivera oportunidade de assistir a diversos espetáculos em Nova York com as grandes atrizes americanas da época – Gertrude

---

56. Ver entrevista à autora, no "Apêndice 2" a este volume.
57. ALMEIDA PRADO, Decio de. "Oração aos velhos". *In Homenagem a Decio de Almeida Prado*, pp. 40-1.

Lawrence, Katherine Cornell e Helen Hayes. Alguns anos antes, passara uma temporada de dois meses na França visitando Paulo Emilio, que se encontrava exilado em Paris[58], onde pôde assistir a espetáculos de todos os membros do chamado Cartel – Charles Dullin, Gaston Baty, Louis Jouvet e Georges Pitöeff[59]. Foi esta experiência que, em sua opinião, lhe possibilitou a formação de um certo "padrão cênico, [...] um padrão visual, um padrão também um pouco auditivo"[60].

Mas, ao assumir a seção "Teatro" da revista *Clima*, Decio não possuía, a rigor, nenhuma formação teatral, teórica ou prática. Seu primeiro texto será sobre a companhia de Jouvet que, naquele momento, acabara de chegar ao Brasil. Para escrevê-lo, Decio lança mão do livro *Réflexions du comédien*, escrito pelo diretor, sua primeira leitura no que se refere à teoria do teatro.

Intitulado "O teatro 'Louis Jouvet' em São Paulo", o interesse deste texto se deve não apenas ao fato de ser o primeiro mas também por apresentar algumas características que se perpetuariam ao longo de mais de duas décadas de crítica.

O primeiro ponto a ser ressaltado é a preocupação informativa que define, por assim dizer, o caráter do texto. Aqui o crítico leva em consideração o desconhecimento, por parte do público, da natureza mesma do trabalho de Jouvet, de suas concepções teóricas, que têm origem nas transformações cênicas empreendidas nos últimos anos em toda a Europa e, em especial, na França. Concepções amplamente baseadas na teoria de Copeau de respeito absoluto ao texto, ao qual todos os outros elementos da cena deveriam se subordinar[61]. As idéias de Copeau, de resto, iriam exercer grande influência no próprio crítico, como veremos adiante.

---

58. Paulo Emilio Salles Gomes fora preso, em novembro de 1935, logo após a fracassada tentativa de golpe empreendida pelos comunistas no Rio Grande do Norte, Pernambuco e Rio de Janeiro. A repressão que seguiu ao golpe mandou para a cadeia não só comunistas mas também simpatizantes, como era o caso de Paulo Emilio. Ele passou 14 meses detido e, em 1937, escapou do presídio do Paraíso por meio de um túnel escavado que levava à casa vizinha, numa fuga descrita por Decio como "rocambolesca". Após a evasão, partiu para Paris, onde permaneceu até 1939.

59. Os teatros do Cartel, reunindo os diretores Jouvet, Dullin, Baty e Pitöeff, buscaram transformar a cena francesa no período entre as duas guerras mundiais, por meio de espetáculos que se distinguiam pela unidade e, principalmente, pelo respeito ao texto, que adquire então uma posição privilegiada. A representação é colocada a serviço do drama, de sua força poética. Mais do que uma associação formal, o Cartel foi antes uma associação de idéias, de princípios compartilhados por estes diretores.

60. Ver entrevista à autora, no "Apêndice 2" a este volume.

61. "Jacques Copeau impõe-se, então, uma disciplina ascética. Ele nega a importância de toda maquinaria, ele recusa o recurso de cenários amplos, sejam pintados ou construídos, realistas ou simbolistas. Para renovar o teatro, parece-lhe necessário recomeçar pela purificação da cena: 'Que os outros prestígios desapareçam, e, para a nova obra, que nos deixem um tablado nu!'". *In*: Bablet, Denis. *Le décor de théâtre de 1870 a 1914*. Paris: Centre National de la Recherche Scientifique – CNRS, 1989, p. 371 (tradução dos editores). André Antoine (1858-1943), fundador em 1887 e diretor do Théâtre Libre, é considerado o primeiro encenador do teatro ocidental e responsável pela introdução do naturalismo no teatro. A preocupação de Copeau em valorizar sobretudo o texto, eliminando todo e qualquer elemento que pudesse prejudicar este intento – o que o levará a um progressivo despojamento do espetáculo –, opõe-se diretamente ao naturalismo de Antoine, que sobrecarrega o espaço cênico a fim de recriar aí, da forma mais exata possível, uma "fatia de vida".

Embora o público freqüentador de teatro da cidade de São Paulo, no princípio da década de 1940, fosse seleto, pertencente às camadas sociais mais privilegiadas e acostumado a acompanhar as temporadas estrangeiras, é preciso que se diga que as revoluções cênicas ocorridas então no teatro ocidental nos últimos 50 anos eram praticamente ignoradas pelos espectadores. Na verdade, os espetáculos apresentados pela companhia de Jouvet, ao longo de sua permanência aqui, constituíram um verdadeiro e precioso panorama do teatro contemporâneo europeu, sendo de extrema significância para a renovação desta arte no Brasil[62].

Assim se explica que o crítico tenha sentido a necessidade de expor amplamente as teorias do encenador francês, procurando refazer e esclarecer para o público leitor as ligações deste com o mestre Copeau, as relações de oposição ao teatro naturalista de Antoine, a defesa da convenção teatral como possibilidade de realização de um teatro poético, livre dos entraves e do engodo que é, a seu ver, a busca da verossimilhança naturalista. O que o crítico deseja, antes de mais nada, é possibilitar a compreensão do espírito daquele teatro, a fim de que se possa julgá-lo sem incorrer em equívocos. Em outras palavras, é preciso que a análise de fenômeno estético leve em consideração não só a obra e as leis internas que a regulam como também o contexto histórico em que seu objeto se inscreve. A citação do texto de Decio, embora longa, é necessária para compreendermos como o crítico busca demonstrar para o público da época a importância e a significação do teatro de Jouvet:

> É necessário esclarecer, em primeiro lugar, que Jouvet acredita no que ele chama de "convenção teatral", acordo entre o autor, o ator, e o público para criar um espetáculo, cada um colaborando para que a ilusão seja perfeita e a emoção apareça. Essa convenção que nasceu com o próprio teatro e foi respeitada durante todo o teatro clássico, quando os espectadores aceitavam o verso porque sabiam que fazia parte da convenção, aceitavam o lugar indeterminado da ação e os cenários pintados porque sabiam que o que estavam vendo não era a vida, mas uma peça de teatro, aceitavam o "à parte" porque sabiam que era um das regras do jogo, com o seu valor artístico perfeitamente definido, essa convenção, dizíamos, foi destruída (ou sua destruição foi tentada) pelo teatro naturalista, na França pelo Théâtre Libre, que quis dispensar a parte de colaboração do público e oferecer-lhe um teatro tão parecido com a vida, tão verossímil, que o espectador acreditasse sem esforço no que estava vendo, e esquecesse até que estava num teatro.

62. Durante os dois anos em que permaneceu no Brasil, a companhia de Louis Jouvet apresentou, em francês, os seguintes espetáculos: *L'école de femmes*, *La jalousie du barbouillé* e *Le médicin malgré lui*, de Molière; *Knock ou Le triomphe de médecine* e *Monsieur Trohadec saisi par le débauche*, de Jules Romains; *Ondine*, *La guerre de Troie n'aura pas lieu*, *Electra*, *L'Apollon de Bellac* e *Judith*, de Jean Giraudoux; *Tessa*, de Margareth Kennedy e Basil Dean; *La folle journée*, de Émile Mazaud; *La coupe enchantée*, de La Fontaine e Champmeslé; *On ne badine pas avec l'amour*, de Alfred de Musset; *L'annonce faite à Marie*, de Paul Claudel; *Leopold, le bien-aimé*, de Jean Sarment; *La belle au bois*, de Jules Supervielle; *Je vivrai un grand amour*, de Steve Passeur e *L'occasion*, de Prosper Mérimée.

> [...] Outro elemento fundamental, ao lado da crença na "convenção teatral", para a completa caracterização do teatro de Louis Jouvet é a valorização do texto, a submissão de todos os outros componentes do espetáculo teatral a ele.
>
> [...] Esse amor à criação artística, que põe em primeiro lugar o autor, isto é, o criador por excelência, aquele que tem "alguma coisa a dizer", submetendo-lhe o ator, é essencial na compreensão do teatro de Jouvet. "O que nos interessa", nos diz ele, "é a relação estreita, direta do homem que fala, isto é, o autor, e daqueles que escutam, isto é, da assistência, do público". Nessas palavras, nas quais ele esquece deliberadamente o ator e o *metteur en scène* ao falar sobre o essencial do teatro, está compreendido todo um programa, que Jouvet realmente executa.[63]

A importância destes espetáculos dentro do contexto nacional (entendido aqui como Rio e São Paulo) também não é menosprezada. Neste ponto, o crítico observa, principalmente, a diferença entre os espetáculos normalmente apresentados na cidade de São Paulo pelas companhias estrangeiras em turnê, espetáculos, em geral, bastante modificados e prejudicados pelas viagens, e o cuidado e a unidade das representações oferecidas por Jouvet:

> Via de regra as companhias francesas que aqui aportam têm todos os vícios da improvisação: os cenários são improvisados, o repertório é improvisado, porque constituído de peças de todos os gêneros e de todos os teatros de Paris, a própria escolha dos atores é acidental às vezes, o grupo sendo formado tendo-se em vista especialmente a excursão a fazer. Não é uma companhia que se desloca, com seu repertório, seus atores, seus cenários, seus auxiliares. É um grupo de bons atores, chefiados por alguém, com um programa mais ou menos fixo. Duas exceções conheço nos últimos anos: a estadia da Comédie Française no Rio de Janeiro e a atual temporada de Louis Jouvet. Com esta tivemos finalmente, em São Paulo, um grupo de peças estrangeiras executadas como foram criadas, pela mesma companhia, com o mesmo cenário, a mesma música, os mesmos efeitos de luz, dentro das possibilidades do nosso Teatro Municipal, é claro.[64]

Ainda que não utilize o termo encenação, não é a outra coisa que Decio de Almeida Prado está se referindo, quando aponta a distância que separa a companhia de Jouvet das demais. Nos anos seguintes, de bruscas modificações para o teatro brasileiro – nas quais Decio se acharia pessoalmente empenhado –, esta será talvez a questão mais presente nos textos do crítico.

Um segundo artigo, publicado no quarto número de *Clima*, destaca o trabalho de ator de Jouvet em *La jalouisie du barbouillé*, de Molière, que o crítico acredita seguir os

63. "O teatro 'Louis Jouvet' em São Paulo". Revista *Clima*. São Paulo, n. 3, pp. 95-8.
64. *Ibidem*, pp. 94-5.

moldes da interpretação criada por Copeau na montagem original do Vieux-Colombier. As questões teóricas e estéticas deslanchadas a partir da presença da companhia de Jouvet no Brasil, as quais Decio aborda nos dois textos iniciais que escreve, vão tornar a aparecer em outros de seus escritos para *Clima*. Os dois anos em que a companhia de Jouvet permaneceu no país cumpriram, assim, um papel importante não apenas para a formação de um novo público, mas também para a formação de um novo tipo de crítica, inaugurada por Decio de Almeida Prado.

O segundo texto sobre Jouvet é acompanhado, neste mesmo número de *Clima*, pela crítica ao espetáculo representado pela Sociedade dos Artistas Amadores de São Paulo, *O homem que veio jantar*, de George Kaufman e Moss Hart. A comédia, representada em inglês, e que a princípio poderia ser de difícil recepção numa cidade como São Paulo, por estar estreitamente vinculada à realidade dos Estados Unidos, é bem recebida pelo público (formado, em parte, por norte-americanos). E também pelo crítico. Decio de Almeida Prado confessaria que

> Não imaginávamos que aqui, em São Paulo, uma companhia de amadores pudesse apresentar com tanta perfeição uma comédia complicada (é o termo) como *The Man Who Came to Dinner*, que requer, além do mais, uma quantidade de atores característicos em pequenos papéis.[65]

O espetáculo propiciaria a Decio a oportunidade de comparação com a montagem original da Broadway, a que ele assistira durante sua viagem aos Estados Unidos. A direção da encenação norte-americana imprimira ao espetáculo uma velocidade impressionante, condizente com este gênero de comédia, cujo "interesse não nasce dos detalhes felizes, mas da própria sucessão vertiginosa dos acontecimentos"[66]. Uma velocidade característica também à vida e ao cinema dos Estados Unidos e que teria faltado, segundo Decio, ao espetáculo amador.

O crítico não deixa de lamentar, porém, que o grupo, dispondo de ótimos elementos, no que dizia respeito tanto à direção quanto aos atores, tivesse desperdiçado seus esforços com "peças ligeiras e divertidas como esta", quando poderia aproveitá-los "igualmente em tentativas de teatro mais sério, que mostrariam [...] todo o valor dessa instituição"[67].

Depois deste comentário, haveria um hiato na colaboração crítica de Decio entre os números 4 e 9 da revista *Clima*. E sua seção não seria publicada nos números 5 (dedicado exclusivamente ao filme *Fantasia*, de Walt Disney), 8, 12 e 16. Já nos números 6 e 7, os textos sobre teatro seriam de autoria de Lourival Gomes Machado e, no número 11, de Ruy Coelho. Decio escreveria apenas para os números 3, 4, 9, 10, 13 e 14.

---

65. Revista *Clima*. São Paulo, n. 4, setembro de 1941, p. 108.
66. *Ibidem*, p. 109.
67. *Loc. cit.*

Este hiato não significou, porém, que ele não participasse da revista. Ao contrário. Decio e sua mulher, Ruth, encarregaram-se da produção da revista a partir do segundo número de *Clima* (com exceção do número 8, produzido por Antonio Candido), auxiliados por Gilda de Mello e Souza, Ruy e o próprio Candido[68].

No número 9 da revista, Decio realizaria um panorama do teatro em São Paulo a partir da análise de três espetáculos. O que prometia ser a "novidade mais importante da atual temporada", a representação de *Trio em lá menor*, de Raymundo Magalhães Júnior, pela Companhia Raul Roulien[69] (é interessante lembrar aqui que o primeiro espetáculo de teatro que Decio assistiu na vida, aos 10 anos de idade, foi com esse grupo), revelou-se um grande desapontamento.

Raymundo Magalhães Júnior havia declarado ser o seu texto, de título machadiano, inspirado nas comédias modernas norte-americanas. Tal fato, por si só, poderia, segundo Decio, ter um impacto positivo para o teatro brasileiro, trazendo uma influência nova para um contexto "até agora [...] voltado quase que exclusivamente para a produção européia". Pois a mudança do eixo de influência da Europa para os Estados Unidos, no país, que tomaria força durante a Segunda Guerra Mundial, não passaria despercebida pelo crítico:

> É claro que a política da boa vizinhança, a invasão da música e da literatura da América do Norte, o próprio cinema falado, tudo estava e está preparando a entrada do teatro norte-americano em nossos palcos.[70]

*Trio em lá menor*, entretanto, por demais esquemática e previsível, não ofereceria nenhuma novidade. Para Decio, o que restava era apenas "um interesse histórico: o de indicar, no teatro, a mesma atenção voltada para as coisas norte-americanas que se nota, no momento atual, em outros ramos da nossa atividade artística"[71].

Reservaremos a discussão sobre a crítica ao segundo espetáculo da temporada, *La locandiera, o inimigo das mulheres*, de Goldoni[72], pela companhia de Procópio Ferreira, para o quarto capítulo, onde a questão da interpretação e o entendimento do crítico a respeito do que vêm a ser o grande ator e a grande atriz serão discutidos em profundidade.

O panorama da temporada paulista se encerra com a *A comédia do coração*, de Paulo Gonçalves[73], com a companhia Dulcina-Odilon. O desafio que o texto traz à representação, ao situar a ação dentro de um coração e tendo como personagens os sentimentos, dá ao crítico a oportunidade de retomar o debate sobre a convenção no teatro, levantada por Jouvet em *Réflexions du comédien* e que Decio tocara em seu primeiro texto de *Clima*.

68. Antonio Candido, muito gentilmente, prestou esclarecimentos a este respeito em carta à autora.
69. Raul Pepe Acolti Gil Roulien (1902-2000), ator e cineasta brasileiro (N.E.).
70. Revista *Clima*. São Paulo, n. 9, abril de 1942, p. 110.
71. *Idem*, p. 112.
72. Carlo Goldoni (1707-1793), comediógrafo italiano, autor de 150 peças teatrais (N.E.).
73. Nome artístico de Francisco de Paula Gonçalves (1897-1927), que, além de teatrólogo, foi poeta e jornalista (N.E.).

Aqui, a natureza do texto dramático exige de seus intérpretes um desempenho não naturalista, e sim "convencional", no sentido de que este se apóia no treinamento do ator, no "longo aprendizado, uma longa preparação de voz, de respiração, de dicção, de gestos, de movimentação", enfim, no "conhecimento profundo de um *estilo* de representar" (grifo nosso). Decio sublinha a importância dos recursos profissionais e técnicos na interpretação e observa que qualquer pessoa pode se comportar com naturalidade, mas para desempenhar um Hamlet, um Romeu ou uma Julieta, é preciso longa preparação profissional.

Considerando-se a ausência de escolas de formação de profissionais de teatro no Brasil naquele momento, a representação da peça de Paulo Gonçalves apresentava-se como uma "experiência interessante", mas cheia de dificuldades. O resultado, porém, foi considerado satisfatório pelo crítico. E Decio destacaria o desempenho da atriz principal, não deixando de observar que seu temperamento foi de grande ajuda, já que "a naturalidade nunca foi o forte de Dulcina"; "Ela sempre foi acusada, e com razão, de 'representar' demais, mesmo quando representa bem".

Nessa *A comédia do coração*, porém, Dulcina sobressai-se sobretudo por seu "domínio completo e perfeito do corpo, nos gestos e atitudes", compensando assim a falta de uma "preparação profissional escolar"[74]. Tal formação só teria início no Brasil anos mais tarde, com a criação da Escola de Arte Dramática, a EAD, por Alfredo Mesquita, na qual Decio iria lecionar por muitos anos.

O número seguinte de *Clima* traz a crítica de *Que família...*, tradução portuguesa de *Hay Fever*, uma comédia de Noël Coward[75], num outro espetáculo da Sociedade dos Artistas Amadores de São Paulo. O maior elemento de interesse nesse texto reside nas duas observações finais do crítico. A primeira refere-se à importância do público para o sucesso da representação, onde Decio escreve que "*Hay Fever* necessita, mais do que qualquer outra peça, da ajuda do público, porque se desenvolve constantemente a custa da malícia, do subentendido, em dois planos, cabendo ao público fazer a crítica dos personagens e das situações"[76].

No caso em questão, o sucesso da montagem teria sido prejudicado, em parte, por uma reação fria do público. A sensibilidade do jovem crítico já era capaz de apreciar aquilo que mais tarde se tornaria objeto de estudo da teoria literária, formulada mais precisamente como estética da recepção, que se debruça sobre o papel do leitor (e, no caso do teatro, do espectador) na realização da obra.

O segundo ponto de interesse é de natureza histórica, pois o breve comentário final de Decio de Almeida Prado não só nos fornece uma idéia precisa da situação teatral da época como também nos ajuda a compreender o público de então – sua composi-

74. Revista *Clima*. São Paulo, n. 9, abril de 1942, p.114.
75. Noël Peirce Coward (1899-1973), dramaturgo, ator e compositor inglês (N.E.).
76. Revista *Clima*. São Paulo, n. 10, junho de 1942, p. 104.

ção em termos de classe social e seu grau de educação. Não custa lembrar ainda que tais espetáculos tinham lugar no Teatro Municipal de São Paulo:

> Espero sinceramente que o simpático grupo de atores ingleses e norte-americanos reapareça em breve com alguma grande peça numa grande representação. Porque o interesse pelo teatro em São Paulo se concentra, durante meses, no esforço desse grupo, que tem um único inconveniente, para nós brasileiros: o de falarem uma língua que não é a nossa.[77]

Nesse breve parágrafo, nos damos conta do quanto a atividade teatral em São Paulo é reduzida neste momento, a ponto de concentrar todas as expectativas do público num único grupo de amadores. E vislumbramos, ao mesmo tempo, que tal público, de proporções reduzidas, como vimos anteriormente, é formado por uma elite com bom conhecimento da língua inglesa.

Durante os seus primeiros oito números, *Clima* foi publicada mensalmente. Porém, devido às dificuldades inerentes ao projeto de produção de uma revista e aos compromissos de trabalho assumidos pelos membros do grupo, a continuidade da publicação vai ser prejudicada por mais de uma vez. Após o número 8, há uma breve interrupção de dois meses, seguida pela publicação de mais três números, agora em ritmo bimestral. Entre o número 11 e o 12, ocorre novo intervalo de oito meses. E entre os números 12 e 13, a revista se interrompe por um ano e quatro meses. Após conseguir novo patrocinador, *Clima* surge totalmente reestruturada, mas duraria apenas mais quatro números, encerrando atividades em novembro de 1944. Antonio Candido recorda que manter a confecção da revista não era tarefa fácil:

> Imaginem montar todos os meses, sem qualquer apoio profissional, um número de mais de cem páginas, desde reunir matéria até providenciar a distribuição, passando pela cobrança de anúncios novos, a revisão de provas, as relações com a tipografia e sobretudo a caça dos colaboradores.[78]

Quando o número 13 é publicado, após a longa interrupção, estamos em agosto de 1944. Entre o momento em que Decio escreve sobre *Que família...* e a retomada da revista, um "terremoto" sacode o marasmo do teatro brasileiro: *Vestido de noiva*, de Nelson Rodrigues, encenado pelo grupo Os Comediantes e dirigido por Ziembinski. E a temporada da companhia amadora em São Paulo daria ensejo a um longo e interessante texto de Decio, no qual ele analisaria as montagens de peças de Musset, Molière e Maeterlinck[79] que completam o repertório do grupo e avaliaria a importância da encenação de *Vestido de noiva* para a modernização do teatro brasileiro.

---

77. *Loc. cit.*

78. "Clima". *In Teresina etc.*, edição citada, p. 157.

Decio abre seu texto reconhecendo que Os Comediantes são, muito possivelmente, o grupo que vinha contribuindo de forma mais decisiva "para que o teatro brasileiro alcance o nível do teatro universal". O crítico julgava que, naquele momento, a liderança do movimento de renovação era compartilhada entre eles e a Companhia Dulcina-Odilon, que vinha buscando aprimorar a qualidade dos espetáculos que apresentavam e que já havia merecido elogios de Decio por ocasião da montagem de *Nunca me deixarás*[80]. Para o crítico, a "grande originalidade" de Os Comediantes se constituía na presença de um corpo de diretores, aliado a um elenco em que não havia lugar para divas.

Ao comentar o texto de Nelson Rodrigues, Decio de Almeida Prado enfatiza a dimensão de evento inaugurador do teatro brasileiro moderno, de um modo que não deixa de evocar a discussão ontológica que examinamos no primeiro capítulo deste estudo. Nas palavras do crítico,

> A importância da peça do sr. Nelson Rodrigues para o teatro brasileiro é enorme. Causa mesmo espanto ver repentinamente surgir do nada que é o nosso teatro, quase por milagre de geração espontânea, um autor com tanta audácia, que procura, logo nas primeiras tentativas teatrais, dominar virtuosisticamente o meio de expressão artística que escolheu.[81]

Se o teatro brasileiro havia se transformado no intervalo que decorre entre a interrupção da revista e sua retomada em 1944, o mesmo se passara com o crítico, cujos textos agora deixam transparecer um grau de amadurecimento e um domínio maior do *métier*, um conhecimento mais profundo da arte teatral e uma visível segurança em sua escrita. Decio move-se à vontade entre os diversos elementos que compõem a teoria e a prática do teatro. Não podemos deixar de pensar que, neste momento, sua crítica se beneficia muito de sua experiência prática como diretor do Grupo Universitário de Teatro, criado por ele e Lourival Gomes Machado no ano anterior e sobre o qual falaremos mais adiante.

Mas voltemos a Nelson Rodrigues. A inovação na construção dramática de *Vestido de noiva* – a ação fragmentada e dividida entre os planos da memória, alucinação e realidade, o emprego de uma temporalidade não-linear, as sucessivas retificações da "trama" –, levada à cena com técnica e virtuosismo pela companhia e pelo diretor Ziembinski, representa, no entender do crítico, uma "ousadia [...] extremamente importante e fecun-

---

79. Louis Charles Alfred de Musset (1810-1857), escritor francês; Jean-Baptiste Poquelin Molière (1622-1673), dramaturgo francês; Maurice Maeterlinck (1862-1949), escritor belga (N.E.).

80. Após elogiar a qualidade do espetáculo da Companhia Dulcina-Odilon, Decio escrevia, ao final da crítica: "Que Odilon e Dulcina continuem com sucesso, como na temporada atual, nesse 'compromisso' entre o teatro comercial e o de arte, já que este último parece por ora impossível no Brasil, é o desejo da seção teatral de *Clima*. Revista *Clima*. São Paulo, n. 3, agosto de 1941, pp. 101-102.

81. Revista *Clima*. São Paulo, n. 3, agosto de 1944, p. 83.

da, [...] sacudindo a pasmaceira que vai por aí"[82]. Para um teatro habituado à sala de visitas tradicional, a força do texto de Nelson Rodrigues está em revelar a plasticidade da cena, "obrigando o palco a desdobrar-se para seguir docilmente a sua imaginação" [83].

Decio se pergunta, no entanto, se o teatro necessitaria de uma "certa disciplina, que faria realçar o valor literário do texto"[84]. A questão aponta para a concepção da superioridade do autor sobre os demais elementos da encenação que informa a visão do crítico, concepção que, como já foi dito, deve muito às idéias de Copeau e cujo melhor exemplo se encontra no trabalho de Jouvet. Mas o crítico coloca tal preocupação entre parênteses, por considerar que, no estágio em que se encontrava naquele preciso momento, tal questão se afiguraria contraproducente: o teatro brasileiro necessitava, ao contrário, de toda a liberdade para experimentar e descobrir seu próprio caminho. Diz Decio de Almeida Prado:

> [...]parece-me que não devemos começar teorizando e impondo limites ao desenvolvimento do nosso teatro. Deixemos que ele siga todas as escolas, deixemos que sofra as influências das artes afins, a música, a pintura, o *ballet*, o cinema, deixemos que ele desenvolva sua técnica incipiente, [...] em uma palavra, que ele cresça em liberdade. Mais tarde, passada a fase necessária de libertinagem, robustecida a técnica, quando as experiências diversas tiverem enfim nos dado um instrumento flexível, maleável, capaz de obedecer com facilidade e fidelidade a inspiração de cada autor, cuidaremos então de voltar à disciplina e discutiremos qual espécie de disciplina melhor nos convém. O teatro nacional está naquela fase de crescimento na qual cada experiência, cada novo contacto é enriquecimento, e não impureza.[85]

Decio, entretanto, deixa claro que, no seu entender, o maior valor da obra de Nelson Rodrigues não reside no aspecto formal da construção dramática, mas no conteúdo psicológico da peça. E seria tal característica que faria com que o texto se imprimisse em nossa memória. Pois se "a parte visual tem [...] grande importância, [...] em última análise, o que faz uma peça é o diálogo, sempre o diálogo"[86].

Comparada a Os Comediantes, a companhia francesa que se apresenta no Municipal durante a mesma temporada teatral faz triste figura. Com um repertório que visa, acima de tudo, divertir o público, o grupo presta, aos olhos do crítico, um desserviço ao teatro brasileiro:

> Eu não nego que o teatro tenha, entre outras, a função de divertir. Aceito perfeitamente autores, peças e companhias especializadas em fazer rir ou simplesmente me passar o tem-

82. *Ibidem*, p. 85.
83. *Loc cit.*
84. *Loc cit.*
85. *Ibidem*, p. 84.
86. *Ibidem*, p. 86.

po. O que não impede que, neste momento em que o teatro brasileiro luta heroicamente para livrar-se da praga do teatro "exclusivamente para rir", neste momento em que Os Comediantes, entre os amadores, e Dulcina e Odilon, entre os profissionais, encabeçam um movimento capaz de transformar as nossas platéias, ensinando-lhes que no teatro pode-se sentir e pensar também, a vinda de uma companhia francesa, cujo intuito quase único é divertir, cause uma decepção muito justificada. Afinal, o teatro francês é um dos melhores do mundo e bem que podia nos dar uma ajuda na luta por um repertório melhor.[87]

O crítico não deixa de notar a ironia residente no fato de que quem "melhor representou o teatro francês nessa temporada, em São Paulo, foram sem dúvida alguma Os Comediantes, com o espetáculo de Musset e Molière"[88]. Interessante momento este, a seu ver, que atravessava o teatro brasileiro.

Nos números 14 e 15 de *Clima*, Decio retomaria a discussão teórica sobre a convenção no teatro moderno, em um ensaio dividido em duas partes. A primeira parte trata do embate entre, de um lado, o teatro naturalista, proposto por Émile Zola[89], e, de outro, as "convenções teatrais" – o naturalismo propugnado por Zola visando a reduzir, ao mínimo, o uso da convenção no teatro e eliminando aquele acordo tácito que existe entre o público e a representação, por meio do qual os espectadores aceitam que certos elementos cenográficos, dramáticos, bem como a linguagem versificada, simbolizem a vida real. Nas palavras de Decio,

> A confusão entre teatro e vida não era possível porque a realidade sofria uma adaptação visível ao passar para a cena. O público, por sua vez, ajudava a adaptação, aceitando uma porção de "faz-de-contas" convencionais, como nos jogos de criança, enxergando, no palco quase nu, uma floresta, o mar, um palácio, um despenhadeiro, conforme indicavam os atores [...] Em suma, o público, ao entrar no teatro, aceitava tacitamente a "convenção teatral" [...] [isto é,] a admissão por parte do ator, do autor e do público, que teatro não é vida. É...teatro mesmo![90]

As idéias de Zola, posteriormente levadas a cabo por Antoine e Stanislávski[91] em encenações que buscam reproduzir em cena uma "fatia de vida", colocariam o espectador na posição daquele que observa através de uma invisível quarta parede, dispensando a cumplicidade do público na criação da ilusão teatral, do "faz-de-conta". Segundo

87. Revista *Clima*. São Paulo, n. 13, agosto de 1944, pp. 86-7.
88. *Ibidem*, p. 87
89. Escritor francês (1840-1902), precursor do naturalismo literário (N.E.).
90. Revista *Clima*. São Paulo, n. 14, setembro de 1944, p. 60.
91. Konstantin Sergueiévitch Alekseiev Stanislávski (1863-1938), ator e encenador russo, em 1898, fundou o Teatro de Arte de Moscou (N.E.).

Decio, essa concepção é resumida de forma exemplar por Stanislávski, quando este afirma que "o seu objetivo era 'expulsar o teatro do teatro'"[92].

O crítico explica, a seguir, em linhas gerais, a forte reação anti-realista que se dá após o triunfo do realismo, como se verifica pela preferência dos maiores encenadores modernos da época pelo "teatro teatral". Decio afirma que "a volta à convenção é fato incontestável também entre os teatrólogos", ao passo que a "cópia exata da realidade não foi capaz de inspirar um só autor teatral que possa ser comparado aos grandes das grandes épocas de convenção: Racine ou Shakespeare, por exemplo..."[93].

Aproveitando-se da "modorra habitual" a que retorna a cena de São Paulo após a visita de Os Comediantes, Decio de Almeida Prado usa sua seção de *Clima* para apresentar ao público – leitor e teatral – um apanhado das principais idéias e transformações ocorridas no teatro europeu e russo no final do século XIX e princípio do século XX, buscando, dessa forma, superar o desconhecimento do brasileiro quanto à evolução dos últimos 60 anos.

Na segunda parte do ensaio, publicada no número seguinte, Decio volta-se para a relação entre o tempo e a convenção no teatro moderno. O crítico procede, em primeiro lugar, a uma análise comparativa da temporalidade no romance e no teatro, demonstrando que, enquanto no primeiro o tempo pode "seguir o ritmo vagaroso da vida", no segundo, ele deve, forçosamente, ser denso e concentrado, a fim de obter a maior eficácia dramática:

> [...] mal Romeu e Julieta se encontram pela primeira vez e o amor profundo já atingiu o paroxismo. No Cid, bastam 85 versos, 5 ou 6 minutos, para que D. Diogo e o Conde se tornem inimigos mortais, desfechando a tragédia. [...] E se fôssemos averiguar tudo o que acontece nas três ou quatro horas de um *Rei Lear*, ou de um *Otelo*..."[94]

A concentração do elemento tempo no texto teatral gera concisão, vigor e torna obrigatória a busca do essencial na construção da obra. Na economia do diálogo, o tempo também será fator determinante, pois este, "mesmo quando extremamente natural, revelará, se analisado, a construção cuidadosa debaixo da aparente espontaneidade, cada frase caminhando resoluta para um dado fim, promovendo o desenrolar da ação"[95].

A conclusão que se segue é que, dada a necessidade de limitação do tempo na obra dramática, esta favorecerá antes soluções convencionais, não realistas. E para demonstrar sua tese, o crítico se apóia, neste ensaio, em *Nossa cidade*, de Thornton Wilder[96]. A peça faz amplo uso de convenções, lembrando ao espectador, desde o primeiro mo-

92. Revista *Clima*. São Paulo, n. 13, agosto de 1944, p. 61.

93. *Ibidem*, p. 62 (N.E.: Jean-Baptiste Racine, 1639-1699, poeta trágico e dramaturgo francês.)

94. Revista *Clima*. São Paulo, n. 15, outubro de 1944, p. 61.

95. *Ibidem*, p. 63.

96. Thornton Niven Wilder (1897-1975), escritor americano que adotou uma linha formal próxima do teatro épico. Encenou peças com os recursos da improvisação e da ausência de cenários (N.E.).

mento, que este assiste a um espetáculo. Já na cena inicial o narrador apresenta a peça, o autor, o elenco e descreve os diferentes ambientes teatrais que ocupam o palco praticamente vazio. As vantagens desse recurso tornam-se evidentes: "as soluções convencionais", escreve Decio de Almeida Prado, "fizeram o palco perder inteiramente a sua rigidez, libertando-o do tempo e tornando-o apto, agora, para exprimir os temais mais profundos de *Nossa cidade*"[97].

O uso da convenção no teatro apresentaria, portanto, inúmeras vantagens – e não apenas no que se relaciona à luta contra o tempo. Como Decio demonstra nesses dois textos, a artificialidade, a estilização, a condensação, o simbólico seriam elementos próprios do gênero teatral.

Como se vê, a crítica de Decio de Almeida Prado, iniciada casualmente na revista *Clima* e investida da função de ponta-de-lança desta nova geração, vai amadurecer e crescer ao longo dos três anos de existência da revista, preparando-o para a posição de crítico de *O Estado de S. Paulo*, que ele assumiria em 1946, mantendo-a ao longo de 22 anos. Sua crítica se revela, efetivamente, como um dos fatores de maior peso e constância no processo de formação do teatro brasileiro moderno, uma vez que ele nunca se contentou em discutir apenas resultados estéticos, mas, sempre que pôde, apontou caminhos e colocou questões, buscando contribuir para a construção de uma nova mentalidade para o campo.

## O Grupo Universitário de Teatro

Em 1943, Decio de Almeida Prado criara, em parceria com Lourival Gomes Machado, o Grupo Universitário de Teatro (GUT), subvencionado por um Fundo Universitário de Pesquisa, iniciativa do então reitor da Universidade de São Paulo, Jorge Americano[98].

A direção do grupo fica a cargo do próprio Decio, enquanto Lourival se encarrega da parte plástica dos trabalhos. Os atores do grupo eram, na sua maioria, estudantes dos cursos de direito, letras e ciências sociais, com uma pequena exceção: Cacilda Becker, que, apesar de uma rápida experiência no teatro profissional no Rio de Janeiro, com a companhia de Raul Roulien, e de um período amador no Rio, começava ali sua carreira.

O Grupo Universitário de Teatro contou ainda com o apoio de outros membros do grupo de *Clima*. Ruy Coelho desempenhou o papel de ponto; Maria de Lourdes dos

97. Revista *Clima*. São Paulo, n. 15, outubro de 1944.
98. Advogado (1891-1969), seria reitor da USP entre 1941 e 1946 (N.E.).

Santos Machado – mulher de Lourival e integrante do grupo de amigos de onde saiu o núcleo da revista – ficou encarregada do guarda-roupas na primeira montagem; Antonio Candido traduziu, a pedido de Decio, *O baile dos ladrões*, de Anouilh; Ruth de Almeida Prado cuidava das finanças do grupo, sendo mais tarde responsável também pelos figurinos e adereços de cena; e Paulo Emilio Salles Gomes abrigou, em sua casa, as leituras realizadas pelo grupo da adaptação de *Macário*, drama de Álvares de Azevedo, feita por Lourival Gomes Machado.

A atividade amadora do GUT dura aproximadamente cinco anos, até 1948, quando, como vimos anteriormente, junta-se ao Grupo de Teatro Experimental e ao Grupo de Artistas Amadores de São Paulo para, sob o patrocínio de Franco Zampari, fundar o Teatro Brasileiro de Comédia[99]. Durante este período, o grupo monta diversos espetáculos: o primeiro, um conjunto de três peças em um ato, reunia o *Auto da barca do inferno*, de Gil Vicente[100], *Os irmãos das almas*, de Martins Pena, e *Pequenos serviços em casa de casal*, texto de Mário Neme[101], um jovem autor indicado por Mário de Andrade, a quem Decio encomendara um texto. A montagem estreou no Municipal, um dos poucos teatros existentes na cidade, e mereceu de Oswald de Andrade o seguinte elogio:

> Os chato-boys estão de parabéns. Eles acharam o seu refúgio brilhante, a sua paixão vocacional talvez. É o teatro. Funcionários tristes da sociologia, quem havia de esperar desses parceiros dum cômodo sete-e-meio do documento aquela justeza grandiosa que souberam imprimir ao *Auto da barca* de Gil Vicente, levado à cena em nosso teatro principal. Honra aos que tiveram a audaciosa invenção de restaurar no palco um trecho do Shakespeare lusitano, com os elementos nativos que possuíam. Os srs. Decio de Almeida Prado, Lourival Gomes Machado e Clóvis Graciano, secundados pela pequena *troupe* universitária, ficam credores de nossa admiração por terem realizado diante do público um dos melhores espetáculos que São Paulo já viu.[102]

Em termos formais, o espetáculo do Grupo Universitário de Teatro inovava em vários aspectos. Na concepção artística dos cenários e figurinos, a cargo do pintor moderno Clóvis Graciano[103], na iluminação de Lourival Gomes Machado, e até na inversão de gênero do personagem Anjo, representado por um homem ao invés de uma mulher. Ao avaliar retrospectivamente a montagem, mais de 50 anos depois, Decio a caracterizaria como a primeira montagem modernista feita em São Paulo[104].

---

99. Sobre o Teatro Brasileiro de Comédia, ver revista *Dionysos*, (Rio de Janeiro, n. 25, SNT, 1980) e *TBC: Crônica de um sonho*, de Alberto Guzik (São Paulo: Perspectiva, 1986).

100. Gil Vicente (1465-1537), dramaturgo considerado a maior figura da literatura renascentista portuguesa antes de Camões (N.E.).

101. Brasileiro (1918-1973), foi diretor do Museu Paulista e idealizador do I Congresso Brasileiro de Escritores realizado em 1945 (N.E.).

102. "Diante de Gil Vicente". *In Ponta de lança*. São Paulo: Globo, 1991, p. 86.

103. Brasileiro (1907-1988), participou do grupo modernista Santa Helena (N.E.).

104. "O palco da memória". Entrevista a Nelson de Sá. *Folha de S.Paulo*, caderno "Mais!", 6 de julho de 1997.

O espetáculo percorreu cinco cidades do interior do estado[105] e teria, ao fim da turnê, havia recuperado todo o dinheiro recebido do Fundo Universitário, registrando mesmo um pequeno lucro. O segundo espetáculo do GUT seguia a fórmula do primeiro e compunha-se de duas farsas de Gil Vicente – *A farsa de Inês Pereira e do escudeiro* – e uma peça de Carlos Lacerda[106], *Amapá*, sobre "a vida dos soldados americanos que estão no Amazonas"[107]. O último espetáculo, *O baile dos ladrões*, seria um dos encenados na inauguração do TBC, fazendo já parte de sua história.

Além da turnê pelo interior paulista, o GUT fez uma série de apresentações na capital em benefício das vítimas da guerra e criou, juntamente com o Grupo de Teatro Experimental, de Alfredo Mesquita, o Teatro das Segundas-feiras. Este consistia numa série de apresentações organizadas no Boa Vista, aproveitando o dia de descanso profissional, quando o espaço ficava disponível para os amadores. Dessa forma, a atuação destes, até então de caráter ocasional, poderia adquirir continuidade e estabilidade, fundamentais não só para o desenvolvimento dos grupos mas também para a formação de um público. Decio de Almeida Prado, que na época da criação do Teatro das Segundas-feiras já era crítico de *O Estado de S. Paulo*, publicou um pequeno texto a respeito, onde expõe os benefícios do projeto:

> O que os amadores pretendem realizar no Brasil equivale a uma verdadeira revolução artística. Ora, nenhuma revolução teatral se completa se não atingir o público também.[...] Não é, portanto, organizando alguns espetáculos para depois perder o contato com o público durante meses e meses que se fará alguma coisa realmente duradoura e profunda no teatro de nossa terra. Para que a sua ação seja renovadora e eficaz, é mister que o teatro amador passe a fazer parte dos hábitos do grande público, que deve considerá-lo como coisa sua.[108]

Para os espetáculos do Teatro das Segundas-feiras, o GUT reapresenta *Pequenos serviços em casa de casal*, de Mário Neme, e *A farsa de Inês Pereira e do escudeiro*, de Gil Vicente, além de encenar mais dois textos deste autor: *Todo mundo e ninguém* (um excerto do *Auto da Lusitânia*) e *O auto da Mofina Mendes*, no qual tanto Decio quanto Lourival Gomes Machado representaram pequenos papéis[109].

Embora possuísse pouquíssima experiência teatral e particularmente nenhuma como encenador, Decio de Almeida Prado tinha, ao menos, uma proposta bem definida:

---

105. O GUT se apresentou em Araraquara, Piracicaba, Marília, Bauru e São Carlos.

106. Carlos Frederico Werneck de Lacerda (1914-1977), político fluminense que publicou textos teatrais, contos e crônicas. Fundou, em 1947, o jornal *Tribuna da Imprensa* (N.E.).

107. Cf. nota publicada na revista *Clima*. São Paulo, n. 14, setembro de 1944, p. 79.

108. "O Teatro das Segundas-feiras", *O Estado de S. Paulo*, artigo de 15 de setembro de 1946, publicado na coluna "Palcos e Circos", de Decio de Almeida Prado", que gentilmente forneceu à autora cópia do referido texto, de seu arquivo pessoal.

109. Ver LEITE, Miriam Lifchitz Moreira. "GUT – O ritmo vivaz". *In Decio de Almeida Prado – Um homem de teatro*, pp. 159-168.

queria encenar obras de língua portuguesa, de preferência de autores nacionais, como se pode verificar pela escolha de textos de Martins Pena, Mário Neme e Carlos Lacerda. O que a inclusão de Gil Vicente ao lado de autores nacionais, no primeiro espetáculo do GUT (*Auto da barca do inferno*, *Os irmãos das almas* e *Pequenos serviços em casa de casal*) revela é a visão histórica que informa o trabalho de Decio desde o primeiro momento. Justificando a escolha de peças de épocas diversas, ele diria que elas "formam como que uma síntese da história do teatro brasileiro". "A primeira peça pertence ao primeiro teatrólogo de língua portuguesa; a segunda, ao primeiro comediógrafo verdadeiramente nacional; e a última a um escritor brasileiro da atualidade"[110].

Aqui também é possível perceber claramente o movimento de voltar-se para o Brasil, para a formação de um novo teatro e de uma dramaturgia nacionais. No seu modo de ver, dificilmente o teatro brasileiro poderia se desenvolver sem autores locais. E, de preferência, autores jovens, cujas peças fugissem ao ranço do velho teatro:

> [...] eu queria fazer um repertório de peças brasileiras, isto é, eu tinha um certo cunho nacionalista. Quando falo em nacionalismo não me refiro a objeções ao estrangeiro, inclusive porque minha formação era muito estrangeira e tinha tido professores estrangeiros na Faculdade de Filosofia. Achava, no entanto, que era necessário desenvolver escritores de teatro nacionais..."[111]

Apesar da influência francesa, é sempre para o Brasil que Decio e seus companheiros do grupo de *Clima* terminam por se voltar. Antonio Candido, por exemplo, escreveria: "Comparada às grandes, nossa literatura é pobre e fraca. Mas é ela, não outra, que nos exprime. Se não for amada, não revelará sua mensagem; e se nós não a amarmos, ninguém o fará por nós"[112].

A realidade do teatro não era muito diferente: também ele era pobre e fraco, mais ainda do que a literatura. A atividade de Decio, tanto na crítica jornalística como na universidade – onde desenvolveria uma pesquisa sistemática sobre a formação do teatro brasileiro, abrangendo praticamente toda a sua história, e que resulta numa série de ensaios e textos historiográficos – , é a contribuição mais significativa que possuímos até o momento em termos histórico e crítico, não só pelo tamanho da obra, mas, acima de tudo, pela qualidade e consistência que a caracterizam. Atividade que teve na prática cênica de Decio de Almeida Prado, junto ao Grupo Universitário de Teatro, um fator fundamental no seu processo de amadurecimento como crítico.

110. "Decio de Almeida Prado fala-nos do 'Grupo Universitário de Teatro', de São Paulo". *Correio da Manhã*. Rio de Janeiro, 04.10.47, sem assinatura.

111. ALMEIDA PRADO, Decio de. "Depoimento". *Op. cit.*, p. 42.

112. "Prefácio da 1ª edição". *In Formação da literatura brasileira*. Belo Horizonte: Itatiaia, 1993, v. 1, p. 10.

Acervo Decio de Almeida Prado/IMS

DAP na entrega do
prêmio Saci (1957)

# 3

# Consolidação

## "Palcos e Circos"

Quando Decio de Almeida Prado assume a crítica de teatro do jornal *O Estado de S. Paulo,* numa seção então intitulada "Palcos e Circos", em 1946, era costume que as críticas fossem publicadas sem assinatura, pois entendia-se que elas exprimiam o ponto de vista do jornal, da mesma forma que um editorial, por exemplo. O que o crítico afirmava era, acreditava-se, a opinião da empresa.

A partir de 1959, a seção passa a se chamar simplesmente "Teatro", mas foi somente em 1964, 18 anos, portanto, após sua estréia como crítico profissional, que seu nome passa a aparecer como titular na coluna do jornal. Em algumas ocasiões, porém, como por exemplo quando o crítico viaja aos Estados Unidos, enviando de lá críticas sobre espetáculos da Broadway, seu texto aparece assinado pelas iniciais D.A.P. É preciso que se diga, no entanto, que apesar de as críticas não serem assinadas por longo tempo, Decio sobressaiu-se imediatamente e sua posição de crítico titular de *O Estado de S. Paulo* era pública e notória.

O nome inicial da seção, "Palcos e Circos", remontava ao início do século e era ainda resquício de uma época em que os picadeiros tinham uma repercussão e um brilho maiores do que em meados do século XX – basta lembrar a admiração que despertava o palhaço Piolim, adotado pelos modernistas como símbolo original de nossa arte e cultura e a quem o Clube de Antropofagia chegou a homenagear com um almoço. Pois esta seção abrigou, por vezes, e durante algum tempo ainda, críticas de espetáculos variados, tais como o *Holiday on Ice* e o Circo Acrobático Chinês. Diferente das colunas de crítica especializada características dos jornais atuais, "Palcos e Circos" operava com um conceito de espetáculo mais amplo e mais abrangente, não necessariamente teatral. Em certo sentido, poderíamos dizer, usando a terminologia atual, que a seção dedicava-se às artes da performance em geral, dentre as quais o teatro, que, com o passar do tempo, vai predominar sobre todas as demais até excluí-las completamente. O crítico, por sua vez, deveria estar apto a comentar essas diferentes modalidades de performance, que impõem questões diferentes para quem as analisa.

Os textos de Decio de Almeida Prado que tratam de espetáculos de circo e patinação no gelo se destacam entre os mais deliciosos exemplos de crítica que produziu, dando total vazão à imaginação e à poesia. Neles visualizamos toda a magia do picadeiro, em tudo o que este possui de extraordinário e espetacular. Enquanto que o verdadeiro circo, itinerante, "o circo de cavalinhos, com animais raros, trapézios volantes, [...] mulheres forçudas", nos transporta para um "mundo diverso e mais perfeito do que o nosso", em que "toda exibição de força deve ser feita com músculos inconfessáveis, insuspeitados", fazendo-nos compreender "que as articulações existem para serem desarticuladas, os músculos para se atrofiarem ou se hipertrofiarem, a espinha dorsal para que a guardemos numa caixa depois de dobrá-la cuidadosamente três ou quatro vezes sobre si mesma", num espetáculo do qual "somente os loucos e as crianças são verdadeiramente dignos"[1], o circo acrobático chinês nos revela que "o animal mais estranho, exótico, improvável, imprevisível, inconcebível da natureza"[2] não é a girafa, mas o próprio homem. Diante da capacidade de um acrobata chinês, do seu grau de maestria técnica, no qual o "exercício do corpo transforma-se, aos poucos, em exercício de imaginação poética"[3], quem precisa de animais exóticos? O crítico deixa transparecer, nos textos, o fascínio e o encanto que tais espetáculos exibem para ele. Em face de cães capazes de fazer operações matemáticas, de elefantes que se equilibram sobre uma das patas, do acrobata chinês que desafia a anatomia humana e também do "circo sobre patins"[4] que é *Holiday on Ice*, Decio pressente "a aventura de tal modo inconseqüente"[5] sonhada pelo poeta Manuel Bandeira.

O ecletismo que caracterizava a seção "Palcos e Circos" deve-se também ao fato de que o movimento teatral em São Paulo, neste momento, como já se indicou, era ainda muito pequeno, apesar de já estar começando a dar sinais da virada que se consumaria muito em breve, com a criação do Teatro Brasileiro de Comédia.

De fato, Decio escreveria mais tarde que, ao iniciar sua carreira na crítica jornalística, havia muito pouco a criticar, tanto em termos de espetáculos amadores quanto de profissionais. É verdade que *Vestido de noiva* já deflagrara, em 1943, a batalha do teatro brasileiro moderno, com a encenação de um texto de autor nacional, totalmente diferente de tudo o que já havia sido visto – e ouvido – em nossos palcos, com seus três planos de ação se interpenetrando e lançando o espectador numa espécie de vertigem, complementada pelas 143 mudanças de luz; com seus personagens de classe média – exprimindo-se na linguagem própria da classe média –, projetando cruamente desejos e comportamentos patológicos no palco, numa encenação cuidadosamente preparada e que se aproveitava fartamente da estética expressionista. O choque inicial de *Vestido de noiva* viera materializar a idéia de teatro que muitos desejavam, mas poucos conseguiam vislumbrar claramente nesse momento.

Nesse período de cinco anos que separa a estréia da peça de Nelson Rodrigues, encenada pelo grupo Os Comediantes, e a fundação do Teatro Brasileiro de Comédia, a

1. Todos os trechos são de "Hoje tem goiabada...". *In Apresentação do teatro brasileiro moderno*. São Paulo: Martins, 1956, pp. 472-474.

2. "Circo Acrobático Chinês". *In Teatro em progresso*. São Paulo: Martins, 1964, p. 118.

3. *Ibidem*, p. 117.

4. "*Holiday on Ice*". *O Estado de S. Paulo*, 24.06.56.

5. "Hoje tem goiabada...". *Op. cit.*, p. 474.

atividade dos amadores é decisiva. Em São Paulo, os grupos Teatro Experimental, de Alfredo Mesquita, Grupo Universitário de Teatro, de Decio de Almeida Prado e o Grupo de Artistas Amadores de São Paulo, de Madalena Nicol, formam a base de um movimento que acaba por gerar não só uma companhia profissional como também uma escola de arte dramática e toda uma geração de professores, autores, diretores, atores e críticos, em sua maioria, autodidatas. Pois, se, no Rio de Janeiro, os amadores juntaram-se logo a encenadores estrangeiros, profissionais, como Ziembinski e Hoffmann Harnisch[6], em São Paulo dois aspectos vão distinguir o processo iniciado pelos amadores: o autodidatismo que impera até a chegada dos primeiros encenadores italianos contratados pelo Teatro Brasileiro de Comédia; e a continuidade que se pôde observar entre o trabalho dos amadores, a formação da Escola de Arte Dramática e os 16 anos de atividade do Teatro Brasileiro de Comédia.

A atividade de crítica jornalística de Decio de Almeida Prado desenvolve-se, durante 22 anos, *pari passu* ao teatro brasileiro moderno. Na verdade, são dois fatores inseparáveis de um mesmo movimento, que se vai desenhando à medida que estes aspectos interagem, num processo dialético. No interior do próprio trabalho crítico de Decio, no entanto, há três fases distintas, que podem ser delimitadas pela transformação operada sobre determinados conceitos e posturas de uma fase para outra, em especial a mudança no que se refere à sua própria idéia de crítica. Transformação que se relaciona, de forma direta, na maior parte das vezes, às mudanças que também se processam na cena brasileira.

A primeira fase, de que tratamos no capítulo anterior, compreende o período inicial em que Decio de Almeida Prado ensaia seus primeiros passos na crítica e é delimitada por sua atuação na revista *Clima*, de 1941 a 1944. Estes constituem, portanto, os "anos de formação" do crítico. A segunda fase estende-se de 1946 a 1964 e envolve os anos em que a a maior parte dos conceitos com que opera são claramente definidos. A este período denominaremos anos de "consolidação". Entre a primeira e a segunda fases não há propriamente mudanças, mas uma clara continuidade – ao lado de uma ampliação da experiência crítica e de uma definição metodológica. A terceira fase, abrangendo um espaço de tempo muito menor, de 1964 a 1968, compreende o que chamaremos "anos de transformação"; é o período em que o teatro brasileiro, vivenciando toda a turbulência política do país, depois do golpe militar de 1964, atravessa um momento de muitas redefinições, de radicais rupturas, políticas e estéticas, obrigando a crítica, agora já amadurecida, a uma reavaliação e a uma atualização de seus conceitos, paralelamente a uma tomada de posição em face do novo panorama teatral. Transformação que implica, para Decio, como veremos, repensar a própria natureza da atividade crítica.

---

6. Wolfgang Hoffmann Harnisch (1893-1965), dramaturgo e jornalista alemão (N.E.).

## A crítica militante

Ao publicar sua primeira coletânea de críticas, em 1955, reunidas sob o sugestivo nome de *Apresentação do teatro brasileiro moderno*, Decio de Almeida Prado descreve, a título introdutório, uma autêntica plataforma de atuação. No texto, especialmente relevante para a compreensão de sua crítica jornalística durante essa segunda fase, Decio expõe suas idéias acerca do teatro brasileiro, da encenação, da crítica teatral como um todo e da tarefa do crítico em particular.

A publicação destas críticas – matéria transitória por natureza, tendo em vista o veículo a que pertencem, o jornal diário – justifica-se, aos olhos do autor, por uma dupla razão. A primeira delas é o testemunho que prestam a respeito de uma arte também fugaz, o espetáculo teatral. Pois, ao contrário das obras literárias, da pintura, do cinema ou da música, que permanecem como objetos acessíveis a públicos de outras épocas – portanto passíveis de serem atualizados por novas leituras –, o teatro e a performance existem apenas no momento de sua realização. Uma vez terminado, o espetáculo sobrevive somente na memória dos que dele participaram. A crítica, como um registro que sobrevive ao espetáculo – especialmente numa época em que o recurso do vídeo ainda não existia – adquire, portanto, enorme importância. Para Decio, esses seus textos, então reunidos em livro, seriam comparáveis a instantâneos, que fixam rapidamente o presente do espetáculo, sem nada dizer sobre o passado e o futuro.

Não podemos deixar de pensar, quanto a isso, em Walter Benjamin, para quem "a verdadeira imagem do passado passa voando". "O passado", escreve Benjamin, "só pode ser apreendido como uma imagem que brilha momentaneamente no instante em que pode ser reconhecido, para não ser visto nunca mais"[7]. A crítica teatral funciona precisamente como esta imagem em que podemos, por um instante, vislumbrar o passado, através do qual se deixa entrever, de forma passsageira, não o texto dramático, mas o espetáculo teatral, vivo – a interpretação, o cenário, a música, a luz, o texto falado e a recepção do público.

A segunda razão para a publicação das críticas diz respeito ao quanto estas poderiam contribuir, naquele momento, para aquilo que se configura, aos olhos do crítico, como a necessidade mais premente do teatro brasileiro – a criação de uma consciência teatral.

Vejamos como Decio situa essa carência:

> O nosso teatro ainda não está na fase de pensar na posteridade, não adquiriu ainda o direito de se enxergar como documento histórico. Estamos no momento da construção, vivemos no presente e para o presente. Ora, o problema porventura mais cruciante entre nós é o da criação de uma consciência teatral, essa qualquer coisa vaga e indetermi-

7. Cf. Benjamin, Walter. "Theses on the Philosophy of History". *In*: Arendt, Hannah (ed.). *Illuminations*. Tradução do alemão de Harry Zohn. Nova York: Schoken Books, 1985, p. 255. Trecho traduzido do inglês pela autora.

> nada que antecede e prepara a ação, compreendendo, por exemplo, desde o conhecimento preciso de como se ilumina um palco até a discussão a respeito da natureza estética do fenômeno teatral. Essa consciência, vejo-a como obra coletiva e anônima, que se irá e já se vai formando aos poucos, nos grandes centros ou nas cidadezinhas perdidas do interior, dela participando, voluntária ou involuntariamente, todos os que se ocupam, bem ou mal, do teatro [...].[8]

Para este novo teatro que vai, aos poucos, se formando, fazendo tábua rasa do que havia anteriormente, que vai vivendo no presente e para o presente apenas, não é suficiente que se crie um novo tipo de profissional; é preciso que se forme, concomitantemente, um novo público. A construção dessa consciência teatral, no que diz respeito tanto a profissionais e estudiosos do teatro, quanto ao público, se coloca, para Decio de Almeida Prado, então, como o principal objetivo nesta primeira fase, determinando, muitas vezes, o próprio caráter da crítica.

Conseqüentemente, a crítica apresenta, neste momento inicial sobretudo, um caráter formativo e informativo, didático, menos preocupado com questões estéticas em si do que com a forma de tornar estas questões acessíveis e claras para o público leitor[9]. Ela se desdobra, por assim dizer, do objeto propriamente dito e de seu horizonte imediato para uma visada histórica mais ampla, mais abrangente – possibilitando ao leitor situar uma peça, um autor ou uma determinada postura artística, por exemplo, no âmbito maior de uma corrente, de um movimento artístico, de uma história cultural. Este caráter didático não só é intencional como é feito de forma inteiramente consciente, conforme verificamos pelo texto de introdução à *Apresentação do teatro brasileiro moderno*:

> Com referência à crítica, sobretudo aquela feita em jornal, para um leitor qualquer, entendo-a, no Brasil, como um misto de crítica propriamente dita e de divulgação, quase de propaganda de idéias concernentes ao teatro. Quero dizer com isto que nem sempre deixei subentendidas muitas noções que, se seguisse o exemplo dos críticos estrangeiros, poderia perfeitamente dar por conhecidas. Daí o tom algo didático, algo expositivo, de muitas crônicas, principalmente das primeiras, quando o nosso teatro estava longe de possuir a maturidade estética atual: em vez de criticar, expliquei uma peça, situei um autor, servindo de intérprete junto ao público, ganhando em alcance social, em ação sobre o meio,

---

8. *Apresentação do teatro brasileiro moderno*, p. 2.

9. Sob esse aspecto, o caráter didático da crítica de Decio de Almeida Prado e seu empenho na formação de uma nova mentalidade teatral, englobando aqui tanto os profissionais de teatro quanto o público, encontra um paralelo no Rio de Janeiro na atuação do grupo amador O Tablado. Fundado em 1951, O Tablado se destaca, precisamente, pela formação não só de artistas e técnicos de teatro como também de uma platéia. De seus quadros saem profissionais que posteriormente se juntam ao TBC ou formam seus próprios grupos, como é o caso do Teatro da Praça e do Teatro Ipanema. O papel didático que caracteriza o grupo vai acentuar-se, ainda mais, com a criação, nos anos 60, da Escola de Teatro do Tablado. Um número significativo de atores, diretores e grupos de teatro vai surgir como produto dos cursos de improvisação ali oferecidos nas décadas seguintes.

o que porventura perdi, sem o menor remorso, em pureza estética. Em tais casos o que predominou, creio, foi o desejo de servir ao teatro da melhor maneira possível.[10]

A crítica de *Deus lhe pague*, de 1949, pode ser tomada, neste sentido, como paradigmática:

> Se a peça que se apresenta desacompanhada de qualquer notícia acerca do autor, da época ou da corrente em que se integra, levanta uma série enorme de dificuldades para o crítico, que nem sempre encontra de imediato a perspectiva exata dentro da qual deve encará-la, pior ainda será o caso de uma peça como esta, *Deus lhe pague*, que já oferece todas as desvantagens e ainda nenhuma das vantagens da celebridade.
>
> [...] a peça, em cada uma de suas linhas, denuncia implacavelmente a época em que foi escrita. Se não a situarmos no tempo, corremos o risco de sermos profundamente injustos e até o de não compreendermos suficientemente as causas de seu êxito espetacular.[11]

A busca da perspectiva exata para o texto – tendo em mente o público que lhe é contemporâneo –, dá ensejo a que, deste ponto em diante, a crítica se processe como uma verdadeira aula:

> O teatro brasileiro, no começo da década de 30 – *Deus lhe pague* é de 1932 – vivia quase totalmente alheio ao que se passava no teatro universal. Não havíamos ainda conhecido sequer a revolução representada pelo aparecimento da figura do encenador, revolução que datava do começo do século e somente agora está em vias de se processar entre nós. Os cenários, igualmente, eram feitos antes por um técnico, hábil no aproveitar economicamente os mesmos elementos em mais de uma peça, variando o eterno "gabinete" que servia de fundo comum para todas as comediazinhas familiares, do que por um artista que pudesse ser equiparado, em cultura e força criadora, aos outros artistas plásticos. Em uma palavra, era o "cenotécnico", e não o cenógrafo atual. Quanto ao repertório, salvo generosas exceções que não chegavam a alterar o ambiente, estávamos limitados às pecinhas de costumes nacionais, sem outro interesse além de um pitoresco superficial, ou às traduções de comédias de baixa comicidade, de que são excelente exemplo as farsas espanholas de Muñoz Seca, autor dos mais representados na época.[12]

Decio reconstrói, para o público/leitor de 1949, o horizonte histórico de *Deus lhe pague*, ou, para usar o termo de Hans Robert Jauss, o "horizonte de expectativa" da obra. Em seu estudo sobre a estética da recepção, *A literatura como provocação*, Jauss define

10. *Apresentação do teatro brasileiro moderno*, p. 6.
11. *Ibidem*, p. 67.
12. *Ibidem*, p. 68. (N.E.: O autor citado por Decio é o espanhol Pedro Muñoz Seca, 1881-1936.)

o "horizonte de expectativa" como o "sistema objetivável de referências"[13] existente no momento da produção e recepção de uma obra. Esse sistema de referências abrange o conhecimento do público de um repertório de obras que precede a obra em questão (no caso de *Deus lhe pague*, as pecinhas de costumes nacionais e as comediazinhas familiares de baixa comicidade a que o público estava habituado), a aceitação de certas convenções e regras (como as que regem a representação e se traduzem, por exemplo, no "eterno" cenário de gabinete), assim como noções de estilo (tanto em relação à linguagem empregada pelo autor quanto ao estilo de interpretação dos atores), que possibilitam a apreciação da mesma a partir da comparação com aquelas obras que compõem o universo do público. É a partir deste horizonte de expectativa que Decio avalia o impacto da recepção do texto de Joracy Camargo:

> Dentro de um ambiente pacato e sem ambições como esse, *Deus lhe pague* tinha de repercutir como uma bomba: possuía um fundo mais sério, apresentava certos problemas sociais e políticos, fazia pensar, e era escrito de forma extremamente acessível, a que não faltava inteligência. O grito de "obra-prima" surgiu espontaneamente de todos os lados.[14]

Alguns anos mais tarde, a peça de Joracy Camargo já não podia causar, no público, a mesma reação. O horizonte de expectativa se modificara, modificara-se o repertório de obras que o constituíam, modificara-se também o próprio público. Decio examina *Deus lhe pague* dentro de uma perspectiva histórica, sem perder de vista sua posição em relação ao que lhe sucede:

> Depois, é claro, progredimos muito e em ritmo que tende a se acelerar. Tomamos contato com Shaw, García Lorca, O'Neill, Giraudoux, Tennessee Williams, com tantos e tantos outros; e até Shakespeare, ausente há quase um século, reaparece nos nossos palcos para ser uma das sensações de bilheteria. O que era, por exemplo, grande virtuosismo na construção de *Deus lhe pague*, em 1932, parece elementar se comparado com a diabólica habilidade de um *Vestido de noiva*. É preciso não esquecer, no entanto, que a peça de Joracy Camargo veio antes, e não depois de tudo isto, e esta pequena diferença constitui o essencial se quisermos compreender os fatos.[15]

O crítico, como vemos, faz um apanhado do nosso teatro na década de 1930 em seus vários aspectos: fatura cênica, *décor* – não se pode ainda falar em cenografia –, repertório e também a recepção do público, sublinhando as diferenças entre os moder-

---

13. jauss, Hans Robert. *A literatura como provocação (história da literatura como provocação literária)*. Lisboa: Passagens, 1993, p. 65.

14. *Apresentação do teatro brasileiro moderno*, pp. 68-9.

15. *Loc. cit.* (n.e.: Os autores aos quais Decio se refere são o irlandês George Bernard Shaw, 1856-1950; o espanhol Federico García Lorca, 1898-1936; os norte-americanos Eugene Gladstone O'Neill, 1888-1953, e Tennessee Williams, 1911-1983; e os já mencionados Jean Giraudoux e William Shakespeare.)

nos processos de encenação e as montagens do período em pauta. Também não escapa à análise a repercussão, no campo das idéias, do contexto sócio-político da época:

> Com relação às idéias, vamos encontrar fenômeno muito semelhante. Quando *Deus lhe pague* foi escrita e encenada a crise do café e a Revolução de 30, Revolução bem mais profunda do que pode parecer, tinham acabado de liquidar um panorama político vindo desde a proclamação da República. O Brasil andava inquieto, pressentindo que havia mais coisas entre o céu e a terra do que sonhava a política burguesa [...].
>
> *Deus lhe pague* espelha admiravelmente, embora de forma não profunda, essa inquietação que grassava, sobretudo nos meios intelectuais. [...] Uma obra ou uma idéia valem, às vezes, menos por si mesmas do que pela ressonância que encontram. O ambiente brasileiro, como uma caixa de música, estava preparado para receber determinada nota, e a Joracy Camargo coube o mérito, não pequeno, de emitir a nota no momento exato.[16]

Uma vez situada historicamente, Decio pode então examinar a peça tendo em vista o momento presente – o ano de 1949 – e o seu próprio horizonte de experiência, perguntando-se sobre a possível atualidade da obra com relação a esse segundo contexto, o do momento em que era reencenada:

> [...] não há dúvida que *Deus lhe pague* representa um marco, um momento da história do teatro brasileiro. Quando apareceu, nesse tão próximo e tão longínquo 1932, era uma excelente peça. Sê-lo-á ainda hoje, em 1949?[17]

A conclusão, desfavorável, baseia-se na própria recepção da peça, na atualização da obra pelo público. Aquilo que em 1932 soava ousado aos ouvidos do público havia se tornado não apenas familiar mas também inócuo:

> Seria inútil pretender que *Deus lhe pague* não tenha envelhecido: é só comparar o entusiasmo ardoroso que despertava nas primeiras platéias à tranqüilidade, diríamos respeitosa, com que é ouvida hoje.[18]

Tendo reconstruído, para o leitor, o horizonte de expectativa da peça de Joracy Camargo, o que possibilita entender porque a obra causou sensação na época, e esclarecendo também as razões que a fazem parecer inofensiva 17 anos depois (principalmente quando se leva em consideração que neste intervalo de tempo houvera a encenação de *Vestido de noiva*), Decio pode, em críticas posteriores, deter-se mais especificamente no exame das qualidades dramatúrgicas do texto.

16. *Loc. cit.*
17. *Ibidem*, p. 70.
18. *Loc. cit.*

Neste aspecto, o balanço também é desfavorável, pois, atendo-se mais aos diálogos espirituosos e um tanto superficiais, expressos na maioria das vezes sob a forma de falsos paradoxos, Joracy Camargo não conseguiria colocar no palco senão caricaturas, destinadas a servir de veículo às suas idéias. Caricaturas e ditos espirituosos que, aos olhos de seus contemporâneos, tomavam ares de "filosofia". Bem de acordo com a época, por sinal, e seu gosto pelas máximas e pela linguagem espirituosa, *Deus lhe pague* fora saudado pela crítica, quando de sua estréia, como o nascimento da verdadeira dramaturgia nacional. Esse entusiasmo, em 1932, parecia, para Decio, bastante compreensível:

> [...] as suas idéias apresentam-se freqüentemente sob a aparência de brilhantes e ousados paradoxos, mas, na verdade, não se afastam das trilhas mais batidas. Parte do seu êxito explica-se mesmo por essa facilidade em despertar no público a sensação agradabilíssima de estar sendo parte de um jogo de espírito inteligentíssimo, sem exigir-lhe, de fato, qualquer esforço de compreensão.[19]

Embora o espaço de tempo que separa as duas montagens seja relativamente curto, de um ponto de vista estritamente cronológico, em termos históricos, ao contrário, este foi um período de grandes mudanças, tanto em nível nacional como internacional. Especialmente no que se refere aos planos político e econômico – basta lembrar a vigência do Estado Novo (1937-1945), a Segunda Guerra Mundial (1939-1945), o fortalecimento da presença norte-americana no mundo. Mudanças extensivas também às idéias que formam o gosto de uma época. A platéia de 1949 já não se seduzia tão facilmente com os paradoxos de Joracy Camargo, nem com sua visão um tanto ingênua do comunismo, que, acreditava o autor, seria uma conseqüência lógica e inevitável da inteligência humana. O que restava ao texto, portanto, era um papel histórico preciso, que o crítico não se nega a reconhecer:

> *Deus lhe pague* tem assegurado um lugar de importância na história do teatro brasileiro. Se é duvidoso de que o tenha igualmente na literatura brasileira, que isso não nos induza ao excesso de rigor: de quantas peças nacionais, de todos os tempos, se poderia fazer semelhante elogio?[20]

Para um crítico como Paulo Francis, por exemplo, que chega ao teatro quando muito já havia sido conquistado pela geração dos anos 1940 e que se destaca sobretudo pela violência que adota como programa de atuação, a postura crítica de Decio era vista de forma negativa, benevolente. Segundo Francis – que exerceu a função de crítico teatral durante seis anos, entre a segunda metade da década de 1950 e o início da de 1960, primeiro na *Revista da Semana* e posteriormente no *Diário Carioca* –, "o crítico da mo-

19. *Ibidem*, p. 72.
20. *Ibidem*, p. 74.

da era pedagogo, ansioso por impulsionar o teatro como um todo, disposto a fazer concessões aos 'sérios', 'esforçados' e 'batalhadores'"[21].

Para Decio de Almeida Prado, na realidade, ser o mediador entre o público e a obra não era mesmo suficiente. A situação do teatro brasileiro, então, exigia, para ele, ainda mais do crítico: que este desempenhasse um papel ativo, militante, cúmplice. A seção crítica de *O Estado de S. Paulo* apresentava, então, sem dúvida nenhuma, um caráter partidário, se entendemos por partidário, aí, o colocar-se, deliberadamente, do lado das inovações introduzidas pelos amadores:

> Não escondo, por exemplo, a minha preferência pelos atores que estão agora na casa dos 20 ou dos 30. Respeito e admiro os mais velhos por terem alimentado o teatro em épocas ingratas, vendo as condições adversas frustrarem-lhes as melhores possibilidade de progresso. Mas é aos mais novos que me acho ligado pelas idéias, aos que vieram, de uma maneira geral, depois, e não antes de Ziembinski [...].[22]

Tudo que se processava na cena tinha, por assim dizer, uma correspondência crítica. Não se deve concluir, contudo, que esta se limitasse a espelhar o campo dos espetáculos, da prática cênica. Ao contrário. O que se estabeleceu, durante longo tempo, foi um diálogo efetivo entre a crítica e a criação, em que pergunta e resposta freqüentaram, sempre, uma via de mão dupla.

Ligados pelos mesmos objetivos e pela experiência anterior de amadores, pré-Teatro Brasileiro de Comédia, a verdade é que esta geração aprendia, conjuntamente, com os erros e acertos uns dos outros. A "Carta a uma jovem atriz", escrita pelo crítico no ano de 1948 e publicada em 1949 (dirigida, ainda que não explicitamente, a Cacilda Becker), é, sem dúvida, um bom testemunho dessa conjugação de esforços em prol do teatro – além de demonstrar a preocupação do crítico em orientar a vocação da atriz, incitando-a à realização de um trabalho sério, insistindo para que não se deixasse levar pelo caminho mais fácil do teatro comercial. Nesta carta aberta, Decio ocupa-se das possibilidades que a nova geração tem diante de si:

> [...] a nossa geração, no que concerne ao teatro, parece ter surgido à luz do dia num momento privilegiado. Pelo menos não tem havido na história do teatro brasileiro muitas ocasiões como esta, tão promissora, tão amplamente aberta para o futuro, tão rica de perspectivas.
>
> [...] Ainda é cedo para considerarmos definitivas algumas poucas conquistas. Mas a presença, rica de ensinamento e estímulo, de vários atores e encenadores europeus entre nós, o número de atores novos que surgem e se firmam dia a dia, a freqüência e o entusiasmo dos grupos amadores, a atenção apaixonada da imprensa, dos escritores, e até do público, desperto finalmente para o teatro, tudo parece indicar que estamos de fato no início de um grande

---

21. FRANCIS, Paulo. *Opinião pessoal.* Rio de Janeiro: Civilização Brasileira, 1966, p. 4.
22. ALMEIDA PRADO, Decio de. *Apresentação do teatro brasileiro moderno*, p. 5.

> movimento, cuja expansão ninguém pode prever até onde chegará. O jovem ator já não entra mais no palco, como outrora, só e desamparado. Há mestres para orientá-lo, há um público entusiasta para estimulá-lo, e até algumas escolas dramáticas, realmente dignas desse nome, começam a despontar.[23]

Tendo, neste momento, objetivos próximos e semelhantes, os jovens profissionais de teatro e a crítica se tornam, de certa forma, cúmplices. Isso levaria Decio de Almeida Prado a lamentar, algumas vezes, não poder exercer sua atividade tão livremente quanto o faziam seus pares americanos ou franceses. Pois estes podiam julgar apenas os resultados sem se preocuparem com o investimento artístico envolvido na empreitada. Tal objetividade, desejável do ponto de vista do crítico, não era possível naquele exato momento por que passava o teatro brasileiro, em que todos, direta ou indiretamente, contribuíam para sua construção, os pesos e as medidas empregados devendo ser adequados à especificidade de nosso teatro. Como se pode verificar, por exemplo, na crítica de Decio à peça *A mulher do próximo*, de Abílio Pereira de Almeida[24]:

> Num meio onde o teatro já esteja francamente desenvolvido, deve-se reservar o entusiasmo da crítica para as peças que abram novos caminhos e horizontes. A nossa situação é outra. No que se refere a autores, nem mesmo um naturalismo digno de nome tivemos ainda. Não é o caso, portanto, de apurarmos em demasia a nossa crítica, fazendo-a girar rigidamente em torno de princípios. Se uma peça é escrita com talento, se representa – como *A mulher do próximo* – uma nota de originalidade e de pensamento próprio dentro da nossa pálida produção dramática, basta tal fato para que mereça a nossa admiração e o nosso interesse.[25]

Preocupando-se em apontar valores positivos numa obra, mesmo quando o resultado final não satisfaz, Decio de Almeida Prado se reservará o direito, entretanto, de não abrir mão da sinceridade, "único valor que pode ser sempre absoluto e total"[26] e uma das poucas coisas que, no seu entender, a crítica pode oferecer com segurança. A cumplicidade, para Decio, não se traduz, de modo algum, numa benevolência indiscriminada. A crítica, assim como o estímulo, seriam, no seu modo de ver, fundamentais para o crescimento do teatro.

---

23. "Carta a uma jovem atriz". *Jornal das Artes*. São Paulo, n. 1, janeiro de 1949.

24. Advogado de formação (1906-1977), dedicou-se à dramaturgia a partir de 1936. Integraria o Grupo de Teatro Experimental e o TBC (N.E.).

25. *Apresentação do teatro brasileiro moderno*, pp. 35-6.

26. *Ibidem*, pp. 6-7.

## O servidor e o mestre

O que unia esses jovens entre 20 e 30 anos, determinados a imprimir uma nova feição à arte do teatro no Brasil, era a mesma concepção sobre a natureza do espetáculo teatral. Todos compartilhavam a convicção da necessidade do encenador, a quem cabia a tarefa de trabalhar a totalidade dos elementos da representação (atores, luz, cenografia, sonoplastia, etc.), todos eles norteados pela mesma chave interpretativa, a do texto dramático, criando-se, assim, um espetáculo uno e orgânico.

A influência que se faz sentir de forma predominante nestes jovens, e de maneira particularmente profunda em Decio de Almeida Prado, é a de Jacques Copeau, cujas idéias foram introduzidas, no país, primeiramente, por meio de Louis Jouvet, durante sua estadia no Brasil. Mais do que divulgar as idéias de Copeau, o que Jouvet fez foi torná-las concretas, visíveis e palpáveis aos olhos do público teatral brasileiro. E essas idéias iriam enformar toda a visão de Decio a respeito da encenação, delas derivando grande parte dos critérios utilizados pelo crítico.

Em primeiro lugar, no que diz respeito à função do encenador e ao respeito ao texto. Pois, do ponto de vista de Copeau, o encenador, ao coordenar e equacionar os diversos elementos da cena, direciona-os para um mesmo fim: servir às idéias do autor (expressas no texto dramático) da melhor forma possível, isto é, com a máxima fidelidade. Sendo também um criador, ele não deve, entretanto, sobrepor-se ao autor.

Na crítica de *Desejo*, de Eugene O'Neill, encenada por Ziembinski com o grupo Os Comediantes, percebem-se claramente os conceitos com que Decio está trabalhando:

> Cabe a Ziembinski a primazia de ter introduzido no nosso teatro a figura até então desconhecida do diretor – o diretor entidade suprema do teatro, princípio e fim do espetáculo. [...] a crítica que poderíamos fazer a Ziembinski, e não somente a ele mas a toda uma classe de encenadores, a toda uma escola do teatro moderno [é]: quando a figura do diretor cresce em demasia, arrisca-se a se interpor perigosamente entre o autor e o público. Embevecidos pelo virtuosismo da interpretação, esquecem o principal – o autor – invertendo a ordem dos valores ao dar maior importância à criação do espetáculo que à criação literária da peça.[27]

Toda a argumentação do crítico se desenvolve a partir do pensamento do autor como autoridade máxima, apoiando-se para isso, na experiência de Jouvet:

> Desta concepção do papel do diretor, servidor, e não mestre, deriva um teatro oposto ao de Ziembinski, um teatro mais literário que espetacular, um teatro em que os intérpretes abafam deliberadamente qualquer veleidade de virtuosismo para que nada venha a perturbar "o verbo do poeta dramático". Quando ouvimos Jouvet, a sua arte consiste em apagar-se: é a voz do próprio autor, Molière ou Giraudoux, que julgamos

27. *Ibidem*, p. 166.

ouvir. Já de *Desejo* não se poderia dizer a mesma coisa: a direção de cena, o jogo dos atores são valores, que têm tanta importância quanto o texto literário.[28]

Mas, se a concepção abraçada pelo crítico é a de uma encenação que seja "servidora", e não "mestra" e em que a criação do encenador deveria ater-se a determinados limites, não se segue daí que ele a proclame como a única visão verdadeira ou correta:

Se nos perguntassem se estas considerações envolvem uma crítica a Ziembinski, teríamos dificuldade em responder. Não há dúvida que entre as duas posições preferimos decididamente a de Jouvet. Mas a nossa oposição a Ziembinski não diminui em nada a admiração que lhe dedicamos, porque se origina tão-somente de uma divergência de ponto de vista teórico. No fundo, tudo se resume numa pergunta: o que é mais importante, a peça ou o espetáculo? Se tivéssemos certeza da resposta, poderíamos então lançar a primeira pedra. Mas existem, em arte, verdades absolutas? A divergência de escolas não será um postulado necessário e benéfico da vida artística, facultando a variedade e a diversidade?[29]

Embora discordando, o crítico reconhece a legitimidade da obra de Ziembinski, mas deixa entrever, ao mesmo tempo, que o conceito de encenação com que está operando prevê uma hierarquia a ser respeitada no interior da própria criação. A distinção entre peça e espetáculo não teria razão de ser se o texto dramático fosse entendido como um dentre os demais elementos da criação cênica, ao qual não coubesse nenhuma primazia. O melhor encenador, do ponto de vista do crítico, será aquele que, ao interpretar uma peça, mostre-se capaz de concretizar uma das múltiplas leituras possíveis de uma obra e de, simultaneamente, apagar-se perante o autor, numa espécie de movimento que consiste em mostrar-se sem se deixar notar. É o que concluímos da leitura de várias de suas críticas, como a de *Antígone*, encenada por Adolfo Celi[30]:

A encenação de *Antígone*, tão sensível, tão justa, tão inteligente, parece provar que Celi acaba de atingir um ponto ideal de maturidade, aquele em que o intérprete realiza o milagre de criar tudo de novo, sem acrescentar propriamente nada.[31]

Ou, ainda, na crítica a *Depois da queda*, de Arthur Miller, espetáculo dirigido por Flávio Rangel em 1964[32]:

O encenador limitou-se a usar com extrema modernidade as armas tradicionais da sua profissão – o delineamento exato das personagens, o emprego sutil do ritmo e da atmosfera –,

28. *Ibidem*, p. 167.

29. *Ibidem*, pp. 167-168.

30. Cineasta e ator italiano (1922-1986), seria um dos primeiros diretores do TBC. A montagem referida unia a *Antígone* de Sófocles e sua releitura por Anouilh (N.E.).

31. *Apresentação do teatro brasileiro moderno*, p. 401

32. Arthur Miller, dramaturgo norte-americano, nascido em 1915; Flávio Rangel (1934-1988), diretor teatral e cronista, com trabalhos realizados também na TV e no cinema (N.E.).

> não recorrendo à imaginação a não ser para compreender e explicitar sem didatismos o texto. O que se vem discutindo desde a estréia é Arthur Miller, não Flávio Rangel, sinal de que a sua função de intérprete entre autor e público foi exercida com competência e discrição. Os elogios que lhe cabem estão assim disseminados por todo o espetáculo – um dos mais harmoniosos que jamais vimos no teatro nacional.[33]

Já *A visita da velha senhora*, de Dürrenmatt[34], levada à cena pela Companhia Cacilda Becker, pecaria, segundo o crítico, precisamente, por não ter sido capaz de realizar a encenação "no sentido mais alto, o único que verdadeiramente interessa, de se ter recriado, em outros termos, no palco, o texto original"[35].

Um último exemplo, muito interessante, do ponto de vista da exposição dos pressupostos críticos de Decio de Almeida Prado, é o da encenação de Antunes Filho[36] de *As feiticeiras de Salem*, também de Arthur Miller, em 1960. Nesta montagem, Antunes buscou estabelecer um paralelo entre a situação dramática e o momento político que o país atravessava. E as restrições do crítico já começam pelo texto escrito pelo diretor para o programa da peça – em que o encenador argumenta que o comportamento dos personagens Proctor e Reverendo Hale se mostra igualmente inadequado para lidar com "uma situação revolucionária como a de Salem" –, equívoco interpretativo que, segundo o crítico, se estenderia à totalidade do espetáculo. Para Decio, o diretor teria errado exatamente ao imprimir cenicamente ao drama um sentido que lhe era estranho e que acabaria por contradizê-lo:

> Para começar pelo princípio, em que sentido se pode dizer que a peça trata de "uma situação revolucionária"? No sentido marxista, de desigualdade econômica que conduz à luta de classe? Mas onde estão, no drama de Miller, essa desigualdade e essa luta? [...] Por que então Antunes Filho, com as preocupações políticas evidenciadas no programa, escolheu precisamente esse texto? Para desmenti-lo? Para demonstrar que Hale e Proctor não são os heróis que o autor imagina? Tratar-se-á de uma encenação contra, e não a favor?
>
> A verdade parece-nos ser outra. Antunes Filho escolheu *As feiticeiras de Salem* por um motivo simples, mas que ele não deseja confessar nem a si mesmo: porque é uma boa peça, porque funciona teatralmente. Satisfez dessa forma metade de sua consciência – a metade estética, que o tornou homem de teatro. Restava a outra metade, a metade política. Esta, aplaca-se com notas no programa e alguns toques especiais de direção, inspirados, se pos-

33. ALMEIDA PRADO, Decio de. *Teatro em progresso*, pp. 301-302.

34. Friedrich Dürrenmatt (1921-1990), escritor suíço (N.E.).

35. *Teatro em progresso*, p. 241.

36. José Alves Antunes Filho (1929), diretor teatral. Iniciou sua carreira como ator em 1948. Na década seguinte, indicado por Decio, entrou para o TBC. Também nos anos 1950 dirigiu teleteatros na TV Tupi. Em 1978 criou o Grupo Pau-Brasil, mais tarde Grupo de Teatro Macunaíma, cuja montagem de uma peça baseada no romance de Mário de Andrade que lhe dava nome entrou para a história da dramaturgia brasileira. A partir de 1982, passou a dirigir o Centro de Pesquisa Teatral do Serviço Social do Comércio de São Paulo, fundado para dar continuidade ao trabalho surgido com a experiência do Macunaíma (N.E.).

sível, por Brecht. Claro está que o compromisso desagrada a ambas as partes. À política, porque não é o suficiente; ao teatro, porque é demais.[37]

As objeções levantadas pelo crítico não são propriamente de caráter político, isto é, o que Decio de fato rejeita na orientação dada por Antunes à peça é o desacordo criado entre a encenação e o original de Arthur Miller. Ou, em outras palavras, a subversão do texto, efetuada pelo diretor, em favor de compromissos estranhos à economia da obra original. Assim se explica o conselho de Decio a Antunes:

> A questão, como se vê, tem importância teórica e prática, interessando não apenas ao presente espetáculo, mas à própria carreira do encenador. Se Antunes Filho decidir – sem se deixar levar pelas correntes do momento, pelo que os outros esperam dele – que a sua vocação política não é menos exigente que a teatral, que não aceite mais dirigir peças com as quais não esteja inteiramente de acordo. [...] O primeiro dever de lealdade do encenador é sempre para com o autor e para com a peça, exceto casos excepcionalíssimos de encenações didáticas ou satíricas.[38]

Decio identifica no procedimento de Antunes Filho uma tendência que se tornaria, nesta época, cada vez mais freqüente no teatro brasileiro. Tendência que seria resultante, na sua opinião, de uma leitura simplista de Brecht, consistindo em tomar as teorias e as soluções encontradas pelo autor e diretor alemão como modelos pré-fabricados, prontos para serem aplicados a qualquer contexto[39]. A ingenuidade de tal procedimento seria destacada pelo crítico:

> [...] a principal novidade que se nota em *As feiticeiras de Salem* é o desejo de superar o simples artesanato, de contribuir com uma interpretação pessoal para o espetáculo, a vonta-

37. *Ibidem*, pp. 187-188.

38. *Ibidem*, pp. 188-189.

39. A crítica à transposição mecânica das teorias de Brecht é uma constante nos textos de Decio do período. Ao criticar *Raízes*, do inglês Arnold Wesker (1932), direção de Antônio Abujamra (1961), Decio observa que "Quando [Abujamra] estabelece uma pausa, só lhe falta descer dos bastidores um cartaz: pausa. E quando quebra a convenção da quarta-parede, obrigando a personagem principal a dirigir-se ao público, também não temos dificuldade em ler outro dístico, escrito em letras garrafais: Brecht. (Se os prezados leitores ainda não sabem o que é 'teatro épico', é muito fácil: é aquele momento em que o ator fixa a platéia e passa-lhe um pito ou prega-lhe um sermão cara a cara. Tal é, pelo menos, a interpretação que os nossos jovens diretores costumam fazer de Brecht)"(*In Teatro em progresso*, pp. 205-206). Outro trabalho de Abujamra, *José, do parto à sepultura* (1962), peça de Augusto Boal, daria ensejo ao seguinte comentário: "O que os nossos encenadores esquecem, ao imitar Planchon ou Brecht, é que as soluções pessoais de artistas assim criadores cabem a eles e somente a eles. [...] Brecht tocava clarineta, cantava [...], passara pelos cabarés literários e musicais de Berlim, era amigo de compositores como Kurt Weill e Paul Dessau. [...] O ponto de apoio musical [em suas peças], em suma, era uma característica do homem Brecht e do escritor Brecht – e não um traço obrigatório de todo e qualquer teatro político, como tendem a pensar os nossos encenadores de esquerda. Ora, acontece que o Brasil não é a Alemanha: nem os nossos atores sabem 'projetar' cenicamente uma canção, nem os nossos compositores populares, dos quais nos temos socorridos, chamam-se Kurt Weill. Por que então esse conúbio julgado indispensável entre marxismo e música, como se não houvesse em teatro outro meio de dizer 'proletários de todo o mundo, uni-vos' a não ser cantando?" (*Ibidem*, pp. 227-228).

> de de se empenhar social e politicamente. Mas as idéias, neste seu primeiro ensaio de teatro ideológico, antes o atrapalharam do que o favoreceram. Encenar uma peça – se não estamos enganados – é descobrir o que ela tem de próprio, de intransferível; não é contrapor sobre o texto uma teoria dramática tomada de empréstimo a outro autor, por mais admirável que este seja, ainda que se chame Bertolt Brecht.[40]

A encenação, constituindo para o crítico o segundo momento criador de uma obra teatral – sendo o primeiro, claro está, a criação literária –, pode e deve buscar a originalidade, que, a seu ver, será tão mais feliz quanto mais se voltar para a sua fonte, isto é, o texto, de onde tudo – ou quase tudo – provém e cujas fronteiras não devem ser ultrapassadas. Por isso o encenador será, na definição de Decio, "o homem que ausculta e faz falar as palavras"[41], buscando materializá-las em cena. O grande desafio da encenação consistiria em ser, então, ao mesmo tempo, criação e instrumento, afirmando-se na medida em que dissolve na obra, fazendo-se reconhecer, exatamente, ao se apagar.

## Shen Te e Shui Ta

O segundo volume de críticas de Decio de Almeida Prado, o já mencionado *Teatro em progresso*, abrange o período de 1955 a 1964 – ano em que foi publicado. O livro é dedicado a "Alfredo Mesquita, Antonio Candido, Lourival Gomes Machado, Paulo Emilio Salles Gomes e Ruy Coelho, 20 anos depois". Todos companheiros da revista *Clima*, com quem Decio começara sua carreira de crítico duas décadas antes. O título da coletânea, inspirado pela definição atribuída a *Finnegans Wake* por seu próprio autor, James Joyce[42], sinaliza, do ponto de vista de Decio, não somente para o caráter inacabado da sua obra crítica, uma obra ainda em progresso, mas também para a evolução do teatro brasileiro moderno, que, embora tenha "crescido sem cessar", não apresentava ainda, no entender do crítico, a plenitude artística que se poderia desejar, a plenitude que podia ser vista na poesia e no romance modernistas, por exemplo. E seria nesse sentido que o teatro brasileiro moderno se caracterizaria como um *work in progress*.

O progresso do teatro brasileiro, nesse período, se manifesta em diferentes e múltiplos aspectos: na profissionalização dos artistas; no surgimento de uma nova geração de atores formados pela Escola de Arte Dramática, na ampliação do repertório que passa a incluir textos clássicos e contemporâneos da dramaturgia universal; na criação de novos

---

40. *Teatro em progresso*, p. 192.

41. *Ibidem*, p. 83.

42. O escritor irlandês James Joyce (1882-1941), referiu-se a seu último romance, publicado em 1939, como "*work in progress*".

teatros, na consolidação do TBC e na criação de novas companhias e grupos de teatro como a Companhia Cacilda Becker e Walmor Chagas, Companhia Nídia Lícia e Sérgio Cardoso, a Companhia Maria Della Costa, o Teatro dos Sete, o Teatro de Arena e o Oficina. E, é claro, na afirmação de uma dramaturgia brasileira moderna – bastando citar os nomes de Ariano Suassuna[43], Jorge Andrade, Gianfrancesco Guarnieri, Vianinha, Nelson Rodrigues e Augusto Boal – e na revelação de encenadores nacionais, como Flávio Rangel, Antunes Filho, José Renato Pécora e José Celso Martinez Corrêa, entre outros.

O período marca também uma crescente politização do teatro, com maior inclinação para a esquerda. Peças como *Gimba*, *Eles não usam black-tie*, *A semente* – todas de Gianfrancesco Guarnieri –; *José, do parto à sepultura*, de Boal; *Chapetuba Futebol Clube*, de Vianinha; *Vereda da salvação*, de Jorge Andrade, dividem a cena com montagens de *Mãe coragem*, *A alma boa de Sichuan*, *Terror e miséria no III Reich* e *A ópera dos três vinténs*, de Bertolt Brecht. À politização da cena teatral corresponde uma politização da crítica, que não hesita em estabelecer o diálogo nos termos propostos pelos espetáculos e que sabe, sempre que necessário, combater e denunciar a censura. A crítica não poderia se abster da discussão política que se instaura, sob pena de alienar-se por completo. O próprio Decio comenta, neste sentido, que, se ele não houvesse transposto "[...] as fronteiras que separam os assuntos artísticos dos políticos, [...] não estaria compreendendo nada do que ocorria à [sua] volta"[44].

Encontramos ainda, na crítica, aquele caráter cúmplice e partidário, que faz com que funcione, de certa forma, como porta-voz do teatro brasileiro moderno. Mas, se por um lado o teatro apresentava conquistas palpáveis, como a representação de obras de Shakespeare por companhias e atores nacionais (é preciso lembrar que há um lapso de cem anos entre as representações de adaptações de *Hamlet* e *Otelo* por João Caetano e as primeiras representações de Shakespeare por amadores e profissionais do teatro brasileiro no século XX), por outro, a batalha pela renovação do teatro, iniciada na década de 1940, ainda não havia sido vencida totalmente. Ao comentar a peça de Pedro Bloch[45] *Dona Xepa*, por exemplo, Decio escreveria que "O que irrita [...], muito mais do que qualquer comediazinha anódina como existem tantas por aí, é a sua falta de sinceridade, o seu comercialismo sem pudor", deixando evidente, "acima de tudo, com amarga clareza, é como é pequeno, como é ilusório, como é de superfície, o progresso do nosso teatro"[46]. Mesmo Abílio Pereira de Almeida, um dos fundadores do Grupo de Teatro Experimental e que despontara nos primeiros tempos do TBC como promessa de autor nacional, acabaria por sucumbir, a seu ver, ao comercialismo barato.

43. Ariano Villar Suassuna (1927), teatrólogo, romancista, poeta e ensaísta. Criador do movimento armorial (1970), tem pautado sua obra pelo diálogo com a arte popular do nordeste brasileiro. É autor de pelo menos dois clássicos: a peça *Auto da compadecida*, de 1955, e o *Romance d'A pedra do reino*, publicado em 1971 (N.E.).

44. *Teatro em progresso*, p. 9.

45. Nascido na Ucrânia e naturalizado brasileiro, Pedro Bloch (1914-2004), se dividiria entre a medicina, a dramaturgia e a literatura infanto-juvenil (N.E.).

46. *Teatro em progresso*, p. 44.

E o crítico não perdoa a Abílio que este alimente o mau gosto do público com dramalhões como *Dona Violante Miranda*, cujo único objetivo seria a renda da bilheteria. Pois, se o teatro brasileiro já possuía, neste momento, uma consciência teatral – como bem demonstrava o trabalho do TBC, da Companhia Nídia Lícia e Sérgio Cardoso, do Teatro de Arena –, para Decio, o teatro de Abílio Pereira de Almeida vai se configurar, a partir deste momento, em símbolo do que "é preciso combater a todo custo se não quisermos ceder o terreno trabalhosamente conquistado em 15 anos de luta"[47].

O crescimento e o amadurecimento do teatro se refletem também no modo como se apresenta a cumplicidade característica ao exercício da crítica por Decio de Almeida Prado. Enquanto em sua primeira antologia, por exemplo, Decio enfatizava o cuidado especial que a fragilidade do teatro demandava e ressaltava o envolvimento afetivo de todos que por ele se interessavam – "Não chegamos a ser nem mesmo espectadores: somos cúmplices"[48] –, nesta segunda constatamos que há uma maior exigência por parte do crítico, no que diz respeito à qualidade dos espetáculos, à coerência na encenação e na interpretação e à consistência dramatúrgica. Se, no primeiro momento, o crítico empregava pesos e medidas adequados à situação do teatro brasileiro então – elogiando, por exemplo, as qualidades de *A mulher do próximo* (1948), de Abílio Pereira de Almeida, em face da "nossa pálida produção dramática" –, passados dez anos, este não é mais o caso. A crítica de Decio, sem abrir mão da cumplicidade, se assemelha ao personagem de *A alma boa de Sichuan*, dividida entre uma atitude bondosa – mas nem sempre produtiva – e uma atitude mais dura, por vezes desagradável, mas necessária. É que "[...] também com relação à crítica a nossa doce amiga Shen Te nada significa e nada realiza sem o complemento do nosso implacável inimigo Shui Ta"[49].

## Um ponto de vista pessoal

Da mesma forma que para seus amigos e companheiros de *Clima*, ser crítico, para Decio de Almeida Prado, significou também sempre um exercício constante de reflexão sobre a própria atividade crítica. E dois de seus três volumes reunindo os textos jornalísticos trazem, em seus prefácios, considerações acerca da natureza e das limitações da crítica. Examinados em conjunto, estes comentários revelam a fundamentação teórica de Decio, a qual não se mantém inalterada ao longo desses anos.

No primeiro texto, a já citada introdução à *Apresentação do teatro brasileiro moderno*, ele se pergunta até que ponto se poderia encarar a crítica como um juízo obje-

47. *Ibidem*, p. 89.
48. *Apresentação do teatro brasileiro moderno*, p. 7.
49. *Teatro em progresso*, p. 105

tivo ou mesmo como atividade produtora de conhecimento cientificamente válido. Questão que vem sendo discutida desde o início do século XIX, quando a crise gerada pelo cientificismo – o crescente esforço no sentido de imprimir aos diversos campos do conhecimento a mesma objetividade das ciências naturais – levou as humanas a repensarem seus respectivos estatutos. Pois, ao contrário daquelas, que lidam com causalidades e leis gerais, as ciências humanas lidam essencialmente com valores. Sua dificuldade se situando precisamente na verificação da possibilidade de produzirem conhecimentos objetivamente válidos. Ou, no caso particular da história e da crítica de arte, de os juízos estéticos serem passíveis de rigor científico.

Nesse sentido, foi fundamental a contribuição de Max Weber[50], que definiu com clareza a natureza específica dos processos cognitivos das ciências humanas, em meio às inúmeras e polêmicas posições que a questão suscita.

Para Weber, enquanto no campo das ciências naturais o que se buscaria seria uma explicação causal, tendo em vista o estabelecimento de leis generalizantes de validade objetiva, a partir das quais se poderia deduzir a realidade, no campo das chamadas ciências culturais esse tipo de procedimento teria pouco ou nenhum valor. O conhecimento histórico implicando, necessariamente, um procedimento individualizante, uma vez que o seu objeto de análise tem sua importância determinada por meio de valores, ou seja, por meio da significação que uma certa realidade assume para nós. Weber definiria o problema da seguinte maneira:

> A significação da configuração de um fenômeno cultural e a causa dessa significação não podem contudo deduzir-se de qualquer sistema de conceitos de leis, por mais perfeito que seja, como também não podem ser justificados nem explicados por ele, tendo em vista que pressupõe a relação dos fenômenos culturais com idéias de valor. O conceito de cultura é um conceito de valor. A realidade empírica é "cultura" para nós porque e na medida em que a relacionamos com idéias de valor. Ela abrange aqueles e somente aqueles componentes da realidade que através desta relação tornam-se significativos para nós.[51]

Não sendo os fenômenos culturais explicáveis por meio de leis, o único modo de conhecê-los seria, então, por meio da compreensão. E as ciências históricas e sociológicas seriam, portanto, ciências compreensivas, que vão buscar, através de uma interpretação racional, uma explicação para os fenômenos considerados significativos ou, como diz Weber, dignos de serem conhecidos.

Também para o historiador e crítico de arte Giulio Carlo Argan, o caráter peculiar da história da arte residiria no fato de que "uma obra é uma obra de arte apenas na medida em que a consciência que a recebe a julga como tal. Portanto a história da

---

50. Sociólogo e economista alemão (1864-1920).

51. Cf. WEBER, Max. "A objetividade do conhecimento na ciência social e na ciência política". *In Metodologia das ciências sociais.* Tradução de Augustin Werner. São Paulo/Campinas: Cortez/Unicamp, 1992, p. 127.

arte não é tanto uma história de coisas como uma história de juízos de valor"[52]. Argan chama a atenção, assim, para o caráter indissociável da história e da crítica, pois a "história da arte, sendo história dos juízos emitidos sobre obras de arte, é história da crítica de arte"[53].

É muito provável que Decio, em seus estudos na Faculdade de Filosofia, Ciências e Letras da USP, tenha se familiarizado com o pensamento de Weber. Embora não seja possível determinarmos com precisão se ele teve ou não contato com a obra do sociólogo alemão, ou se a estudou em profundidade, sabemos, com certeza, que, para Decio de Almeida Prado, os juízos de valor são sempre relativos. E é a sua concepção a respeito da natureza do juízo estético, em última análise, que nos interessa discutir aqui. É por considerá-la subjetiva que Decio recusa à crítica validade objetiva, isto é, ele não vê de que maneira um juízo extraído de uma experiência estética poderia conter verdades universalmente válidas. Ele considera que a crítica, sendo "[...] subjetiva por natureza, muito pouca coisa tem a oferecer de sólido"[54]. Pois, como produto de uma impressão pessoal, ela não poderia pretender ser mais do que uma opinião entre tantas outras: "O que o crítico pode oferecer, em última análise, é menos uma série de verdades incontestes do que uma visão pessoal, um ponto de partida para outras tantas discussões, outros tantos esclarecimentos, outras tantas tomadas de posição"[55].

Os limites da crítica, especialmente a teatral, que, muitas vezes, se faz apressadamente, premida no espaço de tempo que medeia o fim do espetáculo e o fechamento do jornal, se apresentam muito claramente para Decio. E ele não hesita em se autodefinir como um crítico impressionista – possivelmente o único remanescente de uma "espécie em extinção"[56].

Ao longo de sua trajetória de crítico, e também como professor de filosofia e historiador do teatro brasileiro, Decio acompanhou e discutiu as principais correntes do pensamento moderno ligadas às suas áreas de atuação – tais como o existencialismo, o formalismo e o estruturalismo. Em relação à sua crítica, porém, ele preferiu manter-se sempre no domínio do "impressionismo", o que significava falar apenas em seu próprio nome:

> [...] Buscava a objetividade, fugia quanto me era possível de implicâncias, de preconceitos humanos e artísticos, mas sabendo que no fundo, bem no fundo, as minhas opções não escapavam ao pessoal. O que, para ser sincero, me libertava. Se eu enfrentasse a página em branco achando-me na obrigação de só emitir verdades absolutas, válidas para todos, sen-

52. *Guia de história da arte*. Tradução de M.F. Gonçalves de Azevedo. Lisboa: Editorial Estampa, 1992, p. 14.
53. *Ibidem*, p. 30.
54. *Apresentação do teatro brasileiro moderno*, p. 7.
55. *Ibidem*, p. 2.
56. ALMEIDA PRADO, Decio de. *Exercício findo*. São Paulo: Perspectiva, 1987, p. 26.

tir-me-ia terrivelmente inibido, com um peso demasiado sobre os ombros. Tendo a certeza de que as minhas palavras não engajavam a mais ninguém, não me embaraçava tanto para exprimir o que pensava e como pensava.[57]

A escolha do termo "crítico impressionista" não deixa, entretanto, de ser curiosa, se lembrarmos que a década de 1940 é marcada por um debate acirrado, por parte de intelectuais e críticos literários, sobre esta e a crítica científica. Os próprios Ruy Coelho e Antonio Candido, companheiros de Decio em *Clima*, tomaram parte no debate por meio de ensaios publicados na revista. No ensaio "Da crítica", Coelho, por exemplo, atacava o impressionismo, por arrastar "por toda parte um *eu* enorme e entulhante" e por estar sempre a fazer confidências[58]. O resultado, a seu ver, não constituía obra crítica, mas uma interpretação distorcida pela projeção egotística do crítico.

Já Candido, em sua resenha sobre o *Jornal de crítica* de Álvaro Lins – para quem o "crítico, enquanto indivíduo é a última instância no processo explicativo"[59] –, escrevia que o papel criador do crítico não resulta de sua individualidade, mas antes da sua eficiência em desempenhar a função de intermediário entre autor e leitor, de sua capacidade de perceber e sistematizar as forças e idéias de sua época que informam a criação artística, e de extrair daí os sistemas de relação segundo os quais estas se governam.

Escrevendo em 1957, Afrânio Coutinho, em *Críticas e críticos,* refere-se aos "reacionários defensores de um vago impressionismo", cuja prática não passa de um "desejo de opinar no vácuo" e "se reduz afinal a uma conversa fiada irresponsável, adjetival e exclamatória"[60]. E João Gaspar Simões, ao argumentar contra a definição da crítica exercida por autores literários como impressionista, por ser uma crítica "exercida fora dos moldes universitários", reclama da injustiça de se atribuir a esta um "qualificativo desprimoroso"[61]. Como se vê, embora o conceito de impressionismo possa variar em definição e grau dependendo daquele que o emprega, ele apresenta, em geral, um caráter negativo. Por que então Decio, que acompanhara de perto o debate, escolhe, precisamente, o termo impressionista para definir sua posição crítica?

Em *Exercício findo*, seu terceiro volume de críticas, Decio de Almeida Prado situa historicamente a questão remontando à França do final do século XIX, quando o termo impressionismo crítico se torna corrente na polêmica entre Ferdinand Brunetière, Jules Lemaître e Anatole France[62]. Brunetière, que distingue entre críticos objetivos e subjetivos, inclui, na segunda categoria, o crítico teatral Jules Lemaître, a quem Decio dedica

57. *Loc. cit.*

58. Cf. "*Da crítica*". Revista *Clima*. São Paulo, n. 10, junho de 1942, p 49.

59. Cf. "*Jornal de crítica*". *Ibidem*, p. 65.

60. Rio de Janeiro: Organização Simões Editora, 1969, p. 60.

61. Cf. "Da crítica impressionista". "Suplemento Literário" de *O Estado de S. Paulo*, 12.08.61.

62. Respectivamente: crítico literário (1849-1906); dramaturgo e crítico (1853-1914); escritor (1844-1924).

grande admiração. De 1888 a 1898, Lemaître publicou dez volumes de crítica sob o título *Impressions de théâtre.* Os críticos impressionistas como Lemaître e France rejeitam qualquer sistema e consideram que a crítica não é mais do que o conjunto de impressões subjetivas do crítico em relação a uma obra. Segundo Lemaître, "a crítica, dogmática ou não, independente de quaisquer que sejam suas pretensões, não pode senão definir a impressão que temos, num determinado momento, de uma dada obra de arte, onde o próprio escritor anotou a impressão que recebia do mundo numa certa hora"[63].

É por considerar que o espetáculo teatral só pode ser apreendido por meio da experiência estética na acepção estrita do termo – isto é, como experiência sensorial, ao mesmo tempo mental e corporal, e, portanto, racional e intuitiva – que Decio não crê problemático filiar-se ao impressionismo. Citando Anatole France, para quem não há "nenhuma contradição [...] em dizer que estamos condenados a não conhecer as coisas exceto pela impressão que elas causam em nós", Decio conclui que esta não lhe "parece má filosofia".

A idéia de que só conhecemos o mundo através das sensações que este imprime em nós é o ponto de partida também do filósofo Merleau-Ponty[64], para quem não há conhecimento que não se dê dentro dos horizontes abertos pela percepção; não há experiência do mundo que não seja, ao mesmo tempo, uma experiência do corpo; e não há percepção que não seja uma recriação do mundo a cada momento. O eu é, portanto, encarnado, e o ato de perceber o mundo é um ato ativo que engaja simultaneamente o sujeito sensor e o sensível. Parece-nos que o termo impressionismo, tal como empregado por Decio, está mais próximo da fenomenologia de Merleau-Ponty – no sentido de uma forma de produção de conhecimento que não pode ser alienada da experiência estética, sensorial – do que da expressão de um "*eu* enorme e entulhante", egotístico, como o que Ruy Coelho combate em seu ensaio "Da crítica".

Justamente por comportar esse dado subjetivo é que a crítica se distanciaria da ciência:

> [...] uma coisa é a ciência, outra, a crítica. A primeira tende ao universal, ao estudo dos gêneros e dos processos, à busca das similaridades, aos modelos que antecedem a criação. A segunda detém-se sobre a singularidade, sobre o que cada obra de arte tem de único. Essa distância (embora a crítica trance constantemente entre o concreto e o abstrato, a obra em

63. "Dogmatique ou non, la critique, quelles que soient ses prétensions, ne va jamais qu'à définir l'impression que fait sur nous, à un moment donné, telle oeuvre d'art où l'écrivain a lui-même noté l'impression qu'il recevait du monde à une certaine heure" (a tradução do trecho é da autora). *Apud* CARLONI, J-C. FILLOUX, J-C., *La critique litteráire.* Paris: PUF, 1969, p. 56.

64. O filósofo francês Maurice Merleau-Ponty (1908-1961) foi fortemente marcado pela fenomenologia de Edmund Husserl (1859-1938), pensador nascido na Moravia. Para Husserl, não se pode distinguir entre aquilo que é percebido e a própria percepção, já que os objetos se definem como correspondentes dos estados mentais. Com isso, a fenomenologia se dispunha a vencer a clássica dicotomia realismo-idealismo. Jean-Paul Sartre (1905-1980), compatriota de Merleau-Ponty – juntos fundaram, em 1945, a revista *Les Temps Modernes* –, e o alemão Martin Heidegger (1889-1976) também foram influenciados por Husserl.

questão e as normas estéticas) aumenta ainda mais no teatro, onde a comunicação artística se faz através de homens e mulheres, a cujo fascínio maior ou menor o crítico está sujeito como qualquer pessoa. Ele procura isolar o intérprete, o artista, mas não permanece imune ao ser humano, com todos os seus elementos de sedução, nem sempre discerníveis a nível de consciência.[65]

Mas como conciliar os dois críticos – o impressionista e o crítico universitário, formado em sociologia e filosofia, para quem não é possível compreender uma obra senão por meio da perspectiva histórica e social? O problema, ao que nos parece, é falso, porque a verdade é que Decio nunca se submeteu a uma noção puramente subjetiva do exercício crítico, que excluísse o processo analítico e a objetividade na produção do juízo estético. Nesse sentido, sua crítica configura-se antes como aquilo que Antonio Candido denomina de "crítica viva"[66]:

Toda crítica viva – isto é, que empenha a personalidade do crítico e intervém na sensibilidade do leitor – parte de uma impressão para chegar a um juízo, e a histórica não foge a esta contingência. Isto não significa, porém, impressionismo nem dogmatismo, pois entre as duas pontas se interpõe algo que constitui a seara própria do crítico, dando validade ao seu esforço e seriedade ao seu propósito: o trabalho construtivo de pesquisa, informação e exegese.

[...] Por isso, a crítica viva usa largamente a intuição, aceitando e procurando exprimir as sugestões trazidas pela leitura. Delas sairá afinal o juízo, que não é julgamento puro e simples, mas avaliação – reconhecimento e definição de valor.[67]

O ato crítico combinaria, por conseguinte, a impressão produzida pela experiência estética com o processo de pesquisa, informação e exegese, no qual os aspectos formais – internos – da obra – e os fatores externos – a realidade histórica, o meio social – são analisados e explicados. A crítica, como postula Candido, operaria na interseção entre impressão e juízo. É neste espaço que ela se constitui, e é esta operação que diferencia e legitima o trabalho do crítico.

Quem lê a crítica teatral de Decio de Almeida Prado experimenta o prazer que advém do estilo do crítico, caracterizado pela clareza do raciocínio, pela escrita elegante,

65. *Exercício findo*, pp. 26-7.

66. É interessante observar que Vilma Arêas, em uma resenha de *Peças, pessoas, personagens* (São Paulo, Companhia das Letras, 1993), define a crítica de Decio de Almeida Prado precisamente como "viva". O emprego do termo, no entanto, não tem como referência o texto de Antonio Candido, mas é feito a partir de uma observação do diretor de teatro Peter Brook, como vemos a seguir: "Peter Brook observa em *The Empty Space* que a diferença entre vida e morte, tão clara no homem, é um tanto obscura em outros campos. Quanto ao teatro, ele o define como uma arte autodestrutiva, sempre 'escrita ao vento'. O espectador morto, ou o crítico morto não podem respirar o ar rarefeito dessa efemeridade e apenas querem ver confirmadas no palco as próprias teorias. É fácil concluir que Decio de Almeida Prado joga no time oposto". Cf. "A crítica viva de Decio de Almeida Prado". *Revista USP*. São Paulo, n. 30, junho-agosto de 1996.

67. CANDIDO, Antonio. *Formação da literatura brasileira*. Belo Horizonte: Itatiaia, 1993, v. 1, p. 31.

pelo humor fino, espirituoso – sem dúvida também qualidades individuais de Decio. Mas nos deleitamos também com a erudição do crítico, com sua capacidade de ligar o local e o particular ao universal e ao social, de abordar um texto de acordo com a perspectiva histórica correta, de apreciar a qualidade única de um autor ou de uma obra sem perder de vista a relação com os demais autores ou obras da mesma época, de analisar o espetáculo por completo, levando em conta também a experiência sensorial do teatro. É por essa razão que a "crítica viva" de Candido parece-nos uma definição mais adequada à critica de Decio de Almeida Prado do que o termo "crítica impressionista", que pode dar margem a interpretações redutoras, quando não equivocadas.

Ao longo dos 22 anos de exercício jornalístico em *O Estado de S. Paulo*, Decio, como vimos, manteve sempre viva e presente a prática de refletir sobre a natureza da crítica, confirmando a posição assumida por ele ainda na primeira hora dessa sua atividade. Mas o modo como ele encara o crítico se alteraria de forma significativa.

Na introdução à *Apresentação do teatro brasileiro moderno*, por exemplo, ele escreveria que "o crítico, salvo raríssimas exceções, não é um criador"[68] – a linguagem sendo para ele um instrumento, um meio, e não um fim, como aconteceria com os escritores, com os verdadeiros "artistas criadores". Mas em *Exercício findo*, é de outra forma que se pensa o trabalho crítico:

> A maior dificuldade que [o crítico] enfrenta sempre me pareceu ser esta: extrair da massa informe de impressões que vão acumulando em seu espírito durante o espetáculo em camadas sucessivas e às vezes contraditórias, um relato coerente e dotado de um relativo enredo, no sentido aristotélico de conter princípio, meio e fim. Primeiro, saber o que realmente sentiu e pensou, num penoso esforço de escavação interior. Depois, passar as idéias para o papel em forma ordenada. Eu, pelo menos, nunca soube o que achava de um espetáculo antes de terminar a respectiva crítica, que significava para mim balanço final, com saldo positivo ou negativo. O que possuía até então – e que voltei a possuir como simples espectador – não passava de uma série de sensações agradáveis ou desagradáveis, às vezes fortes, nítidas, harmonizadas entre si, fáceis de serem formalizadas, outras vezes confusas, quase indefiníveis logicamente. Creio que por esse lado a crítica exige tanto quanto qualquer trabalho criador.[69]

A crítica tinha, então, sem dúvida, seu lado criador. Mas tratava-se, no entender de Decio, de uma criação de segundo grau apenas, visto que o trabalho do crítico se originaria da análise da obra alheia, esta sim, uma criação de primeiro grau. Enquanto a primeira nasce da inteligência, a segunda derivaria das "entranhas profundas do ser"[70]. A originalidade na crítica só se apresentaria, portanto, ou em casos excepcionais,

68. ALMEIDA PRADO, Decio de. *Op. cit.*, p. 4.
69. *Ibidem*, p. 13.
70. *Ibidem*, p. 25.

ou quando o crítico fosse, na verdade, um artista de fato, um criador, entregue apenas provisoriamente ao exercício da crítica:

> [...] sempre concedemos ao autor (ou autores com relação ao espetáculo) o privilégio da invenção, reservando-nos o direito de deixá-lo a meio caminho se ele não souber usar bem esse crédito inicial.
>
> Sei que críticos excelentes procederam ao inverso, impondo a sua personalidade e a sua perspectiva estética. Penso, por exemplo, em Zola na França, abrindo caminho para o naturalismo, e Shaw na Inglaterra, lutando a favor do ibsenismo e do teatro de idéias. Mas tratava-se de críticos de passagem, autores que almejavam alterar o teatro vigente para nele ingressar já na qualidade de chefes de fila. Tiveram sem dúvida atuação das mais eficientes, agiram sobre os contemporâneos como poucos o fizeram. Mas talvez convicções tão fortes denunciassem em ambos antes um criador de primeiro grau, um ficcionista, debruçado diretamente sobre o universo ou sobre si próprio, do que esses criadores de segundo grau que são os críticos de vocação específica, que retiram de obras alheias a substância de sua obra, colocando-se como intermediários entre o autor e o leitor.[71]

Duas coisas resultam daí. A primeira é que o crítico é, por dever de ofício, alguém que tem necessariamente uma visão mais eclética e ampla do que o autor, voltado este último somente para sua própria obra. A segunda é ser o papel da crítica antes determinado do que determinante, cabendo a iniciativa de fato àqueles que se encontram do lado "prático" do palco.

O ato de diferenciar crítica e criação – ainda que em grau – nos lembra de que a geração de *Clima* foi caracterizada como de críticos, e não de criadores, quando de sua estréia, em 1941. Seguindo-se à publicação do primeiro número da revista, uma série de intelectuais manifesta-se a respeito da "inteligência nova" que surgia no cenário cultural do país, entre eles Álvaro Lins, Gustavo Capanema – então ministro da Educação e Saúde – e Sérgio Milliet. Este último, ao elogiar a atitude da novíssima geração por sua seriedade e solidez de conhecimentos, ressalvaria, porém, que, enquanto esta apresentava grandes possibilidades no terreno do ensaio e da crítica, o mesmo não se poderia dizer da criação literária: "Nada de novo nessa frente de batalha literária.[...] É certamente curiosa essa tendência vencedora dos paulistas para a crítica, em detrimento do romance e da poesia"[72]. O próprio Antonio Candido, de resto, sublinha este aspecto como uma das diferenças entre a geração de *Clima* e a anterior, em seu depoimento para *Plataforma da nova geração*:

> Aí tem você, caro Neme, o que eu julgo ser a característica da nossa geração: uma leva de espíritos críticos ou de sensibilidades votadas para a vasta problemática que o mundo mo-

71. *Loc. cit.*
72. MILLIET, Sérgio. "A Novíssima". *Op. cit.*, p. 136.

derno está abrindo para o homem. [...] Críticos, críticos e mais críticos. Quase todos têm em preparo um trabalho de história, ou de sociologia, ou de estética ou de filosofia, como os seus maiores tinham romances. E todos começam pelo artigo de crítica, como os seus maiores começavam pela poesia.[73]

E, no entanto, Paulo Emilio Salles Gomes, Lourival Gomes Machado, Gilda de Mello e Souza e o próprio Decio de Almeida Prado, todos críticos, todos integrantes de *Clima*, demonstraram, em um momento ou outro, uma vocação criadora de "primeiro grau". Paulo Emilio, com o livro *Três mulheres de três pppês*, Lourival com a peça *Raquel*, representada pelo TBC, Gilda com vários textos de ficção[74], e Decio com textos de prosa e de memorialística, com um prefácio em forma de peça, além de sua atuação como diretor do Grupo Universitário de Teatro. Mas a autoconsciência do grupo como sendo fundamentalmente de críticos predomina de tal forma que seus integrantes apresentam certa dificuldade em enxergar a si próprios como criadores. Paulo Emilio, por exemplo, ao comentar seu livro de ficção numa entrevista, declarava que:

> Em matéria de escrita nada me dá mais prazer do que escrever ficção. Mas ainda não tive ocasião de testar se o leitor terá o mesmo prazer em ler. Se isso acontecer com essas novelas, tenho a impressão de que vou ficar muito agitado e escreverei outras. Sei lá. Nunca me senti criador e o prazer de criar por si só não é nada.[75]

No que diz respeito à crítica teatral, contudo, ainda que reconhecendo que apresenta um lado criador, Decio sustenta a posição de que ela é determinada, e não determinante. No depoimento prestado ao Serviço Nacional de Teatro, em 1977, assim resumiria seu pensamento a esse respeito:

> Não tenho nenhuma ilusão, pois sei que o crítico tem uma função paralela aos outros elementos e ele não é com certeza o mais importante, pelo contrário, depende muito do que os outros vão fazer. [...] Raramente encontramos um crítico que é um líder, pois quando isso acontece é porque ele está numa fase de transição para ser autor, empresário, encenador. Em suma, eu não supervalorizo a crítica.[76]

---

73. CANDIDO, Antonio. "Depoimento". *Op. cit.*, p. 34.

74. *Três mulheres de três pppês* foi publicado em 1977, pela editora Perspectiva; a peça de Lourival Gomes Machado foi representada pelo TBC, fora do circuito comercial, em 1948; Gilda de Mello e Souza assinou três contos ("Week-end com Teresinha", "Armando deu no macaco" e "Rosa pasmada") nos números 1, 7 e 12 de *Clima* e um quarto ("A visita"), no "Suplemento Literário", em março de 1958 (N.E.).

75. *Apud* MELO SOUZA, José Inacio de. *Paulo Emilio no Paraíso*. Rio de Janeiro: Record, 2002, p. 557.

76. ALMEIDA PRADO, Decio de. "Depoimento". *Op. cit.*, p. 51.

## O "Suplemento Literário"

Paralelamente à sua atividade de crítico teatral no jornal *O Estado de S. Paulo*, Decio exerceu, de 1956 a 1966-1967, o cargo de diretor do "Suplemento Literário" deste jornal. A imprecisão na data da saída de Decio deve-se ao fato de que no "Suplemento", assim como também ocorria com a crítica teatral de *O Estado* (que, como já vimos neste capítulo, não era assinada), os nomes do diretor e da equipe encarregada não constavam na publicação, tornando difícil determinar o momento exato em que o crítico afastou-se da direção[77].

O "Suplemento Literário" nasceu de uma conversa de Antonio Candido com José Mesquita, quando da publicação de um número comemorativo de *O Estado de S. Paulo* para o IV Centenário da fundação da cidade de São Paulo, que Candido havia organizado a pedido de Julio de Mesquita Filho. São Paulo, na época, não tinha um suplemento dedicado às letras e não haveria, na argumentação de Antonio Candido, melhor jornal para fazê-lo do que *O Estado de S. Paulo*, devido ao caráter eminentemente cultural da empresa. Julio de Mesquita Neto aprovou a idéia e propôs a Antonio Candido que a desenvolvesse.

O "Suplemento" viria, assim, a preencher a lacuna de um meio literário e artístico voltado para a reflexão e para o estudo, com uma estrutura próxima de uma revista literária, mas adaptada ao veículo do jornal – isto é, com artigos não tão longos quanto os de uma revista, mas igualmente aprofundados. Para Candido, o "Suplemento Literário" deveria fugir ao tom polêmico e combativo que marcava as publicações deste tipo no Rio de Janeiro e buscar antes "o tom da *intelligentsia* paulista", fruto da Universidade de São Paulo, e que é "o tom de estudo, de ensaio, de reflexão"[78]. Vemos, então, que o "Suplemento Literário" liga-se, desde o primeiro momento, à USP, cuja idealização, é bom lembrar, fora de Julio de Mesquita Filho, dono de *O Estado*. E vai ligar-se, também, ao grupo de *Clima*, não somente por ser um projeto de Antonio Candido mas por ter a direção de Decio de Almeida Prado e contar, entre os colaboradores constantes, com Paulo Emilio Salles Gomes, Gilda de Mello e Souza, Lourival Gomes Machado e o próprio Candido. O "Suplemento Literário" constitui-se, assim, numa continuação, agora amadurecida e em nível profissional, do projeto iniciado na revista *Clima* 15 anos antes.

Durante os cerca de dez anos em que foi dirigido por Decio, o "Suplemento Literário" de *O Estado de S. Paulo* destacou-se como uma das mais importantes publicações culturais de todo o país. De circulação semanal, saindo todos os sábados, o

77. Decio comenta a este respeito que "A direção do 'Suplemento' era um trabalho anônimo. O *Estado* não anotou meu nome, nem quando entrei, nem quando saí". Cf. testemunho *in*: WEINHARDT, Marilene. *O Suplemento Literário d'* O Estado de S. Paulo*: 1956-67*. Brasília: Instituto Nacional do Livro, 1987, p. 457.

78. Depoimento de Antonio Candido. *In*: WEINHARDT, Marilene. *Op. cit.*, p. 450.

"Suplemento" trazia, seguindo o modelo estabelecido por *Clima*, seções fixas – "Letras Estrangeiras", "Literatura Brasileira", "Teatro", "Música", "Arte", "Cinema", "Últimos Livros", "Crônica dos Estados", "Revista das Revistas", "Conto e Poesia" –, além de divulgar o trabalho de artistas visuais, por meio de desenhos, gravuras e fotografias. A reprodução de gravuras também havia sido uma das características da revista *Clima*, que trazia, a cada número, uma série de um determinado artista plástico.

Alguns dos responsáveis pelas seções fixas de *Clima* tornaram-se colaboradores regulares do "Suplemento" nas mesmas seções, como é o caso de Lourival Gomes Machado em "Arte", de Paulo Emilio Salles Gomes em "Cinema" e de Alberto Soares de Almeida, que havia escrito sobre música para a revista. Na lembrança de Decio de Almeida Prado, o fechamento do "Suplemento" tornava-se uma espécie de reunião de *Clima*, sem perder de vista, entretanto, as diferenças entre uma e outra publicação:

> O "Suplemento" saía aos sábados e, às sextas-feiras, nós fazíamos a revisão desses artigos. A redação d'*O Estado* então virava um pouco o que tinha sido o *Clima*, só que com o Sabato [Magaldi] incluído. Mas, por outro lado, era inteiramente diferente, porque o *Clima* era uma revista de jovens, de gente que nunca tinha escrito antes. [...] Eram todos autores jovens, inéditos.
>
> No "Suplemento", evidentemente, o ponto de vista era outro, porque ali não era uma revista nossa, era uma revista do jornal *O Estado de S. Paulo*. Outra diferença muito grande é que em *Clima* não se pagava nada, e no "Suplemento" pagava-se bem, os preços eram altos para aquela época, então nós podíamos ter a colaboração dos escritores mais em voga no momento. Críticos, poetas como Manuel Bandeira, Carlos Drummond, quando queriam publicar alguma coisa, tinham a liberdade de levar na sucursal do Rio, a secretária pagava na mesma hora e nós dávamos um grande destaque gráfico. [...] Além disso, o jornal tinha outra circulação, de maneira que, realmente, se considerar na totalidade, a relação com o *Clima* fica pequena. Mas tinha um pouco da orientação do *Clima*. Foi um grupo, sem dúvida, que deu um pouco de base para o "Suplemento".[79]

O "Suplemento" distinguiu-se, desde o primeiro número, pela qualidade, contando com a colaboração de escritores de peso, como Sérgio Buarque de Hollanda, Lúcia Miguel-Pereira, Augusto Meyer, Brito Broca, Wilson Martins, Otto Lara Resende, Alfredo Bosi, Paulo Rónai, Otto Maria Carpeaux, Lêdo Ivo, Sérgio Milliet, Paulo Mendes Campos e Sabato Magaldi; de poetas como Manuel Bandeira, João Cabral de Melo Neto, Carlos Drummond de Andrade e Vinicius de Moraes; e de artistas plásticos como Mira Schendel, Flávio de Carvalho, Lívio Abramo e Renina Katz. Mas, além dos nomes consagrados, o "Suplemento Literário" revelou ensaístas e abriu sempre espaço para novos autores. As colaborações chegavam de diversos estados

79. Ver entrevista à autora, no "Apêndice 2" a este volume.

do país, conferindo à publicação uma importância nacional. A esse respeito, deve-se sublinhar, também, o princípio assumido pela diretoria de não publicar textos estrangeiros traduzidos, com muito raras exceções, pois a idéia do "Suplemento" era, precisamente, incentivar a literatura e a ensaística brasileira. Publicar "tudo inédito e tudo nacional"[80].

Com efeito, muitas colaborações que se originaram no "Suplemento Literário" se transformariam, posteriormente, em livros de ensaios, como os que lançariam Luís Martins, Paulo Emilio Salles Gomes, Sabato Magaldi e Rogério Sganzerla[81], entre outros. E os textos publicados, se não se comparavam em tamanho aos de uma revista literária, também não se assemelhavam à matéria corriqueira de jornal, tanto na forma quanto no conteúdo. No "Suplemento", os autores podiam desenvolver textos mais longos, mais ensaísticos, e dispunham de total liberdade artística, de pensamento e de linguagem. Em relação a esta última, Decio, que durante anos teve os textos de suas críticas revistos pelos chamados "iluminados" do jornal[82], responsáveis por assegurar que as matérias apresentassem um português correto (à maneira de Portugal), entendia que, sendo as matérias assinadas, a responsabilidade das mesmas cabia apenas a seus autores. Pois, a seu ver, se a língua era viva e fluída, não poderia, por esta razão, ser restringida por princípios e normas, especialmente em se tratando de textos de natureza literária e artística. A única ressalva feita pela direção do "Suplemento" concernia à utilização de jargões, que deviam ser evitados, dando-se preferência ao emprego de uma linguagem corrente. A ressalva não se originava, no entanto, em preocupações com o leitor comum – que, como Decio de Almeida Prado deixa bastante claro no texto de "Apresentação" do "Suplemento", não constituía seu público:

> [...] não exigiremos que ninguém desça até se pôr à altura do chamado leitor comum, eufemismo que esconde geralmente a pessoa sem interesse real pela arte e pelo pensamento, e a quem, portanto, um suplemento como este não poderia de forma alguma dirigir-se. Uma publicação que se intitula literária nunca poderia transigir com a preguiça mental, com a incapacidade de pensar, devendo partir, ao contrário, do princípio de que não há vida intelectual sem um mínimo de esforço e disciplina.[83]

Apesar de não ter uma linha ideológica definida, nem por Decio (cujas convicções democráticas levaram sempre a aceitar contribuições independentemente de sua ideo-

80. Depoimento de Decio de Almeida Prado. *In*: WEINHARDT, Marilene. *Op. cit.*, p. 455.

81. Luís Martins reuniria textos ali aparecidos em *Noturno do Sumaré* (São Paulo: Cultrix, 1961); de Paulo Emilio seria publicada postumamente a coletânea *Crítica de cinema no "Suplemento Literário"*, em dois volumes (São Paulo/Rio de Janeiro: Paz e Terra/Embrafilme, 1981); Sabato lançaria *O texto no teatro* (São Paulo: Perspectiva/Edusp, 1989) e Sganzerla, *Por um cinema sem limite* (Rio de Janeiro: Azougue Editorial, 2001).

82. Ver entrevista à autora no "Apêndice 2" a este volume.

83. "Apresentação". "Suplemento Literário" de *O Estado de S. Paulo*, ano primeiro, n. 1, 06.10.56. O texto, não assinado, é de autoria de Decio.

logia e a abominar a censura), nem pela direção do jornal, o "Suplemento", assim como a maior parte da intelectualidade brasileira de então, inclinava-se para o lado da esquerda. Isto não deixou de provocar tensões e atritos com a direção do jornal, posicionada mais à direita e que em 1964 se manifestaria a favor do golpe militar. De fato, a "grande coragem moral, capaz de assumir as atitudes necessárias, de dizer não, de enfrentar", e a "extrema objetividade e serenidade"[84] que Antonio Candido identifica como as qualidades de Decio, acabaram por se mostrar necessárias em determinadas ocasiões.

Em uma delas, a diretoria do jornal ordenou a Decio de Almeida Prado que não aceitasse mais colaborações de um ensaísta revelado pelo "Suplemento", Anatol Rosenfeld[85], devido às suas idéias comunistas. O episódio data de 1963, quando o jornal começa a exercer maior vigilância em relação ao teor dos artigos publicados, tentando excluir qualquer escritor de tendência esquerdista – prenúncios do golpe que viria no ano seguinte. Decio, por discordar da atitude do jornal e também por considerar que, naquele momento político, sua posição mais à esquerda poderia tornar-se uma fonte de constantes atritos, demite-se da direção do "Suplemento Literário" e também de sua função de crítico teatral, dois cargos "eminentemente opinativos"[86].

Outro episódio, no início daquele mesmo ano, também o levara a colocar seus cargos à disposição de seus empregadores. Decio recebera de Ruy Mesquita um bilhete em que este o acusava de atribuir demasiada importância a uma peça – *Quatro num quarto*, de Valentin Katáiev[87], encenada pelo grupo Oficina – cujo "crime" era ser de um autor russo. Decio, indignado com a "patrulha ideológica" de Ruy Mesquita, responderia com um pedido de demissão, numa carta em que não poupava o diretor do jornal:

> Ruy
>
> Não vou evidentemente discutir se a peça do Oficina é uma merda ou não. Poderia dizer-lhe que as histórias do teatro moderno a mencionam e que recentemente, quando foi levada de novo em Paris, foi ela comentada pelos críticos responsáveis em bem mais do que as três linhas sugeridas por você. [...] Mas você não está interessado em abrir discussão e sim em fechá-la: não quis ouvir as minhas possíveis razões, mas apenas comunicar-me o seu desagrado.
>
> Não creio, por outro lado, que a peça merecesse tanta atenção de sua parte se não fosse russa. O que o seu bilhete na verdade encobre, e não muito bem, é uma desconfiança em relação à minha atitude – dei importância à peça porque é russa – que me obriga a por

84. Depoimento de Antonio Candido. *In*: WEINHARDT, Marilene. *Op. cit.*, p. 450.

85. Alemão (1912-1973), estabeleceu-se no Brasil em 1937, fugindo da perseguição nazista aos judeus (N.E.).

86. Carta a Julio de Mesquita, sd. Acervo Decio de Almeida Prado, Instituto Moreira Salles.

87. Valentin Petrovich Katáiev (1897-1986), escritor e jornalista, estreou na literatura em 1926 com o romance *Rastratchiki* (Defraudadores); sua obra mais conhecida no gênero é *Vremya, Vpereyod*! (*Para a frente, tempo!*), de 1932, livro guiado pelo idealismo socialista. O título original da peça montada pelo Oficina é *Kvadratura Kruga* (*A quadratura do círculo*); o texto data de 1928 (N.E.).

> à sua disposição, e à disposição da diretoria do *Estado*, tanto o meu cargo de crítico teatral como o de diretor do "Suplemento Literário". Não concebo qualquer colaboração desse tipo a não ser em termos de total confiança recíproca.

Decio não tolerara nem a censura implícita na atitude de Ruy nem tampouco suas implicações no terreno da ética de trabalho:

> E já que você me aconselhou leituras e me ensinou o que é bom e o que é mau em teatro, vou aproveitar e dar a você também algumas lições de ética de trabalho. Você é um dos diretores do jornal: todos os seus atos, queira você ou não, trarão sempre esta chancela de origem. Ora, um diretor que não respeita as opiniões dos seus colaboradores acaba fatalmente rodeado por uma solícita corte de "yes-men". Desde 1946, faço crítica de teatro no *Estado*. Sei que muitas vezes as opiniões do Dr. Julio divergiram frontalmente das minhas (e seria milagre se coincidissem sempre). Não obstante, em matéria de apreciação artística, jamais me fez ele qualquer observação.

Decio ressalva, na carta, que, embora este incidente em nada alterasse a amizade entre eles, tornaria impossível, entretanto, que exercesse com integridade sua função de crítico:

> É claro que as nossas relações de amizade estão acima da questão, e nem creio que você tivesse tido o intuito de me ofender. Trata-se apenas, como disse, de uma relação de serviço. Imagine se daqui por diante, ao escrever sobre qualquer peça, ridiculamente russa ou não, eu tivesse de me perguntar: o que o Ruy acha a respeito? Receberei amanhã um bilhetinho de desagrado?

A carta terminava, significativamente, assim:

> Com o abraço também desapontado do
> Decio de Almeida Prado[88]

As duas crises foram contornadas, pois Decio permaneceu à direção do "Suplemento Literário" e também como crítico teatral, e Anatol continuou a escrever para o "Suplemento", sem nunca ter tomado conhecimento do episódio[89]. E Ruy, é de se crer, absteve-se, a partir de então, de enviar "bilhetinhos de desagrado" a Decio. O que os dois episódios evidenciam é a integridade moral de Decio de Almeida Prado no exercício de suas funções e a sua coragem de agir de acordo com suas convicções.

---

88. Carta a Ruy Mesquita, sd. Acervo Decio de Almeida Prado, Instituto Moreira Salles.

89. Decio manteve sempre a maior discrição possível quanto aos atritos com a diretoria do jornal. O episódio aqui mencionado só se tornou público após sua morte, quando seu acervo, de que consta sua correspondência, passou aos cuidados do IMS.

Mas os problemas de Decio no "Suplemento" não eram apenas de ordem política. Segundo Antonio Candido, o "Suplemento Literário" gerou enorme hostilidade em outros setores da redação, em parte "por motivo de ciúme, e talvez por causa da remuneração mais alta"[90]. Enquanto o pagamento para as colaborações nos jornais da época variavam entre Cr$ 300 e Cr$ 800, no "Suplemento" a remuneração média era de Cr$ 1.500, sendo a mais baixa de Cr$ 1.000 e a mais alta de Cr$ 2.000. Os pagamentos eram feitos no ato da entrega do texto, independentemente de sua publicação. Os valores pagos pelas colaborações constituíam parte essencial do projeto do "Suplemento Literário", que visava assim "desempenhar um papel importante em nossa cultura, inaugurando uma fase de remuneração condigna do trabalho intelectual", segundo o texto do projeto aprovado em 6 de agosto de 1956[91].

Além do possível ciúme causado pela alta remuneração, as críticas constantes centravam-se no caráter mais ensaístico dos textos, que, aos olhos dos jornalistas, tornariam o "Suplemento" uma "coisa pesadona, universitária, ridícula"[92]. Tantas foram as objeções que a diretoria do jornal acabou por se convencer e resolveu agilizar a publicação, resultando na saída de Decio.

O "Suplemento Literário" continuou a ser publicado ainda por muitos anos, mas com a estrutura totalmente modificada. Sem Decio de Almeida Prado à sua frente e com as mudanças introduzidas, o "Suplemento" se esvaziaria, perdendo seu perfil de instrumento de reflexão, de veículo de debate de idéias mais sofisticadas e deixando de exercer o papel de instigador da literatura e do pensamento brasileiros a que tinha se proposto inicialmente. Antonio Candido tem razão ao afirmar e sintetizar da seguinte maneira a atuação de Decio como diretor do "Suplemento":

> [...] o "Suplemento Literário" d'*O Estado de S. Paulo* enquanto o Decio foi diretor era a coisa mais importante que havia. [...] Quando ele saiu, nunca mais se conseguiu fazer n'*O Estado de S. Paulo* nada equivalente. Isso é a prova de que a personalidade dele era absolutamente central. Por isso eu repito: o "Suplemento Literário" d'*O Estado de S.Paulo* foi, essencialmente, o Decio de Almeida Prado.[93]

90. Depoimento de Antonio Candido. *In*: WEINHARDT, Marilene. *Op. cit.*, p. 451.
91. "Plano do Suplemento Literário e Artístico d'*O Estado de S. Paulo*", 06.08.56. Acervo Decio de Almeida Prado, Instituto Moreira Salles.
92. Depoimento de Antonio Candido. *In*: WEINHARDT, Marilene. *Op. cit.*, p. 451.
93. *Ibidem*, pp. 451-452.

Carlos Namba

Decio em
março de 1975

# 4

# A arte do ator

## A arte do ator

Em seu ensaio sobre Cacilda Becker, "Cacilda: paixão e morte"[1], Decio de Almeida Prado observa, curiosamente, que a trajetória da atriz coincide, "por um estranho acaso", com sua própria carreira de crítico teatral. Isto é, no momento em que Cacilda, ainda como amadora, começava a dar os primeiros passos na vida profissional, Decio iniciava também sua carreira de crítico na revista *Clima*.

Depois de *Clima*, como já foi dito, Decio de Almeida Prado iria para *O Estado de S. Paulo*, onde exerceria profissionalmente a crítica por 22 anos. E, após sua saída do jornal, ainda por duas vezes faria um breve retorno à crítica jornalística, em revistas: primeiramente, *Visão* e, mais tarde, *Veja*. Convidado por Vladimir Herzog[2] a escrever sobre uma montagem de *Esperando Godot* para *Visão*, Decio aceitaria a encomenda exatamente por se tratar de um espetáculo de Cacilda Becker – infelizmente, porém, o seu último, já que a atriz morreria pouco após sofrer um aneurisma durante uma apresentação[3]. Uma das suas últimas críticas seria, portanto, sobre o último papel de Cacilda, marcando, dessa estranha maneira, as carreiras do crítico e da atriz, amigos e companheiros de teatro de longo tempo: desde o Grupo Universitário de Teatro – dirigido por Decio e ao qual Cacilda pertenceu – até a maturidade profissional, numa trajetória que constituiu, em grande parte, a própria rota do teatro brasileiro moderno.

Não fosse um espetáculo de Cacilda, Decio de Almeida Prado teria talvez recusado o convite, mas seu interesse pelo trabalho da atriz, além da grande amizade que o ligava a ela, fez com que se decidisse. O fato merece destaque por apontar para um dos traços mais marcantes do trabalho de Decio, tanto no que se refere à sua crítica jornalística quanto aos seus ensaios e estudos historiográficos: a atenção à arte do ator.

1. *In Peças, pessoas, personagens. Op. cit.*, p. 139.

2. O jornalista Vladimir Herzog (1937-1975), morto nas dependências do Destacamento de Operações de Informações-Centro de Operações de Defesa Interna (DOI-Codi), órgão de repressão do regime militar, foi de editor de Cultura, da revista *Visão* e diretor do departamento de telejornalismo da TV Cultura de São Paulo (N.E.).

3. O rompimento do aneurisma, que se deu no intervalo da apresentação de 6 de maio de 1969 de *Esperando Godot*, evoluiria para um derrame cerebral, deixando a atriz em coma por 39 dias – Cacilda morreria em 14 de junho (N.E.).

Ao longo de sua atividade de crítico e historiador, Decio escreveu, não por acaso, dois livros sobre João Caetano, um sobre Procópio Ferreira, inúmeras críticas sobre Cacilda Becker, além dos textos a ela dedicados, como a "Carta a uma jovem atriz", o "Adeus a Cacilda" – texto de despedida quando de sua morte –, e o mencionado ensaio biográfico.

Tais trabalhos dão a dimensão da importância e do apreço que Decio conferia a esta arte. Em João Caetano ele assim a definia:

> A emoção estética gerada pelo ator é a mais intensa e a mais transitória de todas: fortíssima no momento, capaz de abalar fisicamente, de arrancar lágrimas, de levar à histeria coletiva, desvanece-se aos poucos na memória, deixando somente algumas imagens fugidias, ou frustra-se na tentativa inútil de fixar em palavras, de ressuscitar pelo pensamento, o que foi sobretudo experiência vivida, sensação direta e incomunicável. A relação estabelecida entre o intérprete e o espectador tem um fundamento orgânico: a atração exercida por alguém que nos parece propor concretamente uma imagem mais bela, ou mais autêntica, ou mais vigorosa, ou mais requintada, ou mais selvagem, ou mais plena, do homem. Tinha razão Mme. de Staël quando escrevia a Talma: "Ce n'est pas un acteur que vous êtes, c'est un homme qui élève la nature humaine en nous en donnant une idée nouvelle".[4]

## João Caetano, Procópio, Cacilda

Três épocas, três atores, três diferentes estilos de representação. Poderíamos considerar que cada um desses intérpretes significa, para o crítico, um paradigma de sua própria época, expressões puras de três momentos distintos da história do teatro brasileiro.

### João Caetano

Ao escrever *João Caetano e a arte do ator*, Decio de Almeida Prado observava a inexistência histórica de estudos sobre interpretação. Sua preocupação em fixar, de alguma forma, o aspecto mais fugaz do espetáculo teatral é por ele explicitada ainda nos "Agradecimentos":

> Quem se der ao cuidado de consultar a bibliografia citada por mim, verificará, certamente com surpresa, que nela não figuram histórias, seja da arte de representar, seja das doutrinas

4. *In João Caetano: o ator, o empresário, o repertório*. São Paulo: Perspectiva, 1972, p. 105. (N.E.: A escritora conhecida como Mme. de Staël – na verdade Germaine Necker, 1766-1817, baronesa de Staël-Holstein – referia-se ao ator francês, identificado normalmente apenas pelo seu sobrenome, François Joseph Talma, 1763-1826. Eis o que ela diz: "Não é um ator o que o senhor é, mas um homem que eleva a natureza humana ao nos dar uma nova idéia dela". Tradução nossa.)

> estéticas referentes ao ator. O motivo é simples: elas não existem (ou eu não as conheço). [...] O máximo que temos são umas tantas biografias isoladas e algumas histórias da Comédie Française. Por quê? Por preconceito estético, por se julgar o papel do intérprete secundário, derivativo? Por ser a criatividade de palco a mais fugidia, a mais imponderável, escorregando-nos por entre os dedos enquanto a contemplamos? Argumentos plausíveis, mas que não bastam para excluir toda uma parcela da realidade que a reflexão crítica do século XX vai cada vez mais revelando como a própria essência do fenômeno teatral. Se somente a peça, o texto literário, subsiste à passagem do tempo, a sua atualização cênica nunca se faz senão por intermédio do homem, condição primeira para que exista essa coisa complexa, compósita, denominada teatro. Já é tempo, portanto, que se dê ao ator, nas páginas dos livros, o lugar que, no palco, nunca deixou de lhe pertencer.[5]

E foi exatamente por meio de um ator, João Caetano, que Decio buscou compreender todo um período da história do teatro brasileiro.

*João Caetano: o ator, o empresário, o repertório*, publicado em 1972, pertence já ao período pós-crítica jornalística, em que Decio de Almeida Prado, voltando-se para a atividade acadêmica, dedica-se à pesquisa e ao estudo da história do teatro brasileiro. Neste livro, ele procura resgatar a trajetória do empresário e grande ator romântico, debruçando-se sobre a figura de João Caetano de forma abrangente, enxergando-o como homem de teatro completo, procurando traçar o perfil daquele que foi o principal sustentáculo do teatro nacional no século XIX e o primeiro a marcar sua posição de "ator brasileiro"[6], numa época em que a cena local era totalmente dominada por companhias portuguesas ou formadas por atores vindos de Portugal e aqui estabelecidos.

A análise do estilo de interpretação de um ator que viveu e morreu no século anterior pode parecer tarefa quase impossível. O trabalho do ator, uma vez terminado, penetra nesse impalpável terreno da lenda ou do esquecimento, dependendo de suas qualidades. Nas palavras do próprio crítico, "não podemos enxergar no desempenho dramático nada que não tenha sido visto previamente pelos contemporâneos"[7]. É portanto principalmente por meio do estudo do repertório encenado pelo ator e de críticas e depoimentos da época que Decio busca reconstituir e situar historicamente a arte de João Caetano, seu estilo de representação, traçando, ao mesmo tempo, um amplo panorama do teatro brasileiro no período. Vemos surgir, a propósito do ator, a tematização das relações entre a Coroa e o teatro, entre o teatro brasileiro e o europeu, a questão do nacionalismo, da formação da incipiente dramaturgia nacional e a introdução do romantismo no Brasil.

Mas, se, neste primeiro estudo, a atenção se divide entre o ator, o empresário e o autor, em seu segundo livro dedicado ao intérprete oitocentista – o estudo *João Caetano*

---

5. *In João Caetano e a arte do ator*. São Paulo: Ática, 1984, p. XI.
6. Cf. *João Caetano*, p. 9.
7. *Ibidem*, p. 108.

*e a arte do ator*, publicado em 1984 – o crítico procurou estabelecer as principais influências e fontes utilizadas pelo ator na elaboração de suas *Reflexões dramáticas*, o primeiro manual escrito no Brasil sobre a arte de representar (1837). E, também, tratar da relação entre estas influências e o estilo de interpretação do ator/autor. A elucidação das verdadeiras fontes do livro publicado pelo ator brasileiro, por meio da análise comparativa com as obras francesas *Théorie de l'art du comédien ou Manuel théâtral*, de Aristippe, e *L'art du théâtre*, de François Riccoboni, traduzido para o espanhol por D. Joseph de Resma com o título de *El arte del teatro*, bem como por meio da comparação de João Caetano com os grandes atores estrangeiros que lhe serviram de modelo – Talma e Frédérick Lemaître[8] – ajudam a compreender os modelos teóricos e os preceitos estéticos que servem de base ao seu trabalho e à sistematização por João Caetano de uma "arte do ator".

Na elaboração de suas *Reflexões dramáticas*, na verdade uma livre condensação de *El arte del teatro*, como Decio bem o demonstra, João Caetano se apóia, sobretudo, em princípios estéticos clássicos e neoclássicos. E nem poderia ser de outra forma, uma vez que tanto Francesco Antonio Riccoboni (1707-1772) quanto Aristippe Félix Bernier de Maligny (*c.* 1800-1865) têm por fundamentos as idéias de Aristóteles e de Boileau-Despréaux[9].

As *Reflexões dramáticas* e, posteriormente, as *Lições dramáticas* (1862), buscavam servir de manual da arte de representar num país carente de tudo nessa área. Decio de Almeida Prado escreve que

> João Caetano [...] partia do nada, quase do zero absoluto. Era um ator que começava num país que também dava seus primeiros passos, onde tudo se mostrava virgem, desde o teatro até a nacionalidade. O leitor que tinha em mente devia ser sobretudo ele mesmo, já que ninguém necessitava mais de lições do que este aprendiz improvisado em mestre.[10]

Na ausência de escolas e sem tradição teatral, João Caetano foi buscar, nos autores estrangeiros, noções em que pudesse se apoiar. Ao tomar de empréstimo as idéias de Aristippe e Riccoboni, entretanto, ele acabaria por estabelecer uma dicotomia entre sua concepção teórica de teatro e sua prática teatral.

Não seria possível resumir, aqui, a excelente e minuciosa análise feita pelo crítico dos livros de João Caetano e de suas respectivas fontes, apontando quase que passo a passo, os momentos em que o ator repete, condensa ou modifica os textos de Aristippe e Riccoboni, este último a partir de sua tradução espanhola. Ao analisar a postura teórica de João Caetano e sua atividade profissional, Decio não deixa de chamar a atenção para o caráter contraditório dessa relação. Como autor e mes-

8. Também francês (1800-1876), nascido Antoine Louis Prosper (N.E.).
9. O filósofo grego Aristóteles (384-322 a.C) e Nicolas Boileau-Despréaux (1636-1711), ensaísta francês (N.E.).
10. *João Caetano e a arte do ator*, p. 77.

tre, João Caetano advoga a disciplina, a moderação, a obediência à natureza, a hierarquia dos gêneros, a interpretação guiada pela inteligência. Como ator, no entanto, aquele que foi consagrado como o maior de seu tempo no Brasil era, acima de tudo, intuitivo, impulsivo, emocional, capaz mesmo de perder o domínio de seus atos em cena. Em outras palavras, se o modelo ideal de João Caetano era Talma, o grande ator trágico francês, como o crítico bem observa, o seu estilo de interpretação lembrava muito mais Frédérick Lemaître, ator popular de grande sucesso na interpretação de dramas e melodramas, que Decio consideraria como o modelo prático do ator brasileiro. Para Decio de Almeida Prado, esta imagem de ator era, ainda, bem mais próxima da visão de seus contemporâneos, como podemos verificar pela observação de alguns comentários ao desempenho de João Caetano, que o crítico transcreve em seu livro:

> Joaquim Manoel de Macedo descreve-o como "prodigiosa natureza sem arte". Júlio César Machado concede-lhe a primazia "no sentimento, na paixão": "era artista de grandes lances". Pinheiro Chagas diz ter admirado nele "aquele estranho misto de predicados e de defeitos, de gênio e de ignorância. Muito desigual, muito incorreto, era às vezes maravilhoso na expressão da fisionomia e tinha verdadeiros relâmpagos de gênio." Machado de Assis, em geral frio perante uma exuberância pouco condizente com o seu feitio, reconhecia-lhe, "nas ocasiões supremas, uma inspiração que em vão se procurará nos talentos de ordem inferior"[11].

A conclusão, para o crítico, é a de que:

> Não é preciso dizer mais, invocar outros depoimentos, para configurar o *jeu sublime*, com os seus altos e baixos, os seus tropeços e as suas fulgurações, no qual o artista enfrenta o público como que a descoberto, munido sobretudo de sua imensa intuição, confiante de que será julgado não pelo nível médio de sua interpretação, mas pelas alturas vertiginosas que possa eventualmente alcançar.[12]

É, portanto, justamente o caráter impulsivo e irregular do ator, muito mais adequado à definição romântica de gênio do que ao comedimento clássico, que interessa mais de perto ao crítico. Em outra passagem de *João Caetano*, Decio nos diz que o ator "exercia sobre o público esse mesmo tipo de fascínio de natureza já quase sexual". A razão de tal fascínio não se fundaria propriamente na beleza, tratando-se antes "de alguma outra coisa, mais ampla e imponderável, em que a parte psicológica contribui

11. Cf. *João Caetano e a arte do ator*, p. 172.
12. *Loc. cit.*

não pouco, e que poderíamos chamar, conforme os casos, personalidade, autoridade ou encanto pessoal"[13].

Personalidade, autoridade, encanto pessoal. Ou, em outras palavras, esse "*je ne sais quoi*, definido precisamente como o indefinível: '*ce qui charme et est indéfinissable*' ".[14] A idéia de personalidade e, mais exatamente de personalidade extraordinária, constante na obra de Decio, é que nos interessa sublinhar nesse momento, pois está na base da definição do que constitui, a seu ver, o grande ator.

## Procópio Ferreira

Ao longo de seus 50 anos de atividade crítica e ensaística, Decio de Almeida Prado revisaria alguns dos conceitos e princípios que o guiaram. Outros, entretanto, se mantiveram inalterados. Entre esses, o que se refere, precisamente, à concepção do crítico em relação à natureza do grande ator. Do ponto de vista de Decio, a boa interpretação deve não só recriar a personagem de tal forma que possamos reconhecer nela, antes de mais nada, a natureza humana, mas deve ainda, da mesma forma que a encenação, tornar visível o sentido original do texto, aliando emoção e inteligência. E embora o intérprete, assim como o encenador, deva servir ao texto, o que distinguiria o grande ator seria justamente sua personalidade, aquilo que ele empresta de seu, de inconfundível, e que somos capazes de reconhecer em cada personagem. Esse algo a mais não nasceria da premeditação, e sim da intuição.

Na "Carta a uma jovem atriz", dirigida a Cacilda Becker, Decio de Almeida Prado definia o grande ator da seguinte forma:

> O melhor ator nem sempre é o de maior capacidade imitativa, o mais maleável, o mais pronto a se transformar, se bem que essa plasticidade seja uma das pedras de toque da arte de representar. É que há outro elemento, mais imponderável e fugidio talvez, não menos importante: a personalidade. O ator não é como uma cera obediente que se limitasse a encher os moldes propostos pela imaginação do autor. Ao contrário, todo ator, em cada criação, dá alguma coisa de si, deixa transparecer algo da sua própria realidade. Sarah Bernhardt ou Eleonora Duse não foram grandes artistas porque representavam melhor, no sentido de viver mais fielmente vidas imaginárias, personalidades fictícias. Foram grandes, sobretudo, porque emprestavam a cada personagem a riqueza de sua própria personalidade, essa riqueza impossível de se traduzir em palavras, mas que se sente de imediato, pela presença, intuitivamente.[15]

---

13. *Ibidem*, p. 106.
14. *Ibidem*, p. 51. ("eu não sei o quê", [...] "que nos seduz e é indefinível". Tradução dos editores.)
15. "Carta a uma jovem atriz". *Jornal das Artes*. São Paulo, n. 1, janeiro de 1949.

E na crítica ao *Hamlet* de Jean-Louis Barrault[16], que esteve com sua companhia no Brasil, em 1950, Decio reafirmaria que

> A primeira condição do grande ator é um magnetismo de ordem pessoal. Em toda arte há um elemento afetivo que não se reduz à razão. É a parte que poderíamos chamar da magia ou do encantamento, como outros já o fizeram. [...] Como ator, [Jean-Louis Barrault] é desses que carregam consigo o centro do palco para onde vão, tal a força de sua personalidade.[17]

O poder de tal magnetismo, a força da personalidade, bem pode ser medido pelo fascínio de Decio por Procópio Ferreira. Por um lado, o ator representava para o crítico tudo o que havia de pior e ultrapassado na cena local – vedetismo, interesses comerciais, excessivo "profissionalismo" (na má acepção do termo), desrespeito ao texto, teatro feito às pressas e de qualquer maneira –, enfim, tudo o que deveria ser extirpado para dar lugar ao teatro brasileiro moderno. Por outro lado, entretanto, o crítico parece não escapar à magia do grande ator, do cômico por excelência, no qual despontava, antes de tudo, a personalidade. Desse sentimento duplo e contraditório acabaria por surgir um livro sobre o ator: *Procópio Ferreira*, cujo subtítulo é, significativamente, *a graça do velho teatro*[18].

Procópio era, de fato, a antítese do teatro moderno que surgia. Pertencia à linhagem das grandes vedetes, em torno das quais se organizavam todos os elementos da representação. A fama e o reconhecimento provinham mais de sua personalidade do que da capacidade de brilhar em diferentes gêneros. Ator e empresário, encarava o teatro sobretudo pelo aspecto comercial, sem maiores preocupações com a qualidade do trabalho. Coube ao crítico combatê-lo desde o primeiro momento. Ainda na revista *Clima*, ele desfecharia sobre Procópio um ataque duro e direto. Poucas vezes Decio usou um tom tão violento:

> Não irei fazer crítica do espetáculo inaugural da temporada de Procópio em São Paulo, espetáculo em que foi representada a peça *La locandiera*, *O inimigo das mulheres* conforme a tradução nacional, de Carlo Goldoni.
>
> Farei apenas um protesto.
>
> No teatro nada exige mais saber, mais tato, mais finura, mais amor, mais compreensão verdadeira do fenômeno teatral que a montagem da peça clássica. [...] foi essa prova que o Sr. Procópio Ferreira afrontou. O resultado não poderia ter sido mais desastroso. Tudo foi adulterado conscientemente, modificado de propósito, até o enredo. Não

---

16. Diretor de teatro e ator francês (1910-1994), que também incursionou no cinema, ficando famosa sua atuação em *Les enfants du paradis (O bulevar do crime)*, realizado por Marcel Carné (1909-1996) em 1945 (N.E.).

17. *Apresentação do teatro brasileiro moderno*, pp. 427-428.

18. São Paulo: Brasiliense, 1984.

> resistindo, nem procurando resistir, à tentação de ser engraçado, o sr. Procópio fez os maiores esforços para substituir, sempre que possível, Goldoni por Procópio, com danos evidentes para Goldoni. Nada poupou o sr. Procópio Ferreira, nem latidos. Compreende-se, aliás, o que se passa atualmente com o sr. Procópio Ferreira: quer elevar o nível de seu repertório mas, ao mesmo tempo, não quer perder o público dos bons tempos das traduções espanholas no Boa Vista.
>
> Entretanto, sr. Procópio, raramente a arte permite acomodações. Decida-se de uma vez num sentido ou noutro, escolha entre ganhar mais dinheiro ou a arriscar um pouco do que ganhou em novas experiências. Não continue nesse esforço ingente e ineficaz de conciliar Goldoni e Paulo de Magalhães.[19]

O tom extremamente duro da crítica – se comparado com o restante do conjunto de textos publicados pelo autor, que sempre se distinguiu pelo estilo polido e elegante de sua escrita – deve ser analisado à luz do momento teatral. *Vestido de noiva* e Os Comediantes só aconteceriam mais de um ano depois, em dezembro de 1943. Neste momento começam a surgir, em São Paulo, os primeiros movimentos de amadores. É quando Alfredo Mesquita organiza e dirige o Grupo de Teatro Experimental, que irá durar até 1948. No entanto, se pouco havia sido realizado até então, muito havia para ser combatido, negado. Tratava-se, portanto, de estabelecer as possíveis bases para a renovação do teatro que logo teria lugar entre nós.

Após alguns anos, quando o movimento amador já cumprira o seu papel e o TBC demonstrava uma certa estabilidade, tendo o teatro brasileiro enveredado definitivamente por novos caminhos, Procópio ainda permanecia o mesmo, porém sem a importância de antes. Decio podia, agora, usar de maior moderação, não lhe negando o grande talento e a capacidade de comunicação imediata com a platéia, reconhecendo mesmo a existência e o interesse de um determinado público por este tipo de teatro, embora as críticas dirigidas a ele enquanto ator e empresário permanecessem fundamentalmente as mesmas.

Ao criticar *Essa mulher é minha*, montada por Procópio em 1952, por exemplo, Decio escreveria:

> [...] entra Procópio – e a peça que vínhamos antecipando por assim dizer termina. [...] Do meio para adiante, *Essa mulher é minha* é Procópio – Procópio, todo Procópio e somente Procópio.
>
> Tratemos de acrescentar logo que o público não se sentiu de maneira nenhuma logrado pela mudança – São Paulo andava saudoso de Procópio, essa é que é a verdade.
>
> [...] Ninguém, hoje em dia, vai à companhia de Procópio esperando encontrar aqueles valores – cenário, dicção, homogeneidade de desempenho – que já começamos a con-

19. Revista *Clima. São Paulo*, n. 9, abril de 1942, pp. 112-113. (N.E.: O aqui citado Paulo de Magalhães, 1900-1972, foi um dos autores preferidos de Procópio Ferreira.)

siderar como inerentes à natureza do teatro. [...] Mas dentro do seu gênero, aceitas inicialmente todas as suas limitações, não deixa de merecer a preferência que o público lhe vem demonstrando.[20]

O momento era outro e Decio podia agora, sem perder a coerência, se sentir à vontade para reparar de certa forma um "mal velado sentimento de culpa", como ele próprio explica em seu livro sobre o ator:

> Com ele eu iniciara a minha carreira de espectador de teatro, com ele me divertira em inúmeras farsas, repetindo em casa as frases de maior efeito, com ele me extasiara, na inexperiência dos meus 15 anos, perante os fáceis paradoxos de *Deus lhe pague*. Agora, investido recentemente de funções críticas como um dos porta-vozes e uma das pontas-de-lança da nova geração, contribuía os com meus escritos para abalar o seu prestígio e diminuir-lhe o campo de ação. Cumprindo embora bravamente o meu dever, não deixava de perceber o quanto havia de cruel naquilo que me parecia às vezes algo semelhante ao sacrifício ritual do pai.[21]

Procópio encarnou, de forma exemplar, a figura do grande ator, dentro da concepção e do estilo de representação característicos do teatro brasileiro nas primeiras décadas deste século. Pressionado pelas mudanças estruturais introduzidas pelos amadores na década de 1940, ele resistiu até o fim da vida, mantendo-se fiel à prática que o consagrara como um dos maiores nomes da cena nacional, ainda que isto o obrigasse a um deslocamento constante, afastando-o cada vez mais dos principais centros teatrais do país, na busca de novas e remotas praças. Para Decio de Almeida Prado, no entanto, o ator "[...] destinado pela natureza a chegar ao topo, deixou-se ficar pelo caminho. [...] Foi um grande ator, não um grande homem de teatro. Se tivesse sido menos complacente consigo mesmo, se não considerasse o palco tão primordialmente como uma fábrica de gargalhadas para o público e uma fábrica de dinheiro para o comediante, subiria provavelmente a altitudes bem mais elevadas"[22].

## As excêntricas

Se a personalidade, dado imponderável, irredutível à razão e para o qual contribui em grande parte a psicologia, é a característica essencial do grande ator, não se segue daí que toda personalidade possa ser definida do mesmo modo. É o caso, por exem-

20. *Apresentação do teatro brasileiro moderno*, pp. 115-118.
21. *Procópio Ferreira – A graça do velho teatro*, pp. 10-1.
22. *Ibidem*, p. 82.

plo, de Alda Garrido e Dercy Gonçalves, sem dúvida grandes personalidades, mas que Decio considera antes como "excêntricas" do que propriamente como atrizes.

A respeito de Dercy o crítico já observara, uma vez, que as comédias comuns não serviam para ela, "porque foram escritas para serem representadas, não para serem demolidas pelos intérpretes"[23]. Há uma distinção, a seu ver, entre figuras como Procópio Ferreira e Jayme Costa que, apesar de todos os vícios do velho teatro profissional ainda são vistos como atores, e Alda Garrido e Dercy, cujas personalidades tendem sempre a suplantar o autor, com prejuízo para o mesmo:

> *Mme. Sans Gêne* representa uma tentativa para tornar Alda Garrido artisticamente digna e respeitável, como qualquer outra atriz. Ora, é possível desejar tudo a Alda Garrido, menos que se torne artisticamente respeitável e digna. Esse falso respeito seria a única forma de irrespeito capaz de diminuir o seu talento. Porque, de fato, nem atriz propriamente ela é. Atriz é alguém que se especializa em não ser nunca duas vezes a mesma pessoa. Alda Garrido não tem nada disso: os seus recursos de técnica teatral, de caracterização psicológica, são dos mais precários. Em compensação, possui qualquer coisa de muito mais raro: uma personalidade genuinamente cômica. Quando representa a graça não está nunca na personagem: está na intérprete, no que esta possui de confundível, inimitável. [...] Alda Garrido, muito mais do que atriz, é uma grande excêntrica, a exemplo desses cômicos de cinema e de teatro musicado norte-americano – um Groucho Marx, um Danny Kaye.[24]

Do mesmo teor é o comentário sobre Dercy :

> Dercy, por exemplo, ainda não se desprendeu da revista – e para seu bem não deverá se desprender nunca. No dia em que apreender a representar como as outras, normalmente, estará liquidada. Passando para a comédia, continua uma atriz engraçada, às vezes engraçadíssima, mas tudo que há de bom nela pertence ao imprevisto, ao impremeditado, ao extemporâneo – não à peça. [...] Todo o espetáculo é uma luta desigual entre o intérprete e o texto, em que este faz triste figura.[25]

A excentricidade e o histrionismo indomáveis de Dercy Gonçalves aproximam-na, no entender de Decio, mais do "espírito de circo do que de teatro"[26] propriamente dito. Decio não deixa, porém, de admirar sua capacidade de arrebatar a platéia. Ao es-

23. *Teatro em progresso*, p. 38.

24. *Apresentação do teatro brasileiro moderno*, pp. 464-465.

25. *Ibidem*, p. 467.

26. *Teatro em progresso*, p. 87.

crever sobre *La mamma*, não é apenas o desempenho de Dercy que o crítico analisa, mas também o do público:

> Como os palhaços de circo, [Dercy] desce com freqüência ao terreno infantil, em que a graça decorre de dores de barriga e outras coisas que possam seguir na mesma ordem de idéias. O espetáculo desenvolve-se então metade no palco e metade na platéia: do lado de cá da ribalta, quantos rostos iluminados, quantos corpos convulsos, quantas bocas retorcidas pela gargalhada, quanta satisfação coletiva em voltar a ter 5, 6 anos! Como é jovem o Brasil e como se diverte facilmente! Bem-aventurada seja a sua inocência moral e artística, a sua falta de sofisticação.[27]

Mas o sucesso de atrizes como Dercy Gonçalves e Alda Garrido depunha, em certa medida, contra o gosto nacional. Para Decio, ele é sintomático do "desequilíbrio provocado pelo crescimento" que tem lugar com a renovação do teatro brasileiro, é um resquício do gosto do público pelo tão combatido "teatro para rir":

> Passamos abruptamente demais, talvez, das "chanchadas" nacionais ao repertório clássico, e o público parece conservar, secreta ou confessadamente, uma certa nostalgia da graça simples de outrora. Fingimos que adoramos as comédias francesas, porém o que faz rir de fato a platéia brasileira, mas rir de perder o fôlego, é algo intraduzível, incompreensível em qualquer outra língua e qualquer outro teatro, algo de muito mais elementar e rudimentar do que a graça européia.[28]

A excentricidade de Dercy e Alda Garrido tinha, aos olhos do crítico, portanto, uma certa graça. As objeções de Decio a elas não resultam de uma visão hierárquica da arte, dividida entre gêneros inferiores e superiores, em que a comédia e a revista pertenceriam ao primeiro e o drama e a tragédia ao segundo. A única hierarquia que interessa ao crítico deveras é a que diz respeito à primazia da criação literária na encenação teatral.

Fortemente influenciado pelas idéias de Copeau, como já se viu, Decio parte da premissa de que todos os elementos da encenação devem se subordinar ao texto. O grande desafio do *metteur en scène* – e o mesmo valeria para os grandes intérpretes – consiste em ser, simultaneamente, criação e instrumento, afirmando-se precisamente ao se dissolver na obra, fazendo-se reconhecer, exatamente, ao se apagar ali. Qualidades que, obviamente, não se podiam esperar de personalidades "excêntricas" como Dercy Gonçalves e Alda Garrido ou mesmo de atores como Procópio Ferreira e Jayme Costa.

27. *Ibidem*, p. 130.
28. *Ibidem*, p. 39.

## Cacilda Becker

A grande atriz, para Decio, não só pela personalidade excepcional quanto pela qualidade moderna de sua sensibilidade, é Cacilda Becker. Ao contrário de Procópio, aprisionado ao estilo dos anos 1930, marcado por gestos largos, pela dicção artificial, buscando a graça a qualquer preço e entendendo o teatro como obra exclusiva do grande ator, sempre fiel a si mesmo, Cacilda representa o paradigma da atriz moderna: contida, estudiosa, submissa ao texto e ao encenador, entregando-se a cada novo personagem, desvanecendo-se, se necessário, a fim de melhor interpretar seu papel.

Integrante do amador Grupo Universitário de Teatro, dirigido por Decio de Almeida Prado, Cacilda foi a primeira profissional a ser contratada pelo Teatro Brasileiro de Comédia, de Franco Zampari. O momento era de grandes mudanças para a cena nacional, e o TBC desempenharia papel fundamental na consolidação do teatro moderno no país. Contando desde o início com a colaboração de diversos encenadores europeus – Flaminio Bollini, Luciano Salce, Ruggero Jaccobi, Adolfo Celi, Gianni Ratto, Maurice Vanneau e Ziembinski[29] – que vieram para o Brasil devido à Segunda Guerra Mundial, o Teatro Brasileiro de Comédia consolidaria entre nós não só um novo conceito de encenação como também novos estilos de interpretar. É verdade que as montagens do grupo Os Comediantes, dirigidas por Ziembinski, já haviam começado a transformar, de forma radical, a concepção que se tinha, até então, no Brasil, do trabalho do ator. Esse movimento, entretanto, seria retomado e aprofundado com maior continuidade pelo Teatro Brasileiro de Comédia e pela Escola de Arte Dramática, ao longo das décadas de 1950 e 1960.

É importante chamar atenção para o fato de que a EAD e o TBC surgem praticamente ao mesmo tempo, a partir de um núcleo comum. A formação inicial do TBC incluía elementos do Grupo de Teatro Experimental, do Grupo Universitário de Teatro e da Sociedade de Artistas Amadores de São Paulo. Além disso, muitos dos profissionais do TBC, como Cacilda Becker, Alberto D'Aversa[30] e o próprio Ziembinski, viriam a ser professores da EAD, funcionando a escola como um enorme laboratório para múltiplas experiências no campo da interpretação. Pela primeira vez, o trabalho de pesquisa e aperfeiçoamento da interpretação dispunha de condições regulares, básicas, tornando possível consolidar, num espaço de tempo relativamente curto, o salto que fora dado, a princípio, por Ziembinski.

Esta nova concepção de teatro viria acompanhada também por uma mudança de repertório. O teatro brasileiro tomava contato, de uma só vez, com um novo tipo de encenação, de interpretação e com uma nova dramaturgia que era, muitas vezes, iné-

29. Além dos já mencionados Celi e Ziembinski, os demais encenadores são os italianos Flaminio Bollini (1924-1978), Luciano Salce (1922-1989), Ruggero Jaccobi (1920-1981), Gianni Ratto (1916) e o belga Maurice Vanneau (1926 ). Todos chegaram ao Brasil entre 1946 e 1955.

30. Ator e diretor italiano (1920-1969), radicado no Brasil a partir de 1947 (N.E.).

dita, ou que havia sido montada apenas por companhias estrangeiras[31]. Ao criticar o primeiro espetáculo apresentado pela Escola de Arte Dramática, *Liliom*, em 1950, Decio de Almeida Prado apontava a diferença que havia entre o estilo de atuar que consagrou atores como Procópio e Jayme Costa e o desta nova geração:

> Há atores que representam anos a fio o mesmo papel – são eternamente eles mesmos – sem que as platéias pareçam ressentir-se disso. É que o hábito de estar em cena, aperfeiçoado ao ponto de se tornar uma arte, supre todas as outras qualidades que lhes faltam. Os alunos da EAD não possuem ainda, para o bem deles, tais recursos. E na sua falta, não têm outra solução a não ser tomar o verdadeiro caminho de teatro: estudar o papel, aprofundar-se na sua interpretação, sentir, de fato, as emoções que devem simular. [...] A segunda grande qualidade dos alunos da EAD é representar com o corpo todo, e não somente com as mãos e com as palavras, como foi hábito, durante tantos anos, no nosso teatro.[32]

O que se começava a buscar agora era uma interpretação naturalista, nos moldes de Stanislávski[33], procurando antes de tudo a verdade e o sentido do texto, e que vinha se contrapor de forma cada vez mais acentuada, às técnicas artificiais e às convenções utilizadas pelo "teatro profissional". Os grandes gestos, a arte de dizer bem um texto, começavam a dar lugar ao estudo e à composição física e psicológica da personagem, à visão pessoal do intérprete sobre o significado do texto dramático e, ao mesmo tempo, a uma concepção homogênea da cena.

Seria em meio a este ambiente que Cacilda Becker se formaria como atriz. Apesar de uma brevíssima experiência profissional junto à companhia de Raul Roulien, no Rio de Janeiro, Cacilda começava sua carreira praticamente naquele momento. Decio conta que:

> Tudo crescia ao mesmo tempo. Crescia o público, em quantidade. Crescia o elenco, qualitativamente. Crescia a crítica, indo além do mero registro jornalístico. E dentro desse complexo, em que se irmanavam com propósitos semelhantes elementos nacionais e europeus,

31. Nesse sentido, a atividade da EAD e do TBC foi extremamente significativa, pois colocou o teatro – e o público – brasileiro em contato com uma enorme quantidade de textos, entre clássicos e modernos, nacionais e estrangeiros. A Escola de Arte Dramática montou, por exemplo, Gil Vicente, Martins Pena, Machado de Assis, Calderón de La Barca, Shakespeare, Molière, Kleist, Musset, Goldoni, Cervantes, Pirandello, Tchékhov, García Lorca, Eugene O'Neill, Tennessee Williams, Samuel Beckett, Alfred Jarry, Jorge Andrade, para citar apenas alguns. E o Teatro Brasileiro de Comédia encenaria, apenas nos primeiros anos, Jean Cocteau, William Saroyan, Patrick Hamilton, Goldoni, Sartre, Tchékhov, Oscar Wilde, Pirandello, Tennessee Williams, Jules Renard, Gorki, Dumas Filho, Noël Coward, Anouilh, entre inúmeros outros.

32. *Apresentação do teatro brasileiro moderno*, pp. 195-196.

33. Stanislávski foi autor de vários livros em que procurou esboçar um método de interpretação baseado no uso da experiência pessoal do ator – através da chamada "memória emotiva" – e do controle da emoção.

homens de teatro maduros e jovens inexperientes, dentro dessa galáxia de astros em expansão, crescia a luminosidade particular de Cacilda.[34]

Percebendo claramente, desde o princípio, o potencial artístico de Cacilda, e talvez por temer que a atriz viesse a enveredar por caminhos mais fáceis e não tão interessantes, Decio de Almeida Prado escreveria a "Carta a uma jovem atriz", em que sublinhava a importância daquele momento específico para o teatro brasileiro, e a necessidade de formação de uma consciência teatral, destacando o privilégio que era poder contar com a colaboração e a crítica de artistas estrangeiros, com o interesse apaixonado da imprensa pelo teatro e o entusiasmo do público, que aumentava a cada dia. Decio se preocupava em orientar a vocação de Cacilda, incitando-a à realização de um trabalho sério, que não se deixasse levar pelo caminho do teatro comercial. A razão de tal preocupação seria narrada em seu ensaio biográfico sobre a atriz:

> Quando a conheci, ela o considerava [o teatro] pouco mais do que um sucedâneo do cinema semanal: peças leves, modernas, agradáveis ('gostosinhas', como dizia), suscetíveis de atrair públicos mais jovens, não lhes deixando na boca o habitual sabor de coisa antiquada e rançosa.[35]

No TBC ela teve oportunidade de se aperfeiçoar e amadurecer como atriz, desfrutando, desde os primeiros tempos, de uma certa primazia entre os outros integrantes do elenco. Seus recursos materiais, porém, segundo Decio, "não passavam de sofríveis: respiração curta, timbre nem sempre grato, dicção às vezes martelada"[36]. Mas, apesar do registro limitado de voz e de uma certa contenção natural, a atriz, a cada novo trabalho, não cessava de surpreender o crítico que, ao escrever sobre *Pega-fogo*, uma de suas criações consideradas antológicas por quem pôde assistir, declarava que:

> [...] estávamos equivocados ao admitir limites para Cacilda. As suas imensas possibilidades são ainda mais vastas e profundas do que pensávamos e a atriz, entrando agora num período de plena maturidade, começa a elevar o nosso teatro a alturas raramente alcançadas mesmo pelo melhor teatro de outros países.[37]

Os parcos recursos materiais da intérprete eram compensados por uma incrível versatilidade, pela capacidade invulgar de mergulhar na alma humana projetando-a para o público e pela intensidade com que Cacilda se dedicava ao teatro:

> Cacilda vive do teatro e para o teatro, a ponto de se ter reduzido materialmente, pela sobrecarga de trabalho, pela exaustão física, a um vibrante feixe de nervos, como se a atriz

34. Cf. "Cacilda: paixão e morte". *Op. cit.*, p. 143.
35. *Ibidem*, p. 144.
36. *Ibidem*, p. 145.
37. *Apresentação do teatro brasileiro moderno*, p. 364.

> dispensasse tudo que não constitua matéria para sua arte, tudo que não seja sensibilidade e energia nervosa.[38]

É evidente que Cacilda possuía domínio técnico de seu *métier*, mas o que mais sobressaía na atriz, aos olhos do crítico, era justamente essa intensidade, "sua inacreditável força de presença, o magnetismo oriundo de uma personalidade extraordinariamente vigorosa e autêntica, a generosidade com que se entrega a cada novo papel, num dom total de si mesma"[39]. Para ele, "O que Cacilda possui, mais do que qualquer outra atriz, não são qualidades físicas, não é uma voz excepcional, não é o estilo: é a flama interior"[40].

A capacidade de total entrega ao teatro se estendia também à sua vida. Cacilda batalhou sempre pelo teatro brasileiro, como atriz, empresária – formando, junto com Walmor Chagas, sua própria companhia, ao deixar o TBC –, como presidente da Comissão Estadual de Teatro ou ainda como representante da classe teatral, em atividades nem sempre gratas àqueles que as desempenhavam. A idéia inicial do teatro como "peças leves", "gostosinhas", tinha cedido espaço definitivamente para a idéia do "teatro enquanto cruzada"[41].

Não é de se espantar, portanto, que a mesma intensidade que caracterizou sua vida marcasse sua morte. Cacilda morreu praticamente em cena, interpretando Estragon, em *Esperando Godot*, ao lado do marido Walmor e do filho Carlos. Ao escrever seu "Adeus a Cacilda", Decio de Almeida Prado reafirmaria precisamente as idéias expressas na "Carta a uma jovem atriz", escrita no começo da carreira de ambos, deixando claro, portanto, que sua compreensão a respeito da arte do ator em nada se alterara nesses 22 anos de crítica profissional:

> Que é uma grande atriz? Uma capacidade invulgar de assumir personalidades fictícias, de mudar de papel para papel? Cacilda, que fez tragédias e farsas, peças clássicas e modernas, que foi menino em *Pega-fogo* e velha em *Longa jornada noite adentro*, cândida em *Ingenuidade* e devassa em *Quem tem medo de Virgínia Woolf?*, rainha em *Maria Stuart* e *clown* em *Esperando Godot*, corresponderia perfeitamente a esta definição. O substrato físico e psicológico, não há dúvida, permanecia sempre o mesmo: certos timbres vocais (Cacilda possuía dois ou três), certos gestos, certo ritmo de fala, certos tiques de personalidade. Mas, dentro desses limites que compõem o perfil, o estilo do ator, a sua capacidade de transfiguração era tão grande como a de qualquer outro artista brasileiro.[42]

---

38. *Loc. cit.*
39. *Ibidem*, p. 379.
40. *Teatro em progresso*, p. 15.
41. Cf. "Cacilda: paixão e morte", p. 145.
42. "Adeus a Cacilda". *In Exercício findo*, p. 278.

Mas, segundo Decio, talvez não fosse essa, entretanto, a sua principal característica. Pois, para ele, "o grande ator, mais do que um desfile de máscaras diversas, é uma personalidade de exceção". O essencial seria "comunicar ao público alguma qualidade humana – bondade, inteligência, nobreza, feminilidade, coragem, malícia – elevada ao mais alto grau". E, desse ponto de vista, "Cacilda sobressaía pela intensidade, pelo fervor com que se entregava ao papel, inclusive desgastando-se fisicamente. Em seus melhores momentos, era uma pura chama ardendo diante de nós"[43].

## A personalidade do crítico

Toda experiência estética só pode ser vivenciada por meio da intuição e da sensibilidade. Por isso a arte do ator e a do crítico compartilham, em certa medida, daquilo que há de imponderável, de subjetivo, de puramente pessoal em qualquer experiência estética. Ao julgar uma obra de arte, o crítico não escapa à emoção, ao sentimento, à impressão que uma determinada obra imprime em seu espírito. Não escapa, enfim, à sua personalidade. Por esta razão, Decio considera, como vimos, a crítica impressionista como a única possível. Entre a crítica impressionista e a crítica científica, ele se coloca, sem dúvida, ao lado da primeira, pois,

> Uma ciência teatral, se conseguirmos um dia constituí-la, ensinará tudo ao crítico, menos se tal atriz e tal peça são medíocres ou geniais. Essa é uma escolha que ele terá de fazer, jogando às vezes tudo ou nada como qualquer espectador.[44]

Mas se esta escolha não foge ao que, em última análise, chamamos de gosto pessoal, criando um recorte essencialmente ligado ao indivíduo, ela é, também, em parte, informada por um conjunto de outros fatores. O gosto pessoal, assim como o gosto de uma época, forma-se na confluência de uma série de discursos (aqui entendido o termo em sua acepção foucaultiana[45]), de práticas que constituem seu próprio objeto, e em meio aos quais o sujeito assume posições de subjetividade. No caso de Decio, o crítico se produz na interseção dos discursos da filosofia, da sociologia, da psicanálise, do estruturalismo e do marxismo. Sua concepção estética, portanto, se cons-

43. *Loc. cit.*
44. *Ibidem*, p. 27.
45. Uma das grandes contribuições do pensador francês Michel Foucault (1926-1984) foi reintroduzir na filosofia a palavra grega *episteme* (ciência) – que se opõe a *doxa* (opinião) e *techné* (habilidade, arte) –, dando-lhe o sentido de conjunto, "rede subterrânea" de pressupostos que caracteriza o pensamento de uma época, nos mais variados domínios. Pois bem: segundo Foucault, cada *episteme* tende a originar uma determinada forma de conhecimento – com suas práticas, crenças, conceitos etc. –, a qual ele chamou de discurso (N.E.).

trói tanto no jogo de relações entre esses diferentes sistemas de pensamento, bem como entre estes e os elementos significativos que constituem a prática teatral na qual Decio está inserido: o repertório dramático, os estilos de representação, as teorias da encenação, os gêneros teatrais, as correntes estéticas em pauta, etc. É o que Decio, afirma, em outras palavras, quando escreve que "Cada crítico é mais ou menos circunscrito por seus hábitos e crenças"[46].

Os hábitos e crenças de Decio ligavam-no sobretudo ao drama moderno e ao estilo de representação que o Teatro Brasileiro de Comédia tornou exemplar. Isto não quer dizer que o crítico não mantivesse uma postura sempre aberta a novas propostas estéticas e cênicas – mas seu gosto, por assim dizer, sua perspectiva individual estava mais próxima da linguagem teatral e do repertório que ao longo dos anos, subiu à cena do TBC, filiado em grande parte ao teatro realista, com peças que tendem a ser bem estruturadas e bem acabadas. O que, numa certa medida, o afastava, por exemplo, da dramaturgia – mas não das idéias – de Brecht, pelo menos da forma como foi levada à cena na época.

Ao criticar a montagem de *A alma boa de Sichuan* dirigida por Flaminio Bollini em 1958, por exemplo, o crítico observava que, para aqueles "acostumados à complexidade, à concentração dramática, em que temos de ler nas entrelinhas"[47], o teatro didático de Brecht pode parecer monótono. O crítico não se mostrava convencido de que o esquematismo e clareza característicos da dramaturgia brechtiana representassem um "progresso estético" (a expressão é de Decio). As teorias de Brecht do teatro épico parecem-lhe mais interessantes no papel do que no palco, e ele reserva-se o direito de esperar por futuras encenações da obra do dramaturgo alemão para formar um julgamento. Dois anos mais tarde, ao criticar *Mãe coragem*, com direção de Alberto D'Aversa, o crítico revela uma certa reserva com o teatro épico, derivada precisamente do caráter mais distanciado e menos afetivo do teatro de Brecht. Dizia ele:

> Começamos mesmo a indagar, a certa altura, se as teorias estéticas de Brecht, aliás inteligentíssimas, não se destinam porventura a transformar limitações em qualidades, a racionalizar e a legitimizar uma fundamental pobreza de inspiração poética. Brecht parece compreender mal a importância da emoção, da afetividade profunda, tanto na vida como na arte.[48]

Decio de Almeida Prado questiona o uso do termo "épico" escolhido por Brecht para definir seu teatro. No entender do crítico, embora a definição seja acertada no que diz respeito à técnica narrativa, as personagens brechtianas são profundamente anti-épicas, no sentido grego – heróico –, do termo. O resultado seria que o dra-

46. *Teatro em progresso*, p. 104.
47. *Loc. cit.*
48. *Ibidem*, p. 156.

ma de Brecht não conviria à experiência dolorosa da guerra em toda sua dimensão humana e social. "Há, no homem", diz Decio, "vozes, cânticos, que Brecht não soube ou não quis ouvir"[49].

Não deixa de ser interessante notar que aquilo de que Decio se ressente aí é, exatamente, da ausência do valor afetivo que propicia ao público a identificação do drama humano. Ou seja, ressente-se daquilo que Brecht buscou, conscientemente, extirpar do teatro a fim de criar uma atitude crítica por parte do espectador. Para Decio de Almeida Prado, em termos dramáticos, o resultado final ficaria aquém das possibilidades teatrais e poéticas do tema.

Outro exemplo significativo é o da encenação de *As fúrias* (1966), por Antônio Abujamra. Qualificado por Decio como "teatro hermético", que consegue ser "tão exasperante como uma porta fechada na nossa cara", a encenação, marcada por uma loquacidade intensa, mas paradoxalmente pouco comunicativa, pelo movimentação cênica excessiva "e quase nenhuma ação dramática", leva o crítico a confessar ter se encontrado, "durante bons lapsos de tempo, naquela difícil situação de quem perdeu o pé na conversa e já não sabe sobre o que ou sobre quem se está falando". A dramaticidade que faltaria ao texto de Rafael Alberti[50] seria agravada, no entender de Decio, pelo "virtuosismo lúdico" de Abujamra, que se traduzia em marcações bizarras e por um estilo de representação recheado daquilo que o crítico denomina de "efeitos de surpresa", como por exemplo, o recurso a uma gargalhada muda. Citando Abujamra, que compara a poesia de Alberti à de Lorca, definindo a primeira como pedra e morcego e a segunda como flor e pássaro, Decio de Almeida Prado declara que, em matéria de teatro, ele, sem dúvida, prefere "a flor à pedra e o pássaro ao morcego"[51].

A preferência do crítico, contudo, não se apóia em conceitos vazios como o bom gosto, por exemplo, o qual Decio considera uma "entidade estética já falecida"[52]. Se assim fosse, ele não apreciaria, como o fez, a encenação de *O rei da vela* por José Celso Martinez Corrêa e o grupo Oficina, montagem na qual a espinafração reinava absoluta. Muito pelo contrário. O mau gosto era, a seu ver, uma categoria estética tão válida como qualquer outra. Para o crítico, a encenação do texto de Oswald de Andrade pelo grupo Oficina fora feliz justamente por incorporar à cena, com sucesso, elementos vistos tradicionalmente como chulos.

O que a análise das críticas de Decio revela é que na sua perspectiva individual há, também, implícita, uma perspectiva de geração. A formação iniciada no movimento amador e continuada na luta por renovar o teatro brasileiro, ao tomar parte na fundação do TBC, e na atividade crítica que se desenvolve conjuntamente à consolidação do

49. *Loc. cit.*
50. Poeta e pintor espanhol (1902-1999), autor também de vários textos teatrais.
51. Cf. *Exercício findo*, pp. 122-123.
52. *Ibidem*, p. 263.

teatro brasileiro moderno, assim como sua educação intelectual, universitária, iluminam o "impressionismo crítico" de Decio. E a perspectiva individual do crítico, as opções pessoais adquirem um contorno mais claro se as enxergamos através dos vínculos que estabelecem com as possibilidades de atuação, com a trama de discursos existentes naquele momento histórico.

Sérgio Tomisaki

Decio de Almeida
Prado no ano de 1988

# 5

# Transformação

## Mudanças na cena brasileira

Nos dez anos seguintes à fundação do TBC e da Escola de Arte Dramática, a situação do teatro brasileiro se modificou totalmente. A produção do Teatro Brasileiro de Comédia, dispondo de diversos encenadores europeus contratados por Franco Zampari – Alberto D'Aversa, Adolfo Celi, Luciano Salce, Flaminio Bollini, vindos da Itália, e Maurice Vanneau, da Bélgica, além de Ziembinski, Ruggero Jaccobi e Gianni Ratto – foi ininterrupta, levando-se à cena uma quantidade enorme de textos e uma variedade exaustiva de espetáculos. Os atores adquiriram assim uma formação bem mais completa, experimentando todos os estilos e gêneros dramáticos. O crescimento se dava em diversos planos: no salto de qualidade da interpretação, da encenação e da crítica e no aumento significativo do público.

Crescia também a dramaturgia nacional. Além de Nelson Rodrigues, afirmavam-se ou começavam a se afirmar Abílio Pereira de Almeida, Silveira Sampaio, Jorge Andrade, Gianfrancesco Guarnieri, Ariano Suassuna, Dias Gomes, sem contar os escritores que, vez por outra, resolviam tentar o gênero teatral, como Rachel de Queiroz e Antônio Callado.

Novos grupos e companhias começavam a se formar. Do TBC saem as companhias Nídia Lícia e Sérgio Cardoso, Cacilda-Walmor-Ziembinski, Tônia-Celi-Autran, todas dispostas a tentar vôos próprios. Da Escola de Arte Dramática, surgiria o Teatro de Arena. A idéia, vale lembrar, foi inicialmente sugerida por Decio de Almeida Prado a dois alunos – um deles, o diretor José Renato –, tomando por base um artigo que lera numa revista americana, sobre a experiência do *Theatre-in-the-Round*, desenvolvida por Margo Jones no Dallas Civic Theatre. O formato arena, entretanto, não se devia, a princípio, a preocupações estéticas, mas sim à busca de uma solução de ordem econômica. O que se desejava era possibilitar a montagem de espetáculos a baixo custo e sem necessidade de salas apropriadas, então escassas em São Paulo. No programa de *Dias felizes*, comédia de André Puget[1] que inaugurou simbolicamente a sede permanente do grupo, um pequeno texto explicava a escolha do formato arena:

> A razão pela qual José Renato resolveu se dedicar ao teatro de arena como forma permanente é de ordem econômica. Nesse tipo de espetáculo não existe cenário e o palco é

1. Claude-André Puget, dramaturgo francês. *Dias felizes* foi levada pelo Arena em 1956 (N.E.).

um simples espaço no centro do círculo formado pelas cadeiras. Para um teatro de pouco público, como o brasileiro, a única possibilidade de auto-suficiência – na opinião de José Renato –, está no teatro de arena, que despende menos dinheiro. Numa montagem comum, gasta-se a décima parte do que exigiria um teatro normal.

Somente alguns anos depois, com a entrada de Augusto Boal e Gianfrancesco Guarnieri, é que o Arena assumiria o caráter inovador e político que se tornou a marca distintiva do grupo.

O Oficina, organizado na Faculdade de Direito de São Paulo em 1958, é o único grupo a surgir fora do eixo EAD-TBC, muito embora sua trajetória se ligue, estreitamente, à do Arena. Cada uma dessas companhias e grupos tinha sua sede permanente, o que, sem dúvida, era um fator fundamental para a sobrevivência do trabalho coletivo a longo prazo.

O público crescera e começava agora a se diversificar. Nos primeiros tempos do Teatro Brasileiro de Comédia, era ainda pequeno e selecionado, como lembra Decio:

> Agora, o teatro do TBC no começo teve um certo caráter elegante, grã-fino. Porque o Franco Zampari [...] fez uma reforma de uma sala comum, em dois meses mais ou menos. Fez um teatro decorado pela decoradora mais famosa de São Paulo naquele momento (Sofia Assunção). [...] Era um teatro em que as pessoas entravam e tinham a impressão de uma coisa moderna, limpa, elegante.[...] Ele começou dobrando ou triplicando o preço do ingresso. O Procópio era muito barato, esse tipo de teatro, e o Zampari começou a cobrar mais. No começo demorou um pouco, mas depois o público veio. E veio um público não propriamente grã-fino, veio um público burguês, mas não só da alta burguesia, de uma burguesia média. O teatro não era uma coisa caríssima naquele momento. E aí houve os *habituées* do TBC. O TBC tinha um público fiel, cativo.[2]

Em 1950, os mais bem-sucedidos espetáculos do TBC não ultrapassavam as cem representações. *O mentiroso*, de Goldoni, por exemplo, foi representado 86 vezes para um público de 16.797 pessoas, uma média de 195 espectadores por espetáculo. Em 1956, a *Casa de chá do luar de agosto*, de John Patrick[3] alcançaria 177 representações, equivalendo a um público de 51.809 pessoas, ou 292 espectadores por espetáculo. Em 1963, *Os ossos do barão*, de Jorge Andrade, certamente o espetáculo de maior sucesso do TBC, tinha sido visto, só em São Paulo, por 110 mil espectadores, segundo dados da Funarte.

2. Ver entrevista à autora, publicada no "Apêndice 2" a este volume.
3. Autor americano (1905-1995). *Casa de chá do luar de agosto* é de 1953 e deu a Patrick o prêmio Pulitzer (N.E.).

Com o Arena e o Oficina, o segmento estudantil, universitário, descobre o teatro, alterando em parte o perfil do público teatral brasileiro, ao menos paulista, nesse momento:

> Quando o teatro se voltou-se muito para o lado da esquerda, político, no Teatro de Arena, por exemplo, houve uma tentativa de mudá-lo. Acho que mudaram no sentido de que veio muito mais gente jovem, universitários, mas não se libertaram inteiramente da burguesia porque, afinal de contas, quem tinha dinheiro, quem podia pagar era a burguesia. Então havia o interesse de fazer um teatro operário, mas não se conseguia. Era uma classe média que ia ao Arena, já não eram mais grã-finos, mas ainda era uma coisa "bem" ver teatro.[4]

O crescimento visível da atividade teatral até os primeiros anos da década de 1960 se faria acompanhar de uma guinada também nas propostas estéticas. Em seus primeiros anos, as montagens do Arena pouco se diferenciavam do TBC, a não ser talvez, pela condição econômica mais modesta. É somente a partir de 1955, com a fusão do primeiro núcleo do Arena a um grupo chamado Teatro Paulista do Estudante – do qual vieram Gianfrancesco Guarnieri e Oduvaldo Vianna Filho –, que ele assume a feição que o definiria. Augusto Boal, que acabara de chegar dos Estados Unidos – onde fora estudar dramaturgia e direção, tendo contato também com os métodos do Actors Studio – juntara-se ao grupo em 1956. A reunião dos três – Boal, Guarnieri e Vianinha – daria início a uma fase mais política, voltada para a apresentação e discussão sistemática dos problemas do povo brasileiro.

Nesse novo momento, o objetivo principal era montar textos e espetáculos nacionais, buscando um estilo próprio, brasileiro, de representar. Era, de certa forma, uma oposição ao TBC, que tinha por modelo o teatro europeu. Numa entrevista ao *Correio da Manhã*, em 1960, Augusto Boal definiria da seguinte forma a postura do Teatro de Arena:

> Paralelamente à criação de uma dramaturgia brasileira, precisamos desenvolver os nossos estilos de representação. Realismo é realismo, em qualquer parte do mundo. Mas em cada país ou região, tem a sua fisionomia diferente. Estamos procurando a fisionomia do nosso realismo teatral. Valemo-nos da experiência de Stanislávski, de [Elia] Kazan. Porém, tenha os defeitos que tiver, o nosso trabalho não será nunca uma reprodução, uma cópia. Erraremos os nossos erros.[5]

O nacionalismo, de resto, era a tônica do momento brasileiro. O país parecia haver adquirido confiança e auto-estima, com a política desenvolvimentista de Juscelino Kubitschek[6]. Além da questão formal – menosprezada no primeiro momento, mas que

4. Ver entrevista à autora, publicada no "Apêndice 2" a este volume.
5. *Correio da Manhã*. Rio de Janeiro, 06.03.60.
6. Juscelino Kubitschek de Oliveira (1902-1976) seria presidente do Brasil entre 1956 e 1961 (N.E.).

acabou por se desdobrar numa proposta estética definida por Augusto Boal como "sistema coringa"[7] – a importância do Arena está no processo de valorização do autor nacional. O sucesso de *Eles não usam black-tie*, texto de estréia de Guarnieri, em 1959, abriria, segundo Decio de Almeida Prado:

> [...] não só a carreira dramatúrgica de Gianfrancesco Guarnieri como todo um ciclo do teatro brasileiro. Naqueles alvoroçados anos que vão de 1955 a 1960, tão fecundos em revelações de autores, se [*Eles não usam black-tie*] não ocupa o primeiro lugar cronológico, tendo vindo depois das peças de estréia de Jorge Andrade e Ariano Suassuna, foi ela, contudo, que ficou como marco histórico, seja pelo inesperado e prolongado sucesso de bilheteria que obteve, revertendo em favor das peças nacionais a expectativa do público, seja pela guinada estética e política que significou, ao aproximar duas entidades até então julgadas quase incompatíveis – teatro e povo.[8]

E, no mesmo ano da estréia de *Eles não usam black-tie*, o Arena organizaria, ainda, o primeiro Seminário de Dramaturgia, destinado a discutir e incentivar os autores nacionais. Como resultado, vários textos produzidos durante os seminários serão encenados pelo grupo: *Chapetuba Futebol Clube*, de Oduvaldo Vianna Filho, *Revolução na América do Sul*, de Augusto Boal, *Pintado de alegre*, de Flávio Migliaccio, *Gente como a gente*, de Roberto Freire, *Fogo frio*, de Benedito Ruy Barbosa (uma co-produção Arena-Oficina), entre outros.

A força desse movimento de valorização do autor nacional pode ser medida pelo fato de o Oficina, quando de sua organização, ter escolhido dois textos brasileiros e contemporâneos para montar: *A ponte*, de Carlos Queiroz Telles e *Vento forte para um papagaio subir*, de seu próprio diretor, José Celso Martinez Corrêa. O grupo não apresentava, de início, as mesmas preocupações políticas e sociais que caracterizavam o Arena. Mas 1960, ano em que o Oficina se profissionaliza, vai marcar sua politização e o avizinhamento com o Arena, dando início a uma intermitente colaboração entre os seus integrantes. As diferenças e as especificidades de linguagem de cada grupo, entretanto, sempre existiram. Fernando Peixoto, por exemplo, aponta que:

> [...] uma das características mais unanimemente reconhecidas nos espetáculos do Oficina foi sempre a qualidade e a homogeneidade do trabalho dos intérpretes. É evidente que is-

7. O "sistema coringa" baseia-se na desvinculação entre ator e personagem. Boal explica que: "Independentemente dos atores que representavam cada papel, procurava-se manter, em todos, a interpretação da 'máscara' permanente de cada personagem interpretado". Num momento posterior, com *Arena conta Tiradentes*, tal sistema incorporaria uma função protagônica, ou seja, ao contrário dos demais personagens, o herói será o único personagem a buscar uma empatia com a platéia, sendo representado por um único ator. Enquanto os outros personagens são identificados apenas por sua máscara, o protagonista deve ser interpretado segundo o método de Stanislávski, sem que haja, em nenhum momento, quebra da "verdade" do personagem. Cf. "Elogio fúnebre do teatro brasileiro visto da perspectiva do Arena", de Augusto Boal. Revista *Civilização Brasileira*, "Caderno especial n. 2 – Teatro e realidade brasileira". Rio de Janeiro, julho de 1968.

8. *Peças, pessoas, personagens*, p. 109.

> to é fruto de um trabalho permanente, fora dos horários de ensaio. Mas também de uma concepção de teatro, que garantia o significado do ator em cena. O trabalho de José Celso [...] ganhará uma consistência que, numa visão esquemática, mas sem dúvida justa, transformará o Oficina no centro do trabalho no nível da encenação, deixando ao Arena a condição de centro do trabalho no nível da dramaturgia nacional.[9]

A grande diferença entre um e outro grupo estaria, na verdade, no fato de que, desde o início, o Oficina se preocupou mais com questões estéticas do que diretamente políticas – o que não o impediu de ser responsável por uma das politizações mais radicais da cena brasileira moderna –, ao contrário do Arena, cuja orientação, desde a fusão com o Teatro Paulista do Estudante, se voltou, predominantemente, para questões políticas e sociais.

O teatro brasileiro mudara, sem dúvida. O Brasil também. A crescente politização que se observava em todos os segmentos da sociedade seria surpreendida pelo golpe militar de 1964. Por algum tempo ainda, os discursos permaneceriam tão radicais e violentos quanto antes, as críticas se tornariam ainda mais contundentes, como nota Roberto Schwarz:

> Entretanto, para surpresa de todos, a presença cultural da esquerda não foi liquidada naquela data [1964], e mais, de lá para cá não parou de crescer. [...] Apesar da ditadura da direita há uma relativa hegemonia cultural da esquerda no país. [...] Em suma, nos santuários da cultura burguesa a esquerda dá o tom. Esta anomalia [...] é o traço mais visível do panorama cultural entre 64 e 69.[10]

Mas, aos poucos, o endurecimento do regime e o progressivo acirramento da censura iriam provocar mudanças significativas no campo cultural e artístico, e, especialmente, no teatro. O terceiro e último volume de críticas de Decio de Almeida Prado abrange exatamente o período de 1964 a 1968, data de seu abandono da crítica militante, causado por um incidente que tinha como centro a Censura. Período de crises: crise política, social, teatral e, também, crise da crítica.

## Exercício findo

Publicada 20 anos após o polêmico encerramento de sua atividade crítica, a última antologia de Decio de Almeida Prado, *Exercício findo*, se reveste de uma especial importância por duas razões. Primeiro, por ser um documento singular sobre a histó-

9. Cf. "Teatro Oficina". Revista *Dionysos*. Rio de Janeiro: SNT, n. 26, janeiro de 1982.
10. Cf. "Cultura e política, 1964-1969". *In* "*O pai de família e outros estudos*". São Paulo: Paz e Terra, 1978, p. 62.

ria teatral e política do país, nesse período de crise que compreende os anos de 1964 a 1968. Constitui, assim, uma espécie de história vista através da crítica, uma análise e discussão das idéias que estão em pauta ao longo desses anos, um registro dos avanços, das lutas, por meio, muitas vezes, de um discurso codificado, ajustado às circunstâncias políticas. Do ponto de vista do teatro, deixa entrever também o impasse a que se chegara e que acabaria por resultar num esfacelamento e numa radicalização estética da linguagem cênica brasileira – a qual, até então, embora comportasse diferenças, guardava, no fundo, uma grande homogeneidade.

A segunda razão está no prefácio, onde o crítico empreende uma avaliação de suas idéias e posturas no decorrer dos seus 22 anos de crítica no jornal *O Estado de S. Paulo*, procedendo aí a uma verdadeira autocrítica da sua crítica.

No primeiro plano, a encenação de peças como *Tartufo*, *Arena conta Zumbi*, *Morte e vida severina*, *Liberdade liberdade*, *O inspetor geral*, *Arena conta Tiradentes*, e *Marat-Sade*[11], pelo Teatro de Arena, *O rei da vela*, pelo Oficina e *Jorge Dandin*, por Heleny Guariba, "desaparecida" pelo regime militar, demonstram a inequívoca escolha política feita pelo teatro brasileiro neste momento. No mencionado prefácio, Decio comenta o posicionamento coletivo da classe, que conferia ao fato teatral um caráter de tribuna pública:

> Sabíamos todos que participávamos de um ato político, de um desafio aos poderes constituídos, um dos poucos que se consentia em recinto aberto ao público. Embora não desprezando o acabamento artístico, que continuava tão cuidado quanto antes, o melhor teatro, o mais ativo, não se enxergava como uma aventura puramente estética, muito menos como uma empresa comercial. Representava concretamente, ou julgava representar, pelo próprio contato físico proporcionado pelo teatro, um dos últimos redutos do pensamento livre nacional.[12]

Mas, em vez de textos que abordassem de forma direta e transparente as questões políticas – como *Eles não usam black-tie* ou *A semente*, de 1961, por exemplo, a qual Decio definiria em sua crítica como "um retrato das perplexidades do pensamento brasileiro de esquerda"[13], o que vai prevalecer, a partir de um certo momento, é uma estética da metáfora, em que se busca dizer as coisas sem explicitá-las e que pressupõe, a fim de que seja eficiente, um acordo tácito entre o espetáculo e o público. Daí montagens como *Arena conta Zumbi*, de 1965, em que a história do líder negro – cuja legitimidade enquanto fato histórico é inquestionável –, é contada de forma simplificada e esquemática, para discutir a situação do país naquele momento. A montagem inaugura a forma *Arena conta...*, em que o espetáculo é narrado pelos atores, rompendo com

---

11. *Tartufo* é de Molière; *Arena conta Zumbi* é de Boal e Guarnieri, bem como *Arena conta Tiradentes*; *Morte e vida severina* foi escrita pelo poeta João Cabral de Melo Neto (1920-1999); *Liberdade liberdade* é uma colagem de Millôr Fernandes; *O inspetor geral* foi escrita pelo russo Nikolai Visilievich Gogol (1809-1852) e *Marat-Sade* é de Peter Weiss (1916-1982), autor sueco de origem alemã (N.E.).

12. *Exercício findo*, pp. 14-5.

qualquer preocupação naturalista característica do modelo stanislavskiano. É o início do sistema coringa, em que todos os atores representam todos os personagens, identificados, a partir deste momento, apenas por determinados símbolos. Dessa forma se alcançaria, segundo Boal, "uma única perspectiva de narradores". "O espetáculo deixava de ser realizado segundo o ponto de vista de cada personagem e passava, narrativamente, a ser contado por toda uma equipe, segundo critérios coletivos"[14].

O sistema coringa se propunha a realizar, simultaneamente, dentro do espetáculo, "a peça e sua análise", desvelando ao público as razões do autor, por meio de "explicações". O que também guiaria outro trabalho do grupo: *Arena conta Tiradentes*, que seguiria o mesmo esquema de *Zumbi*, recorrendo ao episódio da Inconfidência Mineira e à figura histórica de seu líder para o debate de problemas atuais. O espetáculo, porém, apresentava, segundo os espectadores da época, e Decio em particular, uma maior apuração do sistema de Boal e repetiria a bem-sucedida aliança entre teatro e música que marcara também a montagem anterior. Se *Arena conta Zumbi*, para Decio de Almeida Prado, pecava pelo maniqueísmo e pela simplificação, *Arena conta Tiradentes* conseguia conjugar mais satisfatoriamente idéias políticas e fato teatral:

> O que se pede a uma peça de teatro são imagens convincentes, a passagem feita com habilidade do geral ao particular, do abstrato ao concreto. E é neste ponto que *Arena conta Tiradentes* mais se afirma: concordemos ou não com as suas análises políticas, ou com o quadro que traça, não se pode deixar de admirar a maestria, diríamos artesanal, com que as personagens e as cenas são rapidamente esboçadas, de tal modo que, abolido o conteúdo ideológico ainda assim ficaria de pé o retrato de situações humanas, de confrontos entre diferentes tipos de personalidade, de comportamentos sociais padrões (o político, o jurista, o poeta, o militar, o revolucionário) que nos surpreendem, fazendo-nos sorrir, pela acuidade da observação, em geral satírica. [...] O que é outra maneira de dizer que [a peça] vale por si mesma, como obra de arte autônoma, e não apenas como veículo de idéias políticas.[15]

As possíveis objeções de Decio às posições políticas do Arena, no entanto, não o apartavam da trincheira comum de oposição à ditadura. Tratava-se, na verdade, de uma questão de gradação do discurso político, e não de posições antagônicas. Tanto que o crítico se colocou, sempre que necessário, de forma muito clara, contra a Censura que, a cada dia, apertava mais e mais o cerco à produção teatral. É o que constatamos, por exemplo, no episódio da proibição de *Navalha na carne*, de Plínio Marcos[16], em 1967, considerada pornográfica pela Censura.

---

13. *Teatro em progresso*, p. 198.
14. *In* "Elogio fúnebre do teatro brasileiro visto da perspectiva do Arena".
15. Cf. *Exercício findo*, p. 169.
16. Escritor, ator e jornalista (1935-1999). Além de *Navalha na carne*, as peças *Barrela* (1958), *Dois perdidos numa noite suja* (1966) e *O abajur lilás* (1969) são outros destaques de sua dramaturgia (N.E.).

Decio escreveria um longo texto a respeito – "As razões da Censura" –, em que ele considera o problema em perspectiva histórica. Assim analisada, tornava-se claro que "toda a história do teatro é uma luta incessante entre o princípio da liberdade de expressão, reivindicando para o artista o direito de definir a natureza e os limites da obra de arte, e a Censura, evocando para o Estado o exercício de tais funções"[17]. A prova estaria nas retaliações que sofreram autores como Victor Hugo, Scribe[18], Zola e Musset e a proibição ou cortes de obras consideradas depois totalmente inofensivas, como foi o caso das óperas *Rigoletto* e *Un ballo in maschera*[19]. A Censura, argumenta o crítico, confundia os planos da realidade e da ficção, buscando extirpar da obra de arte o mal (segundo a concepção da Censura, bem-entendido) característico do plano real. Entre as possíveis razões da Censura, encontrava-se, talvez, a vontade de negar essa realidade, através de ações não só nocivas ao corpo político e social como também ineficazes a longo prazo, como nos ensina, diz Decio, a perspectiva histórica:

> Cruzamos diariamente, nas ruas da cidade, com a prostituição, o proxenetismo, o homossexualismo (para exemplificar com os termos propostos por *Navalha na carne*). Mas fazemos tudo para não ver, para ignorar a realidade desagradável. E como não podemos suprimi-la, suprimimos a obra de arte que a retrata. A magia usa processos semelhantes. Fabrica um boneco e fura-lhe os olhos: a pessoa visada ficará cega. O primitivo desenha na parede da caverna o animal que desejava matar e criva-o de flechadas. Não se podendo atingir a própria realidade, atinge-se a sua representação.
>
> O segundo motivo da Censura é de índole totalmente diversa. Julgando-se moral, no fundo é artístico. Formulado expressamente teria o seguinte enunciado: a realidade, bem o sabemos, é o que é, vale o que vale (ou seja, não vale mesmo nada). Mas a arte é outra coisa: não podemos conspurcar a sua pureza através do contato contaminador com a realidade. Semelhantes misérias existem, não há dúvida, mas o teatro não foi feito para retratá-las. É o argumento que o classicismo usou – em vão – contra o romantismo – e que o romantismo usou – em vão – contra o naturalismo.[20]

A criação artística, porém, deveria ser, antes de tudo, livre. Não se poderia determinar limites ou temas apropriados à obra de arte. Na arte – e também na ciência – todos os objetos seriam válidos, "mesmo o obsceno, mesmo o repugnante", como o crítico faz questão de deixar claro. Sob o pretexto de proteger a democracia, a censura – às artes ou à imprensa – se constituiria, de fato, na sua maior ameaça. A posição de Decio

---

17. *Exercício findo*, pp. 198-199.
18. Augustin Eugène Scribe (1791-1861), dramaturgo francês (N.E.).
19. Ambas de Giuseppe Fortunino Francesco Verdi (1813-1901); a primeira teve libreto de Francesco Maria Piave (1810-1867) e a segunda, de Antonio Somma (1809-1864), adaptada de *Gustave III*, obra de Scribe (N.E.).
20. *Exercício findo*, p. 199.

a esse respeito é inequívoca: "Quem não sabe, por exemplo que a liberdade de imprensa produz abusos? Mas quem não percebe, igualmente, que a extinção da liberdade de imprensa produziria abusos muito maiores?"[21].

São muitos os exemplos de argumentos contra a Censura – por questões morais ou políticas – nas críticas de Decio de Almeida Prado. Mas o mais interessante é, muito provavelmente, o "Prefácio em forma de peça" por se tratar da única obra dramatúrgica de Decio – que, de resto, afirmou sempre não ter ambições de autor teatral.

Convidado a escrever a apresentação de dez peças inéditas de vários autores[22], reunidas sob o nome de *Feira brasileira de opinião*, mas proibidas de serem representadas pela Censura, em junho de 1978, Decio utilizou a forma clássica do diálogo entre um escritor e o Gênio da Literatura, para compor uma peça curta em um ato. Apoiando-se em autores românticos como Castro Alves, Gonçalves Dias, José de Alencar, Victor Hugo e Mariano José de Larra, o crítico expõe, passo a passo, por meio de um artifício lógico, a irracionalidade da censura, num texto intitulado "A censura e a autocensura ou O que não se pode dizer não se deve dizer".

A situação dramática é simples: o escritor, *alter ego* do crítico, enfrenta, cheio de ansiedade, o dilema da página em branco – o que dizer, como apresentar as peças censuradas. Para socorrê-lo, aparece o Gênio da Literatura, julgando, num primeiro momento, tratar-se de um caso corriqueiro de bloqueio poético. O escritor desfaz logo o engano, esclarecendo que ele não passa "de um simples crítico, pouco mais do que um professor de literatura", a quem não foi dado – injustamente – o dom poético: a dificuldade que enfrenta consiste em julgar, por meio apenas da leitura, obras concebidas para ser representadas, para tomar vida no palco.

Diante da curiosidade do Gênio sobre as razões que levaram à proibição das peças, o escritor expõe os temas dos textos – cujo perigo reside precisamente em tratarem de problemas concretos do país, tais como a expulsão de índios de suas terras, a exploração dos pobres nas cidades grandes, linchamentos populares, a perseguição política, etc. –, assuntos incontestavelmente de conhecimento público. Na tentativa de "penetrar nos meandros quase sempre inescrutáveis do pensamento censório", tarefa complicada pelo fato de a Censura possuir "razões que a própria razão desconhece", o escritor propõe ao Gênio que ambos consultem os ancestrais.

Comparecem então, em cena, sucessivamente, Castro Alves, Gonçalves Dias, José de Alencar e o espanhol Mariano José de Larra. Castro Alves (1847-1871) proclama a poesia como arauto da liberdade e invoca Victor Hugo (1802-1885) para sublinhar

---

21. *Ibidem*, p. 276.

22. As peças reunidas em *Feira brasileira de opinião* (São Paulo: Global, 1978) são *O engano*, de Carlos Henrique Escobar, *A última instância*, de Carlos Queiroz Telles, *O túnel*, de Dias Gomes, *Janelas abertas*, de Gianfrancesco Guarnieri, *O quintal*, de João das Neves, *A zebra*, de Jorge Andrade, *O mito*, de Lauro César Muniz, *Sobrevividos*, de Leilah Assumpção, *Contatos amazônicos do terceiro grau*, de Márcio Souza e *Cemitério sem cruzes*, de Maria Adelaide Amaral. O "Prefácio" seria mais tarde republicado sob o título de "A censura revisitada" em *Peças, pessoas, personagens*.

que o teatro é uma tribuna, capaz de falar alto e forte. Gonçalves Dias (1823-1864), que teve seu drama *Beatriz Cenci* proibido pelo Conservatório Dramático por abordar o tema do incesto, serve de exemplo para demonstrar o quão pouco se modificou o país no terreno da censura desde então. O dramaturgo, significativamente, enfatiza que, no teatro, não basta a liberdade de pensamento, tanto para criar quanto para publicar; é preciso a liberdade de levar o drama à cena, pois é somente no palco que a obra encontra sua verdadeira "publicação". Já o drama de José de Alencar (1829-1877) sobre a prostituição, *As asas de um anjo*, foi interditado três dias após a estréia em nome dos bons costumes, embora peças de autores estrangeiros tratando do mesmo tema, como *A dama das camélias*, de Alexandre Dumas Filho (1824-1895) pudessem ser representadas livremente. O perigo, neste caso, seria o de que "a realidade nacional no palco deixar de ser ficção", fazendo com que o espectador reconhecesse e refletisse sobre sua própria realidade.

Por fim, vemos em cena o poeta, dramaturgo e jornalista Mariano José de Larra (1809-1837), a quem Decio tomou emprestado o título de seu prefácio em forma de peça. Em um artigo sobre a Lei de Censura espanhola, Larra lança mão da ironia para tornar evidente o caráter absurdo da dita lei. Reiterando sempre que não lhe cabe discuti-la, mas sim obedecê-la, o autor discorre, então, sobre a impossibilidade de escrever sobre a religião, o governo – o próprio ou estrangeiro – e sobre assuntos licenciosos. A lei, afirma ele ironicamente, facilita assim a sua tarefa. Eis como Larra coloca a questão no interior do texto de Decio de Almeida Prado:

> Pois bem, vou começar a escrever; mas chego a este parágrafo e não o escrevo. Não é ele injurioso, não é libelo, não contém anagramas. Não importa; pode convencer-se o censor de que se alude, ainda que não se aluda. Como farei, pois, para que o censor não se convença? Trabalho demasiado: não escrevo nada; melhor para mim; melhor para ele; melhor para o Governo; quero ver alguém encontrar alusões no que não escrevo. Eis aí, eis aí o sistema.[23]

A conclusão de Larra é simples: o que não se pode dizer não se deve dizer.

É neste ponto que o escritor, tendo ouvido e pesado as contribuições dos autores do passado, decide-se por não escrever o prefácio – afinal, o que não se pode dizer não se deve dizer. A peça se encerra com o pano que cai "lentamente, tristemente, como se o quarto-escritório estivesse juncado de cadáveres literários"[24]. Utilizando o mesmo artifício de Larra, Decio de Almeida Prado demonstra o caráter absurdo e inaceitável da censura que impede a encenação das peças reunidas no livro.

Dez anos antes, em junho de 1968, uma outra "feira de opinião" havia sido proibida pelos órgãos da Censura. A *Primeira Feira Paulista de Opinião*, produzida pelo Arena e dirigida por Augusto Boal, reunia, num mesmo espetáculo, textos de Lauro César Muniz,

23. *Peças, pessoas, personagens*, p. 131.
24. *Ibidem*, p. 132.

Bráulio Pedroso, Gianfrancesco Guarnieri, Jorge Andrade, Plínio Marcos e Augusto Boal; músicas de Edu Lobo, Caetano Veloso, Sérgio Ricardo, Ary Toledo e Gilberto Gil, além de trabalhos de diversos artistas plásticos. Ao convidar artistas de fora do grupo para participar do espetáculo, o Arena visava criar um espaço para a expressão de diferentes opiniões artísticas, nas áreas do teatro, da música e das artes plásticas.

Desde 1964, o teatro atravessava uma situação extremamente difícil. A Censura exercia pressão constante, que ia da imposição de cortes e mudanças no texto, passando pela demora na liberação dos textos, à proibição total, sem falar nas punições a atores e atrizes, que ficavam proibidos de representar por períodos de até 30 dias. O cerceamento da liberdade agravava-se todos os dias, com novas proibições, com intervenções dos teatros pela polícia e até mesmo com a agressão física de atores. A classe teatral reagia como podia: por meio de protestos, cartas ao presidente Castello Branco[25], denúncias à Comissão de Direitos Humanos da ONU e greves nos teatros[26]. Resistência que, sabemos, seria esmagada quase por completo com a promulgação, no dia 13 de dezembro de 1968, do AI-5, que objetivava silenciar totalmente os opositores do governo, dando início ao período mais duro do regime militar, com a prisão, tortura, desaparecimento e exílio de milhares de brasileiros.

A proibição da *Primeira Feira Paulista de Opinião*, seguindo a escalada repressora da liberdade de expressão, terminou gerando um confronto direto entre a classe teatral e a Censura e serviu de estopim para uma série de acontecimentos que desembocariam na decisão de Decio de Almeida Prado de abandonar a crítica jornalística.

Impedida de estrear devido à ausência da liberação do espetáculo – embora o texto houvesse sido enviado a Brasília dois meses antes para apreciação da Censura Federal – a *Primeira Feira Paulista de Opinião* acabou mobilizando toda a classe, que, em solidariedade ao elenco do Arena, decidiu por uma greve nos teatros. O ensaio geral do espetáculo apresentado ao público foi considerado, por sugestão de José Celso Martinez Corrêa, como estréia oficial, num gesto claro de desafio à Censura. No dia seguinte o grupo foi informado de que a peça seria liberada, após 71 cortes. Uma nova mobilização da classe teatral, agora acrescida do apoio de outros segmentos – músicos, artistas plásticos, estudantes, professores, jornalistas –, decidiria por um enfrentamento direto, apresentando o espetáculo na íntegra.

No dia 7 de junho de 1968 a *Folha de S.Paulo* publicava a seguinte nota:

> Depois da apresentação da peça, em caráter de ensaio geral, a assembléia [da classe teatral] se reuniu e se decidiu que, por um revezamento, toda a classe permaneça no teatro Ruth Escobar, por tempo indeterminado, até que a Censura se manifeste com soluções plau-

25. Humberto de Alencar Castello Branco (1897-1967) governaria o país de 1964 até o ano de sua morte.

26. Sobre os efeitos da censura no teatro, conferir a monografia de Yan Michalski *O palco amordaçado*. Rio de Janeiro: Avenir Editora, coleção Depoimentos, n. 13, 1979.

> síveis. O espetáculo, que foi liberado por telefonema de Brasília, o que se deu por volta de uma hora de hoje, mas com vários cortes, provocou novas manifestações, ficando deliberado, finalmente, que será levado normalmente, e se a Polícia fechar o Ruth Escobar, o espetáculo será encenado em outro teatro e assim sucessivamente.
> [...] Para hoje estão previstas novas manifestações, estudando-se a possibilidade de passeata nas ruas de São Paulo, para arregimentar forças junto ao povo. Ficou decidido que a Censura será doravante ignorada nas suas decisões.[27]

O teatro foi interditado pela Polícia Militar que, armada de cassetetes, fechou o local no momento em que ia começar nova representação. Os artistas se dirigiram então ao teatro Maria Della Costa, onde a peça foi encenada para o público que lá se encontrava. Cacilda Becker, então presidente da Comissão Estadual de Teatro, fez um discurso antes do início do espetáculo afirmando que:

> A representação na íntegra da *Primeira Feira Paulista de Opinião* é um ato de rebeldia e de desobediência civil. Trata-se de um protesto definitivo contra a censura de Brasília [...]. Não aceitamos mais a Censura centralizada, que tolhe nossas ações e impede nosso trabalho. Conclamamos o povo a defender a liberdade de expressão artística e queremos que sejam de imediato postas em práticas as novas determinações do Grupo de Trabalho nomeado pelo ministro [da Justiça Luiz Antônio da] Gama e Silva para rever a legislação da Censura.[28]

Precisamente neste momento, o jornal *O Estado de S. Paulo*, cuja posição era favorável à "Revolução" de 1964, publica um editorial responsabilizando a classe teatral e os abusos das montagens em cartaz pelo radicalização da censura, que estaria assim plenamente justificada. O movimento teatral que, até então, mobilizara-se contra a censura, voltou-se, então, contra o jornal. Uma assembléia da classe decidiu pela devolução dos prêmios Saci – conferidos pelo *Estado* aos melhores do ano na área teatral desde 1952 e de cuja comissão de premiação faziam parte os críticos do jornal: Decio de Almeida Prado, Sabato Magaldi e Delmiro Gonçalves.

A escolha e a entrega dos prêmios serviam sobretudo como uma grande divulgação para o teatro e para os artistas. Além disso, o *Estado* proporcionava uma cobertura realmente única da atividade teatral paulista. Com três críticos fixos, havia um noticiário diário do movimento teatral – montagens em preparação; entrevistas com diretores, atores; matérias sobre dramaturgia, etc. –, a crítica de primeira hora e reflexões posteriores sobre a peça, o autor ou a obra como um todo.

A decisão da classe de devolver ao jornal os prêmios distribuídos até então, rompendo todo e qualquer vínculo que tivera com aquele órgão da imprensa, buscou, contudo, preservar os nomes de Decio de Almeida Prado e de Sabato Magaldi. Decio, en-

27. "Teatro vai ignorar a censura". *Folha de S.Paulo*, 07.06.68.
28 . "*Feira de Opinião* estreou contra a Censura", *Diário Popular*. São Paulo, 10.06.68.

tretanto, por discordar da decisão, que considerava ofensiva e equivocada – a seu ver, a classe teatral perdia de vista o verdadeiro inimigo, a Censura, brigando com um jornal que sempre lhe dera o mais amplo apoio –, e vendo nesta atitude um rompimento do diálogo entre a crítica e a classe, tomou a decisão de abandonar o exercício jornalístico caso os prêmios fossem realmente devolvidos. Em seu último texto publicado no jornal, "Despedida", ele escreve:

> Só assim, por um revolucionarismo teatral e romântico, é que me explico, na falta de explicação melhor, a dramática resolução da classe teatral de devolver os Sacis distribuídos por este jornal. O ponto de partida, o pretexto, foi um editorial do *Estado*, julgado injusto e mesmo ofensivo em seus termos. Muito bem. Mas razões respondem-se com razões, palavras com palavras. Pelo menos parece ser essa a famosa teoria do diálogo, tão decantada por suas virtudes democráticas. Não vejo em que auxilie a solução do problema da Censura o fato de se cortar o contato com todos os que pensam diferentemente, nem de que modo o nosso teatro, ainda tão incipiente, possa dispensar o auxílio de qualquer órgão de imprensa. [...] Toda essa atenção especial dedicada ao teatro foi esquecida, jogada fora, através de um gesto de desafio que só pode significar – se é que tem algum sentido que não seja o simples desabafo emocional – um rompimento definitivo. A classe teatral, ao fazê-lo, teve a gentileza de ressalvar meu nome. Agradeço, mas não aceito a exclusão. As idéias que tenho e porventura possa vir a ter sobre a Censura ou sobre o teatro paulista em nada se alterarão com o incidente. Mas não quero me omitir em assunto de tal delicadeza. No dia em que os atores e autores depositarem os seus Sacis à porta deste jornal, aproveitarei a oportunidade para depositar também a minha função de crítico de teatro. Se não querem saber de nós, o que é que podemos fazer?[29]

Não deixa de ser irônico que o crítico, tendo lutado dentro do jornal contra a caça às bruxas que começara antes mesmo do golpe militar – como provam os episódios com Ruy Mesquita e com Julio de Mesquita Filho, citados anteriormente – e que vinha se intensificando a cada ano, tenha, neste momento, se visto forçado a se posicionar contra a classe teatral, de que foi sempre, antes de tudo, cúmplice.

Assim se encerrava uma atividade contínua de 22 anos de crítica. Mas o próprio Decio admitiria, posteriormente, em depoimento prestado ao SNT, que, além das razões circunstanciais que o levaram a essa decisão, ele começava a sentir, nesse momento, que sua crítica talvez não estivesse mais em condições de responder ao teatro que vinha sendo feito. Para a geração ligada ao movimento de renovação dos anos 1940, que fizera o TBC, a EAD e que transformara o conceito de teatro, formando ao mesmo tempo novos públicos, a súbita explosão das bases teatrais em favor de um crescente "irracionalismo", daquilo que Decio definiria como a "antipeça" e o "antiteatro", pro-

29. *Exercício findo*, p. 271.

vocava grande perplexidade. O crítico compreende, com clareza, então, que os conceitos com que operava começavam a se mostrar inadequados em relação às mudanças que se processavam na cena teatral, mudanças que, neste momento, evidenciam uma crescente ruptura com a peça bem-acabada e bem-estruturada, passando-se a favorecer uma linguagem por vezes ritualística, cruel – no sentido artaudiano[30] –, que tendia a privilegiar o aqui e o agora e a não-diferenciação entre teatro e vida. O novo panorama teatral demandava uma sensibilidade capaz de responder às questões nos termos propostos, e Decio de Almeida Prado percebeu que, entre sua visão teatral e as novas propostas cênicas, criava-se um progressivo hiato:

> Também senti que os princípios que me norteavam de uma forma ou de outra, a partir de 68, talvez não servissem bem para julgar os novos espetáculos, as novas peças. Eu acho que o teatro sofreu nos últimos anos uma transformação muito grande, inclusive nos seus próprios fundamentos em algumas peças.[31]

Ao escrever sobre Alfredo Mesquita, que se desligara da EAD em 1968, por discordar de atitudes políticas tomadas por alunos da escola, é como se Decio estivesse descrevendo, em parte, a sua situação:

> Ao deixar a Escola, Alfredo deixou também o teatro. Este mudara tanto que ele não mais se reconhecia no palco. Certas experiências extremadas, nos limites da razão e da loucura (em geral uma falsa loucura, uma loucura simulada), não o tocavam pessoalmente, nada lhe diziam à sensibilidade. Impediam-no, contudo, por sua simples e perturbadora presença, de saborear o teatro tradicional com o mesmo prazer e a mesma inocência de outrora. Entre o futuro que se desenhava confusamente e o passado que desaparecia sob os golpes de uma vanguarda cada vez mais enfurecida, ele não encontrava o seu ponto de apoio e o seu ponto de equilíbrio.

Ao longo das três décadas em que participou do teatro brasileiro, como autor, diretor, criador do Grupo de Teatro Experimental e posteriormente da Escola de Arte Dramática, Alfredo Mesquita acompanhou de perto a evolução tanto da encenação quanto da dramaturgia nacional e estrangeira, aceitando sem maiores problemas as inovações do teatro moderno e de vanguarda até aquele momento, como Decio observa:

> O teatro, à medida que perdia o grande público para o cinema, ressurgia com feições mais vanguardistas. Voltava-se para os *happy few* dos teatrinhos modernos, já que não podia

30. Antonin Artaud (1896-1948), dramaturgo, ator, poeta e escritor francês. Criou o conceito de "théâtre de la cruauté", teatro da crueldade, pelo qual a tarefa do teatro era revelar o obscuro da vida – a "crueldade cósmica" –, que, reprimida, minava o homem ocidental. Via no teatro uma função "curativa", ritual, baseando-se para tanto no gesto e na interação entre cena e público (N.E.).

31. Coleção Depoimentos II, Rio de Janeiro: SNT, 1977, p. 49.

atingir as multidões. A dramaturgia do absurdo, ponto máximo dessa evolução até 1970, [...] retrata um universo caótico, fechado ao nosso entendimento, sem explicações e sem esperanças. Até aí Alfredo foi sem dificuldade [...]. Somente quando as próprias estruturas do espetáculo ameaçaram ceder, quando a agressividade tomou conta do palco, hostilizando os outros e lacerando-se a si mesma, é que ele reagiu diferentemente. Sentiu que chegara o momento de se desligar – e o fez a seu modo, de um golpe, sem soluções de meio termo. Que outros pegassem o teatro onde ele havia largado. Terminara a missão que lhe consumira mais de 30 anos de vida, 20 de dedicação integral.[32]

Decio de Almeida Prado, porém, não abandonaria o teatro, mas se dedicaria, a partir de então, a uma outra modalidade de crítica, a universitária. Em 1968, não é apenas a crítica jornalística de Decio que se encerra, mas, com ela, também a possibilidade de existência de um certo tipo de crítica dentro da grande imprensa brasileira. Pois o que vemos, a partir daí, é o progressivo esvaziamento do próprio jornalismo teatral, a redução drástica do espaço concedido ao comentário crítico e a limitação do papel do crítico militante a uma função meramente valorativa e opinativa, àquilo que Bernard Dort denomina uma crítica de consumo[33]. Paralelamente, verifica-se a crescente diminuição da quantidade de jornais concorrentes nas grandes cidades brasileiras, tornando o número de críticos ainda mais reduzido, conformista e pouco contestante e dando origem a um verdadeiro monopólio por parte dos pouquíssimos nomes da expressão crítica. A este respeito, Yan Michalski escreveria, por ocasião da publicação do centésimo volume da revista *Cadernos de Teatro*, um artigo denominado "O declínio da crítica na imprensa brasileira", texto no qual analisa, de forma breve, mas penetrante, o processo involutivo da crítica teatral, no qual se assiste à substituição da reflexão analítica pela preocupação meramente informativa. Para Yan Michalski:

> O teatro só consegue ganhar espaços mais extensos quando serve de assunto mais "informativo" do que "crítico", ou seja, quando o jornalista é mero transmissor dos pontos de vista expressos por artistas ou por freqüentadores, sem posicionar-se ele mesmo enquanto autor de enfoques pessoais. [...] Implicitamente, o crítico passou a ser considerado como um manipulador da opinião pública e detentor de um poder abusivo – qualificações que fazem sentido na boca de um artista magoado, mas não na cabeça de um órgão de imprensa que, nas suas outras seções (economia, política, etc), não se cansa em valorizar o jornalismo opinativo e sabe que a qualidade dos comentários especializados e bem fundamentados, tanto ou mais do que as informações objetivas, é que faz a diferença entre o bom jornal e o jornal menos bom.[34]

32. Cf. *Peças, pessoas, personagens*, pp. 170-171.
33. Cf. Dort, Bernard. "As duas críticas". *O teatro e sua realidade*. São Paulo: Perspectiva, 1977, p. 57.
34. "O declínio da crítica na imprensa brasileira". *In Cadernos de Teatro*. Rio de Janeiro, n. 100, O Tablado, 1984.

Com a saída de Decio de *O Estado de S. Paulo*, o teatro brasileiro perdia, sem dúvida, o seu maior crítico de imprensa. Do ponto de vista de sua trajetória intelectual, contudo, reforçava-se, a partir de então, essa outra modalidade de escrita crítica, que não deixara, no entanto, de desenvolver durante esses anos, nos seus trabalhos universitários. Modalidade que analisaremos, mais detalhadamente, no próximo capítulo.

## Ora não, ora sim

Voltando, porém, à segunda razão pela qual o exame de *Exercício findo* (1987), o último livro reunindo as críticas de jornal de Decio de Almeida Prado, seria especialmente importante do ponto de vista não só da história do teatro brasileiro moderno mas da própria história intelectual do crítico, vejamos a auto-avaliação que o crítico realiza, aí, de seu trabalho, procurando explicitar quais os critérios e princípios que o guiaram durante todo o tempo em que exerceu a crítica jornalística. E tentando determinar o que sustentou, de seu ponto de vista, a legitimidade do exercício de tal função.

Ao contrário de Diderot[35], a quem invoca como interlocutor, e para quem o crítico é "o homem que se crê em condições de dar lições àquele [o autor] que se crê em condições de dá-las ao público"[36], Decio concebe o crítico como o outro simplesmente, aquele que observa e julga, de acordo com suas impressões, sua experiência, se o resultado estético apresentado lhe agrada ou não.

A legitimidade de tais juízos se apoiaria, em parte, no próprio crítico, por sua "competência" enquanto tal e, em parte, no público leitor – incluindo a classe teatral –, que lhe conferiria maior ou menor representatividade. Assim, segundo Decio de Almeida Prado, o crítico: "[...] se julga, também é julgado – e assim se restabelece a justiça (ou a justiça possível) no atribulado e imperfeito universo da arte. É preciso dar-lhe nem mais nem menos crédito do que merece, o crítico não se coloca acima ou abaixo de seus colegas de teatro[37]".

O crítico deveria funcionar, pois, como um interlocutor constante daqueles que "fazem" propriamente o teatro – autores, atores, diretores, enfim, os "homens de ação" –, buscando compreender, da melhor forma possível, aquilo que cada obra propõe, independentemente de gêneros, estilos ou premissas estéticas. Não acredi-

35. Denis Diderot (1713-1784), filósofo francês (N.E.).

36. *Apud* ALMEIDA PRADO, Decio de. *Exercício findo*, p. 12.

37. *Exercício findo*, p. 13.

tando em sistemas – afora alguns princípios básicos, comuns à geração que lutara por um teatro mais exigente e com maior coesão interna nos espetáculos, a ser conquistada por meio da introdução do encenador na nossa prática teatral –, Decio comenta que acreditava ter exercido a crítica sempre de forma empírica, "ao sabor do momento". E usando como critérios, de um lado, a coerência interna da obra, verificando se os diversos elementos da encenação se harmonizavam ou contradiziam, e, de outro, as impressões produzidas em seu espírito pela peça. Enquanto o primeiro critério seria passível de demonstração, o segundo, dada a natureza subjetiva da experiência estética, não poderia ser senão computado.

A crítica, do seu ponto de vista, seria então, antes de tudo:

> [...] uma resposta a perguntas feitas pelos que imaginavam e realizavam o espetáculo. Os gregos acreditavam que Sócrates ouvia um demônio (no sentido helênico) interior, uma voz que o aconselhava nas horas de perplexidade, mas sempre em sentido negativo, revelando unicamente o que ele não devia fazer. A voz da crítica seria mais compreensiva, dizendo ora não, ora sim (este de preferência, sempre que possível). [38]

O movimento de pergunta e resposta pressupunha, entretanto, um acordo mínimo sobre as bases em que esta troca se estabelecia. Em *Exercício findo*, Decio demonstraria a existência de uma unidade muito maior do que se supunha em relação aos princípios e objetivos das principais companhias do período. Formadas por elencos mais ou menos estáveis, possuindo, na maioria das vezes, sede fixa, estas companhias compartilhavam um modelo de trabalho no qual o encenador centralizava o processo criativo. E se, em termos formais, o espetáculo podia, às vezes, extrapolar as dimensões físicas do palco, ele não chegava a "se confundir, no entanto, com a [área] do público, que não corria riscos de intrusões físicas ou agressões verbais"[39]. Decio de Almeida Prado assinala também – e este ponto é de extrema importância – que, para estas companhias,

> O espetáculo era uma representação, não uma experiência real ou cerimônia mística. Essas balizas estéticas (cito as principais, para exemplificar), nem sequer discutidas, orientavam os que julgavam e os que estavam sendo julgados, estabelecendo entre uns e outros uma segura via de comunicação, uma fonte de compreensão recíproca.[40]

Ora, o teatro agressivo, por vezes denominado de antiteatro e antiespetáculo – que se inaugura com a montagem de *O rei da vela* pelo Oficina e continua a ser explorado em espetáculos como *Roda viva*, de Chico Buarque de Hollanda, e a criação coletiva *Gracias, señor*, também dirigidos por José Celso –, vem perturbar exatamente essa via segura de

38. *Ibidem*, p. 24.
39. *Loc. cit.*
40. *Loc. cit.*

comunicação, criando entre aqueles que produzem teatro e a crítica uma relação antes de polêmica do que de compreensão recíproca. Em entrevista a Tite de Lemos, em 1968, José Celso declarava que era preciso "degelar, na base da porrada" a classe média brasileira, e que somente um teatro violento, anárquico e cruel poderia atingir tal objetivo. Para o diretor do Oficina, a crítica teatral como um todo mostrara-se incapaz de compreender *O rei da vela* e limitou-se a julgá-lo de acordo com padrões e preceitos ultrapassados.

*O rei da vela*, sendo um texto de espetáculo, isto é, de direção, deveria ser lido, a seu ver, a partir da relação estabelecida por todos os elementos audiovisuais com a peça de Oswald de Andrade. Para José Celso Martinez Corrêa, Decio teria errado, por exemplo, ao afirmar que o emprego de três estilos diversos – circo, revista e ópera –, em cada ato da peça, teria por objetivo "dar mais 'vida'" ao espetáculo, e que esta escolha traduziria uma tentativa de simetria por parte da direção. Tal leitura, no entender de José Celso, sinalizava a incapacidade do crítico em interpretar o espetáculo nos seus próprios termos. O encenador criticava Decio de Almeida Prado, então, por esvaziar, em sua crítica, o poder inovador do trabalho do Oficina. Dizia ele, na mesma entrevista:

> O sr. Decio de Almeida Prado é mestre em retirar as cargas explosivas de todas as inovações. Tudo o que se inventa nesse país em teatro ele elogia e incorpora dentro de uma tradição calma do "já feito". E a coisa que poderia ter um aspecto novo, revelador, recebe um golpe de esterilização e entra na rotina do processo mole e anêmico do teatro brasileiro. Portanto, a crítica, que deveria ser a consciência da classe teatral, é a consciência de um teatro morto, ou melhor, uma consciência morta.[41]

Os ataques de José Celso não se centravam apenas em Decio, mas eram dirigidos à crítica de um modo geral, cuja prática, a seu ver, se caracterizava por não basear seu julgamento no espetáculo concreto, mas em abstrações mentais e critérios de bem e mal. Os críticos, por sua vez, rebateram suas acusações com firmeza e, por vezes, também com agressividade. Em sua crítica à montagem da peça *Roda viva*, por exemplo, Yan Michalski, acusava o diretor de usar métodos fascistas para assustar o espectador, fazendo com que o público se afastasse do teatro[42]. E Anatol Rosenfeld, no ensaio "O teatro agressivo", tomava a defesa de Decio de Almeida Prado e argumentava que a violência, quando erigida em princípio supremo, é não apenas irracional como também inócua. Não sendo mais do que uma "explosão de 'ira recalcada'", ela se esgotaria rapidamente sem atingir maiores resultados. Rosenfeld classificava o teatro agressivo de José Celso de neoculinário, por servir ao público burguês os sapos e jibóias que estes pagavam para engolir, numa relação sadomasoquista em que a burguesia, após ter sido agredida, deixava o teatro purgada de suas culpas e satisfeita consigo mesma. Neste senti-

41. "Entrevista a Tite de Lemos – A guinada de José Celso". Revista *Civilização Brasileira*, "Caderno especial 2 – Teatro e realidade brasileira". Rio de Janeiro, julho de 1968.

42. Cf. "A voz ativa de *Roda viva* (II)". *Jornal do Brasil*, 31.01.68.

do, o teatro agressivo de José Celso, ao invés de revolucionário, era visto como reacionário, já que apenas reafirmaria o conformismo de tal público[43].

Se era verdade que a violência e a agressividade de *O rei da vela* atacavam diretamente o espectador, chamando-o, nas palavras de José Celso, de "burro, recalcado e reacionário", também é preciso lembrar que tal violência restringia-se ainda aos limites físicos do palco. O mesmo já não se dava com as encenações de *Roda viva* e *Gracias, señor*, que romperam os limites do palco para provocar fisicamente o espectador, forçando-o a participar do espetáculo. Embora Decio já não fosse mais crítico teatral quando *Gracias, señor* foi encenada, ele recusou-se a assistir o espetáculo, por causa, justamente, da polêmica entre José Celso e a crítica, que começara com *O rei da vela* e se acirrara nos anos seguintes. É o crítico quem narra o episódio:

> Deixei de ver um espetáculo que [José Celso] fez, *Gracias, señor*. Ele teve uma polêmica muito forte contra o Sabato Magaldi e escreveu coisas violentas contra a crítica em geral. O ponto de vista dele é que nós representávamos o racionalismo, a razão, a lógica, e ele queria uma outra coisa. Aí eu pensei, "bom, se ele acha que estou atrapalhando, aí não vou ver mesmo". "Talvez esteja atrapalhando." Naquele momento, por exemplo, estava muito na moda essa coisa de todo mundo dar a mão entre o público, e isso não era bem o meu gênero. Eu, inclusive, não queria dar a mão para poder ficar com a minha maneira de ver, para poder ser eu mesmo, não ser levado por um movimento coletivo. Então, nesse sentido, eu talvez realmente atrapalhasse o espetáculo. Porque concebo muito bem um teatro que não seja racional, mas não posso me livrar inteiramente de um certo racionalismo que tenho. Só posso escrever da maneira como sou.[44]

Não se deve esquecer que as transformações que marcam o trabalho do Grupo Oficina a partir de 1967 se inserem dentro de um movimento maior, em que o discurso político de esquerda, que até então caracterizara as manifestações artísticas (basta pensar no Teatro de Arena, nos Centros Populares de Cultura e nos Festivais da Canção Popular Brasileira), dá lugar a um discurso de rebeldia, com ênfase mais no individual do que no coletivo. À contestação mais unificada da esquerda contrapõem-se outros modos de resistência, o tropicalismo, o movimento *hippie*, a força do *rock'n'roll*, a revolução sexual e o uso das drogas. No plano artístico, grupos de teatro de vanguarda, como o Living Theatre[45], e artistas trabalhando com performances rompem com noções de bom gosto, com convenções de tempo e espaço e com normas acadêmicas até

43. Cf. Rosenfeld, Anatol. "O teatro agressivo". *In Texto/Contexto*. São Paulo: Perspectiva, 1969, p. 54.

44. Ver entrevista à autora, publicada no "Apêndice 2" a este volume.

45. O grupo, que segue atuando, foi fundado em Nova York, no ano de 1947, pela alemã Judith Malina (1926) – discípula de Erwin Piscator (1893-1966), papa do teatro proletário – e pelo pintor norte-americano Julian Beck (1925-1985), buscava uma comunicação direta com o público. Primeiro eles foram influenciados por Brecht e, posteriormente, por Artaud (N.E.).

então aceitas sem questionamento. Vida e arte tornavam-se indissociáveis e indistinguíveis. As novas práticas artísticas eram acompanhadas por um novo modo de vida, uma nova visão de mundo. Ao criticar *O rei da vela*, Decio, por exemplo, observava a relação entre o comportamento da nova geração e a estética da peça:

> Para uma geração que ouve os Beatles, com seus longos cabelos românticos e os seus velhos uniformes militares do século XIX, lê Henry Miller, em cujos livros a própria experiência do sexo parece explodir em rebelião anárquica dos sentidos, uma peça dissolvente e anticonvencional como *O rei da vela* tem de parecer estranhamente contemporânea.[46]

A revolução teatral atingiria, pouco a pouco, todas as relações estruturais sobre as quais a prática cênica se constituía. O texto literário perderia sua aura sagrada e cederia lugar à improvisação e ao trabalho coletivo; o encenador assumiria uma importância ainda maior, já que o espetáculo configurava-se como autêntica criação, não mais subordinada a interpretar o texto do autor; a estrutura da companhia estável seria substituída por cooperativas de trabalho; as relações entre público e atores se transformariam tanto em termos físicos (a estruturação espacial do espetáculo), quanto em termos qualitativos (com a integração do público); e o espaço da encenação se abriria, representando-se em espaços não convencionais. E este teatro que valorizava mais a experiência sensorial do que a razão, voltando-se muitas vezes para o ritual e constituindo-se numa experiência coletiva, demandava uma nova sensibilidade crítica.

Durante os 22 anos em que exerceu a crítica jornalística, Decio de Almeida Prado procurou sempre discutir um espetáculo, responder às questões que este colocava, nos termos propostos pela encenação, de forma não apenas racional mas também intuitiva. Daí, por exemplo, sua afirmação de ser, por vezes, mimético, adotando em sua crítica o tom de cada espetáculo. No campo das idéias, o crítico buscou aceitar, para fins de discussão, os postulados implícitos em cada obra. "Acreditava no destino com os gregos, na Divina Providência com os cristãos, no determinismo com os naturalistas, no materialismo histórico com os marxistas"[47]. O teatro agressivo, porém, aponta para os limites do crítico. Face a este, sua crítica não demonstra nem o dom mimético nem a cumplicidade característica. Entre a prática teatral e a crítica não há mais acordo seja no que se refere à linguagem cênica, seja no que diz respeito à visão de mundo, tornando impossível estabelecer as bases de um diálogo. O momento em que ele abandona a crítica é, parece-nos, também o momento em que começa a sentir que, como crítico, ele já não poderia (ou não desejaria) mais responder às questões que começavam a ser colocadas pelo teatro de então. Pelo menos, não com a cumplicidade que marcou o seu

46. *Exercício findo*, p. 223.
47. *Ibidem*, p. 25.

trabalho como crítico, de 1941 a 1968, primeiro em *Clima* e depois em *O Estado de S. Paulo*. O próprio Decio, aliás, reconheceria este ponto, em seu depoimento ao SNT:

> Eu saí imediatamente [da crítica jornalística] devido a uma série de incidentes em 1968, mas não foi só por isso, senão depois eu voltaria. É que eu senti que aquilo que eu tinha a dizer, no fundo, estava dito, e que eu estava começando a me repetir, pois embora as pessoas fossem diferentes, os padrões eram os mesmos. [...] De maneira que a minha formação já não bastava para poder julgar bem um espetáculo proposto dentro de postulados totalmente diferentes e que, às vezes, já correspondiam à sensibilidade de outra geração.[48]

48. *Op. cit.*, p. 49.

DAP em sua
residência (1984)

Waldemir Gomes

# 6

# Da crítica militante à historiografia

## Estudos e ensaios

A saída de Decio de Almeida Prado da crítica jornalística marca, efetivamente, uma mudança na crítica teatral brasileira, podendo ser considerada como marco interno de uma crise maior. A perda progressiva do espaço anteriormente dedicado ao teatro na imprensa, o endurecimento da ditadura e da repressão à totalidade das manifestações artísticas e culturais, bem como à liberdade de imprensa, a que correspondeu a radicalização da oposição por meio da luta armada, são fatores que repercutem de forma decisiva na realidade teatral então. Não esquecendo que, neste momento, já se vivia, de forma conflituosa, a ruptura entre a cena tradicional, que parecia se estagnar, e uma nova cena que era, em tudo, a negação da primeira e que acabou por se traduzir no teatro agressivo a partir de 1967.

No plano da crítica, a crise resultou num progressivo esvaziamento, devido tanto à redução do espaço para o comentário mais reflexivo, dentro dos jornais, e ao cerceamento da liberdade de expressão, quanto à própria fragmentação da produção teatral a que se assiste ao longo da década de 1970. Pois se, sob um aspecto, a partir de 1973, sobretudo, dentro da nova política de cultura do governo militar, intensificam-se as relações entre teatro e Estado, e o Serviço Nacional de Teatro (SNT) passa a atuar de forma mais definida no panorama teatral brasileiro – por meio de incentivos, concursos e patrocínios –, sob outro, diversificam-se as formas de resistência a este teatro mais institucional (denominado "teatrão") e ao mercado de bens culturais popularizado pela TV. Resistência bifronte: via militância política e trabalho contínuo de mobilização popular, de um lado; ou via criação coletiva, trabalhos de grupos, investigações experimentais de linguagem, de outro.

Para Decio, no entanto, o afastamento da crítica de jornal significou a possibilidade de se dedicar exclusivamente a outro tipo de escrita crítica, de maior fôlego, a que já se dedicava no âmbito universitário. Aqui se inclui também, além de sua própria produção ensaística, sua atividade como orientador de diversos trabalhos voltados para o estudo da historiografia e da linguagem teatral, como por exemplo, as teses de Vilma Arêas sobre Martins Pena e de João Roberto Faria a respeito de José de Alencar[1]. Para

1. ARÊAS, Vilma Sant'Anna. *Na tapera de Santa Cruz – Uma leitura de Martins Pena*. São Paulo: Martins Fontes, 1987; FARIA, João Roberto. *José de Alencar e o teatro*. São Paulo: Perspectiva, 1987.

o teatro brasileiro, sua atividade neste período representou uma incomparável contribuição, uma vez que o crítico se voltou, sobretudo, para o problema de sua formação, publicando uma série de estudos que, examinados em conjunto, constituem uma verdadeira história do nosso teatro – compreendendo, essa sua "outra crítica", ensaios nos quais aborda desde os autos dos jesuítas às experiências de grupos experimentais como Asdrúbal Trouxe o Trombone e Pessoal do Victor[2]. Seu trabalho de pesquisador e historiador deve ser visto, porém, antes como uma complementação do que como uma ruptura com a atividade crítica regular, de jornal.

Nos seus trabalhos de crítica universitária, Decio de Almeida Prado demonstraria a mesma preocupação que caracterizou o trabalho dos seus companheiros de *Clima*: a necessidade de conhecer o que fomos para compreender o que somos. Em *João Caetano e a arte do ator* (1984), ele deixava bem clara esta questão:

> [...] dois volumes sobre um só ator – não será excessivo? Para mim, evidentemente, não. Enquanto não conhecermos bem o passado brasileiro, não poderemos dizer que nos conhecemos. Ora, João Caetano representa a chave que abre todo o período de formação do nosso teatro, visto pelo lado de dentro, a partir do palco, através de sua parte mais viva e atuante. [...] Somente ele, na sua dupla função de ator e de empresário, sustentou durante três decênios a continuidade de nossa vida teatral, em condições sempre adversas e em nível surpreendentemente alto. Foi o que mais realizou e o que mais aspirou realizar. Compreendendo-o, teremos entendido, em termos de dramaturgia e de realização cênica, quase todo o nosso século XIX – e não somente o XIX, talvez, já que muitos dos problemas continuam infelizmente quase os mesmos.[3]

Essa vontade de estudar o Brasil – da mesma forma como fizeram Antonio Candido em *Formação da literatura brasileira*, Paulo Emilio Salles Gomes em *Humberto Mauro, Cataguases, Cinearte* e em outros textos sobre o cinema nacional[4], Lourival Gomes Machado em *Retrato da arte moderna do Brasil*, e Gilda de Mello e Souza com a moda no século XIX no país, em *O espírito das roupas* – deve-se, de certo modo, à dupla herança dos modernistas de 22 e dos professores franceses da USP, e, em particular, do professor Jean Maugüé. O método de Maugüé, devidamente assimilado por esta geração de críticos e historiadores da cultura brasileira, seria resumido pelo professor da

2. Dirigido por Hamilton Vaz Pereira (1951), Asdrúbal Trouxe o Trombone estreou em 1974, tendo entre seus atores Regina Casé (1954) e Luiz Fernando Guimarães (1949); o grupo Pessoal do Victor surgiu no mesmo ano, na EAD, e seu nome se deve à primeira peça que montaram, *Victor ou as crianças no poder*, do escritor francês Roger Vitrac (1899-1952). O diretor era Celso Nunes (1942), à frente de um elenco que contava, entre outros, com Paulo Betti (1952) e Ismael Ivo (1960), futuramente conhecido como bailarino (N.E.).

3. *João Caetano e a arte do ator*, p. IX.

4. Significativamente seu livro *Cinema: trajetória no subdesenvolvimento* começa com a frase "O Brasil se interessa pouco pelo próprio passado".

seguinte forma: "[...] et puisque j'avais appris pendant des années à lire à travers les philosophes mon pays et mon époque, je me fixais d'apprendre aux brésiliens par les mêmes truchements, à lire leur époque et leur propre pays"[5].

Voltar-se para o passado significava não apenas o conhecimento de nossa (pobre) dramaturgia, na qual percebe, por exemplo, a qualidade de textos como *Leonor de Mendonça*, de Gonçalves Dias, e o interesse de *O demônio familiar*, de José de Alencar, de atores como João Caetano ou de empreendedores como o padre Ventura, mas implicava, para Decio de Almeida Prado, uma pesquisa maior, que rastreasse as idéias que enformaram, em determinado momento, nossa noção de representação, de dramaturgia e de espetáculo.

Por isso sua pesquisa sobre João Caetano acabou desdobrando-se em dois volumes distintos. No primeiro, ele analisa o ator, o empresário, o homem de teatro, aquele que fez o teatro brasileiro no século XIX, por meio do qual "a nossa jovem nacionalidade tomou consciência de si mesma no campo da dramaturgia e da representação teatral"[6].

O estudo do estilo de representação de João Caetano é feito por meio da análise do repertório setecentista e oitocentista do ator; do estudo comparativo entre este e o repertório dos atores franceses François Joseph Talma e Frédérick Lemaître, artistas que serviram de inspiração a João Caetano; e por meio também de críticas escritas por seus contemporâneos.

Decio destaca o papel nativista de João Caetano, o primeiro a reclamar a condição de ator brasileiro e a criar uma companhia (que duraria 30 anos) formada exclusivamente de intérpretes brasileiros, além de lançar autores nacionais como Gonçalves de Magalhães e Martins Pena. A análise do repertório e do estilo de representação do ator trazem para o primeiro plano a questão das relações entre o teatro brasileiro e o europeu e, em especial, o português, do qual só iria se desvencilhar completamente no período da Primeira Guerra Mundial.

Decio chama a atenção ainda para o fato de que, apesar de fascinado pela legenda de Talma, o grande ator clássico francês, João Caetano, em seu estilo de representação – emocional, extrovertido, exagerado – e também em seu repertório, aproxima-se antes de Frédérick Lemaître, ator romântico por excelência, formado à margem da Comédie Française e cujo estilo contrariava em tudo as normas do classicismo.

Com *João Caetano*, Decio de Almeida Prado reconstitui criticamente o panorama teatral do século XIX a partir daquilo que o teatro possui de mais efêmero, a arte da representação e o espetáculo teatral, em lugar de concentrar-se somente na dramaturgia, como ainda acontece com grande parte dos estudos teatrais no Brasil. Esta abor-

5. *Apud* ARANTES, Paulo Eduardo. *Um departamento francês de ultramar*, p. 85. "[...] como eu havia aprendido, ao longo dos anos, a ler meu país e minha época a partir dos filósofos, eu me estabeleci ensinar aos brasileiros a ler, pelos mesmos mediadores, sua própria época e seu próprio país." Tradução dos editores.

6. Cf. *João Caetano*, p. 137.

dagem resultaria da sua convicção de que, para compreender a história do teatro, é necessário o estudo não só da obra literária mas também da encenação, sem a qual o drama não se realizaria ou transformaria.

Em *João Caetano e a arte do ator*, como já discutimos no capítulo 4, Decio busca compreender que idéias, que concepções de arte e de representação – e a forma pela qual foram compreendidas e assimiladas por ele – se encontrariam "por trás", serviriam de fontes para as *Lições dramáticas*, o manual sobre a arte de representar publicado pelo ator. Questão que leva o crítico até Francesco Antonio Riccoboni e Aristippe Bernier – atores do século XVIII e início do XIX, respectivamente –, os dois modelos usados por João Caetano na redação de seu compêndio.

*Teatro de Anchieta a Alencar*[7], publicado em 1993, examina o teatro brasileiro dos séculos XVI ao XIX. O livro é dividido em duas partes. A primeira intitula-se, significativamente, "Para uma história do teatro no Brasil" e reúne cinco ensaios que analisam, de forma diacrônica, as primeiras representações teatrais no período colonial; as esparsas manifestações teatrais nos séculos XVII e XVIII, organizadas, em sua maioria, como comemorações cívicas, e em que predominavam, sobretudo, as literaturas hispânica, italiana e francesa; a influência do teatro português no Brasil, tanto do ponto de vista do espetáculo quanto do repertório dramático; a chegada do romantismo ao Brasil e a obra de Gonçalves de Magalhães[8], precursor do romantismo no país, e, no entender do autor, o criador do teatro nacional. A segunda parte reúne quatro ensaios "avulsos": o "Prefácio de *Amor, engaños y zelos*", encomendado pela Fundacen para uma edição de textos dramáticos brasileiros nunca publicada; o ensaio "O teatro romântico: a explosão de 1830"; e dois estudos incomparáveis, sobre as já citadas *Leonor de Mendonça* e *O demônio familiar*.

Já no primeiro parágrafo de "O teatro jesuítico", estudo que abre o livro, Decio de Almeida Prado trata do problema da formação:

> O teatro chegou ao Brasil tão cedo ou tão tarde quanto se desejar. Se por teatro entendermos espetáculos amadores isolados, de fins religiosos ou comemorativos, o seu aparecimento coincide com a formação da própria nacionalidade, tendo surgido com a catequese das tribos indígenas feita pelos missionários da recém-fundada Companhia de Jesus. Se, no entanto, para conferir ao conceito a sua plena expressão, exigirmos que haja uma certa continuidade de palco, com escritores e público relativamente estáveis, então o teatro só terá nascido alguns anos após a Independência, na terceira década do século XIX.[9]

As manifestações teatrais isoladas que têm lugar durante o período colonial, sejam elas espetáculos ou textos, não chegam a constituir, na visão de Decio, uma reali-

---

7. São Paulo: Perspectiva, 1993.
8. Domingos José Gonçalves de Magalhães (1811-1882).
9. *Teatro de Anchieta a Alencar*, p.15.

dade teatral de fato. Esta surgiria apenas com o romantismo, quando se estabelece uma continuidade não só no trabalho teatral mas também no que se refere à formação de platéia. Decio de Almeida Prado se aproxima aqui da formulação teórica de Antonio Candido sobre a formação do sistema literário brasileiro. Candido distingue entre as manifestações literárias e um sistema literário propriamente dito – este último consistindo, segundo o crítico, em

> [...] um sistema de obras ligadas por denominadores comuns, que permitem reconhecer as notas dominantes duma fase. Estes denominadores são, além das características internas (língua, temas, imagens), certos elementos de natureza social e psíquica, embora literariamente organizados, que se manifestam historicamente e fazem da literatura aspecto orgânico da civilização. Entre eles se distinguem: a existência e um conjunto de produtores literários, mais ou menos conscientes do seu papel; um conjunto de receptores, formando os diferentes tipos de público, sem os quais a obra não vive; um mecanismo transmissor (de modo geral, uma linguagem, traduzida em estilos), que liga uns a outros. O conjunto dos três elementos dá lugar a um tipo de comunicação inter-humana, a literatura, que aparece sob este ângulo como sistema simbólico, por meio do qual as veleidades mais profundas do indivíduo se transformam em elementos de contato entre os homens, e de interpretação das diferentes esferas da realidade.[10]

É justamente devido à ausência de continuidade entre esses três elementos enumerados por Antonio Candido – um conjunto de produtores conscientes, um conjunto de receptores e um mecanismo transmissor –, que as manifestações teatrais anteriores ao romantismo no Brasil não podem ser consideradas, do ponto de vista de Decio de Almeida Prado, como um sistema teatral de fato. O primeiro postulado teórico do estudo é, portanto, o de que a obra de José de Anchieta[11] deve ser entendida como uma manifestação do teatro no Brasil, e não como teatro brasileiro. Além disso, a obra de Anchieta coloca outras questões.

Considerada em termos formais, de estruturação dramática, as peças do jesuíta apresentam, segundo o crítico, grandes problemas: a ação dramática é freqüentemente descentralizada e privada de eixo único em termos tanto de espaço quanto de tempo. Personagens históricos como os imperadores romanos Decio e Valeriano misturam-se a chefes indígenas, a santos, a figuras simbólicas como o Temor de Deus e o Amor de Deus, e a figuras sacras como a Sé, a Cidade e o Anjo. A ação estende-se desde os primeiros séculos da era cristã até o tempo presente da colonização e ao tempo eterno, infinito, de Deus. E, para completar, numa mesma peça, os personagens comunicam-se em diversas línguas – castelhano, português, tupi e guarani – sem que tal fato apresente qualquer empecilho para a comunicação. A fim de compreender o tea-

---

10. *Formação da literatura brasileira*, p. 23.

11. Padre (1534-1597), nascido nas Canárias, chegou ao Brasil como missionário jesuíta em 1553 (N.E.).

tro de Anchieta, porém, Decio de Almeida Prado sublinha que é necessário encará-lo menos como teatro, no sentido específico do termo, do que em termos de sua função e seus objetivos:

> Só tendo em vista as condições e os intuitos que guiaram tais peças é que lhe perdoaremos as falhas dramáticas e as incongruências ilógicas, nascidas não da ausência de qualidades intelectuais por parte de Anchieta – estas lhe sobravam –, mas por seu desinteresse por tudo que não se relacionasse no palco com o trabalho de catequese.[12]

É que o teatro de Anchieta, em particular, e o trabalho dos jesuítas, em geral, se acham inscritos dentro do projeto de conquista e colonização dos "povos bárbaros" da América pela "civilização" européia, e é nesta chave que deveriam ser analisados, na opinião de Decio.

Se, por um lado, Anchieta incorporou, nas representações dramáticas por ele organizadas (e em seus textos) não só as línguas nativas mas também os ricos costumes de dança e canto e a mitologia das tribos com que entrou em contato – criando dessa forma uma obra híbrida e sendo por isso criticado pela própria Companhia de Jesus –, por outro, seu teatro pode ser visto, antes de mais nada, como um instrumento de aniquilação e subjugação destes povos e de sua cultura. Diga-se, de passagem, que o uso do teatro como instrumento de conquista não é invenção de Anchieta, mas uma prática que se estendeu por toda a América Latina e que foi largamente utilizada também pelos padres franciscanos e dominicanos, do México ao Peru. Nessas primeiras representações, ao lado da conquista espiritual – resumida por Fernão Cardim[13] como o "milagre" de "domar-se gente tão fera"[14] –, que busca subjugar a alma indígena e alterar, de forma definitiva, seus hábitos e costumes, encontramos também, com freqüência, exemplos de subjugação pela força, tanto divina quanto militar.

Em relação à primeira, Decio de Almeida Prado aponta alguns exemplos da incorporação, na obra do jesuíta, da mitologia e dos costumes indígenas, manipulados de tal forma que, ao final, estes assumem um caráter claramente negativo. É o caso, por exemplo, de Aimberê e Guaixará – chefes tamoios que lutaram ao lado dos franceses contra os portugueses e que Anchieta apresenta como demônios em *Na festa de São Lourenço*. Guaixará, caracterizado como "o rei dos diabos" no texto de Anchieta, faz o elogio dos costumes indígenas ("É bom dançar/adornar-se, tingir-se de vermelho/empenar o corpo, pintar as pernas/fazer-se negro, fumar"[15]) e critica a intrusão dos padres que destrói o modo de vida dos índios. Aprisionados pelo Anjo, os diabos conver-

12. *Teatro de Anchieta a Alencar*, p. 48.

13. O escritor português e também jesuíta Fernão Cardim (1549-1625) foi reitor da Companhia de Jesus quando do ingresso de Anchieta, sendo enviado ao Brasil em 1583.

14. Cf. *Teatro de Anchieta a Alencar*, p. 22 (N.E.).

15. *Apud* ALMEIDA PRADO, Decio de. *Teatro de Anchieta a Alencar*, p. 30.

tem-se ao cristianismo. Aimberê e Guaixará, inimigos ferozes, são subjugados primeiro pela força e finalmente pelo poder da fé religiosa.

A figura de Anhangá, ou o diabo, na concepção jesuítica, era, segundo relata o padre Fernão Cardim, extremamente apreciada pelos índios devido ao seu caráter cômico. Ao narrar uma festividade que presenciou, Cardim cita a representação de Anhangá pelo índio Ambrósio Pires. Para Decio de Almeida Prado, Ambrósio Pires, "especialista no desempenho de Anhangás", deve ser saudado como "o primeiro ator brasileiro a merecer as honras de uma citação nominal". Mais ainda, o historiador enxerga, no estilo de representação descrito por Cardim, uma ligação com uma certa comicidade moderna: "Que cômico moderno não se reconhecerá em seus 'gatimanhos e trejeitos'?"[16]. Com efeito, tal descrição talvez se adequasse perfeitamente, por exemplo, ao estilo adotado por Grande Otelo em *Macunaíma*, de Joaquim Pedro de Andrade[17]. Ou talvez a qualquer representação de Dercy Gonçalves.

O estudo aponta ainda para um impulso contraditório presente nos escritos tanto de José de Anchieta quanto de Fernão Cardim. Se, como "homens de inteligência e cultura, buscavam [...] penetrar no mundo primitivo que se descortinava a seus olhos de europeus surpresos, com o intuito de descrevê-lo, de compreendê-lo por dentro" – o que os situaria, como observa Decio, entre nossos primeiros etnógrafos e antropólogos –, ao mesmo tempo, como europeus e religiosos, não podiam senão exterminar a cultura indígena, ao tentar impor a fé cristã. Embora Decio não cite Walter Benjamin, não podemos deixar de pensar que os autos de Anchieta, a gramática da língua brasílica por ele organizada e as cartas de Fernão Cardim, embora sejam documentos culturais de grande valor, provam a afirmação do crítico alemão de que "[n]ão há documento de cultura que não seja ao mesmo tempo um documento da barbárie"[18].

Interessado, como ele mesmo afirma, em compreender, e não em julgar a mente missionária, Decio de Almeida Prado evita condenar ou responsabilizar Anchieta por um projeto complexo que era, no seu entender, o de toda a Europa. Essa posição imparcial – ainda que compreensível, se levarmos em conta que o autor demonstrou sempre, tanto na sua atividade crítica quanto em seus ensaios historiográficos, a preocupação, acima de tudo, de entender as razões do outro –, levando em conta o seu contexto histórico e social e as idéias que informam a época (e, nesse sentido, é certo que Anchieta não poderia pensar senão como um homem de seu tempo), não deixa de ser, de certa forma, surpreendente. E Decio deixa sem resposta, propositadamente, as perguntas que faz ao fim do estudo:

> Esse processo, de substituição de culturas, através do qual emergiu penosamente o Brasil, foi um bem? Foi um crime contra a humanidade? Existiriam alternativas viáveis? Teria si-

16. Cf. *Teatro de Anchieta a Alencar*, p. 20.

17. Joaquim Pedro de Andrade (1932-1988) adaptou a obra de Mário de Andrade para o cinema em 1969 (N.E.).

18. Cf. BENJAMIN, Walter. "Teses sobre a filosofia da história". *In:* KOTHE, Flávio R.; FERNANDES, Florestan (orgs.). *Walter Benjamin*. São Paulo: Ática, 1991, p. 157.

do melhor, segundo a sugestão poética – e gaiata – de Oswald de Andrade, se, em vez do português ter vestido o índio, o índio é que tivesse despido o português?[19]

Embora concordando com o autor que a responsabilidade do projeto colonizador não cabe como um todo a Anchieta, nem aos chamados homens de fé, não se deve esquecer que nem por ser – em teoria – espiritual, a parte da conquista que lhes coube, foi por isso menos violenta e mais aceitável.

"Entreato hispânico e itálico", outro dos ensaios incluídos no livro, examina a situação do teatro nos séculos XVII e XVIII. O século XVII, contrariamente ao que se poderia esperar, não apresentara, de acordo com Decio, um crescimento significativo em termos teatrais. O teatro missionário desaparecera por completo e os poucos espetáculos de que se tinha notícia no século XVII eram organizados como cerimônias cívicas. O evento significativo neste período, tendo sido, segundo Decio de Almeida Prado, antes literário do que dramático: a publicação das peças do brasileiro Manuel Botelho de Oliveira[20] em Portugal. Escritos em castelhano, os textos de Botelho de Oliveira, diz Decio, são herdeiros das comédias espanholas de capa e espada, de onde o autor retira tudo, "exceto, infelizmente, o que faz uma peça funcionar no palco [...]". Para o crítico, o que resta, nessas peças, é "o lado pior" do barroco: "o cerebralismo, a indiferença ou o desapreço pela realidade, a afetação erigida em princípio estilístico, a literatura concebida em circuito fechado, como entretenimento para iniciados"[21].

Já o século XVIII se revelaria mais promissor, segundo sua avaliação, com o teatro se expandindo nas capitanias mais prósperas do Brasil da época, e o apoio às práticas teatrais, ao longo do século, dividindo-se entre a Igreja, o governo e o ouro. As representações teatrais encaixavam-se, em geral, dentro de festividades religiosas, na tradição que Decio identifica como a das grandes festas barrocas ibéricas, em que o teatro comparece entre os elementos de uma programação mais ampla que envolve a participação de toda a comunidade. O crítico apóia-se, neste ensaio (e também em outros do livro), nos relatos de viajantes estrangeiros pelo país, que constituem uma excelente fonte de informação sobre o período. No caso do teatro, esses testemunhos contribuem com informações importantes não só sobre o repertório (em sua maior proveniente da Espanha e, mais tarde, da Itália, com o surgimento da ópera) como também sobre a qualidade dos espetáculos, a composição racial e social dos grupos amadores – ou de "curiosos" como eram chamados – e sobre a posição que o teatro ocupava dentro da sociedade colonial, bem como sobre as relações entre teatro e o governo.

A partir dos relatos estudados por Decio, delineia-se uma idéia suficientemente clara desses primeiros conjuntos de atores brasileiros. Formados em geral por negros alforriados e mulatos, esses grupos incluíam estudantes, professores, funcioná-

19. *Teatro de Anchieta a Alencar*, p. 53.

20. Manuel Botelho de Oliveira (1636-1711), poeta e dramaturgo (N.E.).

21. *Teatro de Anchieta a Alencar*, pp. 59-60.

rios públicos e até mesmo militares. Dentre os atores negros, um, de nome Victoriano, destacava-se por seu talento dramático, sendo "inimitável [...] nos papéis de caráter violento e altivo"[22]. Da mesma forma que saudara Ambrósio Pires como o primeiro ator cômico brasileiro, Decio de Almeida Prado não hesita em distinguir Victoriano como "a primeira vocação dramática brasileira reconhecida e nomeada por escrito como tal"[23]. A forte presença de negros e mulatos nos conjuntos dramáticos, a qual predominaria até a chegada das primeiras companhias portuguesas no Brasil, se explica, segundo o autor, tanto por uma propensão natural da raça ou da cultura negra para as artes, quanto – hipótese que nos parece talvez mais provável historicamente – pelo descrédito que envolvia a profissão de ator neste período. Pois "a verdade", como Decio observa com clareza, "é que os brancos desciam e os mulatos subiam socialmente ao tornarem-se atores"[24].

Um desses relatos, o de Bougainville, oficial da marinha francesa, descrevia a representação das óperas de Pietro Metastasio[25] na cidade do Rio de Janeiro "por um elenco de mulatos; e ouvir os trechos divinos dos mestres italianos, executados por uma orquestra má, regida por um padre corcunda em traje eclesiástico". O crítico supõe tratar-se do padre Ventura, cujo nome aparece em outros documentos da época e a quem considera como "o primeiro diretor de uma companhia regular de teatro em território brasileiro"[26].

Observando a disparidade de avaliações a respeito da qualidade teatral das representações entre os relatos dos viajantes estrangeiros – em geral negativos – e os comentários dos cronistas nacionais – em geral positivos –, Decio de Almeida Prado analisa uns e outros a partir de suas próprias perspectivas. Os viajantes europeus, acostumados a julgar o teatro em termos estéticos e valendo-se dos padrões artísticos a que estavam acostumados em seus países, consideravam os espetáculos brasileiros pobres e de má qualidade. Já os brasileiros, conscientes de que sua realidade era pobre de fato, "saudavam qualquer realização cênica como um triunfo inesperado e honroso da civilização sobre a barbárie"[27]. Comparativamente, no entanto, para o autor, ambos os lados tinham razão.

O ensaio demonstra ainda que, de um modo geral, no século XVIII, o teatro não passava de uma aspiração, um projeto a ser realizado. O país não dispunha ainda nem de atores qualificados, nem do público em quantidade necessária para o sustento da atividade teatral, e os poucos autores existentes identificavam-se antes com a Europa do que com o Brasil.

---

22. MOURA, C.F. "O teatro em Mato Grosso no século XVIII". *Apud* ALMEIDA PRADO, Decio de. *Teatro de Anchieta a Alencar*, p. 71.

23. Cf. *Teatro de Anchieta a Alencar*, p. 73.

24. *Ibidem*, p. 80.

25. Pseudônimo de Pietro Antonio Domenico Bonaventura Trapassi, poeta e libretista italiano (1698-1782). Não há registro de a que óperas Louis Antoine de Bougainville (1729-1811) assistiu no Rio (N.E.).

26. *Teatro de Anchieta a Alencar*, p. 65.

27. *Ibidem*, p. 79.

A situação se modificará com a chegada, em 1808, da corte portuguesa ao Rio de Janeiro, fugindo da invasão napoleônica. Em "A herança teatral portuguesa", Decio examina as primeiras décadas do século XIX, quando o teatro começa a se tornar prática mais sistemática. A transferência da família real para o Rio de Janeiro transformaria a cidade num centro de espetáculos, com a construção de teatros e a vinda das primeiras companhias portuguesas. Com estas, chegava ao Brasil, tardiamente, como nota Decio, a arte clássica, que no restante da Europa já havia cedido terreno ao romantismo. O ensaio interessa ainda por assinalar a atividade do nosso primeiro crítico teatral, Justiniano José da Rocha[28]. Embora tenha exercido a função por um período relativamente curto, registrou – escrevendo com "graça e a penetração" admiráveis, na opinião de Decio de Almeida Prado– alguns momentos decisivos do teatro da época.

A terceira década do século XIX será de grande importância para o teatro brasileiro. Assiste-se, a partir de 1836, a encenação dos primeiros dramas românticos – e também de melodramas – importados diretamente da França para os palcos nacionais, sem a mediação das adaptações portuguesas. Em "O advento do romantismo", Decio de Almeida Prado faz um levantamento da repercussão do teatro romântico no Brasil, salientando a tardia introdução das idéias deste movimento no país – das quais não se tem menção até pelo menos 1833. A chegada do teatro romântico e do melodrama – gêneros nem sempre discriminados pelo público e pela crítica, que freqüentemente os junta sob a mesma rubrica de "dramalhão" – é analisada a partir de sua recepção pela crítica, mais exatamente, pelo crítico Justiniano José da Rocha.

Tendo acompanhado, desde o primeiro momento, a transformação do panorama teatral acarretada pela encenação de tais gêneros – a qual coincide também com o momento em que uma companhia brasileira, liderada e estrelada por João Caetano, tem a oportunidade de apresentar-se, pela primeira vez, no principal teatro do país (aproveitando-se da transferência, para outra sala de espetáculos, da companhia portuguesa que até então o ocupara) –, Justiniano José da Rocha notava a sucessão vertiginosa dos dramas representados, embalados pela competição que se instaura entre as duas companhias. Em face da novidade que o teatro romântico representava no Brasil, o crítico busca preencher a desinformação do público com artigos em que explica as diferenças entre as escolas clássicas e românticas, exercendo assim uma função também didática e de formação da platéia, que o próprio Decio exerceria durante os primeiros anos em que escreveu crítica teatral para *O Estado de S. Paulo*.

Decio de Almeida Prado não deixa de sublinhar as limitações do crítico, que reagira indignadamente à montagem de *O rei se diverte*, de Victor Hugo, antes por razões morais e políticas do que estéticas. Justiniano não distingue claramente também as diferenças entre drama romântico e melodrama, "universos dramáticos e metafísicos opostos", como esclarece Decio. Além disso, ao elaborar, em 1841, um balanço dos principais acontecimentos teatrais recentes, o crítico não faria menção aos dois eventos

28. Justiniano José da Rocha (1812-1862), jornalista e escritor (N.E.).

fundadores do teatro nacional: as encenações de *Antônio José ou O poeta e a inquisição*[29], de Gonçalves de Magalhães, e de *O juiz de paz da roça*, de Martins Pena, ambas pela companhia de João Caetano, em 1838. Decio não deixa de observar a ironia do fato: "O teatro nacional passara a existir e Justiniano não percebera"[30].

Ao escrever *Antônio José ou O poeta e a inquisição*, seu autor desejara produzir a primeira tragédia brasileira e uma obra de "assunto nacional". Aos olhos do historiador, a peça reveste-se de importância por uma dupla razão: por ser a primeira obra de valor do teatro brasileiro e por ter desempenhado papel-chave na carreira de João Caetano. Decio de Almeida Prado entende que Gonçalves de Magalhães, além de precursor do romantismo no Brasil, merece ser considerado, pelas razões mencionadas, como o criador do teatro brasileiro. O ensaio "O ecletismo liberal de Gonçalves de Magalhães" sublinha ainda que a ele cabem, sem sombra de dúvida, duas grandes virtudes: a de "ter percebido antes de qualquer outro a necessidade de renovar a literatura nacional, usando para tanto, ao lado da poesia, o teatro" e a de "ter tentado distinguir o drama romântico da tragédia clássica em nível de acuidade conceitual até então inédito em âmbito brasileiro"[31].

A análise do ecletismo literário e teatral do dramaturgo, ocasionada pelo desejo de manter-se à margem da polêmica entre classicismo e romantismo, tirando de ambas as escolas aquilo que se adequava aos seus propósitos sem se filiar a nenhuma, leva o crítico a pensar as afinidades entre o autor brasileiro e o francês Casimir Delavigne, o português Almeida Garret e o espanhol Martinez de la Rosa (os dois últimos responsáveis pela introdução do teatro romântico em Portugal e na Espanha, respectivamente)[32]. Todos esses autores tomaram contato com o romantismo quando sua formação literária, na qual sobressai fortemente a cultura clássica, já havia se completado: Delavigne, devido a uma distância temporal, e os demais, à distância cultural. A produção desses autores é marcada, por conseguinte, pela busca do *juste-millieu* entre as duas escolas. Decio recupera, neste ensaio, as influências filosóficas e literárias de Gonçalves de Magalhães, ao mesmo tempo em que põe em evidência as relações entre a sua dramaturgia e o teatro europeu.

Dos quatro estudos que compõem a segunda parte do livro, três deles ligam-se explicitamente ao projeto de uma história do teatro brasileiro, examinando, em maior profundidade, três obras da dramaturgia brasileira. Um quarto ensaio trata da explosão romântica na Europa, situando o romantismo em termos históricos, filosóficos, literários e teatrais. O ensaio, de alta qualidade, e em que se evidencia a erudição do crítico e historiador, fornece uma perspectiva a partir da qual se torna mais fácil compreender o teatro romântico no Brasil.

---

29. A peça trata de Antônio José da Silva (1705-1739), conhecido como Judeu (N.E.).

30. Cf. *Teatro de Anchieta a Alencar*, p. 139.

31. *Ibidem*, p. 141.

32. Jean François Casimir Delavigne (1793-1843), poeta e autor dramático; João Baptista da Silva Leitão de Almeida, por pseudônimo Almeida Garret (1799-1854), advogado, escritor e dramaturgo; e Francisco de Paula Martinez de la Rosa (1787-1862), que também foi político (N.E.).

Os estudos "*Leonor de Mendonça*" e "Os demônios familiares de Alencar" se destacam por sua importância. Se *Leonor de Mendonça*, de Gonçalves Dias, é "o mais belo drama do nosso romantismo – e talvez de todo o teatro brasileiro", na opinião de Decio de Almeida Prado, o ensaio do crítico sobre o mesmo constitui-se num dos mais belos ensaios da história do teatro brasileiro. Decio começa com uma exposição do método crítico empregado – o qual, a seu ver, possui a originalidade "de ser triplicemente fora de moda": por levar em consideração o conteúdo psicológico e social da peça, em vez dos processos dramáticos característicos da obra; por relacioná-los com a personalidade do autor; e por colocá-la em sua perspectiva histórica. Com o humor que lhe é peculiar, Decio de Almeida Prado aponta que tal método configura-se como a negação completa da crítica formalista então em voga no Brasil, para a qual a obra de arte se constituiria, na visão do crítico, numa unidade perfeita, autônoma, independente inclusive do próprio autor. A esta crítica formalista, Decio opõe uma crítica engajada histórica e socialmente. É sua convicção que "a literatura, lidando com palavras, conceitos, refere-se sempre, direta ou indiretamente, à realidade, nunca se constituindo num sistema solipsista"[33]. Em sua experiência pessoal, a literatura, ao contrário, se afirmaria como o "modo [...] preferido de inserção crítica na realidade". A leitura de romances e de teatro lhe teria ensinado que é somente "nas relações diárias entre os homens" que as leis abstratas de que lançamos mão em esquemas explicativos se concretizam, "tornando-se, de fato, psicologia, sociologia, política, história"[34]. Reafirma-se aqui o traço característico da geração de *Clima*, para a qual a crítica cultural vincula-se sempre, necessariamente, à esfera social. Mais: para entender a originalidade de uma determinada obra, aquilo que a diferencia do repertório de obras do seu tempo, seria necessária a perspectiva histórica, sem a qual não parece possível uma análise comparativa. Decio de Almeida Prado lança mão ainda, neste estudo, de documentos pessoais de Gonçalves Dias que iluminam tanto a personalidade do autor quanto a sua criação literária.

O assassinato de d. Leonor de Mendonça por seu marido, o duque de Bragança, por suspeita de infidelidade, no início do século XVI, dá a Gonçalves Dias o assunto para o seu drama, escrito em 1846. Apesar de, no apêndice, publicado com a peça, o autor fornecer uma relação das crônicas portuguesas que lhe serviram de base, Decio descobre, em uma revista literária portuguesa, um poema que ele acredita ter influenciado a feitura do texto. Este trabalho de levantamento das fontes, que Decio já havia feito nos estudos sobre João Caetano, é, como ele mesmo assinala, de extrema importância em países, como o Brasil, nos quais a história do teatro ainda não foi devidamente escrita.

O estudo de Decio de Almeida Prado do drama e dos documentos pessoais de Gonçalves Dias salienta três aspectos relevantes da obra. O primeiro diz respeito à posi-

33. Cf. *Teatro de Anchieta a Alencar*, p. 244.

34. *Loc. cit.*

ção do autor em relação à questão da mulher, subjugada, segundo afirma, ao "eterno domínio dos homens". A opção feita pelo escritor de retratar a protagonista como inocente e, portanto, vítima da moralidade da época, demonstra a modernidade de seu pensamento, ao tratar de problemas que antecipariam as lutas femininas pela emancipação.

O segundo ponto relaciona-se à complexidade psicológica dos personagens, o que dificulta a diferenciação clara, no plano moral, entre as categorias do bem e do mal, típicas do melodrama. Em vez do julgamento das personagens, o que o drama demanda do espectador é a compreensão dessas mesmas categorias, que se revelariam muitas vezes contraditórias e ambíguas. Leonor de Mendonça, por exemplo, surge como "um ser humano vivo e imprevisível", e não como a "heroína clássica"[35] dos dramas românticos. O crítico percebe, no drama de Gonçalves Dias, uma psicologia *avant la lettre*. Devido, precisamente, à complexidade moral e psicológica que define as personagens à frente de seu tempo, *Leonor de Mendonça* transcenderia, desse modo, a linguagem romântica.

A leitura feita por Decio da peça de Gonçalves Dias é, de certo modo, psicanalítica – a selvageria que marca o comportamento do duque tendo suas origens numa infância problemática, nas privações emocionais causadas pela orfandade. Segundo o crítico, "os três personagens principais acusam, de um modo ou de outro, com maior ou menor intensidade, este trauma infantil"[36], elemento constante na obra de Gonçalves Dias.

O conflito das personagens seria definido como uma luta entre Eros e Tânatos – em termos psicanalíticos, representativos dos instintos de vida e de morte –, d. Leonor representando o desejo à vida, enquanto os dois personagens masculinos se mostram estranhamente atraídos pela morte. Decio identifica no drama um forte componente sadomasoquista, presente também nas cartas e documentos pessoais deixados pelo poeta. Para Antônio Alcoforado, o jovem apaixonado pela duquesa, o amor associa-se à morte; e d. Jaime, o duque de Bragança, consumido pelo sofrimento, sente prazer em torturar-se a si mesmo: "gosto de me recordar dessa desgraça para adormecer a minha dor com o excesso de sofrimento"[37].

Da mesma forma que seus personagens, Gonçalves Dias demonstraria um masoquismo que, no entender de Decio, não se constituiria em fenômeno isolado, mas sim em "disposição permanente" que permeia toda sua obra. Vida e obra interpenetram-se, pois: tornam-se inseparáveis. O romantismo, argumenta Decio, não é um movimento, uma escola literária, mas "uma nova maneira de viver e de reagir emocionalmente perante a existência"[38]. E, assim, se faz presente tanto na obra quanto na vida de Gonçalves Dias.

35. Cf. *Teatro de Anchieta a Alencar*, p. 269.

36. *Ibidem*, p. 254.

37. *Ibidem*, p. 256.

38. *Ibidem*, p. 287.

"Os demônios familiares de Alencar" trata das relações entre o teatro europeu e o brasileiro que a peça abordada põe em evidência. Tais paralelos, por sua vez, abrem a discussão sobre relações entre periferia e metrópole e para as questões do nacionalismo e da identidade nacional.

Embora sempre atento aos movimentos artísticos europeus, José de Alencar vai demonstrar, em sua obra, uma grande preocupação com o Brasil. E, se Alencar toma emprestado ao realismo francês o modelo para *O demônio familiar*, será precisamente ao se afastar deste mesmo modelo (na elaboração do conteúdo da comédia) que a obra afirmará o seu valor. "Disfarçado em comédia", escreve Decio, "*O demônio familiar* é, na verdade, uma longa reflexão sobre a sociedade brasileira, com o fim de eliminar-lhe as contradições, de unificá-la socialmente e moralmente"[39]. O autor sublinha ainda que Alencar parte de modelos europeus, mas seu ponto de chegada é o Brasil. Parece-nos válido conjecturar que talvez precisamente por esta razão o crítico tenha escolhido esta peça em particular para o seu estudo. É que nesse sentido a trajetória de Alencar assemelha-se – guardadas as devidas proporções – à experiência do próprio Decio de Almeida Prado, cuja formação é produto dos professores franceses da USP, com quem aprendeu o método crítico, mas cujo objetivo foi sempre o Brasil.

A visão crítica de Alencar sobre as relações entre o Brasil e a Europa, entre a periferia e o centro, cristaliza-se no personagem Azevedo, que se expressa "metade em francês e metade em português". A identificação com a Europa e a desvalorização do nacional – perspectiva tão característica das classes dominantes de países colonizados – que surge, aí, como uma das principais preocupações do escritor, é uma duplicidade que vai tornar a aparecer em outros de seus escritos. E seria esta identificação que tornaria impossível, dentre outras coisas, a existência de um teatro nacional, como afirma Alencar na "Advertência" que acompanha a peça *O jesuíta*, de 1875. "Advertência" que seria citada por Decio:

> "Mas os brasileiros da corte não se comovem com essas futilidades patrióticas; são positivos e sobretudo cosmopolitas, gostam do estrangeiro, do francês, do italiano, do espanhol, do árabe, de tudo, menos do que é nacional. [...] Na alta-roda vive-se à moda de Paris; e como em Paris não se representam dramas nem comédias brasileiras, eles, *ces messieurs*, não sabem o que significa teatro nacional.[40]

Também de extrema importância é a questão do abolicionismo e a controversa recepção da posição de Alencar a esse respeito. Enquanto Machado de Assis saudara a "lição profunda" contida no desfecho da obra – em que Pedro, o "demônio" que dá nome à peça, é alforriado por Eduardo, seu senhor, com a advertência de que liberdade

39. *Ibidem*, p. 343.

40. *Apud* ALMEIDA PRADO, Decio de. *Teatro de Anchieta a Alencar*, p. 327.

implica responsabilidade – Raymundo Magalhães Júnior e Joaquim Nabuco[41] enxergam, na comédia de Alencar, uma postura reacionária e escravagista, respectivamente. Para Decio de Almeida Prado, entretanto, Alencar não é nem reacionário nem escravocrata; embora, no seu entender, ele trate da questão abolicionista a partir, sobretudo, do ponto de vista do senhor. José de Alencar acredita que a escravidão, apesar de ser um mal, seria eliminada de forma "espontânea e natural", como o resultado lógico de uma revolução de costumes. E embora considere equivocada a visão política do autor, Decio não duvida nunca da honestidade de seus propósitos.

Em *Teatro de Anchieta a Alencar*, Decio de Almeida Prado efetua, pois, um exame crítico do surgimento e da formação do teatro brasileiro, desde os primeiros espetáculos realizados no Brasil, como instrumento de colonização dos povos indígenas pelos membros da Companhia de Jesus, até as últimas décadas do século XIX, quando o fenômeno teatral configura-se como sistema, permitindo-nos falar então de um teatro brasileiro de fato, e não mais de manifestações ocasionais isoladas ou parateatrais, como as que, segundo o crítico, se observam nos séculos XVII e XVIII. Ao longo desses estudos, Decio realiza ainda uma espécie de genealogia da história do teatro brasileiro, inventariando aqueles que viriam a se constituir nas suas primeiras referências: Ambrósio Pires, o primeiro ator brasileiro; padre Ventura, o primeiro diretor de uma companhia regular no Brasil; o negro Victoriano, em que se identifica a primeira vocação dramática brasileira; Justiniano José de Souza, o primeiro crítico teatral; Manuel Botelho de Oliveira, o primeiro autor brasileiro a publicar obras de teatro; Gonçalves de Magalhães, criador do teatro nacional; Martins Pena, o primeiro comediógrafo; e João Caetano, o primeiro ator a estrelar e dirigir uma companhia brasileira.

Os nove ensaios do livro produzem um quadro complexo das relações teatrais entre Brasil e Europa durante esses quatro séculos, abrangendo desde o repertório de peças levadas à cena até o modo como determinadas escolas – classicismo, romantismo, realismo – se incorporam ao nosso panorama teatral (com freqüência defasadas em relação a seus países de origem), tanto em termos de dramaturgia quanto de espetáculo, a questão daquilo que constitui ou não teatro brasileiro não podendo ser desvinculada da questão da identidade nacional.

Se a Manuel Botelho de Oliveira cabe a honra de ter sido o primeiro autor, brasileiro de nascimento, a publicar obras de teatro (impressas em Portugal, já que a existência de prelos na colônia era proibida por lei), é preciso não esquecer, porém, que estas obras, escritas em castelhano e seguindo a tradição das comédias de capa e espada, situam o autor antes na "perspectiva espanhola do Século de Ouro" do que propriamente na perspectiva do teatro brasileiro. E Decio não pode deixar de observar que grande parte dos poetas e homens de letras do país "habitavam em pensamento [...] a Europa clássica", e não o Brasil Colonial ou do Império[42].

41. Joaquim Aurélio Barreto Nabuco de Araújo (1849-1910), diplomata, político e líder abolicionista (N.E.).
42. Cf. *Teatro de Anchieta a Alencar*, pp. 205 e 86, respectivamente.

Já o drama de Gonçalves de Magalhães, *Antônio José ou O poeta e a inquisição*, se não constitui, a rigor, "assunto nacional" como desejara o autor, uma vez que Antônio José, embora nascido no Brasil, tenha se criado como pessoa e como artista em Portugal, onde desenvolveu toda sua obra, vai simbolizar o início do teatro brasileiro, não só pela qualidade da peça como também pelo fato de sua estréia se dar juntamente com a estréia da companhia de João Caetano, a primeira companhia brasileira profissional a estabelecer-se permanentemente em um teatro no país.

Por fim, com Alencar, a questão da identidade nacional é explicitamente formulada, ainda que esta seja entendida antes do ponto de vista do senhor e do branco, ou seja, da elite então dominante.

Publicado em 1996, *O drama romântico brasileiro* (São Paulo: Perspectiva) dá continuidade aos estudos sobre o teatro nacional no século XIX, iniciados nos dois livros sobre João Caetano e em *Teatro de Anchieta a Alencar*. O profundo interesse de Decio pelo período deve-se ao fato de ser precisamente neste momento que o teatro brasileiro passa a se constituir como um sistema. Enquanto seus trabalhos anteriores estudam o teatro do século XIX a partir do espetáculo, do estilo de representação, do repertório encenado e da recepção das obras pelo público e pela crítica, *O drama romântico brasileiro* estuda o período tendo por base os textos dramáticos de autores nacionais. Textos estes que nem sempre chegaram a ser levados ao palco, permanecendo na categoria de "teatro de papel", na definição de José de Alencar utilizada pelo crítico.

Nos cinco ensaios e uma síntese que compõem o livro, Decio de Almeida Prado retoma o estudo de alguns autores que aparecem em *Teatro de Anchieta a Alencar*, como Gonçalves de Magalhães, Gonçalves Dias, Álvares de Azevedo e José de Alencar, ao lado de outros como Martins Pena, Luís Antônio Burgain, Agrário de Menezes, Paulo Eiró e Castro Alves[43].

"Entre tragédia e drama: Gonçalves de Magalhães", ensaio que abre o livro, foi retirado de *Teatro de Anchieta a Alencar*. A republicação justifica-se pelo fato de que nenhum estudo do drama romântico brasileiro estaria completo sem um capítulo sobre a obra de Gonçalves de Magalhães que, como já foi visto, foi não só o precursor do romantismo no Brasil como também o autor do drama que inaugura o teatro nacional.

"Entre drama e melodrama: Martins Pena, Burgain" examina as obras dos dois autores, cuja atividade coincide, em termos históricos, com a de Gonçalves de Magalhães. Ao contrário deste último, porém, que era antes de tudo poeta e pensador, Luís Carlos Martins Pena e Luís Antônio Burgain destacaram-se como homens de teatro. Esta diferença pode ser sentida na construção de seus dramas, nos quais há uma clara preocupação com a realidade teatral do momento e, sobretudo, com o público.

43. Manuel Antônio Alves de Lima Álvares de Azevedo (1831-1852); Luís Antônio Burgain (1812-1877); Agrário de Souza Menezes (1834-1863); Paulo Emilio Eiró (1836-1871); e Antônio Frederico de Castro Alves (1847-1871), como o primeiro, este foi mais notadamente poeta (N.E.).

Os "dramas descabelados" (o termo é de Decio) de Martins Pena, compõem a parte menos conhecida de sua obra, famoso por comédias de costumes – como *O juiz de paz da roça*, *O caixeiro da taverna*, *Os dois* ou *O inglês maquinista* e *As desgraças de uma criança*, entre outras. Estes textos, assim como os de Burgain, inscrevem-se no panorama de melodramas e dramas históricos que invadem os palcos brasileiros a partir de 1836 e cujas características são a ação fragmentada temporal e espacialmente, o recurso constante a suspenses e reviravoltas, os efeitos (melo)dramáticos e os truques de cena. Também é marcante, na obra destes autores, a idéia de uma ação divina, da Providência, que, com freqüência, decide os conflitos entre as forças do bem e do mal, diferentemente do que se verifica nos dramas de Gonçalves de Magalhães.

O balanço da obra dos dois autores não chega a ser positivo. Dos cinco dramas que Martins Pena escreveu, só um, *Vitiza*, foi encenado, em 1841. Os demais permaneceram inéditos até 1956, mas, aos olhos de Decio de Almeida Prado, "não fizeram grande falta à história do teatro brasileiro"[44]. Já as peças de Luís Antônio Burgain, embora tenham sido encenadas até mesmo por atores famosos da época, também não se destacariam por suas qualidades dramáticas, tendo maior interesse como documento histórico da época.

Em "O drama de amor: Gonçalves Dias", Decio debruça-se sobre as quatro peças do poeta romântico. Escritas num curto período de sete anos, entre 1843 e 1850, as quatro peças – *Beatriz Cenci, Patkull, Leonor de Mendonça* e *Boabdil* – situam-se, como ocorre com freqüência nas obras românticas, num passado mais ou menos distante, regido pelas leis da cavalaria, e têm lugar em Portugal, Granada (Espanha), Itália e em países do Leste Europeu (*Patkull*). É clara a admiração do crítico por Gonçalves Dias, em quem percebe a "vivacidade e a energia da expressão". Nas peças do autor, ele afirma ser "de um poeta a voz que ouvimos, embora fazendo uso da prosa"[45]. Além disso, como já foi visto em relação a *Leonor de Mendonça*, seus dramas destacam-se pela complexidade moral e psicológica das personagens, que passam a compor o centro dramático da obra, ao contrário dos melodramas da época, que apoiavam-se na trama do enredo e no desenvolvimento da ação. Decio de Almeida Prado destaca ainda a centralidade do sentimento amoroso no pensamento do dramaturgo, a ponto de ser a paixão a força que move a ação e também uma das razões de ser da existência humana. E, em lugar de Deus ou da Providência, encontramos a noção de determinismo social esboçada em suas tramas.

O estudo da obra de Gonçalves Dias é também um estudo biográfico, assim como Decio já havia feito ao escrever sobre *Leonor de Mendonça*. As condições sociais, raciais, econômicas e emocionais que marcam o crescimento do escritor – pobre, mestiço, filho natural, logo órfão de pai e separado da mãe – são fatores que, de acordo com os comentários do crítico, vão se manifestar, direta ou indiretamente, em sua

44. Cf. *O drama romântico brasileiro*, p. 69.
45. *Ibidem*, p. 90.

obra (da mesma forma como o período passado em Portugal, onde completou seus estudos, seria de importância decisiva na formação de sua sensibilidade artística, pela proximidade desfrutada com os centros culturais europeus). Dois de seus dramas, aliás, *Beatriz Cenci* e *Patkull*, foram escritos durante sua estadia em Coimbra. Decio de Almeida Prado faz um levantamento das possíveis fontes e obras que inspiraram o poeta, bem como dos romances e revistas que circulavam na época na Europa e que ecoariam tanto em *Beatriz Cenci* quanto em *Leonor de Mendonça*. O autor volta a apontar a presença de tendências sadomasoquistas nas obras de Gonçalves Dias, especialmente em *Leonor de Mendonça*, as quais aparecem também em sua correspondência pessoal e em sua obra poética.

Embora não estejam no mesmo nível de *Leonor de Mendonça*, que Decio considera "a obra-prima dramática de Gonçalves Dias e uma das poucas obras-primas do teatro brasileiro"[46], *Beatriz Cenci*, *Patkull* e *Boabdil* compartilham com esta as mesmas qualidades que levam o crítico a considerar as peças de Gonçalves Dias como os primeiros dramas românticos do teatro brasileiro. São elas: o formato escolhido pelo autor, o emprego da prosa ao invés do verso – o que as distancia do gênero trágico – e a união entre amor e morte em seus desfechos, diferenciando-as do melodrama.

É em torno do drama do autor de *Macário*, poeta romântico no mais pleno sentido do termo, morto antes de completar 21 anos, que gira o quarto ensaio do livro, "Um drama fantástico: Álvares de Azevedo". Com vasto conhecimento da literatura universal, surpreendente levando-se em conta sua pouca idade, Álvares de Azevedo "representou", segundo Decio de Almeida Prado, "o próprio mito do poeta romântico, gênio precoce e inspirado, fadado a desaparecer [...]"[47]. Seu *Macário* pertenceria ao gênero da literatura fantástica, que nega, de forma mais violenta, as normas e preceitos do classicismo. O natural e o sobrenatural, o real e o sonho confundem-se na peça e, nos enfrentamentos de Macário com Satã, no primeiro episódio, e com Penseroso, no segundo episódio, Álvares de Azevedo trata dos problemas da dúvida religiosa, do suicídio e da sexualidade. Decio ressalta, neste ensaio, a qualidade poética da obra – particularmente no que diz respeito àquilo que Antonio Candido denominou de "a invenção literária da cidade de São Paulo"[48] –, o tratamento dado pelo autor ao relacionamento entre os sexos (marcado pela visão dualística da mulher, como virgem e prostituta), e o embate entre duas concepções românticas diferentes em relação ao Brasil e à América como um "admirável mundo novo". Este último ponto interessa particularmente ao crítico por antecipar a discussão da questão do nacionalismo cultural que será retomada pela literatura brasileira, em especial por José de Alencar.

Decio de Almeida Prado também reitera a hipótese defendida por Antonio Candido em *A educação pela noite* de que a novela *Noite na taverna* seria, na verdade, a seqüên-

46. *Ibidem*, p. 108.
47. *Ibidem*, pp. 119-120.
48. Cf. "A educação pela noite". *In A educação pela noite e outros ensaios*. São Paulo, Ática, 1987, p. 12.

cia – em forma de narrativa – de *Macário*, cujo segundo episódio tem o final deixado em suspenso. Marcado pelo desespero e pela dúvida entre crença e descrença, Macário se assemelharia, ainda segundo Decio, ao personagem de Dostoiévski, Ivan Karamazov, para quem a inexistência de Deus leva à conclusão de que tudo é permitido[49].

O último ensaio deste livro trata do drama histórico nacional, gênero que no Brasil surge um tanto tardiamente, devido ao fato de o próprio país só se ter constituído como nação independente em 1822. Para que o drama histórico pudesse existir, faltava, como nota o crítico, "o principal: uma história do Brasil devidamente trabalhada pela imaginação, pronta para ser transposta ao palco"[50]. "O drama histórico nacional: Agrário de Menezes, José de Alencar, Paulo Eiró, Castro Alves" examina quatro textos dramáticos que Decio de Almeida Prado considera "autênticos dramas românticos nacionais": *Calabar*, de Agrário de Menezes; *O jesuíta*, de José de Alencar; *Sangue limpo*, de Paulo Eiró; e *Gonzaga ou A revolução de Minas*, de Castro Alves. O que une estas obras é o desejo de exprimir a idéia do Brasil enquanto nação, recentemente emancipada. Decio observa que as peças se filiam, portanto, ainda que com bastante atraso, ao romantismo social que surge a partir de 1830. Além disso, o crítico percebe no olhar que se volta para o passado, característico de todas elas, uma tentativa dos autores de compreender o tempo presente e de projetar, assim, um futuro para a nação recém-independente.

*Calabar*, de Agrário de Menezes, toma por base a luta travada contra os holandeses que tentaram colonizar o Brasil no século XVII, considerada um dos primeiros movimentos nativistas do país, por reunir, sob uma mesma bandeira – a de Portugal, claro está –, portugueses, negros e índios. O interesse da peça, que Decio considera possuir "boas qualidades medianas, o que no Brasil já significava muito"[51], reside na idéia de que o negro e o índio, bem como a mistura das raças, constituem a raiz da nacionalidade brasileira.

O drama de José de Alencar, *O jesuíta*, baseia-se apenas parcialmente em fatos históricos (a existência das Missões no sul do Brasil, expulsas no século XVIII), adentrando também no terreno mítico, ao imaginar uma conspiração dos jesuítas em favor dos interesses do novo continente e, portanto, em oposição aos colonizadores europeus. O sentimento nativista de José de Alencar, alimentado pelo orgulho da exuberância natural do país, se expressaria através do protagonista que dá nome à peça.

A ausência do negro entre os povos deserdados a serem acolhidos na América segundo o plano elaborado pelo jesuíta, levaria o crítico a discutir novamente a posição de Alencar a respeito da escravidão. Decio descarta a hipótese de tal exclusão ser causada por um preconceito racial, lembrando que o problema do negro já havia sido abordado pelo escritor em dois textos dramáticos, *Mãe* e *O demônio familiar*. No seu entender, tal exclusão ilumina antes a natureza do drama, o seu caráter abstrato, simbólico – em que a liberdade das nações é a preocupação principal do autor.

---

49. O crítico refere-se a um dos protagonistas de *Os irmãos Karamazov*, romance do escritor russo Fiodor Mikhailovitch Dostoiévski (1821-1881).

50. *O drama romântico brasileiro*, p. 144.

51. *Ibidem*, p. 151.

Ao contrário da posição ambígua de Alencar, Paulo Eiró vai discutir em *Sangue limpo* o problema da luta contra os preconceitos sociais e raciais no país, posicionando-se de forma inequívoca a favor da abolição da escravatura. Além disso, o autor coloca em discussão as relações entre as raças branca, negra e indígena na constituição da nacionalidade brasileira, relações que necessitavam ser repensadas e transformadas a fim de que todos os brasileiros pudessem ser, de fato, emancipados. A independência não se completaria, portanto, sem a abolição. A peça de Paulo Eiró "prima", na visão do crítico, "pela ousadia moral e modernidade". Acometido muito cedo por acessos de loucura, Eiró foi internado aos 30 anos, morrendo em reclusão cinco anos mais tarde. A produção poética de sua maturidade perdeu-se; do que restou, alguns escritos foram publicados em 1940, e o resto segue inédito. Para Decio de Almeida Prado, é por esta razão que o autor "permaneceu como um culto ou um capricho paulista", sem jamais alcançar a posição que mereceria na literatura nacional.[52]

*Gonzaga ou A revolução de Minas,* o único drama de Castro Alves, foi escrito antes que o autor completasse 20 anos. Os dramas históricos já não eram mais tão freqüentes nem nos palcos nacionais nem nos europeus. Decio sublinha que a opção de Castro Alves pelo romantismo não se deveria à desinformação do autor a respeito das novas tendências estéticas – uma vez que ele estava familiarizado com as idéias do realismo e tinha consciência de sua significação histórica –, mas resultaria de uma identificação literária. A Inconfidência Mineira toma, no drama do poeta, uma dimensão abolicionista, ganhando, dessa forma, para o crítico, "uma ressonância moderna". O que não impede que perceba no texto um certo preconceito racial que informa a visão do autor. Na opinião de Decio de Almeida Prado, embora Castro Alves não admitisse a escravidão, sua forma de pensar trairia, por vezes, uma noção de superioridade da raça branca sobre a negra.

A presença constante de Deus na peça também é discutida por Decio, que identifica nela algo muito diferente da interferência divina característica do melodrama. Pois, na obra de Castro Alves, Deus "confunde-se com as próprias coisas, [...] mais do que um axioma filosófico ou do que um postulado da fé, ele é [...] um *topos* literário, uma figura de retórica, uma metáfora em perpétuo movimento [...]".[53] Esta visão cósmica indica claramente a filiação do poeta a Victor Hugo.

Decio de Almeida Prado admira, ainda, a imaginação de Castro Alves, a riqueza de sua linguagem e seu jogo de metáforas que, por vezes, na sua opinião, parecem ser quase surrealistas. Mas não perde de vista, nesse exame, as limitações dramáticas da peça, frutos da imaturidade de vida e de técnica do autor.

O estudo do drama romântico brasileiro revela a posição central do teatro para os escritores do período. A vitória do romantismo sobre o classicismo, na França, para onde se voltavam os olhos da intelectualidade brasileira, teria tido tal impacto que os

52. Cf. *O drama romântico brasileiro*, pp. 168 e 161, respectivamente.

53. *Ibidem*, p. 185.

escritores brasileiros, independentemente de sua vocação, buscaram, segundo Decio, "adquirir no teatro seu certificado de proficiência ficcional. Escrever romances era facultativo. Escrever peças, praticamente obrigatório"[54]. Assim se explica, para o crítico, a precocidade dos dramaturgos brasileiros estudados, a maioria dos quais escreveram suas obras entre os 22 e os 27 anos, com exceção de José de Alencar, que tinha 33 quando escreveu *O jesuíta*.

Já para os profissionais de teatro, a produção dramática nacional não apresentava, em termos de renda de bilheteria, as mesmas vantagens das peças estrangeiras, razão pela qual a maior parte dos textos dramáticos produzidos no período permaneceram como "teatro de papel", sem chegar a ser encenados, levando o crítico a concluir que havia, no Brasil, dois romantismos: o dos autores e o dos atores.

Da análise das 22 peças estudadas no livro, Decio de Almeida Prado conclui que a idéia predominante no drama romântico brasileiro é a da liberdade, seja ela política, como em *Olgiato*; religiosa, como é o caso de *Antônio José ou O poeta e a inquisição* (ambas de Gonçalves de Magalhães); ou ainda a liberdade como princípio inalienável, como a dos escravos, em *Sangue limpo*. A idéia da liberdade relaciona-se também com a idéia da nacionalidade, que se constrói a partir de uma "comunidade imaginada", para usar a definição de Benedict Anderson[55], a qual começa a ser explorada nestas obras. Por fim, à liberdade como tema soma-se ainda a liberdade da forma, conquistada pelo teatro romântico.

Em *O drama romântico brasileiro*, Decio não só leva a cabo um estudo em profundidade do gênero na literatura brasileira como também resgata uma parcela importante da história do teatro nacional. Por não ter sido encenada, a não ser com raras exceções, a literatura dramática produzida por alguns dos maiores autores da literatura nacional ao longo de três décadas permaneceu esquecida ou relegada às prateleiras de arquivos e bibliotecas – e desconhecida do público. A importância da publicação de um estudo como este está, entre outras razões, em ampliar a divulgação das obras estudadas. Em seu depoimento sobre Decio de Almeida Prado, Alberto Guzik, um de seus alunos na Universidade de São Paulo, observava, por exemplo, que sua geração conhecia:

> [...] uma dúzia de peças de Brecht e nenhuma de José de Alencar. Mais que isso, o passado do teatro brasileiro era tratado por nós com injustificada e arrogante displicência. Decio de Almeida Prado foi um dos mestres que mudaram esse estado de coisas. Devemos

54. *Ibidem*, p. 188

55. *Imagined Communities*. Londres/Nova York: Verso, 1983. Nesse livro, Benedict Anderson investiga de que forma os sentidos de nacionalidade e de nacionalismo se originaram historicamente, os modos pelos quais se transformaram ao longo do tempo e a razão pela qual, nos dias de hoje, eles desfrutam de profunda legitimidade emocional. Partindo do princípio de que nacionalidade e nacionalismo são artefatos culturais de um determinado tipo, Anderson define a nação como "uma comunidade política imaginada – e imaginada simultaneamente como inerentemente limitada e soberana" (tradução nossa). Ela é imaginada – ou culturalmente criada – porque seus integrantes, apesar de desconhecerem o restante dos membros que a compõem, se imaginam comunalmente ligados a eles.

a ele e a seus companheiros de batalha a seriedade com que os estudos do teatro brasileiro são encarados hoje nas universidades.[56]

Nesse sentido, a publicação de estudos mais extensos amplia a área de atuação de Decio para além da universidade, estendendo-se aos profissionais de teatro, ao público leitor não especializado e às futuras gerações.

Em ensaio publicado originalmente na *História geral da civilização brasileira* (dirigida por Boris Fausto, em 1984), sob o título de "Teatro: 1930-1980", e posteriormente revisado e ampliado para edição como livro (*O teatro brasileiro moderno*)[57], Decio de Almeida Prado, desta vez, escreveria precisamente sobre o período durante o qual foi, em boa parte, não só testemunha como também participante ativo: como diretor do Grupo Universitário de Teatro, como fundador do Teatro Brasileiro de Comédia, como crítico militante e professor de toda uma geração de atores e encenadores. Decio define este estudo como um "ensaio de interpretação", em que busca "apreender e ordenar logicamente, a partir de um ponto de vista que se sabe pessoal mas se deseja objetivo, o que de mais marcante sucedeu no teatro brasileiro entre 1930 e 1980"[58]. Este estudo interpretativo constitui-se também, para Decio, num testemunho pessoal sobre o período.

Dividido em seis partes, o ensaio mapeia a trajetória do teatro nacional, a partir da década de 1930, da qual o crítico traça um panorama bastante preciso, que abrange o repertório da época, as principais companhias e suas estruturas de funcionamento, os teatros existentes no Rio de Janeiro e em São Paulo, o estudo do espetáculo teatral e do estilo de representação em vigor. Passamos então às mudanças da década de 1940, provocadas pelo movimento de renovação do teatro levado a cabo por grupos amadores como o Teatro do Estudante do Brasil, de Paschoal Carlos Magno, o Grupo de Teatro Experimental, dirigido por Alfredo Mesquita, Os Comediantes – responsáveis pela histórica encenação de *Vestido de noiva*. Provavelmente por modéstia, Decio abstém-se de mencionar o Grupo Universitário de Teatro, que dirigiu e que seria um dos focos fundadores do Teatro Brasileiro de Comédia.

O surgimento de um novo tipo de profissionalismo, com o TBC, permitiria a atualização e a internacionalização do teatro brasileiro. E se o teatro, como atividade, tende a estabilizar-se, ao mesmo tempo, porém, a transformação física das salas (abandonando o modelo dos grandes edifícios teatrais, com orquestra, fosso, camarotes, frisas etc., em favor de espaços menores em que há, na maioria das vezes, apenas o palco e a platéia) sinalizaria, segundo o crítico, para outras mudanças e para a posição secundária desta atividade como forma de diversão popular (já que o espaço parece encolher). Em termos artísticos, entretanto, o momento é de crescimento. "Diante da nossa ino-

56. "Decio de Almeida Prado ou Elegância e estilo". *In Decio de Almeida Prado – Um homem de teatro*, p. 229.
57. *In*: FAUSTO, Boris (org.). *História geral da civilização brasileira*, tomo III, vol. 4. São Paulo: Difel, 1984.
58. Cf. *O teatro brasileiro moderno*, p. 10.

cência teatral", escreve Decio, "encenar um García Lorca ou um Sartre, um Bernard Shaw ou um O'Neill, significou em certo momento uma aventura tão revolucionária quanto, logo após a Semana de Arte Moderna, escrever um poema livre, à maneira de Blaise Cendrars, ou pintar um quadro de inspiração cubista"[59].

O influxo de artistas europeus, devido à Segunda Guerra Mundial, a criação da Faculdade de Filosofia, Ciências e Letras da USP, com seu quadro de professores franceses, a realização das Bienais de São Paulo, tudo isso contribuía também para retirar o país do provincianismo em que se encontrara até então. Decio de Almeida Prado não deixa de notar, entretanto, que esse movimento de atualização e internacionalização não resultou, neste primeiro momento, no fortalecimento da dramaturgia nacional nem no surgimento de encenadores brasileiros. Este salto de qualidade só ocorreria de modo mais generalizado a partir de meados da década de 1950, quando o teatro brasileiro atinge, a seu ver, uma certa maturidade. De maneira geral, entretanto, permaneceria, segundo avaliação do crítico, dependente de idéias e tendências estéticas estrangeiras: Copeau, Stanislávski, Brecht, Artaud ou Grotowski.

A terceira parte do ensaio enfoca precisamente essa nova etapa, em que surge toda uma geração de autores – Jorge Andrade, Ariano Suassuna, Gianfrancesco Guarnieri, Oduvaldo Vianna Filho e Augusto Boal – e também um dos grupos mais importantes do período, o Teatro de Arena. Decio destaca que há, entre estes autores, dois traços comuns: a militância teatral e a posição nacionalista. Este nacionalismo vai se revelar, no teatro, extremamente produtivo, reforçando a confiança do público no autor nacional e traduzindo-se, no plano formal, na busca de um estilo brasileiro de encenação e de interpretar.

A militância teatral resultou, porém, muito freqüentemente, numa prática mais populista do que popular, propriamente dita. Decio observa, por exemplo, que o Arena, apesar da vontade de alcançar o povo, permaneceu circunscrito ao seu teatro de menos de 200 lugares. "O máximo que conseguiu, em caráter permanente", diz o autor, "foi trocar em parte público burguês pelo estudantil, mais aberto às reivindicações sociais e mais afeito à linha política do grupo"[60]. Quanto ao sistema coringa, que seria desenvolvido por Boal, no Arena, a partir das idéias de Brecht, é um método no qual, como já foi visto, todos os atores representam todos os personagens, com exceção do protagonista, que segue o modelo stanislavskiano de interpretação, a fim de estabelecer com a platéia uma relação de empatia. E Decio de Almeida Prado o considera mais uma idéia adequada à viabilização econômica da produção do que propriamente um achado estético. O erro de Augusto Boal, no seu entender, foi que-

59. *Ibidem*, p. 50. (N.E.: Blaise Cendrars, 1887-1961, poeta franco-suíço nascido Frédéric Louis Sauser, passou pelas principais vanguardas do começo do século XX, como o futurismo. Cendrars visitou várias vezes o Brasil, estabelecendo ligação com os modernistas brasileiros, para quem era uma referência.)

60. *Ibidem*, p. 67.

rer transformar numa fórmula aplicável a qualquer espetáculo as soluções formais encontradas em *Arena conta Tiradentes*.

O que diferenciaria a prática cênica desta geração daquela do Teatro Brasileiro de Comédia seria, para Decio, o seu engajamento político e social. Não bastava mais fazer teatro de qualidade, era necessário agora que a sua prática se inserisse, de forma crítica, na realidade, questionando-a e buscando modificá-la. Essa nova postura não chegou a alterar, entretanto, os fundamentos estéticos do teatro brasileiro então. Ele observa, com bastante clareza, que as mudanças efetuadas nesse período se relacionam antes aos fatores externos do que aos internos da prática teatral, isto é, a relação entre texto, encenador e espetáculo permanecera fundamentalmente a mesma. Esta só será abalada a partir de 1967, com o choque estético que foram *O rei da vela* e o teatro agressivo praticado pelo grupo Oficina.

Na quarta parte de *O teatro brasileiro moderno*, o crítico analisa as grandes mudanças que têm lugar a partir de 1967-1968, impulsionadas pelo movimento estudantil na França e pela rebeldia que dá o tom à juventude da época. No teatro, a redescoberta do teatro da crueldade de Antonin Artaud transformava radicalmente o espetáculo teatral, que assumiria um caráter ritualístico e mágico, destruindo as barreiras entre atores e espectadores e conferindo ao corpo do ator uma nova importância. Ao discutir *O rei da vela*, percebemos a mudança na forma como Decio compreende a função do encenador, ao afirmar que o trabalho de José Celso não se limitava apenas a interpretar o texto de Oswald, "contentando-se com essa função subsidiária, como até aquele instante se fizera, mas [abria] asas à imaginação, criando um universo cênico que se animava no palco quase com vida própria [...]"[61].

O Oficina, como "emblema e guia de sua geração", foi o grupo que melhor encarnou, no entender de Decio, as contradições da época – o embate entre racionalismo e misticismo, entre teatro político e teatro agressivo. Sua dissolução, em 1972[62], e a do Teatro de Arena, por volta da mesma época, simbolizam, para o autor, o fim de um ciclo histórico. Até então, apesar das diferenças entre os principais grupos e companhias do período, o teatro brasileiro dispusera sempre de uma companhia-padrão a liderar a vanguarda teatral. Para o crítico, a partir de meados da década de 1970, tem início uma fase de desorientação e incertezas, agravada pela asfixia causada pela Censura.

A pressão externa, porém, não parece constituir, na opinião do crítico, o fator determinante dessa mudança. A seu ver, o ônus maior deve-se ao teatro agressivo: "A revolução do teatro, extremamente eficaz no destruir, não se mostrava tão segura na parte construtiva"[63]. Entre as conseqüências desse teatro, o crítico identifica o progressivo afastamento do público, a perda de qualidade dos espetáculos causada pela substitui-

61. *Ibidem*, p. 114.

62. O Oficina se reorganizaria novamente após o retorno de José Celso Martinez Corrêa do exílio em Portugal, no ano de 1980, mas o grupo, tal como havia existido até então, dissolve-se em 1972.

63. *O teatro brasileiro moderno*, p. 120.

ção do texto do autor pelo do encenador e a limitação dos assuntos decorrente do privilégio da linguagem corporal em detrimento da verbal. Além disso, a seu ver, a ritualização, o "teatro sagrado" apresentavam-se como uma contradição irresolúvel com relação à realidade do mercado, ao esquema empresarial da atividade cênica.

A década seguinte, de 1980, permaneceu, até certo ponto, segundo o crítico, "sob a sombra" do que se passou nas décadas de 1940 a 1970, sendo possível reconhecer, no chamado "teatrão", o refugo da estética do TBC. Já a dramaturgia política ressurgiria praticamente intacta após a abertura política, como atesta a produção de peças como *Murro em ponta de faca*, de Augusto Boal, *A patética*, de João Ribeiro Chaves Neto, e *Rasga coração*, de Vianinha – a qual, segundo Decio, pode ser considerada como a última encenação do Teatro de Arena, por ter sido dirigida por José Renato Pécora. Os grupos jovens, do teatro então designado como "alternativo", "independente", nos quais a coletividade predominava, tanto no modo de produção quanto no que dizia respeito à concepção, dando origem a uma série de criações coletivas, constituíam, de certa forma, segundo Decio, "o legado do Teatro Oficina". "Não tanto pela imitação de certos cacoetes de encenação, embora esses ainda persistam", dizia, "como pela determinação de opor-se ao esquema empresarial, a que mesmo a dramaturgia política nem sempre escapa"[64]. Decio de Almeida Prado entende que, no processo de criação coletiva,

> Texto e espetáculo nascem assim lado a lado, produtos do mesmo impulso gerador, enunciando não experiências ou emoções alheias, mas vivências específicas do grupo. O encenador, em tal caso, é menos mestre que agente catalítico, nada impedindo que seja auxiliado por um escritor, desde que este renuncie a seus antigos privilégios, aceitando trabalhar em equipe e para a equipe.[65]

A reformulação do conceito de encenação de Decio, que já era possível perceber na sua análise do trabalho de José Celso em *O rei da vela*, surge aqui explicitado. Em vez do encenador como "servidor" ou "mestre", o que se tem agora é um "catalisador", atuando conjuntamente com uma multiplicidade de autores. Do bom entrosamento entre um e outro elemento é que resulta a cena. Decio de Almeida Prado demonstra então não ter perdido a sensibilidade para novas propostas estéticas, ao afirmar que, dessas experiências de criação coletiva, nasceram, segundo seu ponto de vista, alguns dos melhores espetáculos do teatro moderno brasileiro:

> Devem-se ao teatro alternativo algumas das mais originais representações dos últimos anos. Foi assim, por exemplo, que o grupo Asdrúbal Trouxe o Trombone – nome provocantemente gratuito – retratou no palco, em *Trate-me leão*, as vicissitudes cômicas e dramáti-

64. *Ibidem*, p. 129.
65. *Loc. cit.*

cas de certa juventude das praias cariocas, como foi assim que o Pessoal do Victor – outro nome um tanto aleatório –, guiado na parte textual por Carlos Alberto Soffredini e na cênica por Paulo Betti, evocou, em *Na carrera do Divino*, os estertores de uma cultura em agonia, fadada a só subsistir na falsa música popular – a cultura caipira paulista. Não falta no haver desta tendência nem mesmo uma obra-prima, a transcrição para o palco, feita por Jacques Thiériot e Antunes Filho, do *Macunaíma*, de Mário de Andrade.[66]

Ao fazer o balanço do panorama teatral do país nas décadas de 1970 e 1980, entretanto, a visão do crítico revela-se, essencialmente, pessimista. A seu ver, rompeu-se, em algum momento, o fio da meada, que durante as décadas de 1940 a 1970 havia garantido uma continuação, um avanço do teatro brasileiro. Decio não sabe bem explicar por que razão este "se desorientou", mas crê que o impacto das idéias de Artaud acabou por conduzí-lo "a um beco sem saída"[67], abalando, de forma definitiva, a confiança que se depositava no teatro. O presente é entendido sobretudo como um momento de frustrações, em que a multiplicação do número de produções teatrais não sinalizaria um crescimento do teatro mas antes seu esfacelamento, sua pulverização. Ao lado das dificuldades originárias de um novo modo de produção, em que cada espetáculo constitui uma empreitada isolada, ao contrário do modelo das companhias estáveis, esbarra-se num obstáculo muito maior aos olhos do crítico: a inexistência de "uma doutrina central, um padrão de julgamento (que tornava outrora a crítica tão mais fácil), uma visão unitária a respeito da natureza e da função do teatro, que possa aglutinar e organizar o esforço coletivo"[68].

O pessimismo de Decio de Almeida Prado deriva, porém, em grande parte, de um recorte de geração. A nostalgia por uma "doutrina central", um "padrão de julgamento" e uma "visão unitária" é parte da experiência pós-moderna. A fragmentação, a impossibilidade de subsumir em um todo coerente e orgânico a experiência artística, a perda da autoridade atribuída à obra de arte, o próprio questionamento do sujeito, assim como dos grandes discursos da história, tornam impossível a existência de um padrão universal, isto é, compartilhado por todos, que guie a produção e a recepção teatral.

A perplexidade que Decio expressa em relação ao rumo tomado pelo teatro brasileiro de meados da década de 1970 em diante ecoa o seu sentimento de inadequação frente aos novos postulados do teatro no momento em que ele abandona a crítica teatral. *O teatro brasileiro moderno* termina com uma série de questões e nenhuma resposta. É que a função do historiador, diz o crítico, desobriga-o, felizmente, de responder a "tão desagradáveis perguntas", deixando-as para as gerações que o sucederão.

Os textos que compõem o livro *Peças, pessoas, personagens – O teatro brasileiro de Procópio Ferreira a Cacilda Becker* (1993) giram em torno, praticamente, do mesmo as-

66. *Ibidem*, pp. 129-130.
67. *Ibidem*, p. 138.
68. *Ibidem*, pp. 139-140.

sunto de *O teatro brasileiro moderno* – "referem-se todos, [...] direta ou indiretamente, ao movimento de renovação do teatro nacional iniciado no Rio de Janeiro com Os Comediantes e completado em São Paulo pelo Teatro Brasileiro de Comédia"[69] – mas a partir de uma abordagem bastante diferenciada. Com exceção do ensaio "O teatro e o modernismo", dos prefácios "A antropofagia revisitada" (redigido originalmente para o livro *Teatro e antropofagia*, de David George[70]) e "Guarnieri revisitado" (escrito para uma edição das obras do dramaturgo organizada por Decio de Almeida Prado[71]), e da peça em um ato *A Censura revisitada* (novo título de "Prefácio em forma de peça ou O que não se pode dizer não se deve dizer"), os demais textos são em parte biográficos, em parte depoimentos pessoais do crítico – quase todos sobre pessoas ligadas afetivamente a ele e que desempenharam, a seu lado, um importante papel para a criação e a consolidação do teatro brasileiro moderno (Procópio Ferreira sendo, de certo modo, a única exceção nos dois casos, mas, ainda assim, importante, para o crítico, na sua reflexão sobre o trabalho do ator no Brasil).

"Procópio Ferreira (um pouco da prática e um pouco da teoria)" é o texto revisado e ampliado de *Procópio Ferreira – A graça do velho teatro*, que saíra em livro anteriormente e que comentamos no capítulo 4. Embora entre Decio e Procópio não houvesse laços de amizade e Procópio simbolizasse, no momento em que Decio se inicia como crítico, tudo o que havia de pior no teatro brasileiro de então, o crítico nunca deixou de admirar o ator, um dos primeiros que assistiu em cena, ainda durante sua adolescência.

Em "O teatro e o modernismo", Decio de Almeida Prado resgata a contribuição de Antônio de Alcântara Machado como crítico teatral e "profeta de uma nova era estética"[72] e da dramaturgia de Oswald de Andrade a fim de mostrar que, embora o teatro não tenha participado diretamente da Semana de Arte Moderna, há, entre este e o modernismo, vínculos profundos – a despeito do que afirmaria, e afirma ainda hoje, a maior parte das histórias e estudos do teatro brasileiro. O exame atento da crítica de Antônio de Alcântara Machado, que se destacou pela defesa da brasilidade no teatro nacional, surpreende, segundo o crítico, pela "lucidez com que ele previu a nossa evolução dramática"[73], desdobrada em dois momentos: o da universalização, durante o qual o Brasil atualiza-se quanto à dramaturgia internacional, e o da nacionalização, da gênese de um teatro autenticamente brasileiro. Isto à revelia das gerações responsáveis pela transformação do teatro nacional, que ignoram a obra de Alcântara Machado.

69. *Peças, pessoas, personagens*, p. 9.

70. São Paulo: Global, 1985.

71. GUARNIERI, Gianfrancesco. *O melhor teatro de Gianfrancesco Guarnieri*. Seleção e prefácio de Decio de Almeida Prado. São Paulo: Global, 1986.

72. *Peças, pessoas, personagens*, p. 16.

73. *Ibidem*, p. 25.

Decio observa ainda que a encenação de *O rei da vela*, de Oswald de Andrade, 30 anos após publicado o texto, demonstra que, ao contrário do que acreditariam os estruturalistas e os formalistas, o significado da obra de arte está condicionado ao meio social, e não somente a elementos internos. Por essa razão, o que parecia condenável na estrutura dramática de *O rei da vela* na época em que foi escrita, adquiriria, na "antipeça" do Oficina, um caráter positivo. E Decio chama a atenção para o fato de que, ao encenar a obra, José Celso Martinez Corrêa utilizou, além da ópera, o circo e a revista – dois gêneros ditos menores – para expressar a brasilidade do espetáculo, exatamente como Alcântara Machado havia proposto em 1932.

"Fredi Kleemann, ator e fotógrafo" foi concebido como texto de apresentação para um livro de fotos de Kleemann. Fotógrafo oficial do Teatro Brasileiro de Comédia – talvez o único fotógrafo de teatro a receber um salário mensal de uma companhia no Brasil –, Kleemann capturou, com sua câmera, uma parte importante da história do teatro brasileiro (e não apenas do TBC). O que o texto tem de particularmente interessante é que, ao comentar as fotos, o que se revela, com toda força, é o cúmplice do teatro que Decio foi. O uso do pronome, ora na primeira pessoa do singular, ora na primeira do plural, reflete a inserção verdadeira, pessoal, do crítico no momento e no grupo de pessoas em questão. A perspectiva de Decio de Almeida Prado não é, portanto, a do crítico, de alguém à distância, mas a do participante ativo de um projeto conjunto de renovação do teatro brasileiro, como podemos notar na passagem a seguir:

> Não participamos, é certo, de batalhas tão decisivas quanto a do *Hernani*. Mas nem por isso deixamos de formar um esquadrão cerrado e aguerrido – atores, encenadores, críticos, empresários, professores de arte dramática, cenógrafos – que em poucos anos subverteu todo o quadro do teatro brasileiro, imprimindo-lhe novas práticas e novos princípios.[74]

A contemplação das fotografias de Kleemann não é, para Decio, uma experiência estética, mas afetiva. As imagens estão povoadas por amigos e companheiros, por tantos participantes cuja paixão comum foi sempre o teatro.

Os textos, presentes no mesmo livro, sobre Anatol Rosenfeld, Cacilda Becker e Alfredo Mesquita – três "sustentáculos do teatro moderno em São Paulo e no Brasil" – são homenagens póstumas a amigos queridos. Decio destaca em Rosenfeld – judeu alemão, refugiado no Brasil em razão da Segunda Guerra Mundial, colaborador do "Suplemento Literário" de *O Estado de S. Paulo*, do qual foi o titular da seção "Letras Germânicas", e autor de diversos livros sobre teatro – seu conhecimento interdisciplinar, sua penetração analítica e sua total integração à cultura brasileira em geral e à paulista em particular.

O texto sobre Cacilda é também um texto sobre o percurso que a liga ao crítico ao longo de 22 anos. Como já foi dito no capítulo 4, a carreira da atriz coincide, por um desses acasos fundamentais, com a trajetória de crítico teatral de Decio de Almeida Prado.

---

74. *Peças, pessoas, personagens*, p. 95.

Trabalharam juntos no Grupo Universitário de Teatro, participaram juntos da fundação do TBC, da EAD – onde ambos foram professores desde a sua criação – e das batalhas da Comissão Estadual de Teatro. Uma das últimas críticas de Decio seria, como sabemos, sobre o último espetáculo de Cacilda, *Esperando Godot*. O título "Cacilda: paixão e morte" define, ainda, com precisão, o perfil traçado por ele da atriz e da mulher que se dedicou com intensidade a tudo o que fez.

Ao escrever sobre o dramaturgo e crítico teatral Alfredo Mesquita, Decio nos dá um capítulo da história teatral do país, na forma de um retrato afetuoso daquele que foi um dos principais responsáveis pelo surgimento, consolidação e profissionalização do teatro brasileiro moderno. Ao longo do texto, tomamos conhecimento do panorama teatral de São Paulo nos anos 1930, acompanhamos os primeiros passos dos grupos amadores paulistas até sua fusão no TBC, a criação da Escola de Arte Dramática, por onde passam todos os grandes nomes do teatro profissional brasileiro dos anos seguintes, a implantação de uma mentalidade profissional no meio artístico e o surgimento de toda uma geração de atores, diretores e encenadores, bem como de professores e críticos de teatro. Tudo isso, visto de um só ângulo (para usar o subtítulo do texto): o do homem Alfredo Mesquita, amador – no sentido literal daquele que ama – de teatro, realizador exigente, mecenas desinteressado, prestador de serviços à comunidade. Decio de Almeida Prado observa que a EAD deveria a Mesquita sua fisionomia própria e relembra a atmosfera especial que reinava na escola, na qual as relações entre corpo docente, discente e administração eram marcadas por um forte teor afetivo, dentro do espírito de uma pequena comunidade. A Escola de Arte Dramática, na opinião de Decio, equivalia a "um curso de cultura geral e de formação de personalidade". Além disso, o crítico ressalta que Mesquita soube combinar na escola as qualidades do amadorismo e do profissionalismo. "Alfredo Mesquita – Visto de um só ângulo" retrata o extraordinário homem de teatro presente entre suas muitas facetas e, como não se pode dissociar o homem de suas realizações, fornece uma imagem vívida e humana de três décadas do teatro brasileiro.

No prefácio ao livro do americano David George, *A antropofagia revisitada*, Decio faz um breve balanço crítico do modernismo de 1920 e do seu ressurgimento nas décadas de 1960 e 1970, por meio das encenações de *O rei da vela*, de Oswald de Andrade, pelo grupo Oficina, e de *Macunaíma*, de Mário de Andrade, por Antunes Filho. Sobre o trabalho de George, Decio observa que sua condição de brasilianista – e, portanto, de alguém que enxerga nossa realidade a partir de uma certa distância – permite ao autor traçar um esquema teórico formado por grandes linhas e poucos detalhes. Mais interessante lhe parece o método de trabalho do autor, que utiliza largamente informações recolhidas diretamente das fontes, por vezes contraditórias, mas sempre ricas, por se tratarem de uma visão próxima do acontecimento. Método muito diferente do utilizado pelos historiadores brasileiros – entre os quais Decio se inclui –, que depositam talvez demasiada confiança em publicações, no documento escrito.

"Guarnieri revisitado", escrito em 1986 para *O melhor teatro de Gianfrancesco Guarnieri*, é um pequeno estudo da dramaturgia do autor de *Eles não usam black-tie*, texto que, para Decio de Almeida Prado, é o marco histórico de todo um ciclo do teatro brasileiro. O longo sucesso de bilheteria alcançado pela peça exerceu um papel fundamental na recepção de obras de autores nacionais. Apesar de posterior a textos de autores como Jorge Andrade e Ariano Suassuna, *Eles não usam black-tie* pode ser considerada como obra inaugural devido à "guinada estética e política que significou"[75], ao introduzir em cena a luta de classes. Decio discute a situação do teatro pós-1964, o impacto da Censura na criação de Guarnieri e as saídas possíveis aos autores do período, identificando em *Um grito parado no ar* (1973), um retrato acurado do beco sem saída em que o teatro se encontrava então. No momento em que o crítico escreveu o prefácio, Gianfrancesco Guarnieri não havia escrito ainda nenhum texto após o fim da ditadura – o que Decio explica pela ausência de um projeto político bem definido; o fato seria característico, neste momento, não só de Guarnieri, mas também de todo o Brasil, que começava a dar seus primeiros passos no sentido de uma redemocratização após longos anos de regime militar.

Em *Peças, pessoas, personagens,* Decio de Almeida Prado exercita uma modalidade diferente de historiografia. Os textos híbridos, em que a objetividade e a subjetividade imbricam-se em movimento constante, em que os fatos surgem juntos com a afetividade e a distância do historiador se mistura à proximidade do participante ativo, do cúmplice, constituem o traço predominante do livro. Aliado à qualidade de pensamento abstrato do crítico, o leitor e o estudioso de teatro encontram, no livro, uma espécie de história viva, testemunhal, do teatro brasileiro.

*Seres, coisas, lugares – Do teatro ao futebol* (São Paulo: Companhia das Letras, 1997) é também híbrido, não só pela presença de textos memorialísticos – em parte biográficos, em parte autobiográficos – mas também por conjugar, no mesmo volume, junto aos textos de teatro, outras modalidades de escrita e de temáticas, além da teatral, expandindo-se os comentários do crítico para outros campos, como a literatura, a música popular e o citado futebol. Este volume – espécie de síntese da dicção memorialístico-historiográfica dominante nos seus últimos livros – renderia a Decio de Almeida Prado os prêmios Mário de Andrade, da Biblioteca Nacional, na categoria "Ensaio Literário" (1997), e José Ermírio de Moraes (da Academia Brasileira de Letras), em 1998.

Entre os textos de teatro nele incluídos, dois estudos de importância se destacam ainda: "A comédia brasileira (1860-1908)" e "Espetáculos ligeiros da *belle époque*". Ao fazer um balanço da obra de Decio, Sabato Magaldi declarara que, no vasto painel de estudos do teatro brasileiro realizados pelo crítico e historiador seu amigo, "só não estão contemplados o conjunto das comédias de costumes do século XIX e os inícios do século XX, de resto merecedores de análise sintética em 'A evolução da literatura dramática'"[76]. Talvez tenha sido a observação de Sabato que levou Decio a remediar esta lacuna com o estudo sobre a comédia brasileira em *Seres, coisas, lugares.* Já o texto sobre o teatro da *belle époque* data de 1961 e foi publicado originalmente em *O Estado de*

75. *Ibidem*, p. 109.
76. "Um crítico à frente do teatro brasileiro". *In Decio de Almeida Prado – Um homem de teatro*, p. 88.

*S. Paulo*, mas sua inclusão no livro, em seguida ao ensaio inédito, enriquece a leitura de ambos os escritos, criando um panorama ainda mais completo do teatro da época.

A segunda metade do século XIX no Brasil, no campo do teatro, é dominada pelas peças musicadas. Em "A comédia brasileira (1860-1908)", o crítico analisa os gêneros em voga no período – a opereta bufa, a mágica, a revista e a burleta – recompondo, para o leitor, o panorama da atividade teatral do Rio de Janeiro em seus múltiplos aspectos: as características particulares de cada gênero, a adaptação (e, consequentemente, transformação) da opereta bufa – originária da França – ao cenário cultural do país, o repertório estrangeiro e o nacional, os estilos de representação, a composição dos elencos profissionais, as visitas das companhias internacionais, bem como a repercussão destas entre o público e os profissionais da área, enfatizando a consideração do teatro como experiência social. Entre os autores brasileiros, destacam-se, desse ponto de vista, Joaquim Manoel de Macedo (1820-1882), Joaquim José da França Júnior (1838-1890) e Artur Azevedo (1855-1908) – figura central do teatro brasileiro nos 25 anos que antecedem sua morte.

O ensaio "Espetáculos ligeiros da *belle époque*" concentra-se em "certos gêneros menores, a meio caminho entre o teatro e a música", característicos do período que vai de 1870 a 1914. São estes o café-concerto, o café-cantante (*café-chantant*) – que se distinguiam dos teatros propriamente ditos por serem ambientes em que se podia beber e fumar e onde se assistia a números cômicos, imitações, paródias, sempre com acompanhamento musical – e o *music-hall*, que tinha lugar no teatro, mas onde também se fumava e bebia. Este último gênero distinguia-se ainda por apresentar inclusive números de circo. Ao passo que os demais gêneros do teatro musicado contavam com autores e atores brasileiros, estes espetáculos da *belle époque* não reservavam aos profissionais nacionais, segundo Decio, senão a função de espectadores, pois "pouca coisa de artístico tínhamos a oferecer no gênero, além de imitações, transcrições nacionais de textos e músicas estrangeiras"[77].

"Quem é Hedda Gabler?", um pequeno ensaio sobre o drama de Henrik Ibsen[78], incluído no mesmo livro, explora a construção enigmática da protagonista, que aponta não só para a complexidade psicológica da personagem – sinal de que Ibsen abandona a lógica da "peça bem-feita" em favor da exploração do inconsciente – como também para a discussão do feminismo, que já está presente no fim do século XIX. Hedda Gabler, não aceitando a papel reservado às mulheres pela sociedade patriarcal, mas sem coragem de romper com a mesma, acaba por suicidar-se, revelando-se, dessa forma, como uma "imagem pelo avesso do feminismo"[79]. Neste ensaio, o interesse de Decio de Almeida Prado pela psicologia da personagem feminina parece aproximá-lo do seu estudo sobre a Leonor de Mendonça de Gonçalves Dias.

77. *Seres, coisas, lugares*, p. 69.

78. Henrik Johan Ibsen (1828-1906), dramaturgo e poeta norueguês (N.E.).

79. *Seres, coisas, lugares*, p. 76.

O último texto teatral do livro é "Carta a uma jovem atriz", que comentamos anteriormente, endereçada, na mente do crítico, a Cacilda Becker. É um documento revelador do momento de transformação que caracteriza o teatro brasileiro entre 1948 e 1949 quando se começa a implantar uma nova mentalidade profissional; em que tem início a colaboração com encenadores europeus; e em que o teatro mobiliza mais intensamente as atenções tanto da imprensa quanto do público. Documento, também, da preocupação de Decio em orientar a vocação de Cacilda. A carta deixa clara a cumplicidade de Decio de Almeida Prado, então já um crítico importante, com trabalho regular em *O Estado de S. Paulo*, uma cumplicidade não só com a atriz, mas com a luta, então em curso, pela modernização do teatro brasileiro.

A seção relativa à literatura revela um Decio cronista cuja existência permaneceu ignorada por muitos anos. Ao escrever, por ocasião da morte do escritor, sobre a crônica do "velho Braga"[80], a memória ("o mais traiçoeiro dos informantes, sei por experiência alheia e própria"[81], ele confessa) traz à tona inúmeros Bragas – o Braga menino, o admirador das mulheres, o Braga andejo, o Braga inquieto e melancólico, o Braga carioca, etc. Decio de Almeida Prado passeia de um a outro, conduzindo-nos – como toda a crônica deve fazer, segundo sua própria definição – sem que percebamos que estamos sendo levados, empregando, aparentemente, o método por ele descrito como o da crônica por excelência, por meio do qual "assunto puxa assunto e palavra puxa palavra"[82], a "Tentativa de crônica sobre Rubem Braga" construindo-se simultaneamente como crônica e metacrônica, discurso e método.

"Cendrars e o nosso modernismo" é uma resenha do livro de Alexandre Eulalio *A aventura brasileira de Blaise Cendrars*[83], publicada originalmente pelo periódico *Leia livros*, em 1976. Como já havia feito em outros textos – caso de "A antropofagia revisitada", "O teatro e o modernismo" e do livro *O teatro brasileiro moderno* – o crítico reitera sua surpresa com o reaparecimento das idéias da década de 1920 nos anos 1960 e 1970 e discorre sobre o papel-chave de Cendrars em revelar "o exotismo brasileiro aos brasileiros", sem poupar elogios ao trabalho de Eulalio.

Os textos sobre música pertencem a duas categorias distintas. O primeiro deles, "Gardel: dois ou três tangos", situa-se no terreno da prosa ficcional, em forma de uma digressão provocada pela experiência musical de um tango; o narrador divide conosco os sentimentos despertados pela voz grave do intérprete[84], penetrando no mundo evocado pela canção, em que o homem e a mulher, "dançam, com poses melodramáticas, o tango do amor e do desamor mercenário"[85], fundindo, numa só, a nostalgia do

80. Refere-se a Rubem Braga (1913-1990), jornalista e um dos maiores cronistas brasileiros (N.E.).

81. *Seres, coisas, lugares*, p. 85.

82. *Ibidem*, p. 84.

83. São Paulo/Brasília: Quíron/MEC, 1978.

84. Francês de nascimento, Charles Romuald Gardés (1890-1935) radicou-se primeiro no Uruguai, ainda na infância e, já na Argentina, como Carlos Gardel, se tornaria o nome máximo desse gênero musical.

85. *Seres, coisas, lugares*, p. 101.

cantor e a do narrador. Na obra de Decio, é o único texto no gênero e traz à mente a afirmação do crítico sobre a literatura como seu primeiro gosto, a qual imaginou ser a sua verdadeira vocação.

Em "Três movimentos (musicais) em torno de 1930" a escrita é em parte memorialística, em parte crônica e em parte ensaística, com uma grande carga literária e imaginativa.

O primeiro movimento, "*Commosso assai*", isto é, extremamente comovido, gira em torno da música de Carnaval que marca a infância e a adolescência do crítico. O tom é pessoal, a começar pela fotografia de 1922, em que aparecem "uma menina e dois meninos [Decio, seu irmão Flávio e sua irmã Beatriz], com os lábios e as faces tingidas de carmim, vestidos de holandeses da cabeça aos pés"[86]. Decio relembra o corso na avenida Paulista – e mais tarde nas avenidas Angélica e Brigadeiro Luís Antônio – em que o grupo de amigos, "vestidos com pijamas russos", ia dependurado nos carros abertos, e relembra ainda os clubes elegantes da cidade e os cordões – a "última novidade"[87]. Por meio da música de Carnaval, Decio de Almeida Prado iria traçando todo o quadro da época, inclusive em relação à moral e aos costumes. Paralelamente à evolução da marchinha de Carnaval, vemos, por exemplo, as diferenças no tratamento da sexualidade. Conquistas femininas, como o encurtamento do cabelo e da saia, o uso de calças compridas ou a moda das pernas nuas, sendo comentadas – ou antes, recriminadas – em canções como esta: "Pois ela agora deu para andar sem meia /Que garota errada, que pequena feia"[88].

Pois o que configurava o Carnaval de 1930 "como fenômeno social único"[89], para o crítico, seria, de um lado, o caráter lúdico, de brincadeira do mesmo, em que ainda não predominava o erotismo; de outro lado, o seu caráter de ruptura autorizada, de "hiato" entre o restante do ano. O Carnaval é visto por ele, neste momento, antes de mais nada, como uma festa coletiva, não como um "espetáculo em que alguns atuam e os outros assistem"[90].

"*Allegro vivace*", o segundo movimento, acompanha as transformações da música popular brasileira entre as décadas de 1930 e 1940. Decio apóia-se mais uma vez em sua experiência pessoal, movendo-se "sem muita descontinuidade do terreno agradável e escorregadio das reminiscências pessoais, onde se corre o risco de reinventar o passado, para a relativa objetividade das verdades históricas"[91]. Ele analisa a transformação, causada pela introdução do microfone, na interpretação da música popular, a expansão do rádio, e o desenvolvimento da indústria fonográfica. Esses fatores, conju-

86. *Ibidem*, p. 103.
87. *Ibidem*, p. 105.
88. *Apud* ALMEIDA PRADO, Decio de. *Seres, coisas, lugares*, p. 107.
89. *Loc. cit.*
90. *Ibidem*, p. 108.
91. *Ibidem*, p. 109.

gados, permitem o aparecimento de um novo tipo de cantor, que, como sabemos, desembocaria na bossa nova.

O autor examina também as mudanças de gênero musical no gosto do público, com a afirmação da marchinha e do samba como gêneros hegemônicos, a forma como as imagens do campo e da cidade surgem na música sertaneja e no samba – de morro ou do subúrbio (Noel Rosa e Lamartine Babo), a figura da baiana presente na música de Ary Barroso, Dorival Caymmi e glorificada por Carmen Miranda, e o amor, o "grande assunto do samba".

"*Andantino malinconico*", o terceiro e último movimento do ensaio, registra o espírito novo, diferente, carregado de informalidade e experimentalismo, da bossa nova. A redução da voz potente ao minimalismo da bossa corresponde, na geografia musical, à redução da Cidade Maravilhosa a um único bairro – Ipanema – e à substituição da moreninha da praia pela garota. Decio nota uma crescente "sofisticação [...] da letra, da música, e também do nível social dos envolvidos no processo criador"[92], porém com perda da vitalidade. Além disso, ocorreria, para ele, uma elitização da produção musical, enquanto sua receptividade permanece, todavia, sendo popular. A melancolia contida na rubrica do ensaio – *malinconico*, em italiano, significa "melancólico" – nasce da constatação de que o samba, tal como Decio de Almeida Prado o viu surgir em 1930 e que permanecia vivo em seu coração, começava a desaparecer, simbolizando este momento também o fim de uma época que sobrevivia, então, apenas na memória.

A parte memorialística de *Seres, coisas, lugares* – ou, talvez devêssemos dizer, a parte formalmente denominada como tal, já que outros ensaios do livro também avançam pelo terreno das reminiscências pessoais – abrange, pode-se dizer, toda a formação de Decio, por tratar da Faculdade de Filosofia, Ciências e Letras da Universidade de São Paulo; do pai, Antonio de Almeida Prado; dos amigos Paulo Emilio Salles Gomes e Antonio Candido, companheiros de toda vida; de Lévi-Strauss, de quem Decio foi aluno na USP; e de sua trajetória profissional e de vida, iniciada junto ao grupo da revista *Clima*, do qual nunca se desligaria.

Escrito e proferido como discurso por ocasião da celebração do cinqüentenário de formatura da turma da 1938 da Faculdade de Filosofia, Ciências e Letras, *Cinqüenta anos depois* nos dá a dimensão da importância do nascimento da Universidade de São Paulo e, particularmente, da referida faculdade, tanto para a vida intelectual do país quanto para a vida pessoal do crítico. O autor relembra as dúvidas que cercaram a criação da faculdade, introduzindo, num país ainda essencialmente agrícola, cursos superiores de filosofia, sociologia, economia, geografia, história, química, física, etc., dúvidas que não partiam apenas do meio externo mas que se apresentavam para os próprios alunos, que não sabiam bem o que o futuro lhes reservava. Explica-se assim, por exemplo, que muitos alunos da faculdade, Decio inclusive, cursassem, paralelamente, direito, como uma espécie de plano de emergência ou de ás escondido na manga. Se tudo

92. *Ibidem*, p. 127.

falhasse, o título de bacharel em direito haveria de remediar a situação. Afinal o Brasil era ainda, como o crítico nota, "a terra dos fazendeiros e dos bacharéis"[93].

Decio de Almeida Prado não pôde deixar de comentar a contribuição fundamental dos professores franceses, por meio dos quais os alunos absorviam a cultura européia ao mesmo tempo em que redescobriam o Brasil. A Faculdade de Filosofia, Ciências e Letras significou, para Decio, mais do que a oportunidade de exercitar o saber desinteressado. Ao fazer um balanço do papel que desempenhou em sua vida, o crítico diria que esta lhe "deu tudo, ou quase tudo: mulher, amigos, ganha-pão, interesses intelectuais, métodos de pensar". "Tenho a sensação", explicava, "de que a faculdade é que me formou, não eu que me formei nela"[94].

O texto sobre Antonio de Almeida Prado – médico, professor, diretor da Faculdade de Filosofia, Ciências e Letras durante os primeiros anos de sua existência, amante da ópera e da literatura e um apaixonado pelo teatro – tem especial interesse por ressaltar não tanto a figura paterna – sobre a qual Decio prefere não escrever, por pertencer exatamente à esfera mais íntima e mais preciosa das relações familiares –, mas por revelar um pouco do caráter do homem que exerceu influência determinante sobre o crítico e com quem ele primeiro aprendeu a apreciar as mesmas artes amadas pelo pai.

Ao contrário da discrição que cerca o texto sobre seu pai, os dois textos sobre Paulo Emilio Salles Gomes – amigo de Decio desde que este tinha 13 anos, quando os dois freqüentavam o ginásio no Liceu Nacional do Rio Branco –, "Paulo Emilio na prisão" e "Paulo Emilio Salles Gomes quando jovem", são muito mais expansivos e ricos em detalhes sobre a convivência dos dois durante a adolescência. Decio relata não apenas a circunstância da prisão de Paulo Emilio Salles Gomes – devida à sua atividade política, em 1935, quando contava com 18 anos, às vésperas do vestibular para a Faculdade de Filosofia – e sua fuga "rocambolesca" do presídio do Paraíso mas também relembra outros fatos importantes. Por exemplo, estão lá a feitura da revista *Movimento* – que durou um só número e contou com a participação de escritores de peso. Relembra o delicioso episódio do "duelo a tapa" de Paulo Emilio com o bibliotecário do Conservatório Dramático e Musical de São Paulo, a criação do clube de artistas e escritores Quarteirão (de duração tão efêmera quanto a revista), o convívio dos dois com os modernistas de 1922, a paixão do amigo pela política e seu exílio na França, após escapar da penitenciária. O quadro político daqueles anos, bem como o retrato da vida intelectual e artística de São Paulo ("uma Paulicéia amansada pela crise, que deixara de ser desvairada, se alguma vez o fora exceto na cabeça de dois ou três modernistas"[95]) vão surgindo com toda nitidez ao longo desses dois depoimentos. "O número de artistas modernos, mesmo somado ao de simpatizantes", diz Decio, "era ainda reduzidíssimo em São Paulo. Talvez 20 ou 30 pessoas, se tanto, entre escritores, músicos (a categoria mais es-

93. *Ibidem*, pp. 132-133.
94. *Ibidem*, p. 132.
95. *Ibidem*, p. 156.

cassa), artistas plásticos e arquitetos"[96]. E, com esse quadro social de fundo, o que percebemos, nesses depoimentos, é a imensa afeição e a amizade que uniu Decio e Paulo Emilio desde os tempos do ginásio até a morte do segundo em 1977.

"Antonio Candido e a 'pena da galhofa'", escrito por ocasião de uma homenagem prestada a este pela Faculdade de Marília, deixa de lado os aspectos mais conhecidos do intelectual – professor, crítico, historiador e teórico da literatura – em favor de um lado que apenas aqueles que têm a oportunidade de conviver mais de perto com ele sabem existir: o seu lado lúdico, um Candido mestre em fazer imitações e paródias. Decio de Almeida Prado explora, aí, a relação do amigo com as artes, recordando sua participação no Grupo Universitário de Teatro, com a tradução de *Le bal des voleurs* (*O baile dos ladrões*), de Jean Anouilh; as duas ou três vezes em que Antonio Candido escreveu por ele críticas de espetáculos para *O Estado de S. Paulo* (substituição facilitada pelo fato de a coluna de teatro, na época, não ser assinada)[97]; o seu manifesto "O grouchismo", publicado em *Clima*[98]; e o espírito de molecagem que o caracteriza, exemplificado por uma carta gaiata que este lhe enviou, assinada por Rodolpho Valentino e construída totalmente a partir de referências operísticas.

A publicação de *Saudades de São Paulo*, de Claude Lévi-Strauss[99] – livro que reúne as fotos tiradas pelo sociólogo e antropólogo francês durante o período que viveu no Brasil, primeiro como professor da Faculdade de Filosofia, Ciências e Letras da Universidade de São Paulo e, posteriormente, pesquisando as tribos indígenas no interior do país – deu ensejo ao ensaio "Saudades de Lévi-Strauss". Decio faz um breve apanhado de sua experiência como aluno, descrevendo o método de raciocínio empregado pelo professor em aula, e seu interesse por São Paulo – que se traduziu, na universidade, no direcionamento dos alunos para pesquisas sobre a cidade, despertando, portanto, o interesse dos estudantes para o Brasil, assim como também fizeram Jean Maugüé, Roger Bastide, e Paul Arbousse Bastide[100]. Lembra ainda o chá de despedida oferecido ao professor pelos alunos, em que Decio proferiu um pequeno discurso, além da última conferência feita por Lévi-Strauss no Brasil, em que ressaltava o uso do método comparativo como instrumento de compreensão de outras culturas, e não de afirmação da superioridade de umas em relação às outras. Método que marcou, como sabemos, a prática de Decio de Almeida Prado, tanto como crítico teatral quanto como historiador e ensaísta e que, como Antonio Candido observa com propriedade, traduziu-se ainda no "estilo" de Decio, entendido estilo "no sentido amplo que engloba es-

---

96. *Ibidem*, p. 160.

97. Um levantamento dos textos de Candido feito por Vinícius Dantas identifica as críticas que escreveu para Decio em *O Estado de S. Paulo*. São elas: "Il giro del mondo", 10.08.47; "Teatro de amadores", 30.10.48 e "Teatro S. Carlos", 24.08.51. Essas informações foram gentilmente dadas por Antonio Candido em carta à autora.

98. Revista *Clima*. São Paulo, n. 3, agosto de 1941, pp. 131-134.

99. São Paulo: Instituto Moreira Salles/Companhia das Letras, 1996.

100. Como os outros professores citados, Paul Arbousse Bastide era francês e, na USP, lecionava sociologia. Na Faculdade de Filosofia, Ciências e Letras, os alunos o apelidaram "Bastidão", enquanto Roger Bastide era o "Bastidinho" (N.E.).

crita e comportamento", do qual é característica uma "atitude permanente de compreensão e justiça"[101].

"Oração aos velhos", agradecimento de Decio à homenagem organizada pela União dos Escritores do Brasil, a Associação Paulista de Autores Teatrais e o Sindicato dos Artistas e Técnicos em Espetáculos de Diversões do Estado de São Paulo, em 1994 – a qual reuniu alunos, amigos, professores e críticos –, é um balanço ao mesmo tempo emocionado e conciso de sua vida profissional. Se não chegou a ser poeta, como sonhara o menino que admirava Gonçalves Dias, Castro Alves e Olavo Bilac[102], também não deixou de lado a literatura, a qual revelou-se sua "única e verdadeira profissão". Dentro dela, acabou por dedicar-se, por mais de 50 anos, ao teatro, à crítica, seguindo, portanto, o caminho escolhido por seus amigos de *Clima*. "Oração aos velhos" termina com uma nota de perplexidade com relação às teorias desconstrucionistas e pós-modernistas, que, para o crítico, significariam possivelmente o passamento do século em que se formou.

A inclusão de textos sobre futebol ao lado de ensaios sobre teatro brasileiro, música, literatura e recordações no livro *Seres, coisas, lugares* talvez possa parecer estranha àqueles que desconhecem a paixão de Decio pelo esporte. O futebol ocupou, ao lado da ópera, do teatro e da literatura, um espaço central na vida do crítico, que não só o praticou enquanto pôde – com o irmão Flávio (a quem Decio dedica uma dessas crônicas), com os amigos e, mais tarde, com os netos – como foi um espectador apaixonado. A inteligência, a agudeza do pensamento e o estilo, ao mesmo tempo claro e refinado, característicos de toda sua produção literária, também estão presentes nestas crônicas, das mais interessantes, até mesmo para quem não aprecia futebol. Vale destacar algumas das idéias e imagens que estes textos trabalham: o futebol como coisa mental, e não apenas física, como inteligência do espírito e do corpo integradas, da qual são exemplos a "jogada prodigiosa" de Leônidas, "nascida da fertilidade do seu cérebro e da elasticidade de suas pernas"[103] e os dribles de Pelé; a descrição quase cinematográfica dos movimentos do goleiro Gilmar; o fenômeno estético, perceptível em "algo tão belo e raro como a bicicleta de Leônidas"[104]; o futebol como performance da nação – cujo melhor exemplo está em "Fotos de Pelé":

> O futebol começa como um esporte, uma exibição das potencialidades atléticas do homem: corrida, salto, golpe de vista, resistência, reflexos. E termina como um poderoso símbolo da vida social. Nunca o Brasil foi mais triste do que em 1950, ao perder o título mundial para o Uruguai. Ou mais alegre do que em 1958, ao ganhá-lo da Suécia. Eram 60 anos de aspirações coletivas, de sonhos de grandeza nacional, que se tornavam realidade.[105]

---

101. CANDIDO, Antonio. "A partir de *Clima*". *In Homenagem a Decio de Almeida Prado*, p. 15.
102. Olavo Braz Martins dos Guimarães Bilac (1865-1918), jornalista e poeta parnasiano (N.E.).
103. *Seres, coisas, lugares*, p. 190.
104. *Ibidem*, p. 205.
105. *Ibidem*, p. 200.

A mesma idéia aparece em "Latejando com o futebol", cujo título se inspira nos primeiros versos de um soneto de Bilac: "Pátria, latejo em ti..."[106]. Entre as recordações dos momentos mais emocionantes do futebol, Decio de Almeida Prado retorna à infância – "[...] revivo o instante em que se fixou em mim a paixão futebolística, associada à grandeza da pátria"[107] –, relembrando o surgimento do chamado "gol olímpico", em 1924, ao qual associa, esteticamente, à já mencionada "bicicleta" de Leônidas da Silva.

A linguagem destas crônicas é, freqüentemente, impregnada de metáforas teatrais e literárias, como nos exemplos a seguir (os grifos são nossos):

> Não havia partida que não tivesse *contornos épicos.*[108]
>
> Aqui *fecha-se* provisoriamente *o pano.* Quando ele reabre, decorreram, *como nos bons melodramas do romantismo*, cerca de 30 anos.[109]
>
> Eu voltava na tarde de 16 de julho de 1950 [...] de Salvador [...]. [No] avião [...] surgiu um funesto comissário de bordo, avisando com a voz e o tom dos mensageiros da desgraça *nas tragédias gregas*: perdíamos por 2 a 1 e só faltavam 15 minutos para o término da partida.[110]

O ensaio "Tempo (e espaço) no futebol" é uma espécie de fenomenologia desse esporte, uma análise espetacular da relação entre tempo e espaço na dinâmica do jogo e do futebol enquanto evento e espetáculo, do ponto de vista tanto da linguagem e da forma empregadas na sua narração radiofônica, e depois televisiva, quanto da emoção do torcedor. Afinal, "há poucos prazeres comparáveis ao de pular e gritar com a multidão, comemorando um gol que passa a ser de todos, por direito de contigüidade emocional"[111].

O volume *Seres, coisas, lugares* pertence, pois, enquanto livro, à mesma categoria de *Peças, pessoas, personagens*, ambos híbridos, compostos de textos analíticos, crônicas e memórias, nos quais encontramos, além do crítico, do pesquisador e do historiador, outras facetas de Decio de Almeida Prado. Enquanto os ensaios de teatro publicados depois do seu afastamento da crítica jornalística completam um projeto de estudo da formação do teatro brasileiro iniciado quase 50 anos antes, com "Evolução da literatura dramática" (trabalho presente em *A literatura no Brasil*, obra organizada por Afrânio Coutinho[112], e continuado nos livros que discutimos), os textos memorialísticos – além do prazer que sua leitura proporciona – constituem-se em documentos importantes para a compreensão de um outro processo de formação, o da crítica moderna no Brasil, em particular da geração de *Clima*, e da transformação da vida intelectual e cultural do país que tem iní-

106. "Pátria", incluído no livro *Tarde* – Rio de Janeiro: Francisco Alves, 1919 (N.E.).
107. *Seres, coisas, lugares*, p. 205.
108. *Ibidem*, p. 204.
109. *Ibidem*, p. 207.
110. *Ibidem*, pp. 204-205.
111. *Ibidem*, p. 213.
112. ALMEIDA PRADO, Decio de. "Evolução da literatura dramática". *In*: COUTINHO, Afrânio (org). *A literatura no Brasil*, vol. 6. Rio de Janeiro/Niterói: José Olympio/Universidade Federal Fluminense – UFF, 3. ed., 1986, pp. 10-44.

cio com a criação da Universidade de São Paulo. A parte literária e os textos sobre futebol desmentem o julgamento apressado de Sérgio Milliet de que os membros de *Clima* não demonstravam, na criação, a mesma vocação que tinham para a crítica .

Publicado em 1999, um ano antes de sua morte, o último livro de Decio, *História concisa do teatro brasileiro: 1570-1908* – edição revista e ampliada de um trabalho encomendado pela Mercedes-Benz do Brasil, que não chegou, porém, a ser publicado[113] –, abre-se, significativamente, com a seguinte epígrafe de Joaquim Nabuco:

> [...] pela primeira vez me proporcionavam ensejo de prestar um serviço, ainda que insignificante, à classe teatral, da qual me confesso um dos grandes devedores, porque lhe devo um dos intervalos mais agradáveis da vida: o que tenho passado nos teatros. Não posso fazer o cálculo, teria mesmo acanhamento de o fazer; somadas, porém, todas as horas que tenho vivido na platéia ou nos camarotes, sem contar os minutos dos bastidores, minha carreira de espectador há de preencher talvez o espaço de um ano, o mesmo tempo que tenho passado no mar, e, tanto um como outro, tenho-os como um dos mais bem empregados da vida.[114]

Aos 82 anos, Decio agradecia tudo o que o teatro lhe dera ao longo da vida, prestando a este ainda um derradeiro serviço, que vinha se somar à já extensa lista dos que prestara ao teatro brasileiro. O livro toma por base os estudos anteriores realizados em *Teatro de Anchieta a Alencar*, *O drama romântico brasileiro* e *Seres, coisas, lugares* para traçar, como o nome já diz, uma súmula histórica, indo do período colonial ao teatro de Artur Azevedo e da virada de século no país. A diferença em relação aos estudos previamente publicados está na perspectiva mais ampla, menos detalhada, que emerge deste estudo, dando maior ênfase ao social e ao "diálogo que os nossos dramaturgos e comediógrafos travaram com os acontecimentos históricos do Brasil, sobretudo no século XIX"[115]. Partindo do postulado de que a obra de arte depende, como já vimos, não somente de seus elementos internos, estruturais, mas também dos elementos externos (os fatores sociais, políticos, econômicos, culturais), que também passam a interagir com os aspectos formais, convertendo-se em fatores internalizados, Decio entende que os fatos e as obras teatrais formam nesse sentido um "retrato da realidade nacional"[116], e é a partir desta perspectiva que ele os estuda.

Assim como já havia afirmado em relação ao estudo *O teatro brasileiro moderno*, o autor considera este livro antes um ensaio interpretativo do que uma história didá-

113. Em 1993, a Mercedes-Benz do Brasil encomendou a Decio de Almeida Prado um ensaio para o livro *Theatros do Brasil*, que seria distribuído pela empresa a seus clientes. Após a entrega dos originais, Decio teria recebido vários pedidos para cortar o texto, primeiro em 20% e depois em 50%. O crítico se recusaria a fazê-lo, por considerar que tais cortes reduziriam seu trabalho a algo meramente informativo e feririam seus princípios de respeito ao texto literário. A empresa teria se decidido, então, por não utilizar o ensaio de Decio em seu volume, e, posteriormente, lhe daria permissão para publicá-lo pela Edusp, na forma do citado livro.

114. *Apud* ALMEIDA PRADO, Decio de. *História concisa do teatro brasileiro: 1570-1908*. São Paulo: Edusp, 1999, p. 9.

115. Cf. *História concisa do teatro brasileiro: 1570-1908*, pp. 13-4.

116. *Ibidem*, p. 14.

tica. A distinção, no seu entender, reside no fato de que ele se guiou aí "primordialmente por idéias, artísticas ou políticas, privilegiando em conseqüência certos autores e certas obras"[117]. E, se "não há dúvida de que perante o historiador, em princípio, todos os fatos são iguais", diz ele, "já o ensaísta, como me julgo ser a este propósito, tem pleno direito às suas opções, embora sujeito a ter de pagar eventualmente por elas"[118].

A posição adotada tem particular interesse por explicitar a abordagem de Decio de Almeida Prado em seus estudos e pesquisas sobre o teatro brasileiro, que também aqui revela uma cumplicidade, na medida em que as opções feitas, os autores e as obras escolhidas, não escapam a uma certa preferência do crítico. Decio tendeu a se concentrar, sempre que possível, em autores que lhe pareceram de maior valor, fosse em termos literários ou históricos. O que não quer dizer que ele relevasse ou ignorasse outros cuja obra julgasse porventura menor. Basta lembrarmos de Manuel Botelho de Oliveira, a quem o crítico dedicou dois estudos e cuja dramaturgia, no entanto, dificilmente pode ser considerada de grande valor dramático ou mesmo como peça brasileira, mas cuja posição de primeiro autor nacional a ter suas peças publicadas "[impõe-se], de qualquer forma, com a obstinação dos marcos históricos, que se pode contornar, não ignorar"[119].

Examinada em sua totalidade, a obra de Decio de Almeida Prado constitui uma história crítica do teatro brasileiro, estendendo-se desde Anchieta e do teatro como instrumento de colonização até praticamente o final do século XX, com os grupos de criação coletiva da década de 1980. A importância de sua historiografia deve-se não apenas à seriedade de suas pesquisas e ao fato de que estas buscam compreender o fenômeno teatral em toda sua complexidade (drama, encenação e interpretação), mas, sobretudo, ao seu caráter crítico, que inaugura um novo tipo de estudos teatrais no Brasil. Seus ensaios distinguem-se pela alta qualidade literária do texto, tornando sua leitura um verdadeiro prazer, e também pelo exercício de diferentes modalidades de crítica no seu interior, como evidencia o exame de seus livros: a reconstrução do estilo dramático de João Caetano a partir da análise do repertório do ator e do método comparativo; o estudo minucioso das fontes utilizadas pelo ator na elaboração de seus manuais da arte de representar; o exame da atividade teatral no Brasil durante os primeiros séculos e a formação do teatro brasileiro como sistema no século XIX; o estudo do gênero romântico no drama nacional, a reflexão crítica a partir da vivência pessoal do teatro moderno brasileiro, os estudos sobre a arte do ator, as crônicas memorialísticas e os estudos biográficos que marcam seus últimos livros.

Além disso, os três volumes de críticas publicados por Decio – *Apresentação do teatro brasileiro moderno*, *Teatro em progresso* e *Exercício findo* – constituem um minucioso catálogo dos problemas e das aspirações do teatro nacional de 1947 a 1968, por meio do qual podemos acompanhar a sua modernização em todos os aspectos da linguagem

117. *Loc. cit.*
118. *Loc. cit.*
119. Cf. *Teatro de Anchieta a Alencar*, p. 189.

cênica – interpretação, repertório, cenografia, figurino, iluminação etc. –, resultando na profissionalização do teatro e, conseqüentemente, na estabilização de um mercado teatral; nos é dado seguir, ainda, as lutas que marcaram sua história, a afirmação de uma dramaturgia nacional, e a busca de novos caminhos em função das transformações sociais, culturais e políticas das décadas de 1960 e 1970. Estes três volumes estabelecem os fundamentos da crítica moderna de teatro, inaugurada de fato por Decio de Almeida Prado. Sua crítica coloca-se, portanto, como referência obrigatória para todo e qualquer exercício sério de crítica teatral no Brasil – não esquecendo tampouco que sua atuação como crítico teatral de *O Estado de S. Paulo* foi fundamental para a formação de um novo tipo de público e de toda uma geração de profissionais de teatro no país.

Sua atividade formadora, porém, não parou aí. Como professor da Escola de Arte Dramática de 1948 a 1963, Decio ajudou no desenvolvimento de novas gerações de atores, encenadores e autores. E, de todos alunos seus, talvez um dos exemplos mais significativos seja o de Jorge Andrade, por ter incorporado em sua dramaturgia a preocupação com a formação do Brasil moderno, pelo interesse pelo nosso passado, explorando momentos importantes da história do país, na qual a busca de uma identidade pessoal não pode ser dissociada da identidade nacional. Ao assumir a posição de professor de literatura brasileira no Departamento de Letras da Universidade de São Paulo, Decio introduziu, aí, a análise sistemática do teatro nacional, assegurando para a dramaturgia brasileira uma posição de importância nos estudos literários. Na qualidade de professor e orientador de teses acadêmicas, ele ampliou seu campo de atuação, preparando várias gerações de pesquisadores, críticos e professores de teatro, entre os quais destacam-se, entre outros, além dos já citados João Roberto Faria, Vilma Arêas e Alberto Guzik, Claudia de Arruda Campos, Mariangela Alves de Lima, Flávio Wolff Aguiar, Ilka Marinho Zanoto e Maria Sílvia Betti.

Se a interrupção da crítica jornalística de Decio de Almeida Prado significou a perda do maior crítico que o teatro brasileiro já teve, os ganhos provenientes de um maior tempo disponível para a atividade acadêmica foram, como se vê, dos mais importantes para os estudos teatrais no Brasil. A extensa obra que produziu completa, portanto, o projeto iniciado ainda nos tempos do teatro amador – o de retirar o teatro da "posição humilhante de primo pobre que ocupava entre as artes literárias brasileiras"[120] – e sustentado ao longo de sua militância crítica em *O Estado de S. Paulo*, de sua atividade de professor da Escola de Arte Dramática e da Universidade de São Paulo e de membro e presidente da Comissão Estadual de Teatro. Em todas essas funções, Decio comportou-se sempre como cúmplice do teatro, dando a este uma contribuição inigualável.

E a verdade é que nunca abandonaria mesmo a crítica. Pois, entendida no seu sentido mais amplo, a crítica constituiu, para Decio de Almeida Prado – tomando emprestada expressão de Antonio Candido –, antes de tudo, uma "grande aventura do espírito".

120. Cf. Almeida Prado, Decio de. *Homenagem a Decio de Almeida Prado*, p. 41.

Decio em 1991

Juan Esteves

# 7

# Considerações finais

A modernização mais sistemática do teatro brasileiro – iniciada, de fato, no fim dos anos 1930 e deslanchada nos 1940 – não poderia ser levada a cabo sem o apoio de uma crítica também moderna e, sobretudo, cúmplice. Para que as transformações almejadas chegassem a tomar forma e se sustentassem, seria fundamental a contribuição de uma reflexão capaz de dialogar com o projeto teatral moderno nos termos propostos por este, como vimos no primeiro capítulo. A moderna crítica teatral funciona assim num registro duplo: como sustentáculo e interlocutor dos amadores de teatro (que pouco a pouco se profissionalizam) e como interlocutor e formador do público (que por sua vez também dialoga diretamente com o teatro).

A partir de tudo o que examinamos nas páginas anteriores, torna-se evidente que não é possível dissociar o estudo da obra crítica de Decio de Almeida Prado, em nenhum momento, da discussão da formação do teatro brasileiro moderno e da prática teatral no país, sobretudo dos anos 1930 à década de 1960. Seja por sua atividade crítica jornalística – e, nesse sentido, a trajetória de Decio confunde-se realmente com a própria história do teatro brasileiro moderno, não somente por uma questão de datas mas pelo fato de sua militância ser peça fundamental para a formação e a consolidação do mesmo –, seja, também, por sua atividade de pesquisador e historiador – cuja obra compreende a totalidade da história do nosso teatro, com interesse pronunciado pelo seu período de formação e de afirmação como sistema no século XIX.

Pela abrangência – tanto em termos temporais quanto funcionais – de sua atuação, pela influência que exerceu nos mais diversos campos da atividade teatral no país, Decio de Almeida Prado ocupa um lugar único na história do teatro brasileiro. A lista é longa (e sob pena de ser redundante, vamos citá-la uma vez mais dada a sua importância): ator amador, diretor do Grupo Experimental de Teatro, fundador do Teatro Brasileiro de Comédia, crítico teatral de *Clima* e de *O Estado de S. Paulo*, diretor do "Suplemento Literário" de *O Estado* (onde foram publicados inúmeros e importantes ensaios sobre teatro), professor da Escola de Arte Dramática e da Universidade de São Paulo, presidente da Comissão Estadual de Teatro, membro fundador da Associação Paulista de Críticos de Arte, autor de uma vasta obra sobre o teatro brasileiro, formador de várias gerações de pesquisadores e profissionais desse campo. Uma atividade que se estende por mais de seis décadas, se considerarmos sua estréia como ator em *A luva*, de Júlio Dantas, dirigida por Georges Raeders na Faculdade de Filosofia, Ciências e Letras, em 1937, como sua entrada no mundo teatral. Como espectador apaixonado, entretanto, o envolvimento de Decio com o teatro é ainda mais antigo, retrocedendo aos anos de sua juventude. Esta influência se perpetua nos críticos e professores por ele formados e se traduz em um número significativo de novos estudos sobre o teatro brasileiro, fundamentais à bibliografia e aos estudos sobre essa arte no Brasil.

Considerando tantas e tão variadas atividades, é surpreendente a coerência com que Decio de Almeida Prado desempenha todas elas, integrando-as num projeto maior, do qual se ocupou e que o ocupou por praticamente toda sua vida: o da consolidação do teatro brasileiro. Ao investigar a sua formação e o seu papel dentro do sistema da cultura nacional, Decio aponta, segundo a leitura de Paulo Eduardo Arantes, para uma formação que não chega a se completar, "sucedendo-se os surtos de fôlego curto, os ápices efêmeros"[1]. De fato, o crítico escrevia:

> Restava [...] para os autores nacionais [...], a comédia. Esta, de acordo com a poética clássica encarnada por Molière, podia inlinar-se ou para o estudo psicológico [...], ou para a descrição de costumes [...], ou para as complicações do enredo [...]. Em Martins Pena encontrava-se [...] um pouco dessas três possibilidades. Foi a segunda que predominou no Brasil, dando origem à nossa única tradição teatral: a da comédia de costumes. Assim mesmo, a sua continuidade histórica nunca foi perfeita. Um autor ou uma peça cintilavam por um instante no pálido firmamento dramático brasileiro, lançando uma luz logo julgada imorredoura. Todos suspiravam de satisfação: estava finalmente criado o teatro nacional. Mas a luz vacilava, apagava-se, voltava a imperar a escuridão, até que o brilho de outro astro reacendesse as esperanças.[2]

O projeto de Decio visou justamente contribuir para o estabelecimento dessa continuidade cuja falta parece ser a característica mais marcante da história do teatro brasileiro. Como diretor do Grupo Experimental de Teatro, por exemplo, buscou encenar principalmente textos nacionais ou de língua portuguesa, com o intuito de valorizar e incentivar a dramaturgia do país. Preocupação que se estenderia por toda vida, seja por meio do apoio aos autores brasileiros em sua atividade crítica, do estudo do drama nacional, ou pela introdução dos estudos de teatro brasileiro na universidade. Os ensaios dedicados à arte da interpretação são um outro aspecto dessa mesma preocupação.

Em outras palavras, ao se debruçar sobre o problema da nossa formação, teorizando sobre sua história e estudando o teatro brasileiro a partir de uma multiplicidade de ângulos possíveis – preenchendo lacunas existentes, como a da análise do drama nacional nos estudos literários –, o crítico irá entendê-lo como fenômeno complexo, cuja significação estende-se para além do palco, e que não pode ser apreendido integralmente, por outro lado, se visto apenas como dramaturgia. Procura pensar, ainda, as relações estabelecidas entre o teatro brasileiro e o europeu, tanto no que se refere a questões estéticas e culturais quanto às questões sociopolíticas e econômicas – sem esquecer de que está lidando com a cultura de um país periférico.

---

1. Cf. Arantes, Paulo Eduardo. "Decio de Almeida Prado e o papel do teatro no sistema brasileiro". Revista *Cultura Vozes*. Petrópolis, n. 6, nov-dez de 1995.
2. Cf. Almeida Prado, Decio de. "A comédia brasileira (1860-1908)". *In Seres, coisas, lugares*, p. 31.

Por isso, assim como por sua militância crítica e sua participação ativa na cena teatral durante o período de 1941 a 1968, Decio de Almeida Prado contribuiu de forma efetiva, coerente e incansável para a consolidação do teatro brasileiro moderno – entendendo que para que haja uma tradição teatral não bastam autores, encenadores e atores: são precisos também críticos e teóricos, historiadores e pensadores do teatro. Pois a existência de uma tradição teatral – ou de várias tradições teatrais – implica o conhecimento da história do nosso teatro e a reflexão sobre a prática cênica. O que equivale a dizer que a teoria e a prática de Decio são pautadas pelo princípio que guia toda a geração de *Clima*, pelos ensinamentos dos mestres franceses e também pela herança dos modernistas: a necessidade de conhecer o nosso passado a fim de entender e de transformar o presente.

Vale ressaltar ainda a integração do crítico ao seu grupo de contemporâneos, em sentido mais amplo, aí compreendidos tanto os companheiros de *Clima* – oriundos, como ele, da Faculdade de Filosofia, Ciências e Letras da Universidade de São Paulo, aos quais permaneceu ligado até o fim, em termos de amizade, afinidade intelectual e projeto cultural – como a geração de atores, diretores e autores que renovaram a cena brasileira nos anos 1940, da qual ele foi cúmplice de primeira hora e a respeito da qual seu livro *Peças, pessoas, personagens* é um testemunho eloqüente.

Decio de Almeida Prado entendeu a crítica como a arte da perspectiva, cujo desafio consiste em encontrar "o ângulo exato de julgamento, o único que faz justiça a determinada peça ou espetáculo"[3] e a partir da qual a obra deve ser considerada. Escrevendo sobre Sérgio Milliet, Antonio Candido descreveria sua crítica de uma forma que se aplica com perfeição a Decio de Almeida Prado. Cito:

> Segundo ele, a crítica deve se adequar ao objeto, isto é, à obra analisada. Será errado criticar um impressionista do ângulo naturalista, porque o autor não quis realizar a obra conforme as normas deste. Se o crítico as impõe à obra estudada, estará obedecendo, não à natureza do produto que o artista ou escritor teve em mira, mas ao que uma corrente de gosto reputa necessário para configurar adequadamente a obra. O crítico deve, portanto, se situar conforme o ângulo do autor, que determinou a obra, não do público, que espera que ela seja conforme à sua expectativa ditada pela moda. Se (para continuar no mesmo exemplo) o crítico adotar como norma os preceitos do naturalismo, estará deixando de ser crítico para fazer estética, isto é, ver a obra segundo uma concepção teórica que serve de medida universal e que ele, crítico, acha adequada; e não segundo o que o autor acha adequado.[4]

Tal método não somente exibe profundo respeito pela obra a ser analisada como também ilustra a constante preocupação do crítico em compreender o outro. Operação que se dá simultaneamente em dois planos, o da experiência estética, sensual e poética, e o plano racional, da inteligência. E tendo consciência de que o julgamento resul-

3. Cf. Almeida Prado, Decio de. "Our Town". *O Estado de S. Paulo*, 28.09.57.
4. Cf. Candido, Antonio. "O ato crítico". *In A educação pela noite e outros ensaios*, p. 132.

tante da análise da obra não tem valor científico ou universal, mas pertence antes à esfera dos juízos de valor e está, portanto, sujeito à subjetividade do crítico. Por essa razão, Decio se autodefine como um crítico impressionista.

Além disso, ele concebia a crítica como um diálogo entre a teoria e a prática teatral. Em *Teatro e progresso*, ele enfatizava o prazer de dialogar mesmo que fosse para discordar[5]. Também por essa razão ele deixaria o exercício da crítica jornalística, ao perceber que o diálogo se tornava cada vez mais difícil e que a sua sensibilidade não mais se ajustava à da nova geração. O percurso de sua crítica no *O Estado de S. Paulo* vai, portanto, da extrema cumplicidade, base do seu exercício crítico, ao estranhamento progressivo, que o acabaria levando ao abandono dessa atividade regular.

Este livro procurou analisar os fundamentos da crítica teatral jornalística de Decio de Almeida Prado, considerado aqui como o primeiro crítico moderno brasileiro. As divisões efetuadas no interior da sua crítica jornalística – os três períodos recortados no livro – correspondem a movimentos internos da própria reflexão, ao amadurecimento das suas idéias e à revisão de conceitos empregados por Decio, indissociáveis, entretanto, da realidade teatral em que se insere o seu trabalho e da qual participa ativamente.

Tendo por objeto o espetáculo teatral, precisamente aquilo que há de mais fugaz na arte do teatro, cuja própria natureza representa um desafio a qualquer tentativa de historiografia, sua crítica jornalística foi entendida neste estudo como uma história da formação do teatro brasileiro moderno, vista sob o ângulo de uma recepção crítica cúmplice.

O momento em que Decio de Almeida Prado decide abandonar a função de crítico d' *O Estado de S. Paulo* configura-se, como vimos anteriormente, no marco interno de uma crise maior, a partir do qual se verifica o cerceamento da liberdade de expressão durante o regime militar, a redução drástica do espaço destinado ao pensamento crítico no jornal, a diminuição, no país, do número de periódicos diários – e, conseqüentemente, dos críticos de cultura neles empregados –, ao lado de um privilégio crescente, nos meios de comunicação, da notícia sobre a reflexão. Embora a ditadura tenha terminado, os três últimos fatores permanecem válidos até hoje. Por outro lado, o trabalho de pesquisa e a publicação de estudos historiográficos que Decio desenvolveu na universidade, nas últimas décadas do século XX, vieram contrabalançar essa perda do espaço de reflexão crítica nos jornais. Menos público, talvez, o seu ensaísmo acadêmico e o seu trabalho de formação de toda uma geração de críticos, historiadores, pesquisadores do teatro e professores, fortaleceria, todavia, um outro tipo de escrita e pensamento crítico teatral, um outro lugar para o diálogo entre a reflexão crítica e a prática cênica contemporânea.

5. "Antônio Abujamra é uma voz que já vai se incorporando em definitivo ao teatro paulista. Pelas ambições que tem, pelo repertório que monta, é um homem de teatro com o qual se tem prazer em dialogar, ainda que seja, como é o nosso caso, para quase sempre discordar." "*Terror e miséria do III Reich*". *In Teatro em progresso*, p. 269.

# Portfólio

Fotos: Acervo Decio de Almeida Prado/IMS

Na fazenda Tapiratuba, no município de Morro Agudo (SP), com a irmã Beatriz, a tia materna Clotilde e as primas Marina e Maria Isabel (*c.* 1924)

Decio de Almeida Prado em São Paulo (1925)

Acervo Decio de Almeida Prado/IMS

Na adolescência,
à época em que
concluía o ginásio,
no Liceu Nacional
Rio Branco (*c.* 1933)

Acervo Decio de Almeida Prado/IMS

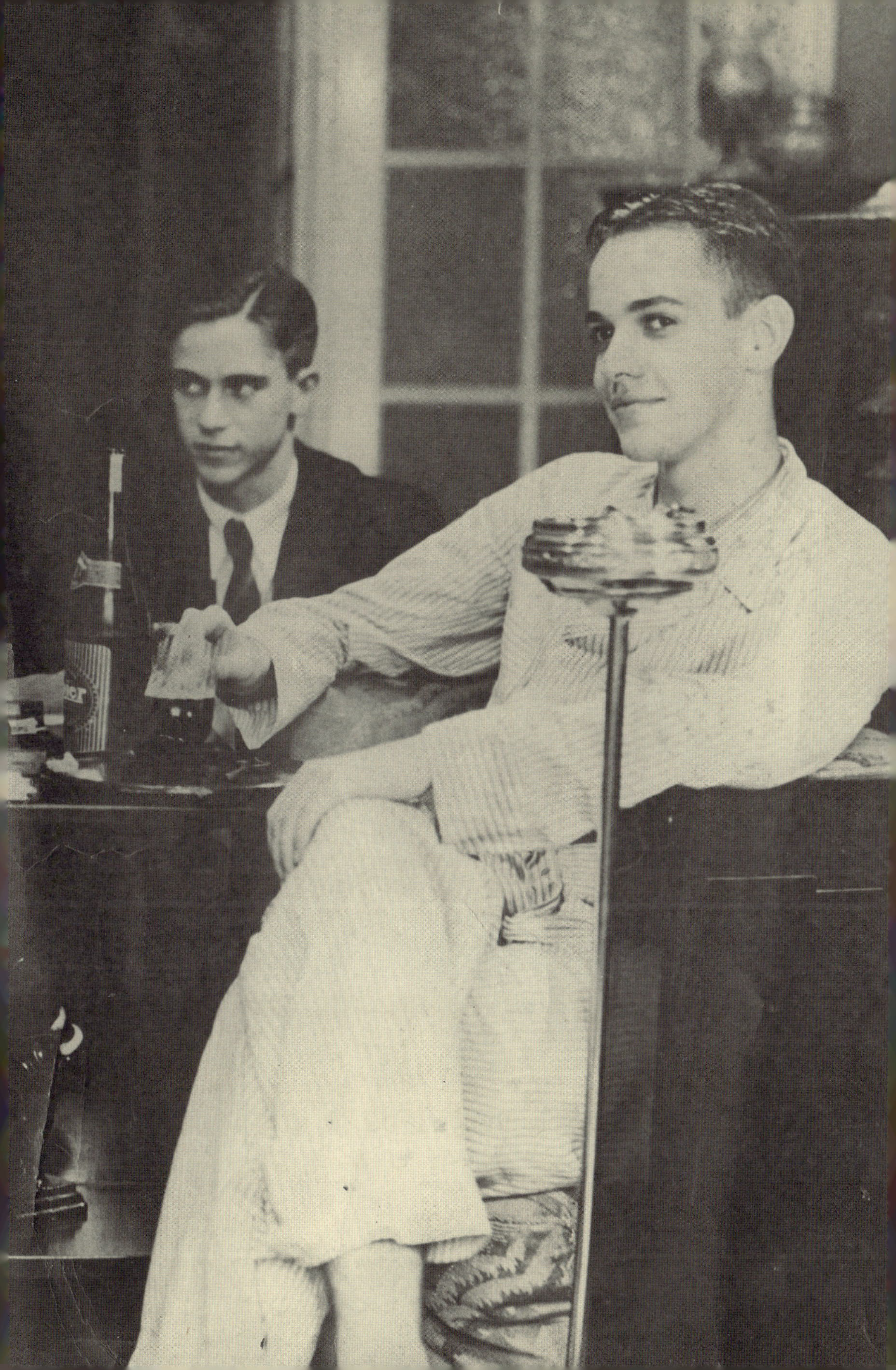

Acervo Decio de Almeida Prado/IMS

DAP (de terno escuro) no Rio de Janeiro (sd)

Decio, Paulo Afonso Mesquita, seu primo, [rapaz não identificado] e Paulo Emilio Salles Gomes, na casa deste (*c.* 1934)

Com Paulo Emilio e o cão Chicote, em duas fotos tiradas no mesmo local, em datas diferentes: *c.* 1934 e *c.* 1940

Acervo Decio de Almeida Prado/IMS

Decio de Almeida Prado em uma quadra de
tênis na capital paulista (década de 1940)

Fotos: Acervo Decio de Almeida Prado/IMS

Ruth de Almeida Prado na fazenda Tapiratuba, no interior de São Paulo (*c.* 1942)

Caçando em Rio Pardo, perto de Barretos, no mesmo estado (*c.* 1943)

Acervo Decio de Almeida Prado/IMS

Lourdes e Lourival Machado, Maria Eugênia Franco, Alfredo Mesquita, Ruth, Decio, Clóvis Graciano, Sérgio Milliet e Ruy Coelho; atrás, uma pessoa não identificada (BH, *c.* 1944)

Acervo Decio de Almeida Prado/IMS

Grupo Clima: de pé, Antonio Branco Lefèvre, DAP, Paulo Emilio Salles Gomes e Roberto Pinto Souza; sentados, Alfredo Mesquita, Antonio Candido e Lourival Gomes Machado (*c.* 1944)

Fotos: Acervo Decio de Almeida Prado/IMS

Reunião do GUT na capital paulista: Caio Caiuby, Waldemar Wey, Lygia Corrêa, Carlos Falbo, Miriam Lifchtiz, Decio e Rui Affonso Machado (1947)

Decio de Almeida Prado em foto do início dos anos 1940

Fotos: Acervo Decio de Almeida Prado/IMS

Em Curitiba, Wilson Martins, Alfredo Mesquita,
Anita Martins e Decio (1951)

Osman Lins, Joel e Themira Pontes, DAP e Benedito Nunes,
no Museu do Ipiranga, em São Paulo (1959)

Fotos: Acervo Decio de Almeida Prado/IMS

Sabato Magaldi, Clovis Garcia e Decio na capital paulista (década de 1950)

Decio, sua mulher, Ruth, Jorge Amado e, no canto extremo da mesa, Jean-Paul Sartre; entre os escritores e em primeiro plano na foto duas pessoas não identificadas, na fazenda da família Mesquita, em Louveira/SP (1960)

Acervo Decio de Almeida Prado/IMS

Com Maria Thereza Gregori, produtora e apresentadora do programa *Revista Feminina*, da TV Tupi (1961)

Washington Rassi/Acervo Decio de Almeida Prado/IMS

Paulo Emilio Salles Gomes
e Decio, na USP (1976)

Fotos: Acervo Decio de Almeida Prado/IMS

Antonio Candido, Paulo Emilio e Decio de Almeida Prado (1977)

Sérgio Tomisaki

DAP no jardim de sua casa, na capital paulista (1988)

Decio e seus netos Antônio e Mateus (*c.* 1980)

Ivson/Acervo Decio de Almeida Prado/IMS

Decio de Almeida Prado em 1991

Com Antonio Candido em reunião do Conselho Consultivo do IMS, em São Paulo (1993)

Com os netos Mateus, Antonio, Fernando e Sofia, no lançamento de *O drama romântico brasileiro* (1996)

Janete Longo/Acervo Decio de Almeida Prado/IMS

Acervo Decio de Almeida Prado/IMS

Lygia Fagundes Telles, DAP e Lêdo Ivo
na sede do Pen Club, no Rio de Janeiro (1998)

# Cronologia

**1917**
Nasce, a 14 de agosto, em São Paulo, Decio de Almeida Prado, terceiro filho de Zilda Junqueira e Antonio de Almeida Prado, médico e professor de medicina – antes o casal tivera Beatriz e Flávio. Os anos de infância se passam entre a casa da fazenda, no interior paulista, e a capital.

Fotos: Acervo Decio de Almeida Prado/IMS

Os pais de Decio, Zilda e Antonio de Almeida Prado (1914)

**1919**
Morre sua mãe, em 12 de dezembro. O pai assume a criação dos filhos; dele, Decio herdaria o gosto pelo teatro, pela literatura e pela ópera.

**1928**
Aos dez anos, levado pelo pai, entra em um teatro pela primeira vez. A peça é *O castagnaro da festa*, de Oduvaldo Vianna, encenada pela companhia de Raul Roulien, que se apresentava em São Paulo. Assiste a vários espetáculos dessa temporada, sempre com o pai. O desempenho de Roulien como ator lhe causa uma impressão marcante, deixando-o entusiasmado com o teatro.

Os irmãos Flávio, Decio e Beatriz de Almeida Prado, no Carnaval de 1919

**1929-1935**
Em 1930, acompanha a temporada das companhias portuguesas de Aura e Adelina Abranches, em turnê pela capital paulista. Aos 15, no ano de 1932, assiste a *Deus lhe pague*, de Joracy Camargo, com Procópio Ferreira. Nessa época, Decio demonstrava um vivo interesse por literatura, tendo, inclusive, certa fama de poeta entre os seus, "uma fama precoce, aliás muito mal fundada", conforme diria mais tarde, mas que lhe possibilita o contato com alguns escritores amigos da família. Durante os anos de ginásio no Liceu

DAP na colação de grau do ginásio, que cursou no Liceu Nacional Rio Branco (1933)

Nacional Rio Branco, de 1929 a 1933, Decio de Almeida Prado e Paulo Emilio Salles Gomes, seu grande amigo e companheiro na escola, organizam vários jornaizinhos. Para o primeiro deles, *D. Quixote*, Decio escreve uma conferência sobre Vicente de Carvalho. Sua estréia em revistas se daria na *Movimento*, criada por Paulo Emilio, com sua colaboração, no ano de 1935, na qual publicaria resenhas de livros. O único número da revista contou com participações de Anita Malfatti, Mário de Andrade e Flávio de Carvalho, entre outros. Apesar de sua curta duração, *Movimento* cumpre um papel importante, colocando DAP e Paulo Emilio Salles Gomes em contato com os modernistas de 1922, em especial, Mário e Oswald de Andrade. Nesse período, tenta por duas vezes (em 1934 e 1935), sem sucesso, ingressar na Faculdade de Medicina.

Capa de Anita Malfatti e contracapa da revista *Movimento*, criada por Paulo Emilio Salles Gomes, com a colaboração de Decio (1935)

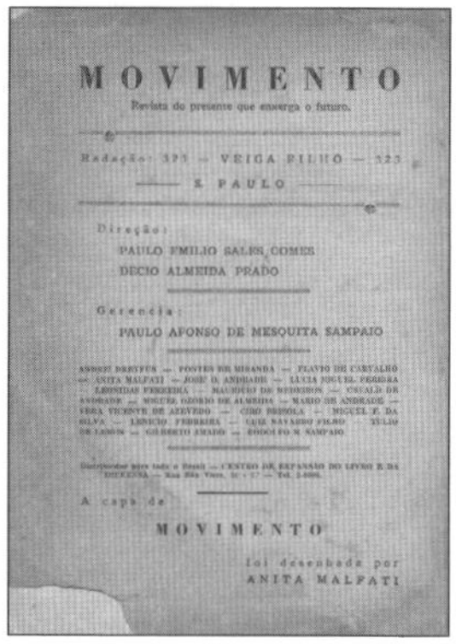

MOVIMENTO

Revista do presente que enxerga o futuro.

Redação: 323 — VEIGA FILHO — 323

S. PAULO

Direção:

PAULO EMILIO SALES GOMES

DECIO ALMEIDA PRADO

Gerencia:

PAULO AFONSO DE MESQUITA SAMPAIO

A capa de

MOVIMENTO

foi desenhada por ANITA MALFATI

## 1936-1938

Em 1936, entra para a Faculdade de Filosofia, Ciências e Letras da Universidade de São Paulo, criada dois anos antes, por iniciativa de Julio de Mesquita Filho, e dirigida por Antonio de Almeida Prado, pai de Decio. A escola, com seu corpo docente trazido da França (composto de nomes como Claude Lévi-Strauss, Roger Bastide e Jean Maugüé), seria decisiva na formação de uma nova mentalidade intelectual no país e está na origem de um dos mais importantes grupos de críticos brasileiros, o da revista *Clima*. Parte de seus integrantes eram formandos das primeiras turmas da faculdade: além do próprio Decio de Almeida Prado, Antonio Candido de Mello e Souza, Gilda Moraes Rocha (depois, de Mello e Souza), Ruy Coelho, Paulo Emilio Salles Gomes e Lourival Gomes Machado, entre outros.

Em 1937, Decio é convidado por Georges Raeders a participar do Teatro Universitário, que esse professor de língua e literatura francesas fundara no ano anterior na faculdade. Decio estréia como ator em *A luva*, de Júlio Dantas, peça que complementava o programa ao lado de *As preciosas ridículas*, de Molière, representada em francês no Teatro Municipal de São Paulo. Ingressa na Faculdade de Direito da USP, que segue simultaneamente à de filosofia. Apesar de concluir o primeiro curso em 1938, continuaria a assistir às aulas de filosofia de Jean Maugüé durante algum tempo. No mesmo ano, faz um discurso ("Saudação a Lévi-Strauss") em homenagem à partida do professor. O texto é publicado no jornal *O Estado de S. Paulo* em 1º de maio.

## 1939

Viaja a Paris, passando dois meses e meio com Paulo Emilio, exilado na França por motivos políticos. Lá ele assiste a vários espetáculos do chamado Cartel – Charles Dullin, Gaston Baty, Louis Jouvet e Georges Pitöeff –, da companhia de Copeau e da Comédie Française. Além dos espetáculos, tem a oportunidade de assistir a uma conferência do próprio Copeau. Com o primo Francisco Matos Junqueira Netto visita a Itália.

De volta ao Brasil, tenta, juntamente com Lourival Gomes Machado, encenar, na Faculdade de Filosofia, *Asmodée*, de François Mauriac, à qual havia assistido em Paris. A peça não chega a ser representada – e, segundo o próprio DAP, nem mesmo a tradução foi concluída, já que as reuniões que ele, Gilda Moraes Rocha e Helena Gordo faziam para trabalhar na tradução acabavam sempre em muita conversa e pouco trabalho –, mas é durante o processo de ensaio que Decio de Almeida Prado trava amizade com Antonio Candido. Interpreta o papel principal de *Dona Branca*, peça escrita e dirigida por Alfredo Mesquita e representada no Teatro Municipal de São Paulo. Faz o curso de didática da Faculdade de Filosofia, Ciências e Letras da USP, obtendo o grau de professor secundário.

### 1940

Começa a lecionar lógica na segunda seção do Colégio Universitário, função que exerceria até 1944. Paulo Emilio Salles Gomes cria o Clube de Cinema, cuja diretoria é formada por ele mesmo, Decio, Lourival Gomes Machado e Cícero Cristiano de Souza.

Exerce a função de assistente extranumerário da cadeira de filosofia da Faculdade de Filosofia, Ciências e Letras da USP.

### 1941

Viaja no início do ano para os Estados Unidos, para fazer um curso de filosofia na Universidade da Carolina do Norte. Após o final do curso, passa uma semana em Nova York, on-

Fotos: Acervo Decio de Almeida Prado/IMS

Decio e o primo Francisco Matos Junqueira Netto em Veneza (1939)

DAP e sua mulher, Ruth, em lua-de-mel no Rio de Janeiro (1941)

de assiste a vários espetáculos da Broadway e visita o Actors Studio. É criada a revista *Clima*; Alfredo Mesquita e Lourival Gomes Machado distribuem as seções entre o grupo, cabendo a DAP a crítica teatral. Seu primeiro texto, "O teatro 'Louis Jouvet' em São Paulo", seria publicado no número 3 (embora já assinasse a coluna na número 2, o artigo que lá aparece vem com as iniciais P.E, de Paulo Emilio [Salles Gomes]). No dia 3 de julho, casa-se com Ruth Alcântara. A lua-de-mel seria no Rio de Janeiro, a "Pasárgada dos paulistas". Forma-se bacharel em direito pela USP.

Fotos: Acervo Decio de Almeida Prado/IMS

Detalhe do cenário de *Auto da barca do inferno*, criado por Clóvis Graciano; a peça foi montada pelo GUT no ano de 1943, sob direção do crítico

### 1943

Funda, junto com Lourival Gomes Machado, o Grupo Universitário de Teatro – GUT. Decio de Almeida Prado exerce a função de diretor e Lourival é responsável pela parte plástica. O primeiro espetáculo do grupo é composto por três peças em um ato: *Auto da barca do inferno*, de Gil Vicente, *O irmão das almas*, de Martins Pena, e *Pequenos serviços em casa de casal*, de Mário Neme. Formado por alunos da Faculdade de Direito, o GUT contava ainda com Cacilda Becker, a única que tinha certa experiência profissional. As montagens

O Grupo Universitário de Teatro, em São Carlos (SP), em 1943; Decio (sentado, ao centro, de terno escuro) tem à sua direita Ruth de Almeida Prado e, à frente, agachada, a atriz Cacilda Becker

são apresentadas no Teatro Municipal de São Paulo, recebendo elogios de Oswald de Andrade e aplausos de Lasar Segall. O espetáculo viaja em turnê pelo interior paulista. O segundo trabalho do grupo reuniria *A farsa de Inês Pereira e do escudeiro*, de Gil Vicente, e *Amapá*, escrita por Carlos Lacerda.

**1944**
O último número da revista *Clima* é publicado em novembro. Decio escreve, durante um mês, críticas de cinema para *O Diário de S. Paulo*, substituindo Ruy Coelho, que estava de férias. É contratado como professor de filosofia pelo Colégio Estadual Presidente Roosevelt, de São Paulo, onde leciona durante os anos de 1944 e 1945.

**1946**
É convidado a exercer a função de crítico teatral em *O Estado de S. Paulo*, tornando-se responsável pela coluna "Palcos e Circos", posteriormente denominada "Teatro", que escreveria por 22 anos.

**1947**
Em 19 de março, nasce sua filha Silvia.

**1948**
É criado o Teatro Brasileiro de Comédia – TBC, por Franco Zampari, reunindo os grupos amadores de Alfredo Mesquita (Teatro Experimental), de DAP (Grupo Universitário de Teatro) e de Madalena Nicol (Artistas Amadores). O espetáculo levado pelo GUT, é *O baile dos ladrões*, texto de Jean Anouilh, traduzido por Antonio Candido. Começa a lecionar história do teatro na Escola de Arte Dramática, função que exerceria até 1963. Nascimento do filho Rodrigo, no dia 18 de abril.

Acervo Decio de Almeida Prado – Reprodução/IMS

PALCOS E CIRCOS

*TEATRO DAS 2as-FEIRAS*

A exemplo do que foi feito, com tanto exito, no Rio de Janeiro, o "Grupo de Teatro Experimental" e o "Grupo Universitario de Teatro" resolveram realizar espetaculos, a pre-tal" e o "Grupo Universitario de Teatro" acertaram, pois, integralmente, ao idealizar o "Teatro das 2as-feiras". Bem que estavamos precisando de espetaculos frequentes, de nivel cultural elevado e a preços populares.

Coluna "Palcos e Circos", que DAP assumiu em 1946 em *O Estado de S. Paulo*

Acervo Decio de Almeida Prado/IMS

Elenco da peça *O baile dos ladrões*: Delmiro Gonçalves, Glauco De Divitis, Eduardo Bassi, José Scatena, Mira Lifchitz, Ligia Corrêa, Nídia Pincherle, Ruy Affonso Machado, Ciro Cury e Waldemar Wey (1948)

**1949**
Publica "Carta a uma jovem atriz" no *Jornal das Artes* de 1º de janeiro. Embora não seja identificada no texto, a atriz a que ele se endereça é Cacilda Becker.

**1950**
Candidata-se a deputado estadual pelo Partido Socialista Brasileiro.

**1951**
Apresenta, no I Congresso Brasileiro de Teatro, realizado no Rio de Janeiro, duas teses, escritas em colaboração com os atores José Renato e Geraldo Mateus Torloni: "O Teatro de Arena como solução do problema de falta de teatros no Brasil" e "O Serviço Nacional de Teatro e o problema das traduções".

**1952**
Participa do Congresso Paulista de Escritores.

**1953**
Em São Paulo, faz-se presente no II Congresso Brasileiro de Teatro.

**1954**
No Congresso Internacional de Escritores, em São Paulo, apresenta o trabalho "Alguns problemas relativos à tradução".

**1955**
Preside a Associação Paulista de Críticos Teatrais. Faz parte do Conselho Editorial da revista *Teatro Brasileiro*, dirigida por Alfredo Mesquita, a qual duraria apenas nove números, de novembro de 1955 a setembro de 1956. Nela publicaria dois artigos: "Teatro Brasileiro de Comédia" (em dezembro de 1955) e "Crônica de S. Paulo" (fevereiro de 1956).

Fredi Kleemann/Arquivo Multimeio do CCSP/SMC/PMSP

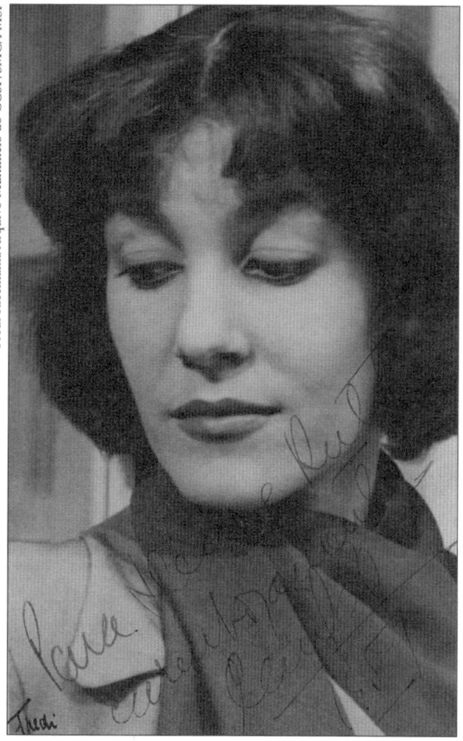

Cacilda Becker em *O anjo de pedra*, de Luciano Salce (1950); no ano anterior, Decio escrevera no *Jornal das Artes* a "Carta a uma jovem atriz", na qual, sem mencioná-la explicitamente, dirigia-se a ela

Acervo Decio de Almeida Prado – Reprodução/IMS

Primeiro número da revista *Teatro Brasileiro* (1955); DAP fazia parte do conselho editorial da publicação

## 1956

Começa a circular o "Suplemento Literário" de *O Estado de S. Paulo*, idealizado por Antonio Candido e que seria dirigido por Decio de Almeida Prado até 1967. Durante sua gestão, o "Suplemento" foi uma das publicações culturais de maior importância no Brasil, tendo, entre os colaboradores, críticos e ensaístas de peso, como Sérgio Buarque de Hollanda, Lúcia Miguel-Pereira, Brito Broca, Wilson Martins, Alfredo Bosi, Paulo Rónai, Otto Maria Carpeaux, Sérgio Milliet e Sabato Magaldi; escritores do porte de Carlos Drummond de Andrade, Manuel Bandeira, João Cabral de Melo Neto, Vinicius de Moraes, Lêdo Ivo, Paulo Mendes Campos, Augusto Meyer e Otto Lara Resende, além de artistas plásticos, caso de Mira Schendel, Flávio de Carvalho, Lívio Abramo e Renina Katz. Lança sua primeira coletânea de críticas, *Apresentação do teatro brasileiro moderno*. É condecorado pelo governo francês com as *Palmes Academiques*. Publica o artigo "Dramatic renaissance" na revista norte-americana *The Atlantic Monthly*. Torna-se professor efetivo de filosofia no Instituto de Educação de Mogi das Cruzes (SP), lá lecionando entre março e novembro. Também é contratado como professor de filosofia pelo Colégio Estadual Brasílio Machado, de São Paulo, onde ficaria por dois anos.

Acervo Decio de Almeida Prado– Reproduções/IMS

Capa de *Apresentação do teatro brasileiro moderno*, primeira coletânea de artigos (1956)

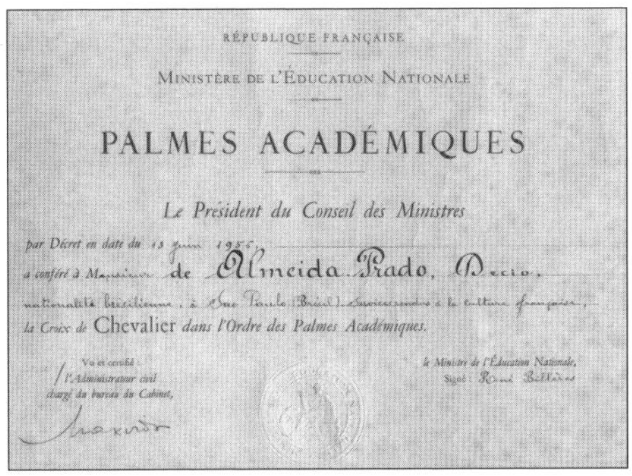


*Palmes Academiques*, condecoração recebida do governo francês (1956)

## 1957

Viaja aos Estados Unidos a convite do Departamento de Estado americano, permanecendo no país por quatro meses (de dezembro deste ano a abril). Assiste a vários espetáculos em Nova York, sobre os quais escreve em *O Estado de S. Paulo*.

## 1958

Preside a Associação Paulista de Críticos Teatrais. Publica, no periódico argentino *Ficción*, "Noticia sobre el teatro brasileño", um balanço do movimento de modernização do teatro nacional – deslanchado pelos grupos amadores e consolidado pela atuação profissional do TBC. Torna-se professor efetivo de filosofia no Instituto de Educação Professor Alberto Conte, de São Paulo, no qual trabalharia até 1966.

**1959**

Membros da Sociedade Brasileira de Autores Teatrais – que representavam o teatro antigo ao qual os amadores vieram a se opor –, sentindo-se atingidos pelo artigo publicado em *Ficción*, protestam contra o texto junto ao presidente Juscelino Kubitschek. Decio publica então a "Carta aberta ao presidente da República" (*O Estado de S. Paulo*, 15.01.59), em resposta à Sbat.

**1961**

Assume o cargo de presidente da Associação Paulista de Críticos Teatrais. Seu nome figura como verbete na *Enciclopedia dello spettacolo*, vol. VIII (Roma: Casa Editrice Le Maschere). Participa do II Congresso Brasileiro de Crítica e História Literária, que tem lugar em Assis, no interior de São Paulo.

**1962**

Preside a Comissão Estadual de Teatro e a Associação Paulista de Críticos Teatrais.

**1964**

Lança a sua segunda coletânea de críticas, *Teatro em progresso*, pela qual recebe o prêmio Jabuti, da Câmara Brasileira do Livro.

**1965**

Representa o Brasil na III Conferência Latino-Americana de Teatro, realizada na Venezuela. Morre seu pai, no dia 8 de junho.

**1966**

Volta a presidir a Associação Paulista de Críticos Teatrais. É contratado como professor colaborador de teatro na cadeira de literatura brasileira da Faculdade de Filosofia, Ciências e Letras da USP, função que exerceria até 1982. Recebe, da CBL, o prêmio Imprensa.

Acervo Decio de Almeida Prado – Reproduções/IMS

**PRADO**, Décio de Almeida. – Critico dramm. brasiliano, n. a San Paolo il 14 ag. 1917.

È stato il più intransigente fautore della modernizzazione del teatro in Brasile fin dalla prima giovinezza, quando collaborava alla riv. *Clima* e fondava il Teatro Universitario di San Paolo. Successivamente ha assunto la critica teatrale del quotidiano *O Estado de São Paulo* (la sua ultima regìa — con attori dilettanti — fu *Le Bal des Voleurs* di Anouilh, 1948) e da allora si è dedicato esclusivamente alla critica, che esercita tuttora con autorità universalmente riconosciuta.

I suoi principali articoli sono riuniti in *Apresentaçao do teatro moderno brasileiro* (San Paolo 1956), volume d'indispensabile consultazione, che inquadra il periodo attuale in una prospettiva storica assai equilibrata, facendo uso di un limpido linguaggio saggistico. Sul periodo anteriore, P. ha scritto un lungo studio, *A evolução da literatura dramática* (in *A literatura no Brasil*, II, Rio de Janeiro 1955), che può ritenersi fondamentale, sebbene limitato ai testi, mentre il suo lavoro di critico dà preponderante importanza al fattore spettacolo. La critica più giovane accusa P. di essere un formalista, ma ciò è dovuto in gran parte al periodo in cui ha svolto la sua azione di svecchiamento, e alla necessità in cui si è trovato di riformare innanzitutto il gusto. Dal 1956 P. dirige il supplemento letterario del suo giornale, che concede largo spazio alle culture straniere e al teatro. È professore alla scuola di arte drammatica. R. J.

Verbete sobre Decio de Almeida Prado na *Enciclopedia dello spettacolo*, lançada na Itália em 1961

*Teatro em progresso*, publicado por Decio em 1964 e que lhe valeu o prêmio Jabuti, da Câmara Brasileira do Livro

**1967**

Ganha o prêmio Brasil-Israel, do Centro Cultural Brasil-Israel, pelo livro *Teatro em progresso*, e o prêmio Personalidade de Teatro do Ano, dado pela Associação Paulista de Críticos Teatrais, por sua atuação como presidente da Comissão Estadual de Teatro. Deixa a direção do "Suplemento Literário" de *O Estado de S. Paulo*.

## 1968

Em resposta a um editorial publicado por *O Estado de S. Paulo*, a classe teatral decide devolver os prêmios Saci concedidos pelo diário aos melhores do ano desde 1952. Decio, sentindo-se pessoalmente atingido e discordando da posição tomada pela categoria, decide abandonar a função de crítico de teatro e passa a se dedicar exclusivamente à atividade acadêmica. Sai *A personagem de ficção,* obra dividida com Anatol Rosenfeld, Antonio Candido e Paulo Emilio Salles Gomes. Recebe bolsa do governo francês para pesquisas na Biblioteca Nacional de Paris, na Biblioteca do Arsenal e no arquivo da Comédie Française, relacionadas ao projeto de sua tese de doutorado em estética, sobre João Caetano. Pede afastamento do cargo de presidente da Comissão Estadual de Teatro indicando, para substituí-lo, Cacilda Becker.

Acervo Decio de Almeida Prado – Reprodução/IMS

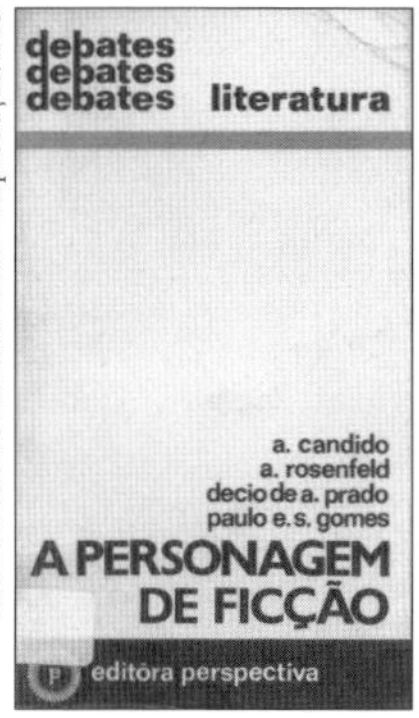


*A personagem de ficção,* lançado no ano de 1968

## 1969

A revista *Visão* de 25 de abril publica uma crítica de DAP sobre a montagem de *Esperando Godot,* de Samuel Beckett, com Cacilda Becker no papel de um dos protagonistas. No dia 6 de maio, durante o intervalo de uma apresentação da peça, a atriz sofre um aneurisma e é internada; ela morreria a 14 de junho.

Preside a Comissão Estadual de Teatro e a Associação Paulista de Críticos Teatrais.

Iconographia

Cacilda Becker em *Esperando Godot* (1969); DAP escreveu sobre aquela que seria a última peça encenada pela atriz na revista *Visão*

## 1970

Assume, mais uma vez, a presidência da Associação Paulista de Críticos Teatrais.

## 1971

Recebe o título de doutor em estética pela Universidade de São Paulo. Sua tese sobre João Caetano, orientada por Gilda de Mello e Souza, é aprovada com distinção e louvor.

Ganha o prêmio da Associação Paulista de Críticos Teatrais na categoria "Personalidade do Ano". É promovido a professor assistente-doutor de literatura brasileira na Faculdade de Filosofia, Letras e Ciências Humanas da USP.

### 1972

Publica *João Caetano.* Com bolsa da Fundação de Amparo à Pesquisa do Estado de São Paulo – Fapesp, para sua tese de livre-docência, passa dois meses pesquisando nas bibliotecas de Portugal, Espanha e França textos e autores desses países que tivessem sido representados no Brasil durante o século XIX. Dá duas conferências: "O modernismo e o teatro", no Festival de Inverno de Ouro Preto (MG), e "A linguagem no teatro", patrocinada pela Faculdade Ibero-Americana de São Paulo.

Acervo Decio de Almeida Prado – Reprodução/IMS

Capa do livro *João Caetano*, de 1972, mesmo ano em que Decio passou dois meses entre Portugal, Espanha e França fazendo pesquisa para a sua tese de livre-docência

### 1973

Recebe o título de sócio honorário da Associação Paulista de Críticos de Arte – APCA. Aceita convite da revista *Veja* para escrever críticas de teatro, mas após três colaborações decide não escrever mais. Passa a integrar a diretoria da Sociedade de Cultura Artística de São Paulo. Faz as seguintes conferências: "O teatro romântico", no Museu de Arte Contemporânea de São Paulo; "Panorama do teatro brasileiro na década de 30", no Instituto de Estudos Brasileiros da Universidade de São Paulo; e "França Júnior", promovida pela APCA, Serviço Social da Indústria – Sesi e Escola de Comunicações e Artes da USP.

### 1974

Ganha, da seção paulista do Pen Club, o prêmio de Mérito Literário. Profere a conferência "*Leonor de Mendonça*, a peça", no Teatro Popular do Sesi.

Acervo Decio de Almeida Prado/IMS

Ao receber o prêmio Mérito Literário, dado pela seção paulista do Pen Club (1974)

### 1975

É eleito membro da diretoria da Cinemateca Brasileira. Faz duas conferências: "O panorama do teatro brasileiro na década de 50", patrocinada pelo Instituto de Estudos Brasileiros e Coordenadoria de Atividades Culturais da USP, e "Teatro brasileiro contemporâneo", a convite da Indiana University (EUA).

**1976**
Volta à presidência da Comissão Estadual de Teatro (exerceria a função também no ano seguinte). Faz duas conferências no Teatro Brigadeiro: "O romantismo" e "O realismo".

Acervo Decio de Almeida Prado – Reproduções/IMS

*João Caetano e a arte do ator*, tese de livre-docência lançada em 1984

**1977**
É nomeado diretor do Teatro da Universidade de São Paulo. Apresenta a conferência "O teatro brasileiro moderno", promovida pela Faculdade de Filosofia, Letras e Ciências Humanas da USP.

**1979**
Presta concurso de livre-docência na Universidade de São Paulo, apresentando a tese "João Caetano e a arte do ator"; é aprovado com distinção. Realiza, na Sociedade Brasileira de Teatro, a conferência "Os fundamentos da renovação e o TBC".

*Procópio*, volume biográfico publicado por DAP em 1984

**1982**
Aposenta-se do cargo de professor de literatura brasileira da USP. Recebe o prêmio Televisão da Associação Paulista dos Críticos Teatrais, na categoria "Melhor Programa-Pesquisa", por "Aventura do teatro paulista", levado ao ar no ano anterior pela TV Cultura.

**1984**
Publica *João Caetano e a arte do ator* e *Procópio Ferreira – A graça do velho teatro.* Ganha o prêmio Mambembe, do Instituto Nacional de Artes Cênicas – Inacen, na categoria "Personalidade", pelo conjunto de obras publicadas.

Prêmio Mambembe, ganho em 1984 e 1987 na categoria "Personalidade"

**1986**
Recebe, da APCA, o Prêmio da Crítica.

**1987**
O Mambembe lhe é novamente atribuído na categoria "Personalidade".

**1988**
Ganha, na categoria "Especial", o prêmio Molière, da Air France. Publica sua terceira coletânea de críticas – *Exercício findo* – e *O teatro brasileiro moderno*. É indicado para compor o conselho cultural da Universidade de São Paulo, junto com José Arthur Giannotti, Boris Schnaiderman, Modesto Souza Barros Carvalhosa, Regina Maria Prosperi Meyer, Ruth Cardoso, Sabato Magaldi e Júlio Medaglia. Nomeado para o conselho editorial da *Revista USP*.

**1989**
Publica "Teatro 1930-1980" na revista venezuelana *Escritura*. É convidado a presidir o conselho editorial da *Revista USP*, posição que ocuparia até 1993.

**1990**
Realiza viagem de estudos a Portugal para completar pesquisas para o livro *O drama romântico brasileiro*.

**1992**
Em 11 de fevereiro, morre sua mulher. Torna-se membro do conselho consultivo do Instituto Moreira Salles.

**1993**
Lança *Peças, pessoas, personagens* e *Teatro de Anchieta a Alencar*.

**1994**
É homenageado pela União Brasileira dos Escritores (SP).

**1995**
Recebe o prêmio Sociedade Brasileira de Autores Teatrais - Associação Paulista de Autores Teatrais. Grava no Museu da Imagem e do Som de São Paulo depoimento para o projeto "Memória da produção cultural brasileira".

Sai *Homenagem a Decio de Almeida Prado*, volume com os discursos pronunciados por ocasião do evento promovido pela UBE, no ano anterior.

**1996**
Publica *O drama romântico brasileiro*. Ganha, do Ministério das Relações Exteriores, a Comenda da Ordem do Rio Branco. Em cerimô-

Ivson/Acervo IMS

Com Walther Moreira Salles, em reunião do IMS realizada no Clube São Paulo (1993)

nia que tem lugar no Teatro Municipal de São Paulo, durante o Festival Internacional de Artes Cênicas, a classe teatral confere a Decio um Saci, num gesto simbólico que buscou colocar fim ao desentendimento criado com a devolução dos prêmios a *O Estado de S. Paulo*, em 1968.

Acervo Decio de Almeida Prado/IMS

Francisco Weffort, Fernando Henrique Cardoso e Decio na entrega da Comenda da Ordem do Rio Branco (1996)

**1997**

Publica *Seres, coisas, lugares – Do teatro ao futebol*. É editado o volume comemorativo *Decio de Almeida Prado – Um homem de teatro*. Recebe o prêmio Mário de Andrade, da Biblioteca Nacional, na categoria "Ensaio Literário", por *Seres, coisas, lugares*. O caderno semanal "Mais!", da *Folha de S.Paulo*, dedica-lhe a sua edição de 7 de julho.

Acervo Decio de Almeida Prado – Reproduções/IMS

Capa de *Seres, coisas, lugares*, de 1997, prêmio Mário de Andrade, da Biblioteca Nacional, na categoria "Ensaios"

**1998**

*Seres, coisas, lugares – Do teatro ao futebol* ganha o prêmio José Ermírio de Moraes da Academia Brasileira de Letras. É eleito membro titular do Pen Club.

**1999**

Lança *História concisa do teatro brasileiro: 1570-1980*. A obra é indicada ao prêmio Jabuti, na categoria "Melhor Livro de Ensaios e Biografias" e, por sua publicação, Decio concorre ao Prêmio Shell de Teatro, categoria "Especial".

**2000**

Morre no dia 3 de fevereiro, em sua casa, no bairro paulistano do Pacaembu. No dia 27 de fevereiro, *O Estado de S. Paulo* publica "Em torno de Julio de Mesquita Filho", último texto escrito por Decio de Almeida Prado, uma retrospectiva de sua vida, considerada como o testamento intelectual do crítico.

*História concisa do teatro brasileiro*, publicado em 1999

Página de abertura do primeiro texto publicado por Decio de Almeida Prado na revista *Clima* (n. 3, 1941)

Acervo Decio de Almeida Prado – Reprodução/IMS

# Teatro

Décio de Almeida Prado

## O TEATRO "LOUIS JOUVET" EM SÃO PAULO

Foi para São Paulo uma oportunidade única a estadia do teatro "Louis Jouvet" entre nós. Para quem segue, ainda que ligeiramente, a crônica francesa, êsse nome evoca quase trinta anos da evolução de sua arte teatral. Evoca, de início, o nome de Copeau, a quem Jouvet deve os seus primeiros sucessos na carreira de ator, e que soube com o "Vieux-Colombier" não só ter uma ação momentânea de grande interêsse, ao criar um núcleo de arte isento do comercialismo e da futilidade corrente então nos palcos franceses, mas principalmente insuflar em seus jovens colaboradores tanta dedicação e tanta fé no destino do teatro, que seu ímpeto iria se transmitir a êles, propagando-se e influenciando tôda a cena francesa.

Um dêsses discípulos era Jouvet, que mais tarde organizou companhia própria. Nesse momento outro grande nome surge ao lado do de Jouvet: Jules Romains. Alguns sucessos e depois "Knock". Êxito completo, unânime, de crítica e de público. Jouvet se confunde com Knock, é Knock durante muito tempo. Até hoje, nunca mais deixará de representá-lo periodicamente.

Outros autores aparecem: Bernard Zimmer, Steve Passeur, Marcel Achard. E mais tarde, já agora entre 1930 e 1940, novamente Jouvet torna-se o centro do teatro

Apêndice 1

# Textos de DAP em *Clima*

## O Teatro "Louis Jouvet" em São Paulo (n. 3, agosto de 1941)

Foi para São Paulo uma oportunidade única a estadia do teatro Louis Jouvet entre nós. Para quem segue, ainda que ligeiramente, a crônica francesa, esse nome evoca quase 30 anos da evolução de sua arte teatral. Evoca, de início, o nome de Copeau, a quem Jouvet deve os seus primeiros sucessos na carreira de ator, e que soube com o Vieux-Colombier não só ter uma ação momentânea de grande interesse, ao criar um núcleo de arte isento do comercialismo e da futilidade corrente então nos palcos franceses, mas principalmente insuflar em seus jovens colaboradores tanta dedicação e tanta fé no destino do teatro, que seu ímpeto iria se transmitir a eles, propagando-se e influenciando toda a cena francesa.

Um desses discípulos era Jouvet, que mais tarde organizou companhia própria. Nesse momento outro grande nome surge ao lado de Jouvet: Jules Romains. Alguns sucessos e depois *Knock*. Êxito completo, unânime, de crítica e de público. Jouvet se confunde com Knock, é Knock durante muito tempo. Até hoje, nunca mais deixará de representá-lo periodicamente.

Outros autores aparecem: Bernard Zimmer, Steve Passeur, Marcel Archard. E mais tarde, já agora entre 1930 e 1940, novamente Jouvet torna-se o centro do teatro francês, ligando indissoluvelmente seu nome ao do teatrólogo contemporâneo de maior prestígio e sucesso na França: Jean Giraudoux. A colaboração é perfeita, dando os melhores resultados. Se Jouvet afirma, com referência a Giraudoux: "Não tivesse eu outro título de glória, em minha carreira e no exercício de minha profissão a não ser o de ter representado suas peças, eu me contentaria com esse". Por sua parte, Giraudoux confessa: "De fato o autor dramático possui agora duas musas, uma antes de escrever, que é Talia, e outra após, que para mim é Jouvet".

E esses 30 anos duma carreira de tal importância para o teatro francês, nós o tivemos resumidos em quatro espetáculos que lembram seus momentos essenciais: *La jalousie du barbouillé*, *La coupe enchantée* e *La folle journeé* entraram para o repertório de Jouvet em 1913, ainda no Vieux-Colombier; *Knock*, de 1923, representa a fase Jules Romains; e enfim *Ondine* e *La guerre de Troie n'aura pas lieu* representam 1935 e Jean Giraudoux. Outro espetáculo e outro nome a acrescentar: o de Molière, o maior, o de todos os tempos, também ligado a um grande sucesso de Jouvet.

A ausência nos palcos paulistas, de duas peças do repertório, uma de Jules Romains, outra de Giraudoux, não chegou a comprometer a unidade do repertório e a inteligência com que ele foi escolhido.

A oportunidade era, pois, única e deveria ser apaixonante mesmo para os parisienses por permitir, até certo ponto, um julgamento sobre o teatro francês moderno e por permitir, ao mesmo tempo, a avaliação da contribuição de Jouvet para o desenvolvimento desse teatro.

Não foi somente esse, entretanto, o interesse que a temporada apresentou. Via de regra as companhias francesas que aqui aportam têm todos os vícios da improvisação: os cenários são improvisados, o repertório é improvisado, porque constituído de peças de todos os gêneros e de todos os teatros de Paris, a própria escolha dos atores é acidental às vezes, o grupo sendo formado tendo-se em vista especialmente a excursão a fazer. Não é uma companhia que se desloca, com seu repertório, seus atores, seus cenários, seus auxiliares. É um grupo de bons atores, chefiados por alguém, com um programa mais ou menos fixo. Duas exceções conheço, nos últimos anos, a essa regra geral: a estadia da Comédie Française no Rio de Janeiro e a atual temporada Louis Jouvet. Com esta tivemos finalmente, em São Paulo, um grupo de peças estrangeiras executadas como foram criadas, pela mesma companhia, com o mesmo cenário, a mesma música, os mesmos efeitos de luz, dentro das possibilidades do nosso Teatro Municipal, é claro.

E cabe aqui uma constatação que fazemos com prazer. O público paulista soube avaliar perfeitamente tudo isso. A prova é a assistência que Jouvet teve em todos os espetáculos realizados em São Paulo.

Outras considerações são necessárias antes de entrarmos na análise dos diferentes espetáculos para que possamos compreender bem o espírito do teatro que nos visitou, evitando assim facilmente alguns equívocos que o público e até a crítica cometeram em sua apreciação.

É necessário esclarecer, em primeiro lugar, que Jouvet acredita no que ele chama de "convenção teatral", acordo entre o autor, o ator e o público para criar um espetáculo, cada um colaborando para que a ilusão seja perfeita e a emoção apareça. Essa convenção que nasceu com o próprio teatro e foi respeitada durante todo o período do teatro clássico, quando os espectadores aceitavam o verso porque sabiam que fazia parte da convenção[1], aceitavam o lugar indeterminado da ação e os cenários pintados porque sabiam que o que estavam vendo não era a vida mas uma peça de teatro, aceitavam o "a parte" porque sabiam que era uma das regras do jogo, com seu valor artístico perfeitamente definido, essa convenção, dizíamos, foi destruída (ou sua destruição foi tentada) pelo teatro naturalista, na França pelo Théâtre Libre, que quis dispensar a parte de colaboração do público e oferecer-lhe um teatro tão parecido com a vida, tão verossímil, que o espectador acreditasse sem esforço no que estava vendo, e esquecesse até que estava num teatro.

1. É interessante que um escritor teatral, de formação tão diferente da de Jouvet, como Somerset Maugham se exprima quase nas mesmas palavras: "O verso dá ao assunto uma forma convencional que lhe aumenta o efeito estético". "Porém, o principal valor do verso está em libertar a peça da realidade comum. Ele a coloca em outro plano, desliga-a imediatamente da vida, e dessa forma permite ao público atingir mais facilmente esse estado de espírito, que o torna sensível ao apelo específico do drama." (*The Summing Up*).

Jouvet mostra assim como a tradição foi violentamente quebrada pelo teatro naturalista:

> Esta maravilhosa convenção teatral despojada de sua magia, abandonada pela poesia, parece perdida para sempre. Foi substituída por uma nova convenção, "uma inovação", que a preocupação e o gosto pela verdade revelam a nossos predecessores: a invenção, a descoberta do quarto muro. Poder representar uma peça como se sua ação se realizasse realmente, de maneira que o espectador tivesse a impressão de assisti-la por indiscrição ou surpresa, tal era a maior ambição dessa arte dramática.
>
> É o período do "trecho de vida." "A arte consistia em fazer cair uma chuva verdadeira sobre a cena, a montar um açougue com cadáveres verdadeiros de animais, fogões verdadeiros com carvão verdadeiro, lavatórios com água, onde se podia lavar a roupa branca.
>
> Diminuição do espiritual, morte da imaginação e do maravilhoso, aviltamento da linguagem, tais são as características do teatro desta época.
>
> O teatro acabava de perder sua verdade a favor duma exatidão e duma verossimilhança que iam matar e abolir para sempre a verdadeira ilusão do teatro. O reino do espiritual terminava: o Théâtre Libre anunciado pela fotografia era o anjo anunciador do cinema.[2]

A volta à convenção teatral, a recriação da ilusão cênica, um dos pontos capitais da profissão de fé de Jouvet, é visível na temporada que tivemos, seja qual for o aspecto sobre o qual a examinarmos. Na escolha do repertório, por exemplo, *L'école des femmes*, *Knock*, *La guerre de Troie n'aura pas lieu*, *Ondine*, *La jalousie du barbouillé*, *La coupe enchantée*, todas têm o mesmo característico: são obras de arte e de teatro e não "trechos de vida". Nenhuma pretende ser uma cópia da realidade; em todas, ao contrário, nas antigas como nas modernas, está presente o mesmo elemento de magia e de poesia que Jouvet declarara ausente do Théâtre Libre. Na *mise-en-scène* também a convenção aparece nitidamente, no primeiro ato de *Knock*, por exemplo, onde as montanhas que se movem sugerem a realidade mas não pretendem imitá-la, e, principalmente no maravilhoso cenário de Berard para *L'école des femmes*, onde os quatros candelabros suspensos a arder permanentemente acima do palco não só estabelecem a presença de Molière na sala, ao reproduzir a iluminação com que suas peças eram apresentadas, mas servem sobretudo para lembrar ao público de que está diante dum palco e que portanto o seu apoio e boa vontade são necessários para que a ilusão tenha lugar. E o próprio jogo dos atores vai além da naturalidade, ultrapassa a realidade, transplantando-a para um plano artístico. Como prova, basta lembrar-se o "Hans" de Jouvet em *Ondine*, onde a seriedade, a uniformidade quase sonambulesca de gestos e de dicção introduzem-nos imediatamente no ambiente poético da peça, além de indicar toda a trajetória do personagem: a sua cegueira ante a lucidez de Ondine

2. Esta série de citações é tirada do livro de Jouvet *Réflexions du comedien*.

("*Vous ne comprennez rien à rien, n'est-ce pas?*"), o seu formalismo estreito, apesar de ingênuo e bem intencionado, a contrastar com a poesia, a espontaneidade e a liberdade de Ondine e finalmente o seu destino de condenado.

Outro elemento fundamental, ao lado da crença na "convenção teatral", para a completa caracterização do teatro de Louis Jouvet é a valorização do texto, a submissão de todos os outros componentes do espetáculo teatral a ele.

Edouard Bourdet, citado por Claude Cezan no livro *Louis Jouvet et le théâtre d'aujourd'hui*, diz, referindo-se a Jouvet: "

> Seu método consiste em representar não uma peça determinada, mas um autor, a visar não uma determinada obra mas o conjunto das obras de um escritor, na qual ele crê e que, segundo sua expressão, tem "alguma coisa a dizer". Esse amor à criação artística, que põe em primeiro lugar o autor, isto é, o criador por excelência, aquele que tem "alguma coisa a dizer", submetendo-lhe o ator, é essencial na compreensão de teatro de Jouvet. "O que interessa", nos diz ele, "é a relação estreita, direta, do homem que fala, isto é, o autor, e daqueles que escutam, isto é, da assistência, do público".

Nessas palavras, nas quais ele esquece deliberadamente o ator e o *metteur-en-scène* ao falar sobre o essencial do teatro, está compreendido todo um programa, que Jouvet realmente executa.

Há nelas, de início, uma reação contra os exageros dos diretores e *metteur-en-scène*, que irá, na Alemanha, por exemplo, chegaram a afirmar ser o texto, a peça escrita e espetáculo final, dependendo para criar vida da interpretação do *metteur-en-scène*, que lhe dar o verdadeiro significado, nem sempre perfeitamente apreendido pelo autor.[3] Nesse teatro a direção e a montagem são tudo, a peça apenas o pretexto, o documento a ser trabalhado. Jouvet protesta contra tal situação: o que importa "é a obra escrita, é a imaginação e o verbo do poeta dramático". "O escritor é o elemento principal e ativo e o verdadeiro diretor".

Há nessas palavras, ainda, um evidente desprezo pelos autores que não sabem compreender o papel criador que lhes está reservado e que substituem a livre criação literária pela aplicação de todos os truques teatrais, visando, já na escritura da peça, apenas o espetáculo. São as peças chamadas teatrais, construídas de acordo com algumas regras que todo mundo sabe, com o clássico primeiro ato apresentando a intriga, o segundo complicando-a e o terceiro resolvendo-a, com todas as surpresas e as reviravoltas que se dizem imprescindíveis no palco[4] e que, entretanto, fora certa habilidade de carpintaria, não possuem mérito algum e que, se constituem espetáculo agradável, não resistem nem à leitura nem ao tempo.

3. Essa questão está excelentemente tratada por Giraudoux, em prefácio ao livro de Claude Cezan, já referido.

4. O leitor perceberá logo quem levou essa escola teatral, que se apóia exclusivamente no inesperado do enredo, às últimas conseqüências: Hollywood.

Jouvet quer libertar o autor das pequenas regras que sufocam a sua veia criadora e lhe deixar liberdade para criar livremente, usando da imaginação, da mesma maneira que o romancista ou poeta. Como conseqüência, temos *Ondine* e temos *La guerre de Troie n'aura pas lieu*, obras poéticas por excelência, que fogem completamente ao comum e aos efeitos conhecidos, e que, não obstante, obtiveram aquele sucesso que, segundo alguns, estava reservado às obras feitas com o olho fixo no público, em seus hábitos e reações. O caso de Giraudoux é o melhor para esclarecer o que queremos dizer. Os críticos eram unânimes em reconhecer que ninguém parecia mais afastado do teatro que Giraudoux, pela imaginação, pela originalidade, pela dificuldade do seu pensamento, sutil, rico e nuançado. E entretanto Giraudoux marcou um êxito após outro, sem perder nenhuma de suas qualidades e sem se diminuir para adaptar-se ao teatro, provando que o público não era insensível como se pretendia. Hoje sua obra aparece como qualquer coisa à parte na literatura dramática francesa, como uma renovação. E dessa renovação, o mérito cabe em grande parte a Jouvet, quem revelou Giraudoux ao público francês e seu maior intérprete.

Mas, antes mesmo do período Giraudoux, com *Knock*, por exemplo, Jouvet já tinha mostrado sua preferência por obras que valessem pela inteligência e sensibilidade, antes que pela habilidade do *métier*. *Knock* é uma peça simples, límpida, que se desenvolve em linha reta, sem nenhuma das complicações julgadas habitualmente necessárias. E a reação do público fora a mesma, de interesse e entusiasmo por um teatro tão refrescante, tão mais puro de artifícios.

Há entre as carreiras de Jules Romains e Jean Giraudoux – os dois autores prediletos de Jouvet – certas semelhanças. Os dois destacam-se entre os comediógrafos franceses pela cultura. Ambos normalistas e com pendores para o campo das idéias gerais, e pela inteligência crítica, notável tanto num como no outro, o que os torna capaz de aparecer no ensaio como na ficção e ambos, finalmente, com carreira brilhante de romancista ao lado da de comediógrafo.

Constantemente, nesta crônica, os seus nomes têm aparecido juntos ao de Jouvet. Essa aproximação nada tem de acidental. Era natural que um ator e diretor de teatro que tanta importância dá ao texto e à criação literária atraísse para o seu teatro os dois escritores teatrais mais inteligentes da França contemporânea.

Nasce desse acordo entre o autor e o ator uma harmonia que envolve todo o teatro. Jouvet soube evitar, pois, não sem um certo heroísmo, o erro mais freqüente entre todos os intérpretes: o de se acreditar maior que o interpretado. A atitude comum do ator célebre, como a de todo *virtuose*, é a de tender cada vez mais para peças que lhe permitam exibições de qualidade pessoais, como se a interpretação fosse um fim em si mesma. Jouvet não. O teatro de Giraudoux, ponto culminante de sua carreira, dá pouca margem em geral ao ator. Quando representado como deve ser, os atores desaparecem, ficando apenas a beleza e a poesia do texto. Nenhum virtuosismo ou exibição pessoal é, nele, permitido. O virtuosismo, aqui, deve ser o desaparecimento do intérprete ante a grandeza da obra interpretada. A disciplina de Jouvet a esse respeito é absoluta. Lembremos-nos de sua frase ao falar da interpretação de Knock: "Quando represento Knock a minha principal preocupação é a de obedecer o melhor possível a esse texto admirável e soberano."

Não é por acaso que ele não incluíra o ator ao enumerar os elementos principais do teatro: o escritor e o público. O ator, indispensável, deve ser apenas o elemento de ligação entre um e outro.

São esses – crença na convenção teatral e submissão ao texto – os dois princípios diretores da arte teatral de Jouvet. Deles nasce a ordem que reina em seus espetáculos, numa fidelidade exemplar entre os pontos de vista teóricos e as realizações. Nas *Réflexions du comédien*, ele diz: "*Si le théâtre d'aujourd'hui tend vers quelque chose, c'est vers une vie où le spirituel parait avoir reconquis ses droits sur le matériel, le verbe sur le jeu, le texte sur le spectacle. C'est vers une convention dramatique faite de poésie, de grâce et de noblesse.*"

Aí está, numa frase, resumido todo o seu pensamento. E é para que a esperança que ela contém se concretize que todos os esforços de Jouvet têm sido despendidos.[5]

## No Rio de Janeiro
## (n. 3, agosto de 1941)

Temporada Dulcina-Odilon – Teatro Regina – *Nunca me deixarás* – original de Margareth Kennedy (*Escape me Never*) – tradução de Maria Jacinta.

A peça com que Dulcina e Odilon inauguraram sua atual temporada no Rio de Janeiro é da melhor qualidade. Criada na Inglaterra por Elisabeth Bergner, que a interpretou mais tarde no cinema, foi levada à cena, na França, pelos Pitöeff.

Tomando alguns motivos românticos que facilmente poderiam parecer banais Margareth Kennedy consegue, pela simplicidade e humanidade com que tratou o assunto, pela poesia, e pela fantasia, genuína e autêntica, com que impregnou a peça toda, nos subjugar e emocionar como se estivéssemos vendo aquelas situações pela primeira vez. Com que inteligência, por exemplo, soube ela fugir na descrição de Sebastião Sanger, ao tipo banal do "boêmio encantador", estroina que esconde cuidadosamente o coração para revelá-lo no terceiro ato. Sebastião Sanger não é o *enfant gaté* que a platéia espera: é ruim mesmo, egoísta até o fim, indiferente, sem escrúpulos nem remorsos, detestável inteiramente não fosse a inconsciência e naturalidade que lhe dão tanto encanto. Também Gemma é cínica de verdade, desencantada, revoltada contra o amor que a prende para sempre a Sebastião. E, apesar de tudo, a peça nos deixa certa impressão de inocência, quase lírica.

5. Faremos no próximo número a análise de cada um dos espetáculos da temporada.

Tanto Odilon como Dulcina estão muito bem no desempenho dos dois papéis principais. Odilon mostra progressos evidentes e mantém-se na mesma linha de discrição e naturalidade que o distingue nos palcos brasileiros. Dulcina, muito mais liberta da afetação que o seu jogo teatral freqüentemente apresenta, dá mostras de tudo que é capaz, comovendo-nos profundamente nas cenas mais simples e mais humanas, que são também as mais difíceis.

Que Odilon e Dulcina continuem com sucesso, como na temporada atual, nesse "compromisso" entre o teatro comercial e o de arte, já que este último parece por ora impossível no Brasil, é o desejo da seção teatral de *Clima*.

## Ainda Louis Jouvet...
(n. 4, setembro de 1941)

Em nossa crônica anterior tínhamos procurado estudar o teatro de Louis Jouvet em suas características essenciais. Pretendíamos fazer neste número a análise demorada de cada espetáculo realizado em São Paulo. Entretanto, a extensão que tais comentários ameaçavam tomar, excessiva para os limites dessa seção, de um lado, e a dúvida sobre a oportunidade deles quase dois meses após a estadia da Companhia Francesa entre nós, de outro, fizeram-nos desistir em meio do trabalho. Talvez voltemos a Louis Jouvet nos próximos números. Por agora publicamos apenas uma nota sobre a menor peça dentre todas as de seu repertório.

*La jalousie du barbouillé* – farsa de Molière, levada à cena juntamente com *La folle journeé*, de Emile Mazaud, e *La coupe enchatée*, de La Fontaine. Quando, em 1731, Jean Baptiste Rousseau, o poeta que possuía os manuscritos das duas peças *La jalousie du barbouillé* e *Le medicin volant*, até então inéditas, foi interrogado, em carta, sobre o valor delas, tendo em vista a inclusão numa edição próxima das obras completas de Molière, respondeu: "*Quant aux petites pièces que notre auteur representait en province il est vrai qu'il m'en est tombé deux entre les mains, mais il est aisé de voir que ce n'est pas lui que les a écrites. Ce sont des canevas tels qu'il les donnait á ses acteurs, Qui les remplissaient sur-le-champ, á la maniére des Italiens, chacun suivant son talent*". Nesse juízo, embora desfavorável, de *La jalousie du barbouillé*, estão, entretanto, indicadas as razões principais que nos levam, atualmente, a ver com tanto prazer a pequena peça que Molière representava na província, antes de transferir seu teatro para Paris. É exatamente dessa ausência de enredo e construção, apontada por Rosseau, que nasce para nós o encanto da peça. Seus personagens entram e saem do palco com bastante liberdade. Aparecem mais ou menos por acaso e desaparecem com a mesma discrição. Há mais até: o delicioso Doutor, presente constantemente no palco, nada tem a ver com a historieta contada. A sua função é apenas a de atrapalhar tudo com a sua presença incômoda, sua verbosidade, seus conhecimentos filosóficos, sua insistência em permanecer em cena, perturbando e paralisando a ação, contra a vontade de todos os personagens. Ninguém consegue tirar dele alguma coisa: ele interrompe todo mundo, entulha a peça com coisas acessórias. Quando surge pela última vez, após a última briga entre o ciumento Barbouillé e a mulher, a preocupação geral é de afetar apressadamente a maior concórdia para afastá-lo do palco:

| | |
|---|---|
| Le Docteur | – *Hé quoi! Toujour du bruit, du désordre,*<br>*de la dissension, des querelles, des débats, des différends,*<br>*des combustions, des altercations éternelles. Qu'est-ce?*<br>*Qu'y a-t-il donc? On ne saurait avoir du repos.* |
| Villebrequin | – *Ce n'est rien, Monsieur le docteur; tout*<br>*le monde est d'accord.* |
| Le Docteur | – *A propos d'accord, voulez-vous que je vous*<br>*lise un chapitre d'Aristote, où il prouve que toutes les*<br>*parties de l'univers ne subsistent que par l'accord qui*<br>*est entre elles?* |
| Villebrequin | – *Cela est-ce bien long?* |
| Le Docteur | – *Non, cela n'est pas long; cela contient*<br>*environ soixante ou quatre-vingts pages.* |

É dessa ausência de construção, dessa quase confusão, ou melhor diríamos, dessa deliciosa gratuidade, herdada naturalmente da *Commedia dell'arte* italiana como o próprio Rosseau nota, que nasce o interesse da peça. Ela, se representada de maneira adequada a seu estilo, mostra a comédia em sua forma mais simples, mais ingênua e mais espontânea, ainda longe do intelectualismo sempre crescente das formas posteriores. *La jalousie du barbouillé* lembra a simplicidade e a falta de pretensão dos espetáculos de marionetes. E a interpretação de Jouvet, que deve certamente ser a de Copeau quando este a montou no Vieux-Colombier, em 1913, obedeceu e acentuou essa semelhança. Os movimentos de capa do Doutor, o abaixar e levantar deste à medida que vai exibindo todos os dez motivos que o fazem doutor e, principalmente, em relação a todos os personagens certa simplificação de movimentos, que em alguns momentos extremos parecem mais os de um boneco que os de uma pessoa viva, constantemente nos sugerem os espetáculos de marionetes e nos colocam no estilo apropriado à execução da peça.

Aliás, aqui mais do que nunca, é necessária a "convenção teatral" a que aludíamos em nosso artigo anterior para a perfeita compreensão do espetáculo que Jouvet nos deu, porque estamos muito longe da intenção de cópia da realidade.

Preferimos falar sobretudo da forma de *La jalousie du barbouillé*, mas seu conteúdo tem também interesse principalmente histórico: dois temas fundamentais da obra de Molière, que iriam mais tarde ser desenvolvidos e comentados, aparecem pela primeira vez. O tema do marido que receia ser enganado e o da mulher afastada do lar, ou seja pelo gosto da literatura, ou seja pelo gosto da sociedade, já se esboçam timidamente, a nos tirar dúvidas quanto à paternidade da peça. Apesar do pouco desenvolvimento dado às cenas, sente-se a presença de Molière. E aí está para atestá-lo também, e para nos pôr subitamente em contato com a história, o vulto do doutor, verboso, falando latim e citando incessantemente Aristóteles, que nos faz recuar alguns séculos e lembrar uma época em que a filosofia andava bastante desmoralizada e parecia aos olhos dos burgueses como a ciência mais palavrosa e estéril que os homens tinham inventado...

## O homem que veio jantar
(n. 4, setembro de 1941)

*The Man Who Came to Dinner* – peça de George Kaufman e Moss Hart –, apresentada no original, pela Sociedade dos Artistas Amadores de São Paulo, em 30 de agosto de 1941, no Teatro Municipal.

Num livro publicado há pouco mais de um ano, George Jean Nathan, ao fazer uma série de prognósticos a respeito das futuras temporadas teatrais da Broadway, dizia que, por maior que fosse o progresso do teatro norte-americano, todos os anos teríamos novamente, entre outras repetições,

> uma imitação e paráfrase do *You Can't Take it With You*[6] cujo autor julgará ter capturado a essência desse sucesso entulhando a cena com uma reunião maluca de coisas pelas paredes, fazendo um dos personagens dormir sobre o piano de cauda e obrigando outro, a velha avó, a escorregar pelo corrimão da escada.

O que Nathan não previu, e entretanto a previsão era fácil, é que, como freqüentemente acontece, seriam os próprios Kaufman e Hart, autores de *You Can't Take it With You*, os primeiros a se imitarem e a procurarem repetir o sucesso anterior usando a mesma fórmula, vitoriosa uma vez, da farsa amalucada. E foi isso exatamente o que aconteceu. Como prova, aí está "o homem que veio jantar", sucesso atual da Broadway, história de Sherry Whiteside, glória nacional, crítico de teatro e cronista de rádio conhecido em todo país, que, indo jantar, por deferência única, em casa de modestos e prósperos burgueses de uma pequena cidade do interior, aí teve de ficar durante algumas semanas em conseqüência de uma perna quebrada exatamente no momento em que transpunha a soleira da casa. A comoção nacional e internacional é intensa. Os telegramas cruzam abrangendo desde Sacha Guitry até o dr. Dafoe, médico das irmãs Dionne, passando por Jascha

6. A fita extraída dessa peça foi levada no Brasil com o título: *Do mundo nada se leva*.

Heifetz, H.G. Wells, Alexis Carrel, Arturo Toscanini, Schiaparelli, Shirley Temple e Somerset Maugham. Em conseqüência o Maharajah de Jehraput, Bombay, receberá o seguinte telegrama: "Meu caro Bú-Bú. Programa modificado. Poderá encontrar-me Calcutá 12 de julho. Jantar às oito e meia. Whiteside"; e a revista *Time* ao concluir a notícia do acontecido esclarecerá: "Possibilidade: talvez o Natal seja adiado este ano".

A peça é a história de como essa celebridade que veio para jantar e que, apesar de tudo, é bastante malcriada se instala na casa com enfermeira e secretária, afugentando a família desesperada para o segundo jantar, reservando para si o telefone, a biblioteca, a sala de jantar e o hall e aí recebendo, com a maior delicadeza, seus convidados, entre os quais alguns presidiários, vigiados por dois policiais de fuzil em punho, e vinte e dois estudantes chineses, vindos diretamente da Casa Branca. Como se não bastasse, Whiteside instaura imediatamente um processo de indenização no valor de três mil contos contra seu hospedeiro, além de aconselhar a filha deste a se casar contra a vontade dos pais e contribuir para que o filho parta, fugido, como fotógrafo amador, numa excursão à volta do mundo.

Após peripécias em que entram, entre outras coisas, uma caixa de pingüins enviados pelo almirante Byrd, um médico de roça que escreveu um livro sobre "quarenta anos de um médico de Ohio", e uma atriz inglesa, das dez mulheres mais bem vestidas do universo, que sai carregada, no terceiro ato, dentro de uma múmia, presente do Kediva do Egito, a peça termina com a saída triunfal de Whiteside, curado e de bom humor, e com a sua volta inesperada, vociferando que a indenização, por ter quebrado, ao sair, a outra perna, seria agora de sete mil contos...

Essa é a história de "o homem que veio jantar" feita, como se vê, bastante de acordo com a fórmula resumida na frase de George Jean Nathan, citada no início de nosso artigo: a do humor nascendo do emprego sistemático do exagero, quase mecanicamente diríamos. A peça ressente-se, aliás, desse vício de origem: uma vez compreendido o mecanismo da produção do humor ela perde na impressão da espontaneidade. Como sempre que, numa obra de arte, se substitui a inspiração pelo uso de uma fórmula há o perigo da repetição e do cansaço.

A peça é dedicada "a Alexander Woolcott por motivos que não são da conta de ninguém". Apesar da discrição revelada pelos autores, será bom entrar aqui na indagação das razões de tal dedicatória e acrescentar que Alexander Woolcott é um muito conhecido crítico teatral radiofônico dos Estados Unidos, conferencista famoso, quem, por exemplo, deu fama e fortuna, da noite para o dia, a *Good Bye, Mr. Chips.*

Esta similaridade, não de toda mera coincidência, nos dá imediatamente a chave da peça: é uma sátira amiga, um retrato propositalmente exagerado do ambiente altamente "sofisticado" do teatro, do rádio e do cinema norte-americano.

O efeito é conseguido pelo acúmulo de alusões a todas as pessoas e fatos em evidência, atualmente, em tais meios, de maneira que a peça necessita um verdadeiro dicionário biográfico de nomes empregados com maior freqüência para que possa ser bem compreendida no estrangeiro, o que, aliás, foi feito no programa do espetáculo que estamos criticando.

Além de Woolcott que aceitou integralmente a brincadeira representando, em turnês pelo interior, o papel de Whiteside, inspirado nele mesmo, Noël Coward também é satirizado, na figura do autor e ator inglês Beverly Calrton que, entre duas viagens pelo mundo, faz uma rápida visita a Whiteside para lhe contar que: "Não somente escrevi a melhor comédia desde Molière, como a melhor revista desde a minha última e uma opereta que me amedronta – tão boa ela é".

Naturalmente uma peça assim tão presa à vida do teatro norte-americano e aos personagens que a animam parecia, à primeira vista, pouco indicada para ser representada em São Paulo.

Entretanto, ou porque o público fosse composto em grande parte de norte-americanos, ou porque, e esta hipótese é a mais provável, a peça possua por si só elementos de movimento e graça que a tornam aceitável para qualquer público, o certo é que a reação deste foi de inteira adesão e interesse. O público manteve-se sempre atento e divertido. E deve ter contribuído muito para isso a encenação perfeita que a peça recebeu. Não imaginávamos que aqui, em São Paulo, uma companhia de amadores pudesse apresentar com tanta perfeição uma comédia complicada (é o termo) como *The Man Who Came to Dinner*, que requer, além do mais, uma quantidade de atores característicos em pequenos papéis.

Uma única observação acredito, é possível fazer-se quanto à direção. O teatro norte-americano caracteriza-se pela velocidade da representação.

Era o que Noël Coward notava ao narrar suas impressões acerca da primeira peça que viu em Nova York:

> Achei a produção e a representação boas, a peça fraca, mas o que me interessou mais foi o "tempo". Educado na tradição das afáveis comédias inglesas, com suas inevitáveis empregadas, mordomos, vasos de flores e mesas de chá, levei bem uns dez minutos do primeiro ato para compreender o que cada um estava dizendo. Todos pareciam falar ao mesmo tempo".

Essa velocidade o cinema ianque também a possui porque é provavelmente uma característica geral da vida norte-americana. Em *The Man Who Came to Dinner*, ela deveria ser extrema não só por se tratar de uma peça americana, mas principalmente por ter como motivo o próprio meio teatral nova-iorquino. E até o gênero da peça, isso que se convencionou chamar, hoje em dia, de "comédia maluca", exige uma rapidez máxima na ação, porque o interesse não nasce de detalhes felizes mas da própria sucessão vertiginosa dos acontecimentos. Pois bem, essa velocidade faltou um pouco no espetáculo dos amadores norte-americanos. Ela foi apenas normal. E se faço esta observação, faço-a unicamente porque ela se impôs a mim ao comparar o *The Man Who Came to Dinner* de São Paulo ao de Nova York, que tive também a oportunidade de assistir.

Não poderia terminar esta nota crítica sem que me referisse ao trabalho correto de todos atores, sobressaindo-se extraordinariamente Frank Bevan no papel de Sheridan Whiteside, o homem que foi jantar. O Whiteside de Nova York, Monty Woolley, era essencialmente calmo e irônico. Dizia as suas frases agressivas e sarcásticas contra o dono da casa e a enfermeira, suavemente, com o ar satisfeito de uma criança mimada que está apenas se exercitando ou como quem não acredita na própria maldade. Frank Bevan, ao contrário, imprimiu maior vigor e violência ao papel sem retirar-lhe, contudo, a graça e o "charme". A interpretação foi diversa mas igualmente convincente.

Por que a Sociedade dos Artistas Amadores de São Paulo não aproveita os ótimos elementos de que dispõe, quer quanto à direção quer quanto ao corpo de atores, não somente em peças ligeiras e divertidas como esta, mas igualmente em tentativas de teatro mais sério, que mostrariam melhor, creio, todo o valor, dessa instituição?

## O teatro em São Paulo
## (n. 9, abril de 1942)

### I

A primeira novidade importante da atual temporada de teatro em São Paulo foi a apresentação pela Companhia Roulien, há alguns meses atrás, da peça *Trio em lá menor*, do comediógrafo e crítico teatral R. Magalhães Júnior.

Numa entrevista concedida poucos dias antes da estréia, o sr. Magalhães Júnior revelara que tinha tomado como modelo, para a construção de *Trio em lá menor*, as modernas comédias norte-americanas, de preferência. Sabíamos, pois, de antemão, que a peça do sr. Magalhães Júnior possuía, ao menos, o mérito de trazer para o nosso teatro, até agora voltado quase que exclusivamente para a produção européia, uma influência nova. É claro que a política da boa vizinhança, a invasão da música e da literatura da América do Norte, o próprio cinema falado, tudo estava e está preparando a entrada do teatro norte-americano em nossos palcos. Acrescente-se a esses, outro fator que pode influir decisivamente: Nova York é no momento o único grande centro teatral do mundo que conserva toda sua vitalidade intata.

A peça do sr. Magalhães Júnior poderia, dessa maneira, iniciar um movimento cujo futuro não se pode calcular bem, mas que seria certamente interessante.

Entretanto, a impressão que me ficou é que o sr. Magalhães Júnior não cumpriu as promessas da entrevista. O que realmente teve influência sobre *Trio em lá menor* foi o cinema americano, não o teatro. Não há propriamente, aliás, motivo para admiração, porque o sr. Magalhães é também tradutor e crítico cinematográfico, não fazendo, como crítico, questão de distinguir nitidamente os dois gêneros e não temendo, ao que parece, as influências recíprocas...

Mas vamos por partes. Não é na técnica que *Trio em lá menor* revela influência do cinema, isto é, a peça não é dividida em numerosos pequenos quadros cuja sucessão rápida e contínua daria a impressão do movimento e da amplitude de ação do cinema, meio técnico que às vezes o teatro adota para igualar-se em armas ao seu adversário. Não. Nenhuma carpintaria complicada, nenhuma velocidade cinematográfica. A técnica da peça é a habitual: três atos, cenas longamente desenvolvidas através da palavra.

O que o sr. R. Magalhães Júnior emprestou a Hollywood foi o ambiente, as personagens, as situações. Logo as primeiras cenas já lembram coisa vista em cinema: o clássico apartamento, a lição com o engraçado professor de canto italiano. E resto, a rival vampiresca que surge, os estratagemas meio malucos da mulher para afastá-la, a ameaça de divórcio, a reação física da esposa na bebedeira e briga final, tudo relembra Hollywood. Começamos sem querer a escolher os atores: Melvyn Douglas para o papel de marido, Rosalind Russell (Mirna Loy também serve) para o da mulher. Quanto ao professor de música, a escolha é infinita, desde o saudoso Luiz Alberni, dos heróicos tempos de Grace Moore e Nino Martini, até o último, o de *Cidadão Kane*. O engalfinhamento das duas mulheres já não provoca tanta sensação depois que entrou na moda, nas fitas americanas, as mulheres se engalfinharem. A caçoada com os quadros surrealistas também é familiar depois do magnífico *Alexander Sebastian*, criado por Burgess Meredith.

Não estou, é evidente, tentando insinuar que o sr. Magalhães Júnior tenha copiado cenas ou situações. O que quis mostrar, com os exemplos acima, é que sua peça está de tal maneira impregnada da atmosfera das fitas americanas, e talvez propositalmente a procura de bilheteria, que ela se desenvolve sempre dentro dum certo ar de parentesco, com jeito de coisa conhecida e familiar, invocando nomes também familiares.

Mas, e aqui está seu mal, mesmo julgada sobre esse ponto de vista, como se fosse uma tradução que o sr. R. Magalhães Júnior tivesse feito para algum estúdio americano, mesmo assim *Trio em lá menor* é banal. A construção é esquemática demais, sem invenções cômicas, as situações não oferecem nenhuma novidade, os acontecimentos e as soluções são previstos invariavelmente.

De maneira que o maior interesse de *Trio em lá menor*, para a crítica, é, afinal de contas, um interesse histórico: o de indicar, no teatro, a mesma atenção voltada para as coisas norte-americanas que se nota, no momento atual, em outros ramos da nossa atividade artística.

## II

Não irei fazer crítica do espetáculo inaugural da temporada de Procópio em São Paulo, espetáculo em que foi representada a peça *La locandiera*, ou *O inimigo das mulheres*, conforme a tradução nacional, de Carlo Goldoni.

Farei apenas um protesto.

No teatro nada exige mais saber, mais tato, mais finura, mais amor, mais compreensão verdadeira do fenômeno teatral que a montagem da peça clássica. Reviver uma produção do passado é a melhor ocasião que o *metteurs-en-scène* tem para mostrar sua intuição do que é eterno e invariável no espetáculo teatral e, por isso mesmo, todos os grandes *metteurs-en-scène* fazem questão de afrontar essa prova, a que melhor permite a discussão e verificação de princípios estéticos teóricos.

Pois foi essa prova que o sr. Procópio Ferreira afrontou. O resultado não poderia ter sido mais desastroso. Tudo foi adulterado conscientemente, modificado de propósito, até o enredo. Não resistindo, nem procurando resistir, à tentação de ser engraçado, o sr. Procópio fez os maiores esforços para substituir, sempre que possível, Goldoni por Procópio, com danos evidentes para Goldoni. Nada poupou o sr. Procópio Ferreira, nem latidos. Compreende-se, aliás, o que se passa atualmente com o sr. Procópio Ferreira: quer elevar o nível de seu repertório mas, ao mesmo tempo, não quer perder o público dos bons tempos das traduções espanholas no Boa Vista.

Entretanto, sr. Procópio, raramente a arte permite acomodações. Decida-se de uma vez num sentido ou noutro, escolha entre ganhar mais dinheiro ou arriscar um pouco do que ganhou em novas experiências. Não continue nesse esforço ingente e ineficaz de conciliar Goldoni e Paulo de Magalhães. E, principalmente, não se esqueça de considerar, no balanço final, a vocação nascente de sua filha, que, francamente, merece consideração e respeito.

## III

A representação de *Comédia do coração*, de Paulo Gonçalves, era uma experiência curiosa para a companhia de Dulcina e Odilon.

Peça de poeta, de imaginação, fantasiosa, inteiramente fora da realidade, passando-se dentro de um coração humano e tendo os sentimentos como personagens, peça, portanto, cujo valor deve residir sobretudo na beleza literária do texto, exige de seus intérpretes qualidades diversas das requeridas pelas comédias habituais no repertório de Dulcina e Odilon. Nessas comédias, o intuito do autor é geralmente, de uma maneira ou de outra, com maior ou menor liberdade, o de reproduzir a realidade. Ou melhor, o autor pode permitir-se certa fantasia, mas procura dar a cada cena e a cada personagem a maior verossimilhança possível, como se realmente estivesse apenas pintando a realidade. Mais perto ou mais longe, sempre encontramos na base dessas comédias alguma coisa da influência e das intenções do teatro naturalista. E ao autor desse teatro é necessário principalmente uma qualidade: a naturalidade.

Ao contrário, as peças que se libertam da realidade, a peça em verso, por exemplo, exigem, além desse, outros requisitos mais propriamente profissionais e técnicos. Não basta naturalidade para representar Racine ou Corneille, está claro. É necessário um longo aprendizado, uma longa preparação de voz, de respiração, de dicção, de gestos, de movimentação, o conhecimento profundo de um estilo de representar.

Creio que exemplificando me farei melhor entender. Cantores, *boxeurs*, gêmeos, meninas, atletas ou modelos podem representar razoavelmente num filme de Hollywood, porque nestes em geral se exige do ator apenas naturalidade, além das qualidades que ele tiver como homem. Entretanto, é impossível para alguém que não tenha preparação profissional prolongada e que não tenha dotes específicos de ator, representar um papel shakespeariano. Para Romeu em *Romeu e Julieta*, os diretores de Hollywood, com tantos jovens galãs à disposição, viram-se obrigados a lançar mão de um ator que não era nem moço nem bonito, mas que tinha experiência shakespeariana e uma dicção admirável.

A representação da *Comédia do coração* era, portanto, experiência interessante para uma *troupe* mais acostumada com outro tipo de comédia, e a ausência, no Brasil, de escolas dramáticas que dessem o preparo profissional acima referido aumentava consideravelmente as dificuldades da adaptação.

Em geral todos saíram-se bem da empresa. Mas quem melhor se adaptou foi incontestavelmente Dulcina, e é fácil dizer por quê. Em primeiro lugar, intervém uma questão de temperamento: a naturalidade nunca foi o forte de Dulcina. Ela sempre foi acusada, e com razão, de "representar" demais, mesmo quando representa bem. Daí sua facilidade e seu gosto para papéis exagerados. Mas há mais ainda. Dulcina supriu em grande parte, com o esforço próprio, a inexistência de preparação profissional escolar. Se não chegou ainda a dominar convenientemente sua dicção, que continua ruim, pouco brasileira, com a acentuação freqüente da última sílaba, entretanto, em *Comédia do coração*, ela mostrou um domínio completo e perfeito do corpo, nos gestos e atitudes. Representou admiravelmente o papel, dosando-o como convinha, com graça e leveza.

Para terminar esta nota, direi alguma coisa sobre a peça, que não era inédita. A idéia de Paulo Gonçalves é interessante e graciosa mas esgotou-se no primeiro ato. No segundo e terceiro ele limitou-se a explorar temas propostos no primeiro, sobretudo a oposição contínua e afinal um tanto monótona entre a Razão e o Sonho. Não faltou a Paulo Gonçalves habilidade para entreter a ação, mas faltou mais imaginação para renovar constantemente o assunto. Após o primeiro ato continuamos atentos mas não mais surpresos.

Depois de *Comédia do coração*, esperamos, no momento em que escrevo, com curiosidade, *You Can't Take it With You*, de Moss Hart e George Kaufman, estrondoso sucesso no palco e nas telas dos Estados Unidos. Qual será a reação do nosso público e de nossos atores diante de um produto tão típico da Broadway?

## Que família...
(n. 10, junho de 1942)

*Hay Fever* – peça de Noël Coward, apresentada no original pela Sociedade dos Artistas Amadores de São Paulo, no Teatro Municipal.

Em sua autobiografia, Noël Coward nos conta como lhe veio a idéia de escrever esta *Hay Fever* divertidíssima, talvez a mais engraçada de suas comédias. Foi em Nova York, no começo de sua carreira, que conheceu a família, o casal e dois filhos moços exatamente como na peça, que iria fornecer-lhe o ponto de partida para a construção de *Hay Fever*. Noël Coward relembra, a propósito, os jogos por eles organizados, imitar um personagem histórico, representar de acordo com um advérbio previamente escolhido, que ocasionavam uma série infindável de discussões e brigas e que

> terminavam freqüentemente com a retirada dos quatro do salão para o andar superior, onde, mais tarde, poderiam ser descobertos, por algum hóspede com ousadia suficiente pa-

ra ir procurá-los, tomando amavelmente chá na cozinha. Era inevitável que alguém, mais cedo ou mais tarde, aproveitasse alguma coisa dessa excentricidade numa peça e só posso agradecer ao destino o fato de nenhum hóspede dos Hartley Manners ter se lembrado de escrever *Hay Fever* antes de mim.

A idéia sugerida pelos Hartley Manners foi certamente a de fazer nascer o cômico da oposição entre uma família de artistas, a mãe atriz, retirada do palco mas que continua, na vida real, a representar, o pai escritor, o filho desenhista, acostumados a uma maneira de viver bastante boêmia e alguns visitantes formalísticos e facilmente escandalizáveis.

É assim que se arma o primeiro ato quando, sucessivamente, cada um dos componentes da família Bliss revela que convidou um hóspede para o próximo *week-end* e reclama o quarto japonês para o seu convidado. E os hóspedes vão chegando: um diplomata comedido, convidado pela filha, a única que faz esforços para se normalizar; um rapaz de sociedade que não bebe, cuida do físico e joga boxe, apaixonado pela mãe, ou, mais precisamente, pela ex-atriz; "uma vampira consciente", da alta sociedade, que o filho está tentando conquistar; e uma pobre moça da qual o pai, escritor, deseja estudar as reações num ambiente familiar...

As gafes e os desencontros começam a aparecer timidamente. O pai não reconhece imediatamente a moça que convidara, a mãe passa, de um lado para outro, ao lado de seu *boxeur*, serena, feliz com o novo papel, ignorando inteiramente a existência dos outros recém-chegados. A filha, essa, coitadinha, deseja apenas deixar bem à vontade o diplomata, sem resultados.

Não é somente nas situações. Nas próprias palavras de cada um dos personagens já começa a pairar um ar incômodo e sutil de desacerto, de desencontro:

> Judith – *Why do you say "Oh" like that? Didn't you know I had a husband?*
> Sandy – *I thought he was dead.*
> Judith – *No, he's not dead; he's upstairs.*

No final do primeiro ato a impressão de gafe, de coisa falhada, quase de mal-estar, se instala definitiva. À hora do chá, todos conseguem por fim reconhecer-se mutuamente e as apresentações se sucedem. Entretanto as relações são muito recentes e não há assunto. Silêncio embaraçoso. Dois hóspedes, os mais delicados, o diplomata e a vampe naturalmente, sentem a necessidade de quebrá-lo, mas têm a infelicidade de fazê-lo ao mesmo tempo e se calam, cada qual esperando que o outro continue. Outra vez silêncio. Nova tentativa dos dois, que tornam a falar ao mesmo tempo, confundindo-se. E no silêncio irremediável que se segue cai o pano. Somente a família Bliss, distraída, não percebe o malogro do *week-end*.

O assunto da peça está delineado: *Hay Fever* é a comédia do embaraço. O segundo ato explora ao cúmulo as situações difíceis. Inicialmente há uma cena de jogo de sociedade, obra-prima no gênero, na qual, como acontecia na casa dos Hartley Manners, ou melhor, como acontece sempre em todas as casas, nada dá certo, ninguém se entende, um porque esqueceu o advérbio, outro porque tem vergonha de representar e assim por diante. Desfeita a esperança de acordo e de uma noite agradável passada em sociedade, a família se dispersa. Seguem-se vários *tête-à-tête* sentimentais, ao contrário, porém, do esperado e do combinado: a mãe interessa-se pelo diplomata, a filha namora o *boxeur*, o pai faz a corte ao *flirt* do filho, e este, por sua vez, declara-se inesperadamente noivo da criatura que o pai trouxera como objeto de estudo... É claro que cada uma dessas situações dá a Judith Bliss oportunidade para se exercitar, com grande êxito, nos papéis os mais diversos: mãe magnânima, esposa leviana, esposa ultrajada, coadjuvada gentilmente pelos filhos, que dão as réplicas necessárias, mas sempre incompreendida pelos hóspedes, inquietos diante das sucessivas cenas melodramáticas.

Já parece próximo a iminência de um divórcio, mas felizmente tudo se resolve num qüiproquó tremendo quando, devido a uma frase infeliz do diplomata, que é, por acaso, exatamente igual a uma "deixa" dum dramalhão do antigo repertório de Judith Bliss, a família Bliss inteira, empolgada, cai na representação do drama, sem que os hóspedes, atônitos, compreendam a situação e percebam a razão de ser daquela súbita loucura coletiva.

Agora, no terceiro ato, só resta uma solução aos hóspedes, que a indignação comum tornou solidários: a fuga. E é o que fazem, na manhã seguinte, sorrateiramente, deslizando os quatro, pé ante pé, com valises e tudo, pelo fundo da cena, enquanto a família Bliss, esquecida da existência deles, toma o café da manhã e discute violentamente se é a rua Saint Honoré ou a rua Boissy d'Anglas que desemboca na Praça da Concórdia, em Paris...

Ao descer o pano, no momento em que a peça se completa e volta a expor a situação inicial, sentimos a impossibilidade de resumir verdadeiramente o que vimos, porque é impossível sintetizar-se uma peça que vale não pela construção, isto é, pela sucessão das cenas, mas pela graça das cenas isoladas. Realmente o que menos interessa em *Hay Fever* é o enredo. E nem podemos afirmar com certeza se ele existe. O que existe é uma série de brincadeiras, de situações engraçadas, ligadas por um único motivo central, que dá unidade à peça: o desencontro. Desencontro em todos os sentidos que a palavra, escolhida vaga e ampla propositalmente, comporta, desde a gafe até a falta de ressonância psicológica entre os diferentes personagens.

Não é apenas o desencontro completo entre a família Bliss e seus convidados, eixo em torno do qual a peça gira. Dentro da própria família Bliss não há uma conversa que vingue, que se desenvolva naturalmente, não há um momento de sossego, de harmonia. Paira na sala sempre alguma confusão, ainda que não seja desordenada, na maior parte das vezes fria até, calma, irônica. A diferença é que os Bliss respiram normalmente e com prazer esse ar de confusão que para os outros, mais burgueses e menos ambientados, é irrespirável.

Apesar do tema, nunca, entretanto, ficamos constrangidos ao assistir a *Hay Fever* porque o desencontro foi considerado apenas pelo lado divertido. A ironia e mesmo a sátira estão presentes muitas vezes não há dúvida, mas atenuadas pelo ar de brincadeira, pela ausência de maldade. Lembramo-nos imediatamente das palavras de Noël Coward: "Gosto muito de *Hay Fever*. Diverti-me escrevendo-a e produzindo-a e freqüentemente diverti-me assistindo-a". É essa, na verdade, a impressão que a peça dá.

Não sentimos nela nenhuma outra intenção. E é essa ausência de segundas intenções, essa ausência de verdadeira maldade, que salva a peça do que poderia ter de desagradável e que lhe dá tanta espontaneidade e graça.

Pelo que ficou dito, creio ter transparecido ser *Hay Fever* de difícil representação. A primeira dificuldade a considerar, a mais evidente – indicada, aliás, por Noël Coward, como advertência aos amadores que gostam tanto de representá-la – nasce da quase completa ausência de enredo. Por isso mesmo a peça repousa principalmente no jogo dos atores. Ou esses conseguem dar animação, vida, graça, a essa sucessão de quadros, ou a peça se desfaz, por falta de um assunto ou de um texto literário que valha por si mesmo.

E desse ponto de vista é importante sobretudo que o papel de Judith Bliss seja confiado a uma grande atriz. Foi Marie Tempest quem o criou em Londres e foi Marcelle Géniat que o representou em Paris, na tradução francesa.

Os responsáveis pelo espetáculo dos Artistas Amadores de São Paulo, que estou criticando, erraram, ao meu ver, distribuindo esse papel a uma atriz ainda muito jovem, a sta. Irene Smallbones. A sta. Smallbones é, com efeito, boa atriz, e ainda recentemente esteve admirável em uma peça de Emlyn Williams, mas é preciso não esquecer que Judith Bliss, em *Hay Fever*, tem dois filhos moços, talvez quase da idade da sta. Irene Smallbones. Essa diferença de idade entre o personagem e o intérprete constitui, é claro, um obstáculo sério para uma identificação perfeita entre os dois. Uma atriz de pouco mais de vinte anos não pode, por melhor que seja, ter o desembaraço social, a experiência, a autoridade, a presença de uma senhora de quarenta e tantos. Talvez devido a estas razões a sta. Smallbones não conseguiu, ao que me parece, explorar todos os aspectos da figura de Judith Bliss, simplificando-a, isto é, acentuando-lhe em demasia o lado caricatural e esquecendo o outro lado do personagem, o lado gracioso e gentil, que existe incontestavelmente. Judith Bliss é ao mesmo tempo insuportável e encantadora o que, por vezes, Irene Smallbones esqueceu.

Outro fator que parece ter contribuído para que a peça não tivesse brilho idêntico ao das representações precedentes da S.A.A.S.P., foi o público. *Hay Fever* necessita, mais do que qualquer outra peça, da ajuda do público porque se desenvolve constantemente à custa da malícia, do subentendido, em dois planos, cabendo ao público fazer a crítica dos personagens e das situações. Torna-se necessário, pois, um público perspicaz e ativo em extremo, não o público frio e pouco colaborador que vimos no Municipal. Os atores sentiram a falta de ambiente e algumas cenas, como a do final do segundo ato, que deveriam ser jogadas com animação e entusiasmo, sofreram muito em conseqüência.

Resumindo o meu pensamento e para ser bastante franco: é inegável que a representação de *Hay Fever* não esteve no mesmo nível do de algumas peças que a precederam, entre as quais posso citar *The Man Who Came to Dinner* e *Night Must Fall.*

Espero sinceramente que o simpático grupo de atores ingleses e norte-americanos reapareça em breve com alguma grande peça numa grande representação. Porque o interesse pelo teatro em São Paulo se concentra, durante meses, no esforço desse grupo que tem um único inconveniente, para nós, brasileiros: o de falar uma língua que não é a nossa.

# "Os Comediantes" em São Paulo (n. 13, agosto de 1944)

Não são necessárias muitas palavras para se fazer o elogio de Os Comediantes: talvez não haja, entre nós, agrupamento que esteja contribuindo mais decisivamente para que o teatro brasileiro alcance o nível do teatro universal. Ponho esse talvez porque não assisti à temporada que Dulcina e Odilon realizaram no Teatro Municipal do Rio de Janeiro. Entre um grupo e outro está certamente a liderança do movimento de renovação que, finalmente, se nota em nosso teatro.

Os Comediantes possuem, aliás, outra grande originalidade no Brasil: é um conjunto teatral que se distingue e se caracteriza não pelo valor isolado de algumas figuras do elenco mas por um corpo de diretores. Quem quiser criticar seriamente Os Comediantes tem de referir-se obrigatoriamente aos diretores, porque desta vez, sim, senhor, há diretores: Santa Rosa, Ziembinski, Adacto Filho, Brutus Pedreira e outros. Isso significa apenas que o ator não está mais soberano e abandonado no palco.

Os Comediantes estrearam em São Paulo com *Capricho*, de Musset, e *Escola de maridos*, de Molière, e na recita seguinte apresentaram *Peleas e Melisanda*, de Maeterlinck. As três peças e os três autores dispensam comentários. Sobre a interpretação, direi somente, para economizar espaço, que no primeiro espetáculo se salientou o trabalho dos atores, excelentemente ensaiados. A direção, no resto, foi tradicional. Tivemos por exemplo, um Molière muito bem representado, mas sem novidades. Com *Peleas e Melisanda* deu-se o contrário: a atuação dos atores foi irregular e menos equilibrada. Em compensação, a direção foi poderosa, criadora, e a *mise-en-scène*, mais original. Seria injustiça não acentuar que, em conjunto, esses dois espetáculos estiveram em nível incomparavelmente superior ao do nosso teatro profissional.

Deixei de propósito em último lugar a peça de Nelson Rodrigues, *Vestido de noiva*. Há vários motivos para destacá-la: é brasileira, é criação de Os Comediantes, nenhuma outra serviu tanto para mostrar os recursos técnicos do grupo que a encenou. A ela dedicarei, portanto, a maior parte de minha crônica.

A importância da peça do sr. Nelson Rodrigues para o teatro brasileiro é enorme. Causa mesmo espanto ver repentinamente surgir do nada que é o nosso teatro, quase por um milagre de geração espontânea, um autor com tanta audácia, que procura, logo nas primeiras tentativas teatrais, dominar virtuosisticamente o meio de expressão artística que escolheu. Porque, realmente, ninguém poderá acusar o sr. Nelson Rodrigues de ter evitado as dificuldades neste seu *Vestido de noiva*. Ele antes as procurou, como que para mostrar os próprios recursos, preferindo, em lugar de uma construção simples e linear, construir sua peça seguindo as tortuosidades do delírio de uma mulher de psicologia complexa, e que, além disso, sofreu um choque e está às portas da morte.

A peça se desenvolve, pois, de forma propositadamente complexa, com interrupções bruscas, digressões, voltas, distorções, lacunas, falsos caminhos (o suposto assassinato do marido, por exemplo), retificações etc.

Cabe aqui um primeiro elogio ao sr. Nelson Rodrigues por não se ter perdido nesse labirinto, porque, em *Vestido de noiva*, se o público (ou o leitor) seguir com atenção e inteligência o que vai se desenrolando, não só acabará compreendendo perfeitamente o que aconteceu, como acabará conhecendo, nos limites do possível, a vida psicológica inteira de uma mulher, conforme intencionava o autor. Mas o sr. Nelson Rodrigues não exigiu apenas de si ao escrever *Vestido de noiva*. Os artistas e o *metteur-en-scène* foram igualmente postos à prova, ao se defrontarem com uma sucessão de pequenas cenas quase simultâneas (às vezes o são realmente) que exige mudanças rapidíssimas de cenários e de personagens. E o nosso segundo elogio vai a Ziembinski que, com o *metteur-en-scène*, soube acompanhar o virtuosismo do autor, dando-nos por sua vez as famosas 134 mutações de luz que vimos no Municipal.

Estou salientando de propósito, nesta crônica, a impressão de técnica e de virtuosismo que o espetáculo de Os Comediantes deixou. Talvez para um teatro mais adiantado que o brasileiro a simples técnica nada represente. Para o nosso, tão pobre em recursos técnicos, só as 134 mutações de luz de *Vestido de noiva* já representam muito.

Por uma razão de ordem semelhante, eu não estou entre os que combateram a peça do sr. Nelson Rodrigues sob a alegação de que havia nela uma influência indevida do cinema. Certamente nós é que estamos de tal forma habituados ao tipo tradicional de peça, com os dois ou três cenários de costume, que tudo o que foge, pelo movimento, a essa construção clássica parece-nos imediatamente cinema. Na realidade (o exemplo estrangeiro é conclusivo), o palco é muito mais plástico e permite muito maior liberdade de que por aqui se supõe. Andou bem, portanto, o sr. Nelson Rodrigues, abandonando, uma vez pelo menos, a eterna salinha de visitas das peças nacionais e obrigando o palco a desdobrar-se para seguir docilmente a sua imaginação.

É verdade que poderíamos discutir se o teatro necessita ou não de certa disciplina, que faria realçar o valor literário do texto. Mas parece-me que não devemos começar teorizando e impondo limites ao desenvolvimento do nosso teatro. Deixemos que ele siga todas as escolas, deixemos que ele sofra as influências das artes afins, a música, a pintura, a arquitetura, o balé, o cinema, deixemos que ele desenvolva sua técnica incipiente, entusiasmando-se com a luz ou com a cor, deixemos, em uma palavra, que ele cresça em liberdade. Mais tarde, passada a fase de libertinagem, robustecida a técnica, quando as experiências diversas tiverem enfim nos dado um instrumento flexível, maleável, capaz de obedecer com facilidade e fidelidade a inspiração de cada autor, cuidaremos então de voltar à disciplina e discutiremos melhor qual espécie de disciplina nos convém. O teatro nacional está naquela fase de crescimento na qual cada experiência, cada novo contato, é enriquecimento e não impureza.

É nesse sentido que a ousadia do sr. Nelson Rodrigues parece-me extremamente importante e fecunda, ao procurar novos caminhos, sacudindo a pasmaceira que vai por aí.

Até agora, entretanto, me limitei a falar sobre a influência que *Vestido de noiva* poderá ter, nada dizendo de seu valor artístico intrínseco, como se ela valesse somente como "cabeça-de-ponte". Está claro que não é a técnica, não são as famosas 134 mutações de luz (ainda que interessantes, volto a repetir, para o caso especial brasileiro), que irá decidir se

*Vestido de noiva* é ou não uma grande peça. O sr. Nelson Rodrigues poderia muito bem ser um *virtuose* e não ser um bom teatrólogo, uma coisa não se confundindo com a outra.

E realmente o que, em minha opinião, prova melhor que o sr. Nelson Rodrigues é um teatrólogo de verdade, não é a técnica revolucionária que empregou: é o próprio núcleo da peça, seu conteúdo psicológico. Não tanto o episódio central das irmãs rivais no amor ao mesmo homem, tema sem grande originalidade, como a curiosa associação entre as vidas de Mme. Clessy e de Alayde, com a invenção de um drama secundário dentro da peça (o romance de Mme. Clessy) ajudando a explicar psicologicamente certos acontecimentos do drama principal.

É por isso, pelo fundo psicológico, que a peça do sr. Nelson Rodrigues quando lida, apesar de não contar com os efeitos puramente teatrais, continua a viver, ficando profundamente em nossa memória. E, para peças desse gênero, eu não conheço prova mais severa que a da leitura. Revelou, pois, o sr. Nelson Rodrigues, capacidade para imaginar um enredo dramático interessante por si mesmo, como interessam, por exemplo, a história de Nina em *Strange Interlude*, de Eugene O'Neill, ou o enredo de *Enrico IV*, de Pirandello, mesmo sem a forma peculiar que os revestiu.

Acabo de citar dois grandes nomes do teatro contemporâneo. Isso não significa que eu ache *Vestido de noiva* uma obra-prima, que possa ser colocada em pé de igualdade com *Strange Interlude* ou *Enrico IV*. Porque a peça do sr. Nelson Rodrigues tem também pontos fracos, e muito fracos, sobretudo se mantivermos a comparação feita acima. Faltou ao sr. Nelson Rodrigues, principalmente, mais vigor dramático no diálogo. Daria apenas um exemplo. A cena mais importante da peça, o eixo em torno do qual giram os acontecimentos, é sem dúvida o encontro exasperado das duas irmãs na hora do casamento. É nesse momento crucial que ficamos conhecendo o íntimo de Alayde, Lúcia e Pedro, e as relações recíprocas que armam a tragédia. Pois bem, a cena é delineada com firmeza, mas o diálogo não tem o mordente, a força, a emoção que deveria ter, o diálogo não eleva a peça ao nível da grande tragédia, ficando muito abaixo da situação e do papel que lhe estavam reservados.

Outro defeito grave apontarei na peça do sr. Nelson Rodrigues: às vezes ele se divertiu mais na construção complicada que se emocionou com o drama. Poder-se-ia até acusá-lo de gostar, como todo bom malabarista, de mistificar um pouco o público, talvez inconscientemente. O fato é que, quando o público começa a entender bem e vai se embalando, vem uma intromissão inesperada d' ... *E o vento levou* ou coisa semelhante e, pobre público, ei-lo novamente desorientado e aflito à procura de explicação. Talvez a causa disso não esteja na malícia do autor. De qualquer forma, a conseqüência parece-me certa: o público, em lugar de entregar-se livremente à emoção, concentra-se no esforço de compreender o que está vendo. A peça corre então o grave perigo de interessar mas não comover, de interessar como certas de enredo que mantêm o espectador preso unicamente pela curiosidade em adivinhar o que vai acontecer. Só que em *Vestido de noiva* a situação apresenta-se curiosamente às avessas: desejamos saber o que aconteceu, voltamo-nos para o passado e não para o futuro. Muita gente haverá que gostou de *Vestido de noiva* como se gosta de um romance policial, pela atração do enigma. Uma vez desfeito o enigma, esclarecido o mistério da peça, acabou-se o encanto.

Não pensem que estou diminuindo *Vestido de noiva.* Exatamente porque a considero muito mais que uma simples peça engenhosa é que faço questão de acentuar o seu lado de "quebra-cabeça", lado banal que o autor não soube inteiramente evitar, e que constitui, para muita gente, seu maior atrativo.

Não estou igualmente, com esta crítica, convidando o autor a abandonar a técnica que tentou em *Vestido de noiva* e a voltar para o caminho batido da construção teatral clássica. *Vestido de noiva* é uma peça excepcional para o nosso meio e um excelente ponto de partida. Dela, guarde o sr. Nelson Rodrigues a capacidade imaginativa com que ideou a história e a figura de Alayde e a audácia com que procurou revolucionar a técnica do nosso pobre teatro, tão necessitado de alguns revolucionários.

Não se esqueça, porém, que autores meramente habilidosos, apesar do sucesso inicial que invariavelmente obtêm, jamais ficam na história do teatro. E não se esqueça, também, que no teatro a parte visual tem, é claro, grande importância; mas, em última análise, o que faz uma peça é o diálogo, sempre o diálogo.

## Teatro francês no Municipal
(n. 13, agosto de 1944)

Pode-se julgar certas companhias de teatro somente pelo repertório. A de atores franceses, que esteve no Municipal, é uma dessas. Antes da estréia, ao ser divulgado o nome das peças que iam ser representadas, já se sabia que a temporada pouco valor artístico teria, visando principalmente divertir.

Eu não nego que o teatro tenha, entre outras, a função de divertir. Aceito perfeitamente autores, peças e companhias especializadas em fazer rir ou simplesmente em fazer passar o tempo. O que não impede que, neste momento em que o teatro brasileiro luta heroicamente para livrar-se da praga do teatro "exclusivamente para rir", neste momento em que Os Comediantes, entre os amadores, e Dulcina e Odilon, entre os profissionais, encabeçam um movimento capaz de transformar as nossas platéias, ensinando-lhes que no teatro pode-se sentir e pensar também, a vinda de uma companhia francesa cujo intuito quase único é divertir cause uma decepção muito justificada. Afinal o teatro francês é um dos melhores do mundo e bem que podia nos dar uma ajuda na luta por um repertório melhor.

Assim não o quiseram e, paradoxalmente, quem melhor representou o teatro francês nesta temporada, em São Paulo, foram sem dúvida alguma Os Comediantes, com o espetáculo de Musset e Molière...

Mas, não percamos tempo com o repertório (e mesmo do ponto de vista exclusivo de diversão haveria críticas a fazer quanto à sua novidade) e tratemos logo das exceções à regra geral que inspirou a companhia francesa. Falemos, isto é, de *Frenesie*, de Charles Peyret Chapuis, e de *Maison de poupée*, de Ibsen, as duas exceções dramáticas colocadas, ou deslocadas, entre as oito suas companheiras "para rir".

*Frenesie* – peça de Charles Peyret Chapuis – A crítica principal que se pode fazer à peça de Peyret Chapuis é que nela só existe realmente um personagem: Esther. Só Esther ama de verdade, só Esther se desespera de verdade, só Esther nos comove de verdade, só Esther vive de verdade.

Ao lado de Esther movem-se alguns vultos: a mãe, a irmã, o enamorado, o quase-amante de Esther etc. Mas sente-se perfeitamente que todos estão ali como comparsas humildes, somente para movimentar o personagem principal. Esther não acredita que alguém a possa julgar bonita: surge o enamorado para assegurar-lhe o contrário. Terminada a função bem delimitada, executada em alguns minutos, o enamorado desaparece com a mesma velocidade com que apareceu e não nos amola mais. Ele nem chega a existir direto para nós: ficamos-lhe conhecendo apenas a função, mais nada.

Com o quase-amante dá-se coisa parecida. Ele, igualmente, ama a própria mulher, desama (quando esta o abandona), ama Esther, volta à própria mulher, sem nunca nos interessar, sem nunca nos merecer atenção. Permanecemos indiferentes aos seus sofrimentos e dramas. Em compensação, como é eficiente em sua função, como serve, com suas inúmeras reviravoltas, para movimentar o personagem principal, fazendo ressaltar extraordinariamente, pelo contraste, a inteligência, a riqueza afetiva, a força dos sentimentos, a grandeza de Esther.

Quanto à rival de Esther, esta é ainda mais insignificante, mais medíocre, se possível, que o marido. Foge com o amante sem saber bem por quê, volta pelo mesmo motivo. Talvez volte apenas para que Esther possa dar a medida exata de suas forças. Temos assim o terceiro ato. De um lado, a mulher que só sabe chorar. Do outro, o marido que só sabe calar. No centro, Esther fala pelo marido, fala pela mulher, fala por conta própria, levando sozinha o drama em seus ombros, encarregando-se com exclusividade de nos fazer sofrer.

O que estou criticando na peça é, naturalmente, a construção, aparente demais. Reconheço ao autor o direito de destacar a figura de Esther, a única que realmente o interessava do ponto de vista psicológico. Os outros existem porque Esther não podia movimentar-se no vácuo: era necessário um enredo dramático e, portanto, companheiros. Parece-me, entretanto, que as funções ficaram demasiadamente claras: a um cabe dizer que Esther é bonita, a outro amar Esther, a um terceiro voltar no momento exato, obrigando Esther a revelar-se por completo etc. O pior é que tirando essas funções pouco resta aos personagens. Isto é, o autor não superou os andaimes da construção, infundindo vida própria e independente às criaturas suas.

A interpretação dada pelo conjunto francês que vimos no Municipal talvez tenha contribuído também, em parte, para fazer de *Frenesie* o drama de um único personagem. Porque se é certo que somente Esther existe na peça, muito mais incontestável ainda é que somente a senhora Risner Morineau, intérprete do papel, existiu no palco do Municipal, deixando seus colegas em nível tão inferior que quase desapareceram.

Não se conclua, porém, pelo que foi dito, que *Frenesie* seja desinteressante. O que a salva, afinal é a própria Esther cuja personalidade, suficientemente rica, sustenta sozinha a peça, disfarçando a pobreza psicológica dos outros personagens e os defeitos de construção. E como, por outro lado, a senhora Morineau é uma ótima atriz, talhada para o papel que viveu, a interpretação igualmente não sofreu tanto quanto se podia esperar da fraqueza dos que a secundaram: a senhora Morineau, sozinha, a exemplo de Esther, soube arcar com todo o peso da interpretação.

Assim, se explica, talvez, por que uma peça e uma representação com falhas tão evidentes tenham conseguido entusiasmar o público e, em grau bem mais discreto, o crítico também.

*Maison de poupée* – peça de Henrik Ibsen – A análise de *Maison de poupée* vem bem a propósito para esclarecer as críticas que acabo de fazer a *Frenesie*. Aqui também houve construção cuidadosa. Todo o primeiro ato visa apresentar rapidamente os personagens (Nora, Helmer, Dr. Hank, Mme. Linde, Krogstad) e colocar imediatamente a situação dramática. Poderíamos até criticar as coincidências de que Ibsen lança mão (a volta de Mme. Linde coincidindo com a tentativa de chantagem de Krogstad) se não soubéssemos que no palco somos obrigados a concentrar os acontecimentos no tempo, de maneira a reunir no espaço de poucas horas o que, na vida, aconteceria num número infinito de horas. Lembremos a frase de Thibaudet: "

> *Le théâtre, qui abstrait et retient des moments previlegiés, des moments de crise, est bien obliger de composer, de grouper ces moments de façon à faire tenir le plus grand effet utile dans le plus petit espace; il est dominé par le temps, alors que le romancier domine le temps...*" Ibsen, em face da quantidade de coisas que tinha a dizer, não recuou diante da coincidência, única solução para agrupar os acontecimentos "de forma a obter o maior efeito útil possível no menor espaço.

Se quiséssemos prolongar a pesquisa, continuaríamos a encontrar, através da peça, os sinais de uma construção rigorosa e sutil. Os dois temas principais do sofrimento de Nora são o medo à repulsa da sociedade e o medo da morte. Ambos são curiosamente reforçados, pela presença de Krogstad, que foi escorraçado da sociedade, e do Dr. Rank, que se sabe condenado à morte. Quando Helmer, no primeiro ato, mostra-se inflexível em relação a Krogstad, percebemos o sofrimento de Nora sem que ela necessite exprimi-lo, porque, no fundo, o que Helmer está julgando é o próprio caso dela. E no segundo ato, Nora já pensou no recurso do suicídio, o tema do aniquilamento, da morte, do esquecimento é exposto pelas confidências do Dr. Rank. Nora não precisa dizer nada para que o público se emocione. Mais tarde, quando Nora recebe o cartão anunciador do Dr. Rank, a morte que perpassa pela sala é a de Nora também.

*Maison de poupée* é, portanto, tão construída como *Frenesie*. Onde reside a diferença é que, em *Maison de poupée*, nenhum personagem existe somente para exercer uma função. Todos amam, todos sofrem, todos erram, todos despertam a nossa simpatia. Nora erra, Mme. Linde erra ao se casar pela primeira vez, Krogstad erra. Mas o próprio Krogstad não está na peça apenas para cumprir uma missão, apenas para fazer a chantagem. Ele possui uma história: o casamento de Cristina, sua volta com Mme. Linde etc. A reconciliação dos dois não é um subterfúgio do autor para resolver o drama de Nora, como o público pensou: Helmer receberá a carta de Krogstad da mesma forma. E o arrependimento posterior de Krogstad não influirá sobre o desenlace do drama: Nora partirá, abandonará marido e filhos.

Krogstad interessa-nos, pois, tanto quanto Mme. Linde ou Dr. Rank, sem falarmos em Nora. Até Helmer, o indivíduo menos simpático nos primeiros atos, o menos humano, o mais convencional (no sentido de que representa a obediência estrita às convenções da sociedade), até Helmer, no último ato, mostra-se, ao mesmo tempo, muito mais fraco e muito menos rígido do que poderíamos pensar. Helmer erra, sofre, ama, como os outros.

A construção de *Maison de poupée* não lhe afetou em nada, como vemos, a riqueza. Foi antes a extraordinária riqueza da peça, riqueza de acontecimentos, de sentimentos, de vidas entrelaçadas, de simpatia humana que exigiu a construção severa. Em *Maison de poupée* há material suficiente para duas ou três peças comuns.

Isso sem aludirmos à sua riqueza de pensamento. Porque em *Maison de poupée* estão, embora desenvolvidos menos claramente do que em outras peças (*O inimigo do povo*, por exemplo), os velhos e grandes temas da obra de Ibsen: o culto da verdade a que preço for, que faz com que Mme. Linde não hesite em sacrificar a felicidade de Nora, e a obrigação da luta contra as convenções da sociedade. Os Helmers nunca são tão inabaláveis como parecem.

## Teatro em São Paulo
(n. 14, setembro de 1944)

Passado o reboliço causado pela vinda d'*Os Comediantes*, o teatro de São Paulo voltou à modorra habitual, modorra docemente embalada pela atividade das raras companhias profissionaes que têm andado por aqui. Nem Procopio, nem Alda Garrido feita comediante, nem o pavilhão Liendo e Simplicio, que representa Joracy Camargo nos bairros, nem ninguém, consegue acordar e movimentar um pouco o nosso teatro.

Ao cronista de seção obrigatória, só resta um recurso, para que esta não morra inteiramente a mingua: apelar para o teatro amador que, pelo menos, permite sempre esperanças...

E já que os grupos amadores paulistas ainda não apresentaram ao público, este ano, o fruto de seus suores de cada dia, contemos ao menos o que eles andam planejando e fazendo.

O Grupo de Teatro Experimental, reorganizado e reentusiasmado, está em grandes atividades e promete, para muito breve, a produção de duas peças. Uma brasileira de Alfredo Mesquita, inédita, em três atos, tendo como motivo a presença fecundadora de um rapaz estrangeiro entre nós. Seu nome é nome do protagonista, como se diz nas óperas: *Fleischman*. A outra, *Fora da Barra* (Outward Bound), é uma peça inglesa de Sutton Vane, estreada em Londres em 1923, e que acaba de ser filmada pela segunda vez, em Hollywood. Para mais tarde, o G.T.E promete um sensacional Aristófanes.

O Grupo Universitário de Teatro, fiel ao seu sistema, está ensaiando duas peças em um ato, que deverão formar um só programa: a *Farsa de Inês Pereira e do Escudeiro*, (adaptação de duas farsas de enredo idêntico), de Gil Vicente e *Amapá*, peça inédita de Carlos Lacerda, sobre a vida dos soldados americanos que estão no Amazonas. Além disso, Lourival Gomes Machado está adaptando, para o G.U.T, o *Macário* de Álvares de Azevedo.

Esses são os grupos cuja atividade vêm do ano passado. Mas parece que a febre do teatro começa a querer pegar: só em São Paulo, há notícia de mais dois grupos ensaiando seus primeiros passos.

O cronista fica aqui torcendo pelo sucesso de todos eles. Somente assim terá teatro para criticar. Teatro bom ou mau mas, enfim, teatro.

## A convenção do teatro moderno I
(n. 14, setembro de 1944)

Quando Zola, lá pelas voltas de 1880, proclamava a necessidade de um teatro realista e, inflamado, atacava as "convenções teatrais" que reinavam então nos palcos parisienses, na verdade sob um nome único, combatia dois adversários diversos.

Combatia por um lado, em suas próprias palavras, "esse código complicado da convenção, esse arsenal de truques que acabaram por constituir, entre nós, o que a crítica chama pelo nome absoluto de *o teatro*"[7]. Isto é, o conjunto de certas regras práticas que visavam exclusivamente o sucesso e que se impunham a todos os autores, subordinando-os inflexivelmente à chamada teatralidade: é necessário carpintaria, é necessário *coups de théâtre*, é necessário personagens simpáticos etc. Regras sem nenhum apoio em qualquer princípio literário ou estético, que, ao contrário, isolavam o teatro tanto da vida como da verdadeira literatura, tornando-o falso, convencional, mecânico, um simples exercício de habilidade[8]. "Quanto a essa mecânica teatral de que nos falam tanto, a essas situações que reduzem os personagens a simples peças de um jogo de paciência, são indignas de uma literatura honesta".[9] Zola tinha razão em chamar esse teatro de convencional e mais razão ainda em atacá-lo. Em qualquer arte, e o teatro não faz exceção, não há coisa pior que o emprego de "clichês" e "fórmulas", não há nada pior que esse convencionalismo, caracterizado pela tirania do bem-sucedido, do geralmente aceito, sobre a criação artística livre.

7. ZOLA, Émile. *Le naturalisme au théâtre*, Paris, 1923, p. 37.

8. De Sardou, o mestre dos habilidosos a impressão que ficou foi afinal esta: "Talvez, que, ao contrário da opinião universal, Sardou não ame o teatro. Ele adora-lhe a carpintaria, está claro. Mas confunde o teatro com Lucien Debech – *Histoire générale illustrée du théâtre*, Paris, sd, p. 109.

9. E. Zola, *op. cit.*, p. 236.

Mas Zola não parava aqui. Propunha, ao mesmo tempo, uma revolução artística muito mais profunda: o advento, no teatro, do naturalismo. Tratava-se realmente de uma revolução. Durante séculos e séculos, da tragédia grega ao drama romântico, o expectador pouca dúvida poderia ter sobre a natureza teatral do que estava assistindo. Diante de um cenário reduzidíssimo, incapaz de reproduzir com fidelidade o que pretendia sugerir, diante, por exemplo, de um telão onde apareceriam cadeiras e mesas grosseiramente pintadas (e isto já no século passado!), ouvindo longas tiradas literárias, em versos na maioria das vezes, dificilmente poderia o expectador esquecer o teatro por completo e julgar que estivesse sendo testemunha direta de fatos da vida real.

A confusão entre teatro e vida não era possível porque a realidade sofria uma adaptação visível ao passar para a cena. O público, por sua vez, ajudava a adaptação, aceitando uma porção dos "faz-de-contas" convencionais, como nos jogos de criança, enxergando, no palco quase nu, uma floresta, o mar, um palácio, um despenhadeiro, conforme indicavam os atores, ou, então, um grego, um romano, um espanhol, um inglês, apesar dos trajes invariavelmente os mesmos...

Em suma, o público, ao entrar no teatro, aceitava tacitamente a "convenção teatral", tomando-se este termo em sentido totalmente diverso do anterior. Não é fácil defini-lo. Talvez a definição melhor seja a mais ampla e ingênua: convenção teatral é a admissão, por parte do ator, do autor e do público, de que teatro não é vida. É... teatro mesmo!

Essa convenção (é só dela que iremos tratar neste artigo) e esse convencionalismo, Zola também atacava. Era natural. O realismo triunfara amplamente no romance, tudo o impelia a conquistar agora o palco.

Zola, aliás, apenas profetizava o aparecimento de Antoine que, logo a seguir, de 1887 em diante, ia tentar, na prática, a transplantação fiel da vida para o palco, a redução da convenção ao mínimo. A única diferença, segundo a nova escola, entre uma sala comum de uma residência e o palco, deveria residir na quarta parede deste, infelizmente imaginária... Mas o ator deveria representar como se estivesse realmente fechado entre quatro paredes, como se o palco não tivesse comunicação alguma com a platéia. E se ao ator cabia esquecer o público, ao público cabia esquecer o próprio teatro, a perfeição realística e minuciosa da *mise-en-scène* e do jogo dos atores enganado-o e fazendo-o supor estar presenciando fatos reais. Dispensava-se, dessa forma, os "faz-de-contas" convencionais de outrora, a boa vontade do público colaborando na ilusão cênica. No teatro naturalista a ilusão tinha que ser criada inteiramente pelos atores e encenadores e devia ser perfeita a ponto de enganar o público.

Em outras palavras: a nova escola, realizando os desejos de Zola, liquidava a "convenção teatral", o acordo de que teatro é... teatro mesmo. Stanisláviski, o introdutor do novo credo na Rússia, resumiu muito bem a inovação ao dizer que o seu objetivo era "expulsar o teatro do teatro".[10]

10. Citado por Norris Houghton, *Moscow Rehearsals*, Nova York, 1936, p. 118.

Não irei contar detalhadamente o que se passou depois. Basta lembrar que o triunfo do realismo, triunfo rápido e universal, foi seguido, já neste século, por forte reação anti-realista, a começar pelo que se refere à *mise-en-scène*. Sob o influxo de teóricos como Fuchs, Appia e Gordon Craig, cresceram e se multiplicaram os teatros que defendiam os direitos da imaginação na *mise-en-scène*, apregoando as vantagens dos cenários artísticos e sintéticos, sugeridores meramente da realidade, sobre os cenários minuciosamente realistas. Sem discutir a questão[11], acentuemos, no entanto, que o anti-realismo acabou vencendo, os maiores *metteurs-en-scène* modernos sendo todos anti-realistas de uma forma ou de outra, de todos podendo-se dizer que desejam um "teatro teatral", um teatro que traga o teatro de volta ao teatro, como disse Norris Houghton referindo-se a um deles.

Deixemos de lado, porém, a *mise-en-scène*, para considerar outro aspecto da questão, lembrando que a "convenção teatral" em absoluto não se restringia ao espetáculo, à representação, repercutindo igualmente no próprio texto da peça, isto é, na parte do autor. Era a convenção que permitia, por exemplo, o emprego do monólogo e do "a parte", ambos recursos especificamente teatrais, inexistentes na vida real está claro, mas aceitos de boa vontade pelo público, fiel às convenções estabelecidas. O realismo não se propunha modificar, portanto, apenas a encenação da peça como a sua própria feitura, atingindo tanto o autor dramático quanto o ator ou o encenador. Ao lado e antes de Antoine havia Zola, propondo uma revolução literária teatral.

Ainda aqui, encarado como movimento estritamente literário, temos de constatar que o realismo falhou no palco, não alcançando os resultados esperados. E hoje, que a volta à convenção é fato incontestável também entre os teatrólogos (citemos, de passagem, O'Neill e Pirandello), verifica-se que a cópia exata da realidade não foi capaz de inspirar um só autor teatral que possa ser comparado aos grandes das grandes épocas de convenção: Racine ou Shakespeare, por exemplo...

Mas isso já é assunto de outras crônicas. Nesta, o que interessava era colocar a questão com certa clareza, definindo-se o sentido da palavra convenção e dando-se um rápido apanhado histórico do problema.

11. Citarei, entretanto, algumas das razões apresentadas por Baty e Chavance a favor do cenário convencional: "A arte repousa sobre convenções. Se ela as dissimula, a fim de parecer mais verdadeira, não produz senão obras mentirosas. Em pintura isso se chama, legitimamente, *irompe l'ceil*"; "A exatidão dos cenários e dos acessórios torna ainda mais evidentes as inevitáveis inverossimilhanças cênicas"; "A obra de arte não exerce influência a não ser pela fantasia e deve constantemente despertá-la, como disse Schopenhauer. Mostrar tudo, precisar tudo, é impedir a eclosão da fantasia". Gaston Baty e René Chavance – *Vie de l'art théâtral*, Paris, 1932, p. 247.

# A convenção no teatro moderno II
(n.15, outubro de 1944)

O teatrólogo, ao contrário do romancista, dispõe de tempo limitado, e bastante limitado, para transmitir o que tem a dizer. Em duas ou três horas apenas, a duração normal de um espetáculo, deve contar a sua história.

Não importa que isso se dê meramente por questões de ordem prática. O fato é que essa limitação sempre existiu e sempre existirá, com repercussões evidentes sobre a estrutura do drama.

> O teatro, que abstrai e retém momentos privilegiados, momentos de crise, é obrigado a compor e agrupar esses momentos de maneira a fazer caber o maior efeito útil possível no menor espaço; é dominado pelo tempo, ao passo que o romancista domina o tempo, possui o tempo, talha com todo o vagar uma vida inteira na matéria do tempo.[12]

No romance, o autor pode seguir o ritmo vagaroso da vida, ou de certas vidas. No teatro o ritmo é forçosamente outro, mais denso, mais concentrado: mal Romeu e Julieta se encontram pela primeira vez e o amor profundo já atingiu o paroxismo. No Cid, bastam 85 versos, cinco ou seis minutos, para que D. Diogo e o Conde se tornem inimigos mortais, desfechando a tragédia. O desafio do futuro Cid ao Conde nem isso dura: 55 versos. E se fossemos averiguar tudo o que acontece nas três ou quatro horas de um *Rei Lear*, ou de um *Otelo*...

Mas não é necessário. A análise de qualquer peça, quase sem exceção, mostrará sem dificuldade a luta heróica contra o tempo, o esforço para a economia e a concentração. É principalmente o tempo limitado que impede sejam abordados, no palco, certos assuntos que não se ajeitam nos quadros relativamente estreitos de uma peça de teatro. Lembremos, a propósito, a crítica que Roger Dataller fez à peça *Abraham Lincoln*, de John Drinkwater. Dataller acusou-a de dar à política de Lincoln "uma nitidez de contornos e uma firmeza" que esta não possuía.

> Lincoln, como qualquer outro estadista, esteve freqüentemente à mercê dos acontecimentos, contemporizando, hesitando, confuso.
>
> E o movimento do drama em muito pouca consideração tomou os longos dias e noites de ansiedade, estendendo-se não somente por meses, mas por anos a fio; a pesada responsabilidade que cabia ao presidente, da direção das forças militares, navais e terrestres; o ajuste das relações internacionais, da economia nacional; e os problemas causados pela dissensão interna. As seis breves cenas de *Abraham Lincoln* travam conhecimento demasiadamente apressado de tudo isso.[13]

---

12. Albert Thibaudet – *Flaubert*, Paris.
13. Roger Dataller – *Drama and Life*, p. 95.

Fiz questão de citar o trecho todo porque dá uma idéia excelente de certas insuficiências do teatro. Até admira que um crítico teatral exija de uma peça tantas coisas que ela, pela própria natureza, é incapaz de satisfazer plenamente. Como poderia Drinkwater colocar em "seis breves cenas" (obrigatoriamente breves, Dataller esqueceu) os longos meses de hesitação e dúvida, as noites de ansiedade e espera, sem prejudicar a exposição de outros fatos, tanto ou mais importantes? Quantas cenas e quantas horas seriam então necessárias? A verdade é que é impossível fazer-se, no palco, uma narração completa e perfeita da política de Lincoln durante alguns anos de governo. Sempre haveria o que criticar, a vastidão e complexidade do assunto ultrapassando os limites de uma peça de teatro, sem considerarmos, ainda, que a própria natureza do teatro dificulta a representação de fenômenos difusos no tempo, fenômenos que não se reduzem aos quatro ou cinco "momentos privilegiados, momentos de crise", de que falava Thibaudet. Não ficou nisto, aliás, a deformação imposta pelo teatro. Foi o teatro, igualmente, que se incumbiu de aumentar a "nitidez de contornos e a firmeza" da política de Lincoln, o palco simplificando necessariamente os acontecimentos, esquematizando-os, dando-lhes mais força, mais teatralidade, em suma.

Porque – não nos esqueçamos – a luta contra o tempo é tanto um mal como um bem: ao impor limites, contribui para gerar o teatro como forma específica de literatura, com características, defeitos e qualidades próprias. Se dá o teatro parte de suas insuficiências, dá, igualmente, inúmeras de suas melhores qualidades: a concisão, o vigor, a força dramática, a procura do essencial, do arcabouço, na marcha dos acontecimentos.

E o tempo não deixa sua marca apenas na construção, na escolha dos momentos resumidores de todo o drama. O diálogo teatral é, também, profundamente afetado pela economia, que o diferencia não só da linguagem da vida real como do diálogo de outras formas literárias. O diálogo teatral, mesmo quando extremamente natural, revelará, se analisado, a construção cuidadosa debaixo da aparente espontaneidade, cada frase caminhando resoluta para um dado fim, promovendo o desenrolar da ação. Por outro lado, o mais espontâneo, o melhor diálogo de certo gênero de conto ou de romance, poderá parecer, no palco, fraco ou antidramático. No palco, por convenção, ou por necessidade seria melhor, todos sabem exprimir-se com força e economia.[14] Não é à toa que os desperdiçadores de tempo, os entravadores da ação, o gago e o surdo, são tão invariavelmente absurdos e cômicos no palco...

E não foi por acaso que verso e teatro tenham se encontrado, tantas vezes, indissoluvelmente unidos no curso da história: o verso exige e impõe a mesma rígida disciplina, a mesma obediência a limites, a mesma procura do essencial, que acabamos de atribuir ao teatro.

---

14. Note-se, por exemplo, a admirável concisão, a admirável economia destas duas conhecidíssimas réplicas de Cid:

– *Rodrigue, as-tu du coer?*

– *Tout autre que mon père l'éprouverait sur l'heure.*

Está claro que exemplos semelhantes poderiam ser dados às dúzias.

Após esta digressão necessária, voltemos, entretanto, ao assunto da crônica, mostrando as relações entre o problema do tempo, tal como foi exposto, e a convenção no drama moderno. Parece-me ter ficado claro que a limitação do tempo tende a favorecer soluções não realistas ou convencionais, como a estilização e o verso. Mas para vencer o tempo, podemos ir muito mais longe no caminho da convenção. Como prova, em lugar de razões teóricas, preferirei o exemplo concreto de uma peça moderna, altamente convencional e na qual o tempo desempenha papel de grande importância: *Nossa cidade*, de Thornton Wilder.

Na aparência, a peça de Wilder é uma monografia sobre uma pequena cidade norte-americana, representada, principalmente, por duas famílias caracteristicamente modestas: os Webb e os Gibbs. Aqui começavam as dificuldades: não é fácil colocar-se no palco a vida de uma cidade, por pequena que seja. Mas havia dificuldades maiores. A *Nossa cidade*, nas mãos de Wilder, não passava de um veículo para o tratamento de temas universais, como veremos logo a seguir. Era necessário, portanto, um meio capaz de estabelecer a ligação entre a cidadezinha e o universo, evidenciando, por assim dizer, a universalidade de *Nossa cidade*.

Dois caminhos Thornton Wilder poderia seguir. O do realismo consistiria na sucessão de inumeráveis pequenos quadros, com o grave perigo de a peça desfazer-se, perdendo a unidade e o sentido. Wilder escolheu outro, mais original e mais prático: a ausência de cenários e a presença de um comentador – o diretor de cena.

Definimos, no artigo anterior, a convenção teatral como o acordo de que teatro não é a vida, é... teatro mesmo! *Nossa cidade* começa significativa e corajosamente com as seguintes palavras do diretor de cena: "Esta peça chama-se *Nossa cidade*; é de autoria de Thornton Wilder; foi produzida e dirigida por Fulano etc." Estamos em pleno reinado da convenção. O público não foi enganado; sabe que está no teatro e que terá de colaborar no espetáculo, enxergando com a imaginação os cenários inexistentes.

No palco, quase vazio, o comentador vai explicando: as cadeiras e a mesa à direita representam o andar térreo da casa dos Gibbs (o dr. Gibbs, como vêem, está na cozinha, lendo); à esquerda, fica a casa dos Webbs (não há ninguém no andar térreo); duas escadas, uma de cada lado, representam o andar superior das casas (numa está George Gibbs; na outra, Emily Webb; ambos estudando); no lugar da orquestra, Simon Stimson, ligeiramente bêbado como de costume, rege, transportado pela música, o coro da igreja local. George conversa às vezes com Emily, de janela a janela. Ou então desce para trocar duas palavras com o pai. Terminado o coro, Mrs. Gibbs e Mrs. Webb sobem pela rua principal (o centro do palco), comentando o luar maravilhoso e o vício de Simon Stimson.

O palco está quase vazio. Mas Thornton Wilder conseguiu um meio eficientíssimo e único para contar rapidamente a sua história: a simultaneidade no espaço.[15] E não

15. Nas cartas que T. Wilder enviou a Sol Lesser, por ocasião da filmagem de *Nossa cidade*, lê-se: "Parece-me que, nos episódios da tarde, a câmera deve focalizar constantemente a cidade inteira – para sentirmos que há ensaio no coro; há crianças trabalhando; há dr. Gibbs lendo. Estes episódios são muito insignificantes para serem recebidos em sucessão; mas todos ganham quando apresentados como simultâneos". *Theatre Arts*, número de novembro de 1940, p. 815.

é só. A própria ausência de cenários que possibilitou essa simultaneidade facilita outra, igualmente imprescindível: a do tempo. Com a mesma facilidade com que fez aparecer duas casas no palco vazio, o comentador pode fazer passar alguns anos e ficaremos sabendo, então, que George e Emily se casaram, que Mrs. Gibbs morreu e que o desventurado Simon Stimson se suicidou.

As soluções convencionais fizeram o palco perder inteiramente a sua rigidez, libertando-o do tempo e tornando-o apto, agora, para exprimir os temas mais profundos de *Nossa cidade*, aos quais aludimos linhas atrás. Pouco a pouco, da própria insignificância dos personagens e dos incidentes, e através das "constantes alusões a maiores dimensões de espaço e de tempo"[16] que a ausência de cenários permite, começam a nascer os temas poéticos, universais e eternos de *Nossa cidade*: o mistério do amor, da morte e, principalmente, da passagem lenta e inexorável do tempo.

Não sei como um teatrólogo realista se arranjaria para exprimir temas tão vastos nos quadros estreitos e no tempo limitado de uma peça de teatro. Nem sei mesmo se isso seria possível. Sei que Thornton Wilder se arranjou muito bem recorrendo a soluções intensamente convencionais[17], as mais indicadas para "fazer caber o maior efeito útil possível no menor espaço", as únicas capazes de vencer, de forma tão categórica, a luta contra o tempo.

16. A frase é do próprio Wilder: "As constantes alusões a maiores dimensões de espaço e de tempo, que é um dos principais elementos da peça..." *Theatre Arts*, números e páginas citados.

17. Com razão, *Nossa cidade* foi aparentada ao teatro oriental que, como se sabe, é muito mais convencional que o nosso. Note-se, por exemplo, a semelhança entre a função do comentador de *Nossa cidade* e a do coro de teatro Nô, japonês, na descrição de Paul Claudel: "O coro não toma parte na ação, acrescenta-lhe apenas um comentário impessoal. Conta o passado, descreve o local, desenvolve a idéia, explica os personagens..." Citado por Jean Richard Bloch, em *Destin du théâtre*, Paris, p. 187.

Sérgio Tomisaki

DAP em casa (1988)

Apêndice 2

# Entrevista

## Três encontros com Decio de Almeida Prado

20 de maio de 1994[1]

Ana Bernstein – **Gostaria que você falasse sobre o "Suplemento Literário" de *O Estado de S. Paulo.***

Decio de Almeida Prado – O "Suplemento Literário" foi criado em 1956 e pode ser considerado, por um lado, uma continuação do *Clima*, porque foi imaginado primeiramente pelo Antonio Candido, depois foi dirigido por mim e tinha a colaboração, em cinema, do Paulo Emilio Salles Gomes, em arte, do Lourival Gomes Machado, e, em música, do Alberto Soares de Almeida – todos que tinham escrito nas respectivas seções da revista. Em teatro, entrou o Sabato Magaldi, que é bem mais jovem do que nós. O Sabato é dez anos mais moço do que eu, portanto na época do *Clima* ele estava ainda em Minas e era meninote. Foi então que ele começou a escrever artigos longos aqui em São Paulo. Ele era o titular da seção de teatro, escrevia regularmente uma vez por semana. Daí, aliás, ele tirou livros que depois publicou.

O "Suplemento" saía aos sábados e, às sextas-feiras, nós fazíamos a revisão desses artigos. A redação do *Estado* então virava um pouco o que tinha sido o *Clima*, só com o Sabato incluído. Mas, por outro lado, era inteiramente diferente porque *Clima* era uma revista de jovens, de gente que nunca tinha escrito antes. O primeiro artigo publicado pelo Antonio Candido foi no *Clima*. O meu também – eu tinha escrito em jornal ginasiano [N.E.: Decio não considerou, aqui, sua participação no número único de *Movimento*, de 1935, revista citada adiante], mas assim, com uma certa circulação, foi a primeira coisa que escrevi; o Lourival também; a Gilda [de Mello e Souza] escreveu um conto, era a primeira vez que ela publicava. Eram todos autores jovens, inéditos.

No "Suplemento", evidentemente, o ponto de vista era outro, porque ali não era uma revista nossa, era uma revista do jornal *O Estado de S. Paulo*. Outra diferença muito grande é que em *Clima* não se pagava nada, e no "Suplemento" pagava-se bem. Os

1. Os depoimentos foram prestados pelo crítico em sua residência, na capital paulista.

cachês eram altos para aquela época, então nós podíamos encomendar a colaboração dos críticos e escritores mais em voga no momento – poetas como Manuel Bandeira e Carlos Drummond tinham a liberdade de, quando queriam publicar alguma coisa, levarem seus textos na sucursal do Rio de *O Estado* – e recebiam na mesma hora. Por outro lado, o "Suplemento" era totalmente diferente do *Clima*, porque a revista começou em 1941, quer dizer, nós agora éramos 15 anos mais velhos. Além disso, o jornal tinha outra circulação, de maneira que, realmente, se você considerar na totalidade, a relação com a revista fica pequena. Mas tinha um pouco da orientação do *Clima*. Foi um grupo, sem dúvida, que deu um pouco de base para o "Suplemento".

**Vocês tinham carta branca no "Suplemento"?**

Completamente. Carta branca total. A diretoria nesse ponto foi muito correta. Aliás, na própria seção de crítica que eu fazia, tinha também carta branca. Não havia a menor interferência, nunca. Uma vez, me lembro que escrevi uma crítica e o dono do jornal, Julio de Mesquita Filho, não concordou, mas era uma discordância puramente literária. Ele me procurou e conversamos sobre o assunto. Ele defendendo as suas idéias e eu defendendo as minhas, mas não com o intuito de modificar a minha crítica – que, inclusive, já estava publicada. Também em relação ao próprio tamanho da crítica, às vezes eu voltava repetidamente ao mesmo assunto.

Agora, eu tive sorte porque, quando comecei a escrever, em 1946, o teatro de São Paulo era muito pequeno ainda. Mas logo em 1948 veio o TBC e a Escola de Arte Dramática. Aí começaram a vir também outras coisas, e o teatro ficou importante. Como tinha acontecido no Rio em volta do Nelson Rodrigues, o teatro também ganhou um papel em São Paulo muito grande. Importância inclusive social – começou a ser uma coisa até elegante, uma coisa sobre a qual todo mundo conversava, discutia. E eu escrevi sobre esse período. A minha atividade crítica foi de 22 anos: pegou o TBC, pegou o Arena e pegou o Oficina. Então eu realmente pude seguir o desenvolvimento desses grupos.

**Sabato Magaldi escrevia ensaios, não?**

Nós trabalhávamos da seguinte maneira: a crítica propriamente dita, isto é, a crítica do espetáculo em cartaz era eu quem fazia. O Sabato fazia o noticiário diariamente. Um noticiário muito bem-feito, anunciando não só o que estava iminente mas também o que estava em preparação. Na ocasião da estréia da peça, em geral, ele fazia uma entrevista com o autor, o diretor ou o encenador. Além disso, a partir de 1956, ele passou a escrever um artigo semanal. Mas não era crítica de espetáculos. Vamos supor que fizessem uma peça do [Luigi] Pirandello; eu faria a crítica daquela montagem, mas às vezes o Sabato escrevia sobre a obra inteira do dramaturgo. De maneira que *O Estado*, naquela época, dava uma cobertura completa. Diariamente o noticiário, depois uma crítica. Às vezes saía mais de uma, saíam duas, três, conforme eu achasse necessário. O Sabato freqüentemente abordava o mesmo autor, mas de um ponto de vista mais amplo.

Agora, no Rio de Janeiro, nesse período anterior, você tem Paschoal Carlos Magno. O Paschoal, no começo, tinha muita importância como noticiarista de teatro e crítico. Uma outra que também foi importante: Agnes Claudius, que se assinava Claude Vincent.

Nesse momento, a gente formava uma família só. Quando eu ia ao Rio, estava em contato com toda essa gente de teatro. Como surgiu aqui em São Paulo o grupo modernista, depois surge uma espécie de grupo modernista de teatro, com duas décadas de atraso em relação à Semana de 22. Isso já nos anos 1940. Mas eu vejo uma certa semelhança, porque o grupo modernista aqui de São Paulo, que era um grupo pequeno, de no máximo 20 pessoas, era rodeado por uma incompreensão muito grande em relação à arte moderna, que era julgada uma coisa maluca, exibicionista... E o teatro moderno também teve que fazer uma certa luta. Não tão forte quanto a de 22, mas, de qualquer maneira, nós queríamos uma mudança radical do teatro daquela época, daquele momento. Isso surgiu, no meu modo de ver, primeiro no Rio de Janeiro, com Os Comediantes e com o Teatro do Estudante do Brasil, do Paschoal Carlos Magno e, quase ao mesmo tempo, aqui em São Paulo, com o grupo do Alfredo Mesquita e o meu grupo de teatro. Então, quando eu ia ao Rio, estava em contato com todas essas pessoas jovens.

Não havia teatro profissional radicado em São Paulo. Havia teatro profissional, mas era o teatro que se formava no Rio e vinha pra São Paulo em temporada. Ficava longas temporadas aqui, estreava peças, mas nós podemos dizer, assim, que a base do teatro era sempre o Rio de Janeiro. Então aqui não havia um grupo de gente mais velha que se opusesse a essa modernização do teatro. Mas no Rio havia. Sobretudo o grupo da Sbat [Sociedade Brasileira de Autores Teatrais], que era dominado por nomes já consagrados, do qual fazia parte o Abadie Faria Rosa.

Houve uma certa luta, quer dizer, não aberta, mas houve claramente uma luta entre a crítica velha e a crítica nova, autores velhos... Autores novos, brasileiros, praticamente só havia o Nelson Rodrigues. E a própria Sbat era ligada mais aos autores velhos.

**Era o reduto do teatrão.**

É, era o reduto do teatrão. Falo isso não querendo diminuir a Sbat, porque ela fazia uma coisa muito importante: defendia a classe teatral. Mas não deixou de haver certos atritos que foram se resolvendo; eles foram aceitando os mais jovens.

**O Paulo Francis fala muito mal da Sbat, diz que era uma sociedade mafiosa...**

Era, no começo, era mesmo. Mas eles foram até hábeis. No início a Sbat combateu esse teatro moderno no Rio de Janeiro, porque eram autores teatrais consagrados. E continuaram com a presidência, o poder ficou na mão deles, mas foram admitindo os autores novos e, como ela funcionava, quer dizer, recolhia dinheiro, os autores se associando. Hoje em dia, sei que está ainda nas mãos dos antigos, mas pelo menos os modernos estão lá dentro também. Mas no Rio havia um grupo mesmo forte, ocupando também críticas de jornal.

**Gostaria que você falasse sobre a sua formação acadêmica. Você refere-se muito – e Antonio Candido também – ao professor Jean Maugüé. Você diz inclusive que ele tinha uma visão bastante historicista e que, de certa forma, isso talvez tenha levado vocês da *Clima* a desenvolver trabalhos históricos. Segundo Antonio Candido, ele exerceu uma influência muito importante no sentido de fazê-los se tornarem um grupo de críticos.**

Bom, nós tivemos uma turma que no começo era só de amizade, composta de rapazes e moças, em número assim de 15 a 20 pessoas. Saíamos muito juntos, fazíamos muitas comemorações festivas e daí saiu propriamente a revista *Clima*. Era um grupo social, vamos dizer assim, porque não era formado ainda em torno de projetos literários propriamente – todos gostavam de literatura, mas era mais uma questão de diversão. Isso foi em 1940. Depois, em 1941, nós formamos a revista *Clima*, na qual, para alguns de nós, foi dada uma seção fixa. Literatura para o Antonio Candido, teatro para mim, cinema para o Paulo Emilio Salles Gomes, artes plásticas para o Lourival Gomes Machado e assim por diante. Agora, esse grupo maior, que antecede, portanto, a revista *Clima*, foi criado em torno das aulas de filosofia dadas pelo Jean Maugüé, na Faculdade de Filosofia, Ciências e Letras da USP. Alguns já eram formados. O curso era de três anos – eu fiz em 1936, 1937 e 1938; o Antonio Candido e o Ruy Coelho entraram em 1939. Mas os veteranos, aqueles já formados, que na realidade não sabiam nada de filosofia – porque a gente não aprende filosofia em três anos –, mas enfim, os que o Maugüé chamava de veteranos, continuavam assistindo às aulas. Aí havia, por exemplo, o Antonio Branco Lefèvre, que era ou estudante de medicina ou já formado, não me lembro bem; também o Cícero Cristiano de Souza, que já era médico formado, que iam assistir às aulas de filosofia por interesse pela matéria. Havia também uma moça chamada Helena Gordo. E a Gilda, que se casaria com o Antonio Candido, que entrou em 1937. Nós acabamos formando um grupo, que é esse grupo de 1940, e daí saiu a revista. Então a base realmente do encontro material dessa turma foram as aulas de filosofia do Maugüé. Nós gostávamos muito dessas aulas porque ele era muito bom professor, um sujeito muito inteligente, mas, além disso, era um espírito um pouquinho sarcástico, irônico. Então, além da aula dele ser boa, era divertida. E isto talvez tenha contribuído um pouco para a nossa formação. Em primeiro lugar, para não nos tornarmos filósofos *stricto sensu*, porque o Maugüé não era um indivíduo fechado dentro da filosofia. Ao contrário, ele dizia que a filosofia devia servir para abrir nossos horizontes em todos os setores. Ele dizia que a gente estuda filosofia para poder entender o jornal que se lê de manhã, isto é, para estar a par daquilo que deu origem ao movimento de idéias, aos movimentos que atualmente tomaram uma certa forma, mas que vêm realmente de coisas muito mais antigas. Então, era um ponto de vista histórico. Ele, aliás, também era marxista. Embora nunca tenha dado aula sobre [Karl] Marx, jamais. Mas, às vezes, ele fazia referências. Não era um marxista ortodoxo, pregador de doutrina. As duas bases dele, fora da filosofia propriamente dita, eram a psicanálise e o marxismo. Aliás, no livro que ele escreveu com mais idade, já quase próximo de morrer, *Les dents agacées* [Os dentes afiados] ele volta a bater nesses dois pontos, a importância do marxismo e da psicanálise para a geração dele.

**Ele se referia bastante em aula a coisas da atualidade, filmes, não?**

Ele tinha um interesse geral pela arte. Citava freqüentemente literatura, comentava filmes às vezes, ou alguma exposição importante de arte francesa, de pintura. Mangüe tinha um interesse amplo, variado. Nesse sentido talvez tenha exercido alguma influência sobre nós, da filosofia servir apenas assim, de ponto de partida para compreender o mundo moderno, a arte moderna.

Depois que me formei, fui assistente extranumerário de filosofia, não dele, de um aluno de Maugüé que já estava ensinando, o João Cruz Costa. Eu dei, durante um ano, se não me engano, aula na Faculdade de Filosofia, como assistente extranumerário. Depois deixei esse cargo, porque cheguei à conclusão de que eu realmente não tinha vocação para a filosofia. Mas lecionei a disciplina durante muitos anos no curso secundário, nos colégios estaduais, que naquela época eram bons. Portanto, essa é a minha relação com a filosofia. Durante muito tempo o meu ganha-pão foram, em primeiro lugar, ser professor de filosofia do ensino secundário e, em segundo, a partir de 1946, ser crítico de *O Estado de S. Paulo.*

**Antes de entrar n'*O Estado de S. Paulo*, gostaria que você falasse um pouco mais detalhadamente de *Clima*. Você mencionou que foi aquele mesmo grupo de amigos da Faculdade de Filosofia, um pouco mais reduzido, que deu origem à revista.**

É, dentro desse grupo mais geral, porque ali nem todos escreviam. Todos liam, discutíamos muito cinema. Naquele tempo, em São Paulo, as coisas aconteciam muito no Teatro Municipal. Não cinema, evidentemente. O cinema era a arte predominante naquele momento na cidade, porque teatro brasileiro era uma coisa ocasional, não tinha constantemente. O teatro estrangeiro era muito importante, mas vinha aqui durante uma, duas semanas, e uma ou duas vezes por ano. Agora, o cinema, não. No cinema, toda semana estreava uma fita nova e havia uma certa obrigação para todo mundo de ver aquela fita. Não só nos meios especializados: o cinema era como é a televisão, a novela hoje em dia. Naquela época o cinema era o centro das conversas.

**Mas você escrevia sobre teatro.**

Pois é, o meu gosto primeiro era a literatura. E também teatro, porque meu pai gostava muito. Ele era médico, mas tinha gostado muito de teatro e conversava sobre isso. A primeira peça que me lembro de ter visto eu tinha dez, 11 anos de idade; foi aqui em São Paulo. Depois me lembro de ter visto, junto com meu pai, as companhias portuguesas que vieram para cá. Eu tinha 12, 13 anos. Assisti peças de Joracy Camargo, *Deus lhe pague* – naquela época eu tinha 15 anos. Aí, no ginásio, eu fui colega de ano do Paulo Emilio Salles Gomes e nós ficamos muito ligados. Ligados a cinema e ligados a teatro também. E o Paulo Emilio lançou uma revista chamada *Movimento*, foi a primeira revista na qual escrevi. Durou só um número e assim mesmo foi uma coisa extraordinária. O Paulo Emilio tinha 18 anos, e eu, 17. Ele era audacioso e tinha também algum dinheiro. *Movimento* era para ser uma revista de destaque no Brasil todo. Tinha colaboração da Lúcia Miguel-Pereira e de outras pessoas do Rio de Janeiro. Mas foi uma coisa pouco duradoura. Escrevi críticas pequenas de livros, resenhas de livros. O meu primeiro amor, vamos dizer assim, é a literatura, porque meu pai gostava muito de poesia, lia poesia para mim e para os meus irmãos. Depois, o cinema. Fui fã de cinema, como só naquela época existia, isto é, não só comprava as revistas que saíam no Brasil, a *Cena muda*, mas lia também revistas em espanhol que saíam em Buenos Aires e estava a par de tudo o que acontecia em Hollywood. Era mesmo fã.

**Você chegou a pensar em ser crítico de cinema?**

Cheguei. Cheguei até a fazer um pouco. Nós éramos todos muito jovens, tínhamos 22, 23 anos. A revista [*Clima*] saiu em 1941. Eram pessoas nascidas entre 1916 (o Paulo Emilio) e 1920 (o Ruy Coelho). Entre esses quatro anos tinha então o Paulo Emilio, o Lourival, eu, o Antonio Candido, a Gilda e o Ruy. Agora, o Alfredo Mesquita era dez anos mais velho do que eu, já estava numa outra fase da vida. E a idéia de fazer a revista foi dele. Tanto que ele até escreveu uma espécie de introdução não-assinada no primeiro número. Mas, depois, por motivos pessoais, ele acabou deixando um pouco a revista de lado, e o grupo mais jovem é que realmente tocou. Nós chegamos a tirar 16 números – que, para uma revista de jovens, é bastante, porque faltava dinheiro, nós éramos muito amadores. A revista durou de 1941 a 1944, não com regularidade. Começou mensal. Nós agüentamos durante algum tempo, depois não foi mais possível, aí parou. Voltou numa segunda fase, quando saíram mais quatro números. Quem estabeleceu as seções – nesse momento eu tinha ido para os Estados Unidos numa viagem de estudante, no começo de 1941 –, foi o Alfredo Mesquita. Deu então "Letras" para o Antonio Candido e "Cinema" para o Paulo Emilio, que tinha se interessado muito pelo assunto em Paris, quando morou lá durante dois anos, de 1937 a 1939, antes do início da Segunda Guerra Mundial. O Lourival Gomes Machado ficou com "Artes Plásticas", eu fiquei com "Teatro", o

Roberto Pinto de Souza ficou com "Economia" e o Antonio Branco Lefèvre, ficou com "Música".

**Gilda não participava?**

A Gilda participava muito, mas não nas seções fixas. Havia dois coringas, que eram ela e, sobretudo, o Ruy Coelho, que também não ficou com seção fixa. Mas a Gilda teve participação intensa na feitura da revista. Nesse momento, eu tinha casado, e eu e minha mulher tomávamos conta da revista, a sede era a minha casa. Mas a Gilda, o Antonio Candido e o Ruy Coelho eram dos mais presentes. Ruy escreveu sobre vários assuntos, fez, aos 19, 20 anos, um longo estudo sobre [Marcel] Proust, que depois foi publicado em livro. A Gilda publicou um conto nos primeiros números da revista. Além disso, ela era o nosso elemento de ligação com Mário de Andrade. Gilda era prima dele, mas era como se fosse sobrinha, por causa da diferença de idade, e morava na casa da mãe do Mário de Andrade, na casa na qual morava o próprio Mário. De maneira que ele escreveu um artigo especial para a nossa revista, chamado "Elegia de abril", e nós tivemos uma certa aproximação com Mário. Não fomos íntimos, mas fomos convidados à sua casa muitas vezes. Ele escreveu até uma poesia sobre o pessoal do *Clima*.

**Então ele teve uma certa influência?**

Influência direta, não, porque nós não tínhamos uma amizade íntima com ele. Tínhamos uma grande admiração. Mário pode ter exercido uma influência só indireta, porque nós líamos as coisas dele. Mas não há nenhuma, direta, ao contrário. Naquele momento havia dois escritores modernistas importantes aqui em São Paulo, o Mário e o Oswald de Andrade. O nosso grupo era ligado pessoalmente ao Oswald, inclusive porque nós não tínhamos tanto respeito pelo Oswaldo como pelo Mário. Na casa do Mário havia uma biblioteca muito grande, muito organizada, e nós nos considerávamos incapazes de conversar de igual para igual com ele. Na ocasião em que recebeu dois escritores importantes modernistas da Argentina – Nora Lange e Oliverio Girondo –, por exemplo, ele nos convidou, a alguns de nós. Eu estava lá, o Antonio Candido também, e não me lembro mais quem. Mas ficamos sobretudo assistindo à conversa entre o Mário e o Girondo, que tinham outra cultura. O Mário é mais ou menos da geração do meu pai, havia uma diferença de conhecimento muito grande. Agora, com o Oswald já não havia esse respeito, primeiro porque ele não tinha a cultura do Mário, e segundo, porque era muito, muito brincalhão, ferino, tinha um lado de humor; e, por esse lado, nós nos encontrávamos muito bem com ele. Às vezes, nós íamos aos domingos à casa do Oswald e passávamos lá várias horas. Ouvíamos música moderna e víamos quadros célebres na parede: [Candido] Portinari, [...] De Chirico. A gente também, é claro, tinha um certo respeito por ele, mas ficávamos mais à vontade, a prosa era mais de taco a taco. A meu ver não é uma influência tão profunda quanto a que a Faculdade de Filosofia exerceu. Porque não foi só o Maugüé, todos nós tínhamos aulas de ciências sociais.

**Você chegou a ter aula com o [Claude] Lévi-Strauss?**

Cheguei. Tive um ano e meio de aula com ele. Aliás, quando Lévi-Strauss partiu, oferecemos um chá para ele e a mulher. E eu fiz uma pequena saudação para ele, que foi publicada no jornal *O Estado de S. Paulo*. Não era bom aluno, mas era grande admirador do Lévi-Strauss. Ele era um professor diferente do Maugüé. O Maugüé improvisava mais – saía do assunto, voltava, ocorria uma idéia... O Lévi-Strauss não, era muito organizado, era um espírito lógico. Podia dizer que o método da aula dele era assim: primeiro, a exposição de um pensamento, uma espécie de tese, depois a discussão daquilo, a antítese, e por fim, a síntese, a conclusão. Seria um método dialético, mas não propositadamente dialético. Isso ajudava muito a gente a ter um certo espírito lógico. Ele dava uma espécie de aula de como funciona a cabeça de um homem de primeira qualidade. Nós tínhamos uma grande admiração por ele.

Já a turma do Antonio Candido não o pegou, porque Lévi-Strauss deu aula em 1936, e em meados de 1937 foi para a França. Da França ele voltou direto para o interior do Brasil. Mas Lévi-Strauss dava aula exatamente sobre o que veio a escrever depois, que é sociologia primitiva. Inclusive ele fez uma conferência dizendo porque ia para o interior e, nessa conferência – até hoje as coisas fundamentais eu me lembro muito bem –, disse o seguinte: primeiro, por que é que tem importância o estudo das sociedades primitivas? Porque, como na biologia você estuda, por exemplo, a célula, e na física você estuda o átomo, na sociologia você tem que partir das sociedades mais simples para compreender o que é realmente o social. Agora, por outro lado, as sociedades primitivas não são bem primitivas, são sociedades já muito bem organizadas, com sistemas próprios – inclusive ele tinha dado aula sobre esses sistemas. Também nós devemos deixar de lado a idéia de evolução, isto é, a idéia de que eles são muito inferiores a nós. Nós temos que considerar todas as sociedades do mesmo ponto de vista, não podemos dizer que uma é melhor e a outra é pior, elas são diferentes...

Isso, aliás, exerceu influência sobre mim, porque eu nunca empreguei, por exemplo, o método de comparação para poder elogiar um ator contra outro ator, um autor contra outro autor. Quando fazia uma comparação, era mais para esclarecer o que é um, o que é outro. Usando o seu contrário, às vezes fica mais claro ver no que eles diferem, no que eles divergem, mas não para realmente dizer "este é bom, aquele é ruim".

Eu procurei sempre estudar cada tipo de teatro como ele é. Por exemplo, o teatro de vanguarda é teatro de vanguarda, o teatro comercial é outra coisa. Você não pode dizer: "Eu sou contra o teatro comercial, todo ele; aceito apenas o teatro de vanguarda". Você pode fazer isso, mas aí você não pode ser crítico de jornal. Você pode ser crítico de um grupo de vanguarda; mas, para ser crítico de jornal, você tem que aceitar as coisas como elas vêm e ver a maneira como foram pensadas, ver se desenvolveram bem essa idéia. Se é uma comédia comercial, se faz o povo rir, se não faz, se diverte ou não diverte. Quer dizer, houve aí uma influência do pensamento do Lévi-Strauss. O Antonio Candido foi assistente de sociologia durante muitos anos, o Ruy Coelho também. Depois foram ambos professores titulares de sociologia. Portanto, para o nosso grupo – e isso talvez o marque um pouco –, a sociedade existe. Para muita gente que escreve sobre literatura, só existe a literatura. E a literatura tem seus pontos de referência apenas dentro da literatura. Queiramos ou não, nós temos um outro ponto de vista, isto é, existe a literatura, mas existe o homem, existe a sociedade, e a gente tem que ver um pouco a relação existente entre essas coisas. No teatro ainda mais, porque o teatro não só é literatura do homem, mas é exercitada pelo homem, então o homem está ali dentro, no palco, vivo. Você não pode eliminar a presença humana no teatro. Nem do ator, nem da atriz, nem do autor, e assim por diante.

Acho então que o *Clima* tem um pouco esse lado. Aliás, nós tivemos uma certa atuação política. Em 1941, havia já a guerra, portanto havia uma escolha entre um lado à direita, que era a Alemanha, o hitlerismo – muitos escritores, mesmo de São Paulo, eram hitleristas nesse momento, conhecidos nossos –, e o outro lado, que ia desde os Estados Unidos e Inglaterra até a Rússia; nós éramos deste lado, tínhamos uma tendência de esquerda. Mas esquerda não-comunista, esquerda democrática. Depois, mais tarde, foi criado um Partido de Esquerda Democrática, ao qual nós todos pertencíamos. Na revista *Clima* nós publicamos inclusive manifestos nesse sentido, de alguma coisa que fosse esquerda, mas que não tivesse os defeitos do stalinismo. O político, o cabeça pensante do nosso grupo era o Paulo Emilio, porque ele teve uma atuação política com 18, 19 anos aqui em São Paulo. No fim de 1935, quando fez 19 anos, foi preso. Ficou preso 14 meses e, evidentemente, saiu da prisão muito mais comunista do que entrou, porque lá estava todo o grupo comunista. Depois foi para a Europa, em 1937, e lá viveu muito de perto todo o problema dos processos do [Joseph] Stalin contra os antigos companheiros dele de comunismo. Aí o Paulo Emilio realmente deixou de ser stalinista e passou a ter o ponto de vista de procurar alguma coisa que tivesse as qualidades da esquerda, mas não os seus defeitos, uma esquerda não tão dogmática. E nós pertencíamos a essa orientação, portanto podemos dizer que o *Clima* tinha interesse pela literatura, pelas artes em geral, mas tinha também sempre um interesse pela política, pela sociedade.

Quando comecei a escrever, fui convidado porque eu me interessava por teatro devido a meu pai e já tinha feito, inclusive, teatro amador. O Alfredo Mesquita organizava aqui umas festas, uma espécie de representação, a irmã escrevia as peças.

**Chegou a ser galã, inclusive.**

É, tenho até o programa. O Alfredo Mesquita soube que eu tinha interesse pelo teatro, me convidou e eu fiz uma peça chamada *Dona Branca*, acho que em fins de 1939.

Depois tive meu grupo de teatro amador, o Grupo Universitário de Teatro, mas isso já posterior ao *Clima*, em 1943.

Na realidade, eu não tinha formação teórica, mas tinha uma vantagem: eu havia estado na França em fins de 1938 e começo de 1939, uns seis meses antes da guerra. O Paulo Emilio estava morando lá e eu passei dois meses em Paris, junto também com um primo, e eu vi muito teatro na França. Como eu tinha interesse, vi bastante coisa. Eu sabia francês porque as aulas dadas pelo Maugüé e pelo Lévi-Strauss eram todas em francês, então nós aprendemos a língua na marra. Vi as companhias de teatro mais avançadas que existiam naquela época, o chamado Cartel do Jouvet, Dullin, Baty e Pitöeff. Vi as peças dos quatro grupos. Fora isso, vi muitas outras companhias, outros espetáculos. Vi também a Comédie Française. Enfim, vi bastante teatro, mas não pensava ainda em escrever para teatro, era apenas uma coisa de diletante. Como vi também cinema. O Paulo Emilio já tinha uma formação, e ele me levou aos clubes de cinema, para ver fitas antigas, inclusive fitas mudas. Tive então uma certa formação prática. Depois, em 1941, uma universidade americana da Carolina do Norte fez um curso de verão para cem estudantes sul-americanos; eu me inscrevi nesse curso e fui. Eram uns 20 brasileiros, mais ou menos. Fiquei na Carolina do Norte durante uns dois meses, depois fui até Nova York e assisti uns seis, sete espetáculos.

**Você lembra quais?**

Lembro. Eu vi, aliás, grandes atrizes, já formadas. Vi *The Corn is Green*, do escritor Emlyn Williams, do País de Gales, com a Ethel Barrymore, que era da famosa família Barrymore. Era uma mulher de uns 60 anos. Vi *Twelfth Night*, com a Helen Hayes, que era considerada uma das melhores atrizes americanas, e um ator shakespeariano, Maurice Evans. Você vê que me marcou bastante, porque está na memória ainda. Vi um espetáculo com a Gertrude Lawrence, que era também uma grande atriz, e uma peça com a Katherine Cornell. Eram as duas maiores atrizes, Katherine Cornell e Helen Hayes e, por acaso, vi as duas naquele momento. Então fiquei com um padrão cênico, vamos dizer assim, um padrão visual, um padrão também um pouco auditivo. Quando voltei para cá, me entregaram a seção de teatro. Mas me faltava a formação teórica. Por sorte, a companhia do Jouvet veio para o Rio e depois para São Paulo. A primeira crítica que escrevi foi sobre ela, mas aí eu já tinha lido pelo menos um livro de teatro, de teoria, que foi o *Réflexions du comédien*, do próprio Jouvet. Escrevi sobre a companhia dele baseado mesmo no que ele havia escrito: a favor do teatro poético, que não seria mais um teatro realista. Embora fosse teatro em prosa, era uma nova concepção que havia surgido na França com o [Jacques] Copeau, em 1910-14, por aí. O Jouvet montou desde peças recentes até aquelas que tinha feito no começo da sua carreira, juntamente com o Copeau.

Nós tivemos uma sorte muito grande, porque ele ficou dois anos no Brasil, por causa da guerra. Então comecei a estudar teatro. Eu já estava lendo, porque quando fui aluno da Faculdade de Filosofia, nós pensávamos em fazer um teatro universitário, como todo mundo sonha em fazer sempre, eu e o Lourival Gomes Machado. Pensamos em fazer *Antígone*, não a peça grega, mas a versão do [Jean] Cocteau, que seria uma coisa ao mesmo tempo ligada ao teatro clássico e a uma visão modernista, do modernismo daquela época, que era uma simplificação do teatro antigo. Pensamos também em representar um texto do François Mauriac que eu tinha visto na França com a Comédie Française. Naturalmente, com a falta de senso de proporções da mocidade, decidi fazer a peça aqui. A peça chamava *Asmodée*. Nós começamos a traduzir o texto – eu, a Gilda Mello e Souza e a Helena Gordo. Só que a tradução não andava muito porque conversávamos demais. Íamos para a casa da Helena Gordo, uma casa antiga, com uma biblioteca enorme do pai dela, que tinha sido um grande advogado. Sentávamos naquelas poltronas, traduzíamos um pouco e depois passávamos para a prosa – e conversávamos horas e horas.

**Nunca terminaram a tradução?**

Não, mas acho que chegamos a começar a ensaiar, porque... Isso eu não me lembrava mais, mas o Antonio Candido conta que foi assim que ele me conheceu: ele estava andando pelos corredores da Faculdade de Filosofia, que naquela época era na praça da República [centro de São Paulo], no terceiro andar, e perguntaram a ele: "Você não quer entrar no teatro universitário, o pessoal está ensaiando na sala". Ele entrou e eu estava lá ensaiando, não sei se a Gilda também, um grupo... Nós já tínhamos distribuído alguns papéis, mas afinal nunca conseguimos encenar.

**Você comentou que quase não havia teatro na época da revista *Clima*, quer dizer havia muito pouco. Como você fazia, então? Escrevia mais ensaios?**

Comecei a querer escrever coisas em nível de ensaio, porque tinha pouco espetáculo pra comentar aqui. Mas como o *Clima* saía de vez em quando, dava para escrever. Nos primeiros números eu não escrevi e sinto até hoje um pouco isso, porque fui o único do grupo que não escreveu na primeira revista. Mas também aconteceu o seguinte: eu estava na época de casar, e hoje em dia me justifico plenamente, fiz muito bem de cuidar mais do casamento, do namoro, do que de escrever pro *Clima*. Me lembro, inclusive, que, como fazia todo paulista naquela época, casei e fui passar a lua-de-mel no Rio. O Rio de Janeiro era a Pasárgada de São Paulo naquela época. Então me lembro, lá no hotel, eu sentado numa mesa tentando escrever, mas não saía nada. O Rio de Janeiro, meu casamento, o calor... Só escrevi, se não me engano, para o número 3. O número 2 saiu com meu nome na capa, mas dentro não tinha matéria, ou tinha, escrita por outros. [De fato, o artigo "Louis Jouvet" foi escrito por Paulo Emilio Salles Gomes, que o assinou com as iniciais P.E.]. Afinal acabei escrevendo sobre o Jouvet. Mas, realmente, eu não tinha, em teatro, a mesma formação que tinha em literatura.

**A passagem do Jouvet deixou rastros.**

Ah, sim. Teve uma influência muito grande, sem dúvida. Nós todos íamos ver, aliás toda a cidade. São Paulo era pequena ainda. Quando eu falo toda São Paulo é todo mundo que gostava de arte e se encontrava. Esses encontros eram no Municipal. Como era tempo de guerra, também vieram para cá companhias de balé que já não podiam se exercitar na Europa e ficavam aqui na América do Sul, nos Estados Unidos. Então nós vimos muita dança. Vimos a companhia de Jouvet, veio a exposição de arte francesa, por causa da guerra também... Foram muito ricos os anos de 1940, 1941, 1942, os anos da guerra. Tínhamos coisas em quantidade.

Depois eu casei, em 1941, o Antonio Candido casou em 1943 – evidentemente o contato entre nós diminuiu um pouco, porque cada um já tinha a sua casa, tinha que trabalhar. Mas ainda continuávamos nos encontrando muito e conversando muito. Se há pontos de contato – porque muita gente acha que nós temos certos pontos em comum, como a maneira de escrever –, não é devido a um projeto, como por exemplo, vamos supor, o dos modernistas. Porque os modernistas de 22, quando fizeram a sua revista, *Klaxon*, eles tinham de 30 anos para mais, quer dizer, eram pessoas já formadas e, adultos literariamente, tinham um projeto, que realizaram, que era o projeto de lançar a modernidade no Brasil. Nós éramos discípulos desses primeiros modernistas. O *Clima* era mais um problema de relação pessoal do que propriamente de projeto literário, mas acho que, apesar de tudo, nós tínhamos um projeto literário que é aquele projeto meio inconsciente que se tem – ou meio consciente também, conforme o caso –, isto é, nós conversávamos tanto entre nós que possivelmente houve assim uma espécie de ponto em comum, uma certa unidade. Unidade na maneira de ver as coisas. Engraçado que às vezes passo tempo sem me encontrar com o Antonio Candido, como era também com o Paulo Emilio, então nos encontramos e, às vezes, estamos no mesmo ponto. Quer dizer, evoluímos cada um por si, mas talvez uma certa base em comum tenha garantido uma continuidade.

**E a ópera, você não pensou em enveredar pela música?**

Não. Eu gosto muito de ópera, sigo até hoje. Aliás, é um dos motivos de contato com o Antonio Candido, ele também gosta, os dois por motivos semelhantes, por causa dos pais. No meu caso, por causa do meu pai, e no caso do Antonio Candido, pelo pai dele, mas sobretudo pela mãe, que cantava. Meu pai cantarolava também, quer dizer, então nós temos aí uma formação desde meninos.

**Quando nós falamos sobre a crítica de rodapé você observou que é nesse momento que o teatro ingressa na literatura.**

A gente precisaria ver tudo o que foi escrito sobre o Nelson Rodrigues na ocasião do *Vestido de noiva*. Mas o *Vestido de noiva* não foi só um acontecimento teatral, foi um acontecimento nacional. Aliás, outro acontecimento nacional também foi o *Hamlet*, do Sérgio Cardoso. Foi realmente uma coisa que repercutiu no Brasil todo. O *Hamlet* chegou em São Paulo já com um prestígio imenso. O próprio Julio de Mesquita Filho, dono do jornal, foi assistir e ficou entusiasmadíssimo, quer dizer, esse foi um momento de renovação do teatro. Então não é que o Álvaro Lins escrevesse sobre teatro, ele deu atenção ao teatro porque o teatro emergiu nesse momento. E outros também – o Manuel Bandeira –, todo mundo escreveu sobre teatro.

**Nessa época as críticas não eram assinadas.**

No século passado [o XIX], as críticas não eram assinadas, porque eram críticas do jornal. Em *O Estado de S. Paulo*, quando eu comecei a escrever crítica em 1946, ainda era esse o hábito. Mas isso não era para diminuir a crítica; ao contrário, era para dar autoridade a ela. Como os editoriais não eram assinados e até hoje não são, porque é o ponto de vista do jornal, assim também a crítica de música, a crítica de teatro, não eram assinadas. Isso era, evidentemente, uma ficção, porque eu não representava a opinião do jornal, não conversava com ninguém, não ouvia ninguém. E eles também não tinham um interesse tão grande por teatro que fossem assistir a tudo. Mas oficialmente era isso.

**No prefácio da *Apresentação do teatro brasileiro moderno*, você refere-se às suas críticas como crônicas. A última parte do livro – que é sobre a Dercy [Gonçalves], a Alda Garrido e o [Zbigniew] Ziembinski – tem, inclusive, o subtítulo "Crônicas". Você faz, na sua crítica, alguma distinção, ou é só um hábito verbal?**

É um hábito verbal, exatamente. Mas a crônica tem um sentido mais leve. A crítica pode ser pesada, às vezes. Crítica, aliás, usada comumente, significa que você faz alguma objeção. Na verdade não é isso, porque a crítica pode ser uma crítica de elogio.

**Mas há uma diferença entre uma e outra.**

Há. Porque a crônica – subtende-se, desde o tempo de Machado de Assis – é uma coisa mais leve, pode ser mais divertida, não tem o mesmo grau de acidez, vamos dizer assim, da crítica. Então, talvez, achei que algumas coisas estavam escritas mais em tom de crônica, mas não é uma distinção assim rígida. Eu nem tinha reparado nisso, pra falar a verdade. A gente fala crônica também por uma questão de modéstia, porque crônica parece que é uma posição mais modesta do que a posição de crítica.

**Naquele mesmo livro, você escreve que era um equívoco querer transformar a Alda Garrido em atriz séria. No Rio, por exemplo, esse tipo de atores, que se sustentam**

**basicamente em cima de uma exibição pessoal, como é o caso da Dercy, do Jorge Dória, muitas vezes geram reações de aversão por parte da crítica. Eu não sinto nas suas crônicas, nas suas críticas, essa aversão.**

Aí depende um pouco do temperamento. Eu gosto de coisas engraçadas e gosto de farsa. Aliás, os espetáculos que eu dirigi, pensando bem, o primeiro espetáculo que fiz eram três farsas: uma de Gil Vicente, uma de Martins Pena e uma farsa brasileira moderna. O segundo espetáculo, uma farsa de Gil Vicente também. Eu queria fazer só repertório em língua portuguesa. No primeiro espetáculo eu pedi para o Mário Neme, que aliás tinha sido indicado pelo Mário de Andrade, para escrever uma farsa no mesmo estilo de Martins Pena e do Gil Vicente. Quer dizer, moderna, mas no mesmo espírito leve. Depois, no segundo espetáculo eu fiz também uma peça do Carlos Lacerda, *Amapá*, que não tinha nada de comédia – mas eu estava querendo descobrir autores modernos e o Lacerda (que não era a figura política que depois foi) já tinha escrito uma peça de teatro e, por isso, pedi a ele. A terceira peça que fiz foi uma comédia-balé, do Jean Anouilh, *O baile dos ladrões*. Você vê, portanto, que talvez eu quisesse sair mesmo para o lado da comédia, da farsa. Sem contar também que nós dávamos importância inclusive ao circo. A gente tinha o palhaço Piolim.

**Ele suscitou admirações no Mário de Andrade...**

Foi. No Mário de Andrade, no Sérgio Milliet, no Oswald de Andrade, exatamente. Também naquele momento faziam grande sucesso em Paris os Irmãos Fratellini. Então também tinha esse lado do prazer, da farsa, do circo. Agora, a crítica é diferente um pouco porque, às vezes, por exemplo, a Dercy é uma atriz interessante mas é monótona. Porque é tudo sempre baseado nela, nela, nela. E é também feito para um público menos exigente.

**A sua coluna no início se chamava "Palcos e Circos", não?**

É, "Palcos e Circos". Isso ainda é o resquício do começo do século: quando o circo tinha importância. Então a mesma pessoa fazia palcos e circos. Podia até não ser a mesma pessoa, mas entrava na mesma coluna.

**A coluna de Antônio de Alcântara Machado chamava-se "Teatros e Música", quer dizer, a pessoa dominava várias áreas.**

É porque no teatro do começo do século, na época do Antônio de Alcântara Machado, a coisa mais importante era a opereta, sem dúvida. Quer dizer, havia o teatro dramático, trágico, mas isso no Brasil só era representado pelas companhias estrangeiras.

Não se podia ver uma peça de [William] Shakespeare representada em português. E o público, o que o grande público ia ver muito era opereta, ou teatro de revista. Então, realmente, você pegava o teatro, o teatro de revista e a opereta, e nesse lado era música; mas não era música erudita, de concerto. O conceito de teatro era outro. Agora, quando eu comecei, já não era.

**Quais são as principais polêmicas que você recorda dessa época?**

Olha, esteticamente, não me lembro de polêmicas, porque aqui não havia também quem defendesse o teatro mais velho. Eu tive uma polêmica com a própria Sbat. Porque fui convidado a escrever um artigo para uma revista argentina dedicada ao Brasil – essa revista chama-se *Ficción*. Eu escrevi do ponto de vista moderno, criticando bastante Joracy Camargo, o pessoal do teatro anterior, que eu considerava um teatro que estava passando. Houve uma certa indignação na Sbat, mandaram um protesto para o presidente da República, o Juscelino Kubitschek, dizendo que eu estava diminuindo o Brasil lá fora. Aí fiz uma resposta longa, que foi publicada em *O Estado de S. Paulo,* sob o meu nome. Foi publicada não na seção "Palcos e Circos", mas na seção livre, que era destinada a esses debates pessoais. Fiz uma longa defesa do meu ponto de vista, dizendo inclusive que a arte não tinha nada que ver com patriotismo, essas coisas.

**Nós estávamos falando das críticas que não eram assinadas, e você costuma brincar que a sua melhor crítica foi escrita por Antonio Candido. Era comum, naquela época, se alguém faltasse, outra pessoa escrever em seu lugar?**

Não, não era comum. No meu caso, foi muito raro. Foram duas vezes. Uma, eu me lembro, foi porque... não sei se fui ao Rio, sei que eu não estava em São Paulo, e havia o espetáculo de uma companhia italiana no Teatro Municipal – e eu não podia falhar. Então pedi ao Antonio Candido e ele fez a crítica. Eu brinco que é a minha melhor crítica.

**O jornal nem chegou a saber?**

Não.

**E a outra vez, você lembra?**

Foi sobre aquele americano, Richard Morse, um historiador. Ele escreveu uma peça que foi representada aqui por um grupo de amadores, e ele me chamou. Morse estava morando em São Paulo para fazer uma tese sobre a cidade, e eu o conheci por meio de um rapaz que gostava muito de teatro. Depois o apresentei ao Antonio Candido e ele ficou nosso amigo. Aí convidei o Candido para assistir à peça e pedi a ele que fizesse a crítica, porque eu me achava muito ligado ao Morse e fiquei, assim, com um pouco de dedos, como a gente fala. O Antonio Candido fez e eu publiquei. Publiquei como se fosse minha, mas sem assinatura. Foram as duas vezes que o Antonio Candido fez crítica por mim. Aliás, ninguém mais fez, nunca pedi para mais ninguém. Houve, por exemplo, críticas que saíram sem asssinatura sobre teatro alemão e me foram atribuídas. Depois, a Nanci Fernandes fez o levantamento de todas as minhas críticas, e eu fiz a retificação. Foi um rapaz de origem alemã, João Marschner, que era d'*O Estado de S. Paulo* quem escreveu essas críticas. Mas, como não eram assinadas, correu tudo por minha conta. Agora, os críticos anteriores a mim, eu sei vagamente, uma pessoa ou outra, mas não sei que críticas escreveram, não sei nada. Nem o jornal sabe.

**Não existem registros?**

Não. Aliás, o Yan Michalski fez um estudo sobre Nelson Rodrigues, sobre a repercussão crítica de Nelson Rodrigues. Ele me escreveu perguntando sobre alguém que tinha feito uma crítica com a assinatura A.N. Era um jornalista que realmente nada tinha a ver com teatro, a especialidade dele era automóvel – naquela época em que automóvel era esporte, faziam-se *raiders*, esse tipo de coisa. Quando o *Vestido de noiva* veio para cá [em 1944] pediram a ele para escrever, porque não existia crítico de teatro propriamente. Acho engraçado, porque você vê que não existia crítico nesse momento, o teatro estava numa crise mesmo muito forte.

**Nas décadas de 1940 e 1950, existia uma preocupação da crítica em incentivar a formação, a mudança do teatro, em ter um rigor mas sem ser destrutiva?**

Sim, porque o teatro estava nascendo: a gente tinha um pouco de boa vontade. Você tinha que escrever com um certo cuidado. Eu, pelo menos, tinha isso. Acho que os outros também tinham. O Paschoal Carlos Magno, por exemplo, elogiava muito, porque ele era um temperamento entusiasta. Mas, além disso, estava numa campanha a favor do teatro, então tinha que levar para cima. Mas logo que comecei a escrever crítica, veio uma companhia da Eva Todor – Luís Iglésias e Eva Todor –, e eu fiz uma crítica mais ou menos severa, porque era esse tipo de teatro que eu achava que estava já ultrapassado. A pessoa que fazia a publicidade da companhia era ligada ao jornal, e procurou o diretor d'*O Estado* e se queixou que eu estava fazendo uma crítica que não estava de acordo com os padrões do jornal. Aí o diretor me chamou e eu disse: "O que está havendo é uma mudança de orientação estética, nós estamos mudando e, por isso, eu tratei mais severamente". O dr. Julio nunca mais tocou no assunto. Foi a única vez em que ele me chamou. Mas quem fez essa reclamação tinha um pouco de razão no que falava, porque geralmente a crítica do jornal era uma coisa curta e amistosa.

Nós fizemos uma mudança até mesmo de geração. O TBC, por exemplo, e também as companhias do Rio, as companhias jovens, não tinham praticamente gente mais velha, os papéis mais velhos eram feitos com gente moça maquiada para parecer velha.

**Os amadores nesse momento são de grande importância, trazem uma outra visão, menos comercial, para o teatro. Tem uma crítica sua de 1948, sobre o *Hamlet* do Teatro do Estudante (incluída em *Apresentação do teatro brasileiro moderno*), que diz que "o melhor teatro do momento é feito por estreantes".**

Há um artigo de um americano – meio brasileiro, meio americano –, que escreveu uma porção de notas sobre o Brasil para *O Estado de S. Paulo*, que diz isso, exatamente. Diz que o Brasil é um país engraçado, porque os amadores trabalhavam como profissionais e o profissional, como amador, naquele momento. De fato, você pega, por exemplo, o espetáculo do Ziembinski, em que ele levava quatro, cinco meses ensaiando. O resultado era diferente do resultado do Procópio, que ensaiava uma semana, 15 dias. Não é questão de talento, é questão de trabalho mesmo; você sabe o quanto vale o trabalho em teatro. Você vê o Antunes Filho – ele faz teatro com gente que, em geral, não tem nome, mas tem vontade de trabalhar, de ensaiar. Inclusive o Antunes vai ensaiando, vai modificando conforme os ensaios, vai recriando. É um processo que não dá para fazer com profissionais, que precisam estar representando para ganhar. Os Comediantes eram amadores e faziam os melhores espetáculos. Era gente que ensaiava à noite.

**Mas, por outro lado, você aponta também que o fato de serem amadores dificultava, quer dizer, não tinham horário, pontualidade, desistiam no meio...**

Isso antes, porque o teatro não tinha importância. Eu, por exemplo, nos meus espetáculos, aproveitava quem aparecia, porque não tinha muita gente para fazer teatro. Eu me lembro que em algumas peças, como a do Carlos Lacerda, que mencionei antes, *Amapá*, eu aproveitei as pessoas que se apresentaram para mim, não dava para escolher. Era gente sem nenhuma experiência de teatro, alguns não tinham nem talento, mas eu precisava representar de qualquer maneira, achava que era assim que ia engrenando. E, de fato, você sabe que a primeira atriz profissional contratada pelo TBC foi a Cacilda Becker. Ela tinha feito já teatro profissional com o Raul Roulien, mas, naquele momento, estava fazendo teatro amador comigo. Ela era praticamente amadora, tinha passado pelo profissionalismo, mas muito ligeiramente. As condições eram outras. Isso eu digo também na crítica; acho que as gerações que vêm, de alguma forma tiram proveito da experiência das gerações anteriores. O sujeito que começa hoje começa vendo espetáculos modernos, pelo menos. Agora, sinto que esse espírito amador que sustentou o teatro durante muito tempo, quer dizer, o desinteresse econômico, passou. Tenho a impressão de que o teatro caiu agora no profissionalismo.

**Os amadores hoje querem fazer sucesso logo.**

O teatro também era uma coisa de vida difícil, até hoje é. Mas hoje tem muita gente que vai fazer teatro para aparecer, para passar para a televisão, por exemplo. No Rio acho que isso é muito comum. O Tablado mesmo eu acho que formou muita gente para a televisão. Isso não havia. Naquela época, quem fazia teatro era pelo teatro mesmo. Porque cinema havia muito pouco, e não faziam em geral com o pessoal amador, com esses jovens. Faziam com Oscarito, com gente já de muita tarimba. Esse espírito amador eu senti que permaneceu durante muito tempo, 20 ou 30 anos. Hoje em dia, pelas críticas que leio, já tem muita gente que faz teatro para ganhar dinheiro – e ganha, parece.

**Você assistiu à formação de um público, de uma platéia. Eu queria então que você falasse sobre isso, se você nota uma transformação no público de hoje, por exemplo.**

Hoje não vejo mais teatro, há alguns anos já que não vejo. Agora, o TBC no começo teve um certo caráter elegante, grã-fino. Porque o Franco Zampari, proprietário do teatro, era um sujeito que ganhava muito bem, tinha uma casa muito bonita no Jardim América, freqüentava gente muito rica e isso ajudou um pouco o teatro. O Zampari nunca foi bem estudado, mas ele era um empresário muito interessante, porque veio da indústria e achava que o teatro estava desmoralizado economicamente. Ele dizia: "Eu entro no teatro e o teatro está velho, escangalhado, ninguém empregou dinheiro ali". Franco Zampari fez uma reforma de uma sala comum, em dois meses mais ou menos. Entregou o teatro para a decoradora mais famosa de São Paulo naquele momento [Sofia Assunção], que era do mesmo grupo dele, chamava-se *If Decorações*. Era um teatro em que as pessoas entravam e tinham a impressão de uma coisa moderna, limpa, elegante. A bilheteria funcionava muito bem, as pessoas telefonavam e a bilheteira marcava lugar – não tinha esse negócio de chegar na última hora e dar uma gorjeta; ele mudou esses hábitos. O Zampari queria que as pessoas entrassem no teatro com a impressão de uma coisa, não direi rica, mas também não pobre como os outros teatros eram.

Ele começou dobrando ou triplicando o preço do ingresso. O Procópio era muito barato e o Zampari começou a cobrar mais. No começo demorou um pouco, mas depois o público veio. E veio um público não propriamente grã-fino, veio um público burguês, mas não só da alta burguesia, de uma burguesia média. E aí houve os *habituées* do TBC. O TBC tinha um público fiel, cativo. Que é o que acontece, por exemplo, nos teatros *stabili* [estáveis]. O TBC, no fundo, é muito baseado na experiência dos teatros *stabili* italianos, Stabile de Torino, Stabile de Milão, que era famoso, dirigido pelo Giorgio Strehler, o melhor teatro da Itália. Mas lá o sistema é de assinante mesmo, assinava-se por ano e via-se todos os espetáculos montados no teatro. O TBC nunca teve assinatura.

Quando o teatro se voltou muito para o lado da esquerda, com o Teatro de Arena, por exemplo, houve uma tentativa de mudá-lo. Acho que mudaram no sentido de que veio muito mais gente jovem, universitários, mas não houve uma libertação completa da burguesia porque, afinal de contas, quem tinha dinheiro, quem podia pagar era ela. Então havia o interesse de fazer um teatro operário, mas não se conseguia. Era uma classe média que ia ao Arena.

Depois veio o Oficina e fez uma coisa contra o público – num certo sentido, o teatro de violência, não só em cena mas também às vezes extrapolando, passando do palco para a platéia. Aí, realmente, afastou bastante o público, houve uma crise séria.

**Como foi a polêmica com José Celso Martinez Corrêa? Parece que ela envolveu o crítico Anatol Rosenfeld também, que chegou, inclusive, a chamar o teatro de José Celso de "neoculinário", no artigo "O teatro agressivo".**

Exato. O Zé Celso, num certo momento, não admitia crítica nenhuma. Aí, nesse momento, quando ele fez as coisas mais fortes, eu já não era mais crítico. Eu tive uma certa briga com ele na Comissão Estadual de Teatro [CET]. Fui presidente dessa comissão numa época. Nós distribuíamos dinheiro entre as companhias – dávamos para todos os grupos, inclusive para os de esquerda, mesmo depois de 1964. Mas o Zé Celso apresentava projetos e queria que nós déssemos exatamente aquilo que ele pedia. Nós tínhamos que atender a todo mundo; tínhamos um conceito democrático: dar mais para as companhias mais importantes, mas, também, dar algumas coisas para as companhias menores, iniciantes, inclusive para teatros experimentais. Mas o José Celso era muito autoritário, muito difícil de lidar, porque ele achava que devia ter todas as prerrogativas. É o temperamento dele, ele é um exaltado. Sem negar o seu valor, mas realmente não dá para você fazer uma coisa pública em torno da pessoa dele.

**Você chegou a comentar que não foi ver o espetáculo dele para não atrapalhá-lo.**

Exatamente, foi isso mesmo. Fiz exatamente isso. Deixei de ver *Gracias, señor*. Ele teve uma polêmica muito forte contra o Sabato Magaldi, e escreveu coisas violentas contra a crítica em geral. O ponto de vista dele é que nós representávamos o racionalismo, a razão, a lógica, e ele queria uma outra coisa. Eu pensei, bom, se ele acha que estou atrapalhando, aí não vou ver mesmo. Talvez esteja atrapalhando. Naquele momento, por exemplo, estava muito na moda essa coisa de todo mundo dar a mão entre o público, e isso não era bem o meu gênero. Eu, inclusive, não queria dar a mão para poder ficar com a minha maneira de ver, para poder ser eu mesmo, não ser levado por um movimento coletivo. Então, nesse sentido, talvez, eu realmente atrapalhasse o espetáculo. Porque eu concebo muito bem um teatro que não seja racional, mas não posso me livrar inteiramente de um certo racionalismo que tenho. Só posso escrever da maneira como sou.

**Em *Peças, pessoas, personagens*, você observa que a passagem do amadorismo ao profissionalismo se dá, em 1948, através do TBC e da EAD, duas iniciativas privadas, de mecenato desinteressado. Gostaria que você falasse da relação entre teatro e Estado, da subvenção, se você acha que deve haver e como deve ser feita, e também na relação entre os críticos – porque, se eu não me engano, a CET foi fundada a partir de uma sugestão da Associação de Críticos, da Associação Paulista...**

Foi, exatamente. A Associação Paulista começou como uma seção da Associação Brasileira de Críticos Teatrais. O presidente da ABCT era o Lopes Gonçalves. Ele organizou dois congressos de teatro. Num deles, eu e dois alunos da Escola de Arte Dramática propusemos como novidade o teatro de arena. Mas como novidade não da maneira de representar e sim como uma solução econômica para o teatro. Quem escreveu a proposta realmente foram eles, mas baseados em aulas que eu tinha dado, em material que eu tinha.

**Mas depois a Associação Paulista se torna independente.**

Depois ela se torna independente porque no Rio houve uma briga. Como o Lopes Gonçalves não saía nunca da presidência da ABCT, os críticos jovens – era um problema de geração também – formaram o Círculo Independentes de Críticos Teatrais [CICT]. E aí a Associação Paulista de Críticos Teatrais ficou independente.

Quando Jânio Quadros era governador do estado nós fomos à presença dele – eu fazia parte da diretoria da APCT, fui muitas vezes presidente da APCT – e pedimos para ele dar um auxílio ao teatro. Ele disse: "Então vocês apresentem um projeto". Nós fizemos o projeto da Comissão Estadual de Teatro e ele aceitou. Fez uma comissão na qual participariam obrigatoriamente três membros da Associação Paulista de Críticos Teatrais, e nomeou, se não me engano, sete pessoas. As outras pessoas eram, por exemplo, o Nino Nello, um velho ator do teatro popular, ainda com influência italiana, um ator totalmente diferente da gente. Mas afinal a Comissão funcionou e tinha três membros obrigatórios da Associação de Críticos. A Comissão começou a dar dinheiro, e isso permaneceu durante alguns governos, não só na gestão do Jânio, mas também nos governos sucessivos. Funcionava muito bem. O teatro de São Paulo desenvolveu-se muito por causa disso. O Arena recebia dinheiro, o Oficina recebia dinheiro, a Maria Della Costa recebia dinheiro, o TBC recebia. Funcionou direitinho. Depois, com as mudanças políticas, a Comissão Estadual de Teatro acabou perdendo toda importância, acho que nem existe mais.

**Havia um diálogo entre a crítica de São Paulo e a do Rio?**

Não. Havia quando a gente viajava, só. Mas assim, permanentemente, não. Quando eu ia ao Rio – eu ia de vez em quando –, procurava os críticos. A Barbara [Heliodora], por exemplo, é boa de briga. Quando houve essa discussão minha com a Sbat ela tomou o meu partido e publicou o artigo que eu tinha escrito sobre teatro brasileiro para sair na Argentina. Ela traduziu e publicou no Rio, e defendeu a minha posição.

**Além da comissão, que foi fundada por indicação da APCT, que outras atividades você apontaria em que a Associação de Críticos teve uma importância?**

Olha, a Associação de Críticos realmente tinha muito pouca importância. Aliás, tinha não muito pouca importância, mas muito pouca atividade, porque nós não tínhamos verba. Quando tivemos verba, fizemos, por exemplo, cursos e conferências. Foi a única coisa. Durante muito tempo, não se fazia nem isso. O que nós fazíamos era, no fim do ano, dar o prêmio da Associação para os melhores, por votação só da crítica. Não eram mais do que nove pessoas, por aí. Como naquele momento não havia tantos prêmios, o nosso tinha um certo peso, um certo valor. Também quando, por exemplo, a classe teatral entrava em briga por causa de censura, nós éramos chamados e, naturalmente, defendíamos a classe teatral contra a Censura. Isso ocorreu mais de uma vez. Então nós tínhamos uma função, por um lado, pequena, mas por outro lado, moralmente importante.

**Você é favorável à subvenção do teatro pelo Estado?**

Sou favorável. Vi muito isso no século passado, em relação ao João Caetano. Enquanto davam subvenção, ele podia fazer bem ou mal, mas fazia ainda peças de tipo shakespearianas. No fim do século, quando param de dar subvenção, o teatro musicado passa a predominar, entra aquela fase de comédia musicada, e os atores dramáticos, geralmente, desaparecem, só se vê mesmo aqueles que vinham do estrangeiro, italianos, franceses. Há aí uma cisão que permanece até 1940, quer dizer, os brasileiros fazem farsa, comédia, vaudeville, teatro de revista. Os italianos e franceses fazem drama, tragédia. E também comédia, mas a comédia psicológica, a comédia fina. Foi contra isso ainda que a minha geração lutou.

**A sua geração poderia ser definida como uma geração de críticos?**

Acho que sim.

**Você acredita que ela tenha feito escola, você vê uma continuidade em alguns críticos?**

Bom, no teatro houve o seguinte: hoje em dia ele não tem mais o prestígio jornalístico que tinha naquela época; os jornais não dão mais importância ao teatro. O teatro é considerado como uma coisa meio secundária, então há um espaço muito pequeno. Você nem sabe se existe crítico bom ou não, porque eles têm 30 linhas para escrever. É muito difícil explicar tudo em 30 linhas.

Agora, essa minha geração é crítica, em parte, talvez, devido à nossa ligação com a universidade. Porque no grupo do *Clima* havia duas pessoas que tinham uma certa vocação ou aptidão criadora: a Gilda de Mello e Souza e o Paulo Emilio Salles Gomes, que afinal de contas escreveu um livro de ficção bem interessante, *Três mulheres de três pppês*. Mas como nós éramos ligados muito à universidade, talvez isso tenha pesado um pouco. Como professor, você não vai fazer um conto na aula, não é? Aliás, o Lourival Gomes Machado escreveu uma peça em um ato, que foi representada no *Teatro das Segundas-feiras* do TBC. Quer dizer, talvez ele também tivesse uma vocação criadora. Ele fez também uma adaptação da peça do Álvares de Azevedo, *Macário*, portanto, você vê que talvez houvesse no nosso grupo mesmo algumas pessoas que poderiam ir para a ficção. Mas, afinal de contas, o fato importante da nossa vida, de nós todos, foi a universidade.

**Você vê na crítica de teatro alguém com quem se identifique?**

Escrevendo crítica, não. Mas acho que existem teses. Por exemplo, a tese da Vilma Arêas, sobre Martins Pena, foi feita sob minha orientação. O João Roberto Faria fez parte do primeiro grupo de orientandos meus; a primeira tese que ele fez foi comigo. Depois ele ficou no meu lugar na Faculdade de Filosofia. Em certo sentido, ele continuou o trabalho que eu estava fazendo, mas ele não é crítico.

Quando nós começamos a escrever, em 1941, a universidade não tinha força ainda. A USP é de 1934, quer dizer, quando nós fizemos a revista não tinha nem dez anos. Agora se criou uma espécie de fosso, entre a universidade, de um lado, e o jornalismo, de outro. O jornalismo acha que o trabalho universitário é muito chato, e o universitário acha que o trabalho jornalístico é muito superficial.

**De certa forma volta aquela polêmica dos anos 1940, da crítica de rodapé e dos universitários.**

É, mas a crítica de rodapé do Álvaro Lins, por exemplo, do Antonio Candido, era ao mesmo tempo uma crítica jornalística – porque era sobre aquilo que estava sendo publicado – e uma crítica que literariamente todo mundo prezava. Isso é que não sei se existe hoje.

**É muito comum dizer que o esvaziamento da crítica se deve à redução do espaço do jornal. Eu me pergunto se não há uma parcela de responsabilidade dos próprios críticos, no sentido da perda de qualidade, uma pior formação e, em alguns casos até, uma ausência de paixão.**

Bom, isso não posso dizer porque não leio as críticas. Quando eu estava fazendo crítica, recebia todas as críticas do Brasil, então tinha uma idéia muito clara de como era a crítica do Rio. Posso falar da crítica d'*O Estado de S. Paulo,* que eu leio, que vejo que é uma crítica mais sumária, mas com boa vontade – dos dois críticos, acho. Talvez eu fosse mais severo do que eles são atualmente. Mas são pessoas inteligentes e que escrevem bem, o Jefferson Del Rios e a Mariangela Alves de Lima. Para a minha leitura, dentro do espaço que eles têm, que é muito pequeno, acho que conseguem dar uma opinião. Mesmo quando ela é restritiva, sem dizer abertamente, conseguem dar a entender que é um espetáculo mais fraco, que o pessoal não está tão bom. Porque você também aprende a ler determinado crítico, como se aprende a ler um poeta, se aprende a ler um romancista... Aí você percebe melhor as nuances que ele faz.

**Você define-se em *Exercício findo* como um crítico impressionista. Acha que o teatro, por ser uma arte efêmera, demanda uma crítica também impressionista? Sente falta de uma crítica assim na literatura?**

Em primeiro lugar, essa palavra impressionismo vem de um autor teatral, que é Jules Lemaître. Ele publicou vários livros chamados *Impressions de théâtre.* Eu li a crítica dele e acho uma crítica freqüentemente muito boa. Vou citar um exemplo: *Cyrano de Bergerac* foi um sucesso tremendo. A maior parte das pessoas achava que era um recomeço do teatro poético. Ele caracterizou como o contrário, como sendo um fim. Elogiando a peça, mas historicamente ele colocava mais como um fim do teatro poético. E realmente foi. Depois houve muita gente que escreveu teatro poético, mas não houve mais sucesso. Realmente, o que havia de crítica de teatro tinha que ser impressionista, porque ela é uma resposta imediata. Vem, vamos dizer, um estímulo, e você reage. Não pode ser de outra maneira. Na crítica de teatro eu reajo como público, como o público reage. Eu vejo e penso e faço um esforço para dizer aquilo que estou pensando. A crítica jornalística não pode ser outra coisa. Em ensaios, é diferente, aí você tem uma visão geral. A perspectiva é muito importante na crítica. Se você escreve uma crítica de todos os espetáculos do ano, é muito relativista, é relativo ao que está sucedendo naquele ano. Agora, se você faz um ensaio, vamos supor, sobre o teatro político no Brasil, o teatro épico no Brasil, aí você já pega 20 anos, sua perspectiva já é outra. A maior parte das peças some, e aparecem duas ou três. Se você escrever, por exemplo, como eu fiz, uma história crítica do modernismo no Brasil, de 1930 a 1980, aí a maior parte das coisas desaparece, as coisas de ano desaparecem e ficam apenas algumas tendências.

**Ainda em *Exercício findo*, você distingue ciência e crítica. Enquanto a ciência tende ao universal, a crítica tende ao detalhe, ao que é único. Essa é uma distância que aumenta ainda mais no teatro. A quem caberia então essa ciência do teatro, no sentido de uma teoria, de um conhecimento com validade objetiva?**

Bom, há vários livros escritos atualmente. É uma coisa muito recente. O dicionário de teatro do Patrice Pavis [editado no Brasil pela Perspectiva, em 1999], que é todo escrito em termos de estruturalismo, e que acho interessante. Quando surgiu o estruturalismo, muita coisa que eu sentia, mas não sabia exprimir bem, ficou mais esclarecida através da análise estrutural. Mas sinto que isso não é crítica de teatro, isso é crítica do gênero teatral, não é crítica da peça, do espetáculo. Os livros que escrevi eram críticas do espetáculo. Nunca escrevi, por exemplo, uma crítica baseada na leitura do texto. Freqüentemente eu lia o texto antes, lia sobre o autor, me preparava. Mas deixava para escrever a crítica depois que via o espetáculo, porque o espetáculo diz alguma coisa particular sobre aquele texto. Você tem que reagir ao espetáculo, aos atores, ao cenário. Isso é o que chamo de crítica de teatro jornalística. Agora, nada impede que você faça, por exemplo, um estudo estrutural do melodrama tal como ele existiu em 1800, 1830. Aliás, tem um ensaio muito bom do Peter Brooks sobre o melodrama, no qual ele faz uma espécie de estudo estruturalístico e acrescenta muita coisa. Não sou contra a ciência do teatro. Porque na literatura você também tem isso, tem a crítica do romance ou do autor e tem também, hoje em dia, teoria literária, como uma cadeira.

Quando fui convidado para dar aula na Faculdade de Filosofia era apenas crítico de jornal. Aí o Antonio Candido me convidou para participar da cadeira de teoria literária, só que eu daria teoria literária do teatro e ele, da poesia e do romance. Então Candido conversou com o José Aderaldo Castello, que era professor de literatura brasileira, e o Castello disse que também me convidaria. Aí me propuseram escolher. Naquele momento, o que estava fazendo sucesso era teoria literária, as teses todas eram sobre teoria literária, era uma coisa nova. Mas preferi ficar na cadeira de Castello, porque achava que havia muita pesquisa a fazer sobre a literatura brasileira teatral do passado. Por isso acabei escrevendo a tese sobre o João Caetano.

**Nesse momento você já tinha largado a crítica de jornal?**

Não. Larguei logo depois. Fiquei muito pouco tempo fazendo as duas coisas.

**Você acha que seria impossível conciliar o trabalho no jornal com a pesquisa histórica?**

Não, ali teve um problema que foi o seguinte: eu entrei com tempo integral, então, a rigor, não poderia ganhar um outro ordenado. Poderia escrever coisas. Mas já tinha escrito crítica por muito tempo, mais de 20 anos. Em certo sentido, me sentia um pouco esgotado, porque você também não tem sempre coisas novas para dizer. Já em relação ao João Caetano eu tinha, porque era um assunto pouco estudado.

**Sendo a história da arte e, por extensão a do teatro, uma história de juízos de valor, ela também é uma história da crítica. Você concordaria que no caso específico da arte, a história e a crítica são indissociáveis?**

História e crítica, acho que sim, pelo menos para mim. Acho que a crítica é muito o jogo entre o particular e o universal. Você está sempre correndo de um lado para o outro, para cá e para lá. Se você fizer uma coisa puramente universal, você faz, de fato, uma ciência do teatro. Se você fizer uma coisa inteiramente particularizada, você não faz nem crônica; apenas você dá suas impressões. Porque, filosoficamente, acho que, na verdade, o que você pode contar é com as suas impressões, é o ponto de vista do [René] Descartes: "Penso, logo, existo"; é o ponto de vista de [Immanuel] Kant: você tem que partir da sua experiência. Sempre achei, por exemplo, que para escrever crítica, o que era trabalhoso era eu perceber bem o que tinha sentido em face do espetáculo. Porque no fundo é uma auto-análise.

**Nos primeiros prefácios, você sempre coloca a crítica como um ato não-criativo. Você diz, por exemplo, numa entrevista publicada na *Folha* de S.Paulo, no dia 2 de julho de 1988: "A crítica tem sempre um nível médio, a não ser no caso de um espetáculo extremamente excepcional que exige do crítico um esforço de originalidade". Já no livro *Exercício findo*, você diz que a crítica tem tanto de criação quanto as outras criações. Houve uma mudança na sua concepção de crítica?**

Acho que houve um amadurecimento nesse sentido. Fui percebendo melhor a parte criadora que eu tinha. Porque comecei a perceber o seguinte: tudo o que eu pensava – não só sobre teatro, pensava sobre mim mesmo, sobre os amigos, sobre as pessoas, sobre o amor –, tudo isso um dia acabava saindo a propósito de uma peça ou de um espetáculo. Na crítica jornalística vale muito a pessoa, porque todas as suas reflexões ela acaba colocando um dia na crítica. Você não é uma pura reprodução daquilo que você vê, você também em parte é uma produção. Você, inclusive, às vezes, ajuda até o autor a se entender. O Jorge Andrade, por exemplo, escrevia e mostrava para o Antonio Candido, mostrava para o Sabato Magaldi, mostrava para mim. E a gente fazia observações que ele não tinha percebido e que, costumeiramente, via mais tarde. Ele aproveitava essas observações e isso, em geral, acontece com qualquer autor.

É o que faço quando escrevo, porque a gente não sabe bem o que escreveu, se está bom, se não está; outra pessoa pode dizer melhor. Então, realmente, comecei a perceber que eu me colocava muito na minha crítica. Não diretamente, quer dizer, não fazia confidências pessoais, mas indiretamente. No tom objetivo, você acabava pondo reflexões suas. Quem lê poesia é assim. Aliás, uma das grandes diferenças na poesia moderna em relação à poesia do século passado é que o poeta do século passado transmitia tudo o que você tinha que sentir sobre a poesia. Castro Alves, por exemplo, faz esse discurso, então você segue todo o pensamento dele. Já o Carlos Drummond diz "no meio do caminho tinha uma pedra" e acabou, você tem que se virar com aquilo, você que resolva o problema. Nesse sentido, acho que a crítica é importante – há aí uma teoria que nunca apliquei que é a seguinte: existem autores que tem uma comunicação imediata com o público. Por exemplo, quando surgiu o Jorge Amado, no segundo, no terceiro romance, ele já era um autor lidíssimo. Há autores que precisam ter um intermediário na crítica. É o caso do Mário de Andrade e do Oswald de Andrade, que na ocasião não foram lidos, foram pouquíssimo lidos, não foram bem apreciados. A própria crítica era muito restritiva em torno, por exemplo, do Oswald de Andrade. Depois, passados 20, 30 anos, uma porção de gente escreveu sobre Mário de Andrade e sobre Oswald de Andrade. São autores difíceis, que precisam ter uma intermediação da crítica.

O Nelson Rodrigues conversava às vezes comigo e, às vezes também, ele se referia a críticas que eu tinha feito havia seis meses, um ano, e nem me lembrava mais. Numa ocasião ele começou a falar uma porção de coisas e eu não estava concordando com ele; depois, no meio da conversa, eu percebi que ele estava rebatendo uma crítica minha. Ele começou a falar, falar, falar, no meio eu comecei a perceber: "Ele está rebatendo a minha crítica, talvez ele tenha razão, porque o autor também sabe o que está fazendo." Depois, numa outra ocasião – isso foi na segunda edição de *A literatura no Brasil*, do Afrânio Coutinho –, escrevi que o crítico ficava um pouco desarmado perante o Nelson Rodrigues, não sabia exatamente se ele é um gênio ou não, ou o que era, porque eu acho que o Nelson propõe esses problemas para a gente. Aí o Nelson concordou.

**A relação da crítica com o teatro é bastante peculiar, porque, ao mesmo tempo em que não se confunde com ele, ela é indissociável dele. Como é para você essa dualidade?**

Eu estou sempre respondendo a um estímulo que é o espetáculo. Isso eu sinto perfeitamente em mim. Se faço a crítica de uma comédia, tendo a fazer uma crítica também mais humorística, ou se é uma farsa, em termo de farsa...

Agora, por exemplo, quando eu faço crítica de uma peça, vamos supor, do [Bertolt] Brecht, ou do [Jean-Paul] Sartre, sem querer eu tomo um tom mais sério e, se possível, mais filosófico, porque eles propõem a questão nesse pé, e eu respondo. Isso influi não só no pensamento do crítico – no meu caso –, mas também no modo de escrever. Sou um pouco mimético nesse sentido. Agora, isso depende muito da força do autor de lhe empolgar mais ou menos. Quando você realmente não sente nenhuma afinidade, você escreve uma crítica mais fria, sem querer.

**Eu sei que não existe um crítico modelo, mas na sua trajetória como crítico, quem poderia ser considerado como uma grande admiração?**

Olha, eu não posso ter muito crítico modelo porque acho que o que você pode ter é um bom conjunto de críticos, quer dizer, um apaixonadíssimo, outro ferino, outro sensato e assim por diante. Porque nenhum deles esgota todas as possibilidades da crítica. Mas não há um assim que seja, vamos dizer, o modelo que serve para todos.

Theophile Gautier é um excelente crítico e talento literário, quer dizer, ele é poético. É um autor de que gosto muito. Li muito os críticos do século passado por causa do meu trabalho sobre João Caetano. Para poder, exatamente, reencontrar a época romântica. O Francisque Sarcey, no fim do século, é um crítico que escreveu *Quarante ans de théâtre.* Ele tem uma visão histórica daqueles anos, claríssima. Ele diz, por exemplo: "Só vi três revoluções em teatro" e cita. Uma delas é uma opereta. Ele tem uma visão do teatro não literária, do teatro como espetáculo, como conjunto de peça e representação. Então sempre que eu o leio, leio com muito prazer. O Jules Lemaître, que citei há pouco, autor de *Impressions de théâtre,* li e gostei muito. Dos modernos, gostava do Eric Bentley. Lembro que gostei muito do livro dele *O dramaturgo como pensador*, porque ali ele estuda os autores teatrais exatamente como pensadores. Pela primeira vez eu via o teatro encarado filosoficamente, não a filosofia entendida como Kant, mas o teatro procurando ver o centro do pensamento de alguém. Depois o conheci pessoalmente, ele esteve no Brasil, fez conferências, mas não brilhou como se esperava. Mas ele tinha uma grande cultural geral. Foi ele quem lançou Brecht nos Estados Unidos. Eu tinha estado com ele também em Nova York, na ocasião em que fui convidado pelo Departamento de Estado. Eles me perguntaram se eu queria conhecer algumas das pessoas mais importantes e dei o nome dele, e almoçamos juntos. Foi uma coisa muito superficial. No fundo, ele não me deu a menor bola, cumpriu só a obrigação diplomática. Estive também com um crítico do *The New York Times* que lia sempre, o Brooks Atkinsons.

**Qual o papel que a crítica tem no desenvolvimento do teatro?**

Acho que tem um papel interessante no sentido de dizer "sim" ou "não". Nesse sentido, não em outro. Alguém escreve uma peça e você vai lá e fala se está ou não está na direção certa. É uma opinião, mas é uma opinião mais franca do que em geral a que as pessoas dão. Essa é uma experiência que tive várias vezes. Via um espetáculo que era fraco, todo mundo metia o pau, eu escrevia e o autor tinha um choque porque só eu tinha escrito que o espetáculo era fraco. Porque todo o mundo que vai, abraça, diz que é uma maravilha, que gostou.

**Mas nessa época a que você está se referindo – décadas de 1940, 1950 – a crítica foi muito importante.**

É verdade. Aí é que sinto bem que eu pertencia a uma geração, porque nós todos estávamos mais ou menos querendo a mesma coisa. Isso é que não existe mais hoje em dia. Nós todos queríamos um teatro moderno, que era o teatro que se via nos Estados Unidos, na França, na Itália. Não era, assim, uma coisa extraordinária, mas no Brasil era uma novidade absoluta. Agora, atualmente, o que eu vejo, é que há um número muito grande de posições críticas.

**O Paulo Emilio achava que ele, como crítico de cinema, tinha que comentar sempre positivamente as produções nacionais. Você também passou por isso?**

Não como ele. O Paulo Emilio – eu até escrevi isso na orelha de um livro dele [*Crítica de cinema no Suplemento Literário*, de 1981] – foi o crítico mais internacionalista de cinema, porque começou escrevendo sobre cinema francês. O primeiro livro dele era sobre Jean Vigo. Foi ele quem o descobriu praticamente, foi ele quem o revalorizou, teve uma influência na crítica universal. Depois, ao contrário, ele foi o mais nacionalista dos críticos. Ele via todas as fitas pornô brasileiras e procurava achar alguma coisa. A teoria dele era a de que o brasileiro quer imitar o estrangeiro, não consegue e é original sem querer. No fundo, resumindo, esse é o ponto de vista dele. Mas fazer erotismo não é mostrar o lado sexual, você precisa criar um ambiente erótico que depende muito da habilidade técnica, artística da pessoa, cultural. É um gênero literário. E aqui não conseguiam.

**O que você considera essencial para a formação de um crítico?**

Isso eu não sei. Porque é tudo, entra tudo. E exatamente como entra tudo não entra nada, porque existe uma coisa que é importante que é a paixão pelo teatro. E isso eu acho que tive. Ao mesmo tempo que procurava ser tranqüilo para escrever. Não paixão por um determinado espetáculo, mas paixão pelo teatro em geral.

**Você afirma, num de seus prefácios, que a importância do crítico seria transitória, passageira, mas suas coletâneas desmentem isso, porque elas são não só um documento importante sobre o teatro que era feito, como também uma fonte sobre a recepção do teatro.**

Bom, eu espero que tenha algum interesse. Mas esse último livro que publiquei, *Exercício findo*, é um título meio irônico. Porque em orçamento você tem, por exemplo, uma verba, e se você não gasta aquela verba, ela não passa para o ano seguinte, cai em "exercício findo". Então esse livro estava pronto, mas eu nem pensava em publicar. Dei uma entrevista em que dizia que tinha um livro, e o Jacó Guinsburg, da editora Perspectiva, que é meu amigo, disse que se interessava em publicar. Aí é que fiz o prefácio e pus o nome de *Exercício findo*, porque eu não sabia se aquilo tinha ainda atualidade ou não. Sabia que tinha esse papel de representar o momento. Aliás, nele há críticas de alguns espetáculos brasileiros importantes. Mas, realmente, o conjunto, eu não sabia se era uma coisa já ultrapassada, porque, de fato, o teatro muda muito, muda a maneira da pessoa falar, muda o vocabulário.

**Você disse que depois ia falar sobre a sua crítica de cinema e não falou...**

Ah, pois é. O Ruy Coelho, que era do nosso grupo, fez durante dois anos crítica no *Diário de S.Paulo*, coisas curtas, bem do tipo jornalístico. E, numa ocasião, ele ficou um mês de férias e eu entrei no lugar dele. Escrevi umas vinte críticas, curtinhas. Aliás, revi algumas agora, num tom inteiramente diferente do *Estado de S. Paulo*, porque era um vespertino e um jornal de menos peso do que o *Estadão*. Eu escrevia num tom muito mais sarcástico.

**Você assinava essas críticas?**

Assinava. O Ruy Coelho também. Mas eram coisas curtinhas.

**Queria que você falasse um pouco de Ruggero Jaccobi, Alberto D'Aversa e Anatol Rosenfeld.**

O Anatol é uma pessoa que acho que se tornou brasileiro realmente. Ele veio para cá já homem feito e ele tinha uma curiosidade muito grande. A especialidade dele era filosofia, ele dava cursos de filosofia para particulares, vivia disso. Ele queria ser inteiramente livre. Ele se ligou ao teatro, exatamente por que eu não sei, mas acabou pertencendo ao teatro. Quer dizer, ele não era crítico naquele sentido que me referi, ele era um ensaísta, exatamente na perspectiva mais ampla. Só que essa perspectiva era realmente muito ampla, porque ele tinha uma formação filosófica, tinha uma visão profunda das coisas. O livro dele sobre teatro épico é um exemplar. Li muita coisa sobre teatro épico e não tem, que eu conheça, na literatura americana, francesa, um livro como o dele, que trata do teatro épico desde a Grécia, vindo dos primeiros épicos que depois vão sair na obra do Brecht. Eu o acho um grande ensaísta.

O Ruggero Jaccobi também foi muito brasileiro. Era um sujeito brilhantíssimo, um dos maiores conferencistas que já vi na minha vida. Ele falava com uma facilidade muito grande, muito claro, muito ordenado, sempre demonstrando um conhecimento muito grande de tudo. Ele não deixou uma obra escrita comparável ao que ele falou. E também era uma pessoa de temperamento muito generoso. Só que era muito melhor como crítico, acho, do que como diretor de teatro; ele não era um homem de teatro prático. Ele fez algumas direções muito boas, como por exemplo *O mentiroso*, do [Carlo] Goldoni, que foi uma coisa brilhante, porque ele conhecia muito bem a *commedia dell'arte*. Ele tem um ensaio pequeno sobre Goldoni muito-bem feito, tinha visão literária.

O Alberto D'Aversa também era um sujeito que falava muito bem, era bom professor. Era muito boa pessoa, bom sujeito, muito simpático, muito agradável, também uma pessoa de temperamento muito generoso. Os atores gostavam muito dele mas como direção não era nada de extraordinário. Era um homem inteligente, mas sem a agudeza do Ruggero Jaccobi, que era realmente um grande intelectual.

**E o Alfredo Mesquita ?**

O Alfredo é mais difícil, porque ele era muito meu amigo. O Alfredo teve uma importância imensa. Ele representou um pouco para São Paulo o que o Paschoal Carlos Magno representou no Rio, quer dizer, era um entusiasta, que levou o teatro adiante. Ele era sobretudo isso. Foi ótimo diretor da Escola de Arte Dramática. O pessoal achava que ele era muito mandão. Sob um aspecto assim afável, no fundo, ele era muito mandão, de fato. Mas fazia com paixão aquilo que fazia. Ele dava a impressão de um sujeito assim muito mundano, sempre muito bem vestido, a gravata impecável, a roupa, tudo. Mas, ao lado disso, ele tinha um lado que tem os Mesquita, sobretudo aquelas primeiras gerações. Eles tiveram uma importância muito grande aqui, porque o Julio de Mesquita Filho fez a Universidade de São Paulo, foi o principal pensamento atrás da USP. Quem fez foi o Armando de Salles Oliveira, que era cunhado dele, mas as idéias eram todas do Julinho Mesquita. O Alfredo fez a EAD, e com isso influiu em todo o teatro paulista, deu um colosso de atores para o teatro brasileiro, em geral, e para o teatro paulista. E a irmã dele, a d. Esther, manteve a Sociedade de Cultura Artística, que foi fundada em 1912 e está até hoje fazendo aí grandes concertos. Há, inclusive, o Teatro da Cultura Artística que é um teatro de mais de mil lugares, um teatro dessa sociedade. Somando as três coisas, eles fizeram uma coisa importantíssima para a cidade de São Paulo. E o Alfredo não era um encenador extraordinário, mas também era amador, partiu do amadorismo e foi aprendendo. Alguns espetáculos que ele fez foram muito bons.

**Era um amador com senso profissional.**

Ah, sim, isso ele tinha. Ele era trabalhador. Você sabe, a EAD hoje em dia está lá na ECA [Escola de Comunicações e Artes]. Em 1968, quando houve aquele movimento dos estudantes tomarem os teatros, tomaram o teatro da EAD. O Alfredo teve uma reação até certo ponto engraçada, porque surpreendente. Ele pegou e disse "tá bom, então eu vou embora." E saiu da Escola. Dali a dois dias, os alunos foram pedir para ele voltar e ele não voltou. Aí ele começou a trabalhar para passar a EAD para a USP, dentro da ECA.

**Você fala com muito carinho, no livro, sobre os tempos na EAD, que era uma família...**

Ah, isso era. Sou muito sincero àquele respeito. Tanto que, pouco antes dele morrer, fizeram uma festa para o Alfredo, foi uma consagração, nunca vi coisa igual. Os alunos fizeram um espetáculo num teatro. Cheguei antes de começar mas, assim mesmo, já não consegui entrar, havia uma multidão na rua e um entusiasmo fantástico dentro do teatro, e fora também.

**Qual a influência que a censura teve no teatro, tanto para a dramaturgia quanto para o espetáculo?**

Isso não foi estudado direito, mas sem dúvida a censura cortou completamente o teatro político, depois de 1968. Antes, de 1964 até 1968, havia uma certa possibilidade de você fazer uma peça de fundo político.

**Algumas críticas suas eram muito políticas.**

Muito políticas. E de algumas coisas eu não falei mais politicamente porque você corria o risco de acabar denunciando. Esse, por exemplo, é um problema, porque a censura agia sobre a própria crítica. Algumas coisas que eu poderia falar poderiam ser levantadas contra, por exemplo, o Gianfrancesco Guarnieri. Ele era comunista como [Augusto] Boal era, e punha na peça. Eu não podia dizer isso exatamente nesses termos. Por exemplo, na crítica à montagem de *A semente*, eu falo que o personagem é comunista, mas não falo que a peça é. Isto realmente a censura perturbou.

Essa peça do Jorge Andrade, *Vereda da salvação* [montada por Antunes Filho tanto na estréia como à época da entrevista], estreou logo depois de 1964 e esse foi um dos motivos de não ter feito sucesso na ocasião. Algumas pessoas escreveram cartas para o jornal, que *O Estado de S. Paulo* publicou, dizendo "é uma peça comunista, mas isso já é coisa do passado, já houve a revolução de 64, como é que se continua representando uma peça comunista?" Eu tinha que fazer a crítica da peça, e tinha que comentar o conteúdo social da peça, evidentemente, mas também não queria apontar para o Jorge Andrade e dizer "Olha, esse sujeito aqui é um sujeito perigoso." *O Estado de S. Paulo* também era a favor da revolução de 64. Afinal eu tive uma boa idéia, relacionei a peça com *Os sertões*, do Euclides da Cunha, porque n'*Os sertões* a situação era a mesma. E como o Euclides da Cunha era repórter de *O Estado de S. Paulo*, era um dos grandes escritores do jornal, eu pude falar e pude fazer a crítica. Mostrava que isso não era novidade, já tinha sido dito a propósito de outros grupos sociais. É o mesmo formato social, então não é mais propriamente comunismo, é uma acusação contra a miséria.

**Na *Apresentação do teatro brasileiro moderno*, você escreve que invejava os críticos norte-americanos e franceses porque eles podiam falar com isenção, sem se impor-**

**tar se a companhia era pobre, e que isso no Brasil de certa forma não era possível, porque estavam todos preocupados com a fragilidade do teatro, que aqui nós não éramos nem espectadores, éramos cúmplices. Parece que, naquele momento, em 1968, essa cumplicidade entre a classe e a crítica se rompeu.**

É, rompeu por um lado. Porque eles devolveram os Sacis. Muita gente não devolveu, mas o movimento era para devolver todos. Eu achei que era uma coisa acintosa em relação ao jornal, mas, ao mesmo tempo, eles procuravam deixar de lado o Sabato e eu, que participávamos da comissão que dava o prêmio. Aliás, escrevi isso. Eu não fui atingido pessoalmente como crítico, porque eu tinha inclusive elogiado as peças de esquerda, e no ano anterior nós havíamos dado os prêmios todos para o pessoal de esquerda. O jornal não falou nada, não se opôs. Agora, eu fiquei meio atingido porque, afinal de contas, tinha participado do prêmio desde o primeiro até o último. Sempre fui uma espécie de presidente. Quem fazia o discurso no jornal era eu, o dr. Julio de Mesquita Filho falava alguma coisa, mas eu fazia o discurso, o jornal publicava e tudo. Então estava muito relacionado.

**A idéia da criação do prêmio foi sua?**

Não, foi do jornal. E, naquele tempo, era o único prêmio aqui em São Paulo e o jornal dava uma cobertura fantástica.

A Cacilda Becker, que era a primeira figura da classe teatral daqui, foi à redação, chorou, dizendo que ela era contra, mas que, se fizessem a devolução ela estaria de acordo, porque ela pertencia à classe teatral. Mas ela percebeu que era um erro porque, afinal de contas, estavam afastando um aliado. Eu, por exemplo, quando escrevi sobre censura no jornal, nunca estive a favor. O Sabato também não tinha escrito nada a favor da censura. E o jornal também, a posição oficial deles era contra a censura. Mas passou, porque alguém escreveu, alguém deixou publicar uma nota culpando o teatro. Aí achei que a minha posição ficava muito delicada. O jornal sofreu uma desfeita e, aliás, depois, o jornal foi perdendo o interesse pelo teatro.

Depois achei que a classe teatral ali não se portou bem, eles foram muito levados e dominados pelos estudantes da Faculdade de Filosofia, o movimento da rua Maria Antônia, que era naquele momento o centro da Faculdade de Filosofia. Eles fizeram pressão política e a classe teatral se omitiu. Ou concordou ou se omitiu.

**Avaliaram de maneira equivocada.**

Equivocada. Muito apaixonada. E um dos elementos que mais contribuiu para isso foi o Bráulio Pedroso – que depois foi para o Rio, fez carreira na Globo e tudo –, que tinha sido demitido pelo jornal. Talvez isso tenha contribuído para um certo ressentimento. Não sei se foi só político ou se foi ressentimento. O único que falou defendendo o jornal foi exatamente quem organizava e fazia as festas do Saci, que era o Flávio Rangel, aliás, muito meu amigo. O Flávio Rangel foi a única pessoa que se levantou e defendeu o jornal que dava o prêmio, que dava uma cobertura fantástica. Além disso, numa ocasião, eles foram me procurar, porque queriam falar com o Julio Mesquita para conseguir um desconto nos anúncios, que eram muito caros. Eu levei alguns empresários e o Julinho falou: "Vocês vão lá na parte da empresa e combinam o que quiserem." E eles deram uns anúncios chamados tijolinhos. Fizeram assim baratíssimo, saía em quantidade no jornal. E, ao mesmo tempo, achavam que não tinha relação nenhuma. Tudo o que você faz tem um preço a pagar, não é? Você faz alguma coisa, da mesma maneira você está ligado com aquilo que você fez.

**Você chegou a escrever na revista *Visão*?**

Escrevi uma crítica só. O editor de cultura [Vladimir Herzog] me pediu. Foi um espetáculo da Cacilda, o espetáculo em que ela morreu. Ela teve um aneurisma quando fazia a peça *Esperando Godot*, do [Samuel] Beckett. E, por acaso, o Herzog me pediu para fazer a crítica. Como era um espetáculo da Cacilda, eu fiz. Foi a última coisa que escrevi sobre ela.

**Depois você escreveu na *Veja*.**

Na *Veja* escrevi duas críticas, também porque me pediram. Mas já tinha perdido o entusiasmo. E também não fiquei muito satisfeito. Eles me pediram para escrever e me deram o número de linhas. Era uma peça do García Lorca. Eles leram e disseram que estava tudo bem, mas depois cortaram o fim. Não perceberam que eu tinha encaminhado todo o artigo para aquele final, para as últimas frases, como é normal. *Bodas de sangue* já tinha sido muito criticada, então eu precisava inventar alguma coisa um pouco diferente. Aí eu fiz girando a escolha em torno da idéia do sangue, que é a idéia do himeneu e é a idéia também da morte. Eu estava encaminhando para esse fim e eles cortaram o fim.

Outra vez também *O Estado de S. Paulo* me pediu para escrever sobre o Pelé, quando ele fez mil gols. Eu também achava que tinha que ser alguma coisa um pouco diferente. Acabei ligando a idéia de mil com a idéia de mil e um, que é a idéia das mil e uma noites. E escrevi "Os mil e um gols de Pelé", associando com *As mil e uma noites* no último parágrafo. Não coube, cortaram o último parágrafo. Essas coisas chateiam você.

11 de maio de 1995

**Você poderia falar sobre a "Carta a uma jovem atriz"?**

A "Carta" é interessante porque você vê que nós estávamos numa época assim de grandes esperanças, como o romance do [Charles] Dickens, *Great Expectations.* Era mais ou menos o nosso ambiente. E afinal deu resultado mesmo, foi um momento em que o teatro brasileiro se transformou. Eu escrevi a "Carta a uma jovem atriz" em 1949, quer dizer, o TBC tinha um ano, a Escola de Arte Dramática tinha um ano, estava tudo no começo.

**E a "Carta" era dirigida a Cacilda Becker.**

Escrevi pensando na Cacilda que era, por excelência, a atriz jovem brasileira daquele momento. Mas ela me perguntou assim meio ressentida: "Isso não é para mim, é?" Fiquei com vergonha e disse: "Não, não é". Mas era. Tinha um pouco de medo que ela fosse por outros rumos, que fosse fazer teatro puramente comercial. Mas era para ela mesmo, sem dúvida.

**A forma de carta é interessante, porque é um artifício que praticamente não se usa mais.**

Eu não tenho certeza, mas acho que aí sofri uma influência direta do Jacques Copeau. Ele escreveu, se não me engano, uma "Carta a um jovem comediante". A idéia foi essa, do Copeau, só que ele falava em geral sobre o comediante. Como disse a você, sofri muita influência dele, mas indireta, através do Jouvet. Só mais tarde é que fui ler Copeau.

**Mas essa influência se perpetuou. Sente-se isso até nos seus escritos mais tardios.**

Exato, foi uma influência grande, através do Jouvet, sobretudo.

**É interessante porque a "Carta" é de 1949 e, lendo mais tarde o "Adeus a Cacilda" que está em *Exercício findo*, e também o texto sobre a atriz incluído no livro *Peças, pessoas, personagens*, acho que sua idéia do que é o grande ator ou a grande atriz se manteve.**

É, relendo agora eu também vi isso, que não é por meio de uma capacidade mimética, mas existe alguma coisa, que é a personalidade.

**Exatamente, que seria a pessoa excepcional, a personalidade.**

É verdade, isso permaneceu exatamente a mesma coisa. Acho que a Cacilda tinha essa qualidade. Além de ela ter uma capacidade de mimésis muito grande, variava muito, mas basicamente ela tinha uma coisa dela, pessoal, a oferecer.

**Tenho uma pergunta em relação ao texto "Oração aos velhos" [publicado no caderno "Mais!", da *Folha de S.Paulo*, no dia 11 de dezembro de 1994]. Aqui no final você diz: "Felizmente a minha idade me permitindo fazer perguntas desobriga-me de lhes dar respostas. Liberado pela velhice, já sem ter a preocupação de parecer moderno, não tendo mais a obrigação moral e profissional de rever periodicamente os meus conceitos e reciclar a minha bibliografia, posso finalmente dar-me ao luxo de ser apenas eu mesmo". Quem é esse "eu mesmo", liberto de todas essas coisas?**

É um pouco também de brincadeira. É verdade que quando era jovem pesava mais sobre mim a necessidade de ser moderno. Sobretudo aqui, em São Paulo, havia aquele corte do Mário de Andrade, do Oswald de Andrade, que era uma coisa marcante, marcou toda a minha geração. Nós ainda fomos contemporâneos do pessoal da Semana de Arte Moderna. Quando conheci Oswald eu tinha 18 anos, em 1935, quer dizer, 13 anos depois de 1922, era ainda o ambiente da semana de arte moderna. Aliás, aí eu digo bem a importância do Mário, do Oswald de Andrade.

Agora, por exemplo, às vezes me ocorre uma palavra que já não é mais muito usada, porque as palavras, algumas continuam, outras envelhecem, outras surgem, você tendo vivido bastante tempo nota.

Quando comecei a escrever, eu me preocupava em não usar uma palavra já meio fora de uso, porque achava que não ficava bem, tinha que ter uma postura moderna, modernista. Hoje em dia isso já não acontece; se me ocorre uma palavra eu uso, e, se está meio fora de moda, não tem importância, porque eu também já estou velho e fica tudo por conta da época. Nesse sentido é que eu me sinto mais livre. Porque a gente tem sempre uma pressão dos tempos, do que os outros esperam da gente. Aliás, relendo agora o que escrevi, vejo que mudei muito minha maneira de escrever.

**Gostaria que você falasse sobre isso.**

É verdade. Sinto que nessa "Carta a uma jovem atriz" eu procuro tornar o período maior, às vezes dizer a mesma coisa de duas ou três maneiras diferentes, de acordo com o modelo mais comum de que o sujeito tem que ter um certo lado oratório para poder exprimir aquilo que pensa. Mas, à medida que fui ficando mais consciente de mim mesmo, e também com mais confiança em mim mesmo, rumei, acho, para uma maneira de escrever mais simplificada.

Sobre isso influiu, por exemplo, o *Diário* do André Gide, que escrevia de uma maneira assim extremamente sucinta, breve. [Jorge Luis] Borges também, quando li os ensaios maravilhosos, não propriamente os contos, mas os ensaios literários dele. Ele diz as coisas de uma maneira tão simples, tão direta, acho que isso talvez permitiu que eu escrevesse uma coisa menos ornamentada, mais despida.

No fundo, é um pouco a influência que tenho do francês. Hoje em dia os franceses escrevem muito complicadamente, mas, quando eu era jovem, não, o estilo francês, o estilo clássico francês, era um estilo muito simples, muito correntio. Acho que essas coisas todas provavelmente influíram sobre mim. Acho que, se me ocorre dizer a coisa de uma maneira simples, eu não fico preocupado com isso.

**Mesmo o estilo da "Carta" parece um exemplo singular.**

É um pouco sim, é verdade. Agora, também, quando eu fazia crítica, era uma coisa menos ambiciosa. Isto aqui tinha uma ambição um pouco maior, por isso caprichei mais. Na crítica eu caminhava no sentido de ir mais diretamente ao assunto.

A minha geração abandonou um pouco o que se chamava antigamente de "nariz de cera", isto é, antes de tratar do assunto que você está interessado, você faz umas considerações de ordem geral sobre aquilo e depois entra no assunto. Ao fazer a crítica, eu já entrava diretamente no assunto. Nesse momento também, esse "nariz-de-cera" começou a ser deixado de lado, as pessoas começaram a entrar mais bruscamente no assunto.

O que acho que influiu sobre mim, e sobre Antonio Candido também, é que nós começamos escrevendo profissionalmente para jornal, enquanto outras pessoas não, nunca escreveram para a imprensa, escrevem sempre academicamente. Escrevendo para o jornal, sem querer, sou obrigado a visar o leitor comum. Por exemplo, na crítica não tem nota de pé de página, porque não cabe. Você deixa um pouco a erudição de lado e vai direto ao assunto, fala aquilo que você pensa e acabou.

Li muitos livros de críticas estrangeiros, li tudo o que encontrava de crítica francesa, inglesa, americana. E provavelmente isso também me influenciou. Lembro que eu lia, por exemplo, a crítica do *The New York Times*. O jornal fazia críticas curtas, depois, no domingo, uma vez por semana, o crítico fazia uma crítica mais longa. Eu lia muitos semanários franceses que já não existem mais, mas que tinham seção de crítica teatral. Quer dizer, tudo isso provavelmente passa para a gente. Isto é, eu me encarei bem profissionalmente como crítico de teatro. Li também muito os críticos do século XIX, Sarcey, Lemaître, sobretudo esses dois. Li também, e exerceu influência sobre mim, Theophile Gautier, que é uma crítica bem literária. Gautier era poeta, romancista.

**Em um dos seus livros, você refere-se a Theophile Gautier e a Victor Hugo, dizendo que a crítica deles seria mais forte pelo fato deles serem autores. Eles seriam criado-**

**res de primeiro grau, enquanto que os críticos seriam sempre criadores de segundo grau, alguém que se debruça sobre a obra de outro, e não sobre a própria obra.**

A crítica do autor é muito interessante, mas em geral é feita pelo autor que não encontrou ainda o seu lugar como tal. No caso, por exemplo, do [Émile] Zola, é bem característico, ele tem dois livros sobre teatro francês, mas, quando ele entrou mesmo como romancista, como autor de teatro, ele deixou um pouco a crítica. A crítica era a ponta-de-lança dele para fazer a renovação do teatro. Bernard Shaw, a mesma coisa, era um crítico muito bom mas estava defendendo a possibilidade da obra dele e, na medida em que a pessoa se resolve por meio da sua obra, a crítica passa a ter um papel mais secundário. Agora quem é crítico mesmo, quer dizer, como é o meu caso, que nunca pensei em fazer obra de teatro...

**Não?**

Não, nunca pensei, nunca tive a menor vontade. Realmente, a minha vocação era puramente crítica. Aí já tendo a aceitar os pressupostos básicos dos autores dos quais eu trato. Porque não tenho uma obra dentro de mim, não estou defendendo o meu ponto de vista. Acho que aí eu refletia um pouco o autor que estava estudando, o espetáculo que estava examinando, até na maneira de escrever. Agora isso é uma coisa que notei em mim, não que eu fazia voluntariamente.

**Mas nesse processo sempre entra um tanto de imaginação. Uma coisa que se nota nos seus textos, e que aumenta o prazer da leitura, é sempre uma dose de humor.**

Isso é verdade. Isso faz parte da minha personalidade. Na verdade, isso fazia parte da personalidade de todos nós do grupo do *Clima*. Em nossas reuniões o tom era sempre de brincadeira. Havia uma certa fantasia, diziam-se as coisas indiretamente, nós achávamos muita graça nesse tipo de conversa. Depois, naturalmente, quando surgiu a revista, somente algumas das pessoas é que fizeram a revista. Das mulheres, só a Gilda de Mello e Souza, que ainda assinava Gilda Moraes Rocha, colaborava bastante. E, assim, esse grupo social era um grupo maior que o grupo da revista, um está dentro do outro. Aí, nós mudamos de tom. No *Clima*, por exemplo, o tom era muito sério. Seriíssimo, tanto que o Oswald de Andrade nos chamou de "chato-boys". "Boys" porque éramos meninos, de 20 e poucos anos; "chato" porque ele achava que nós tínhamos um lado universitário, sem querer. Isso, apesar de o professor de filosofia que nos influenciou muito [Maugüé] tivesse, ao contrário, muito humor; nós nos divertíamos muito com as aulas dele. Quando fui escrever para *O Estado de S. Paulo*, em nome do jornal, nos primeiros tempos, eu estava mais coibido. Não que o jornal exercesse essa força sobre mim, absolutamente, era uma pressão interna. Na verdade, eles só corrigiam o português, porque naquela época uma das manias do jornal era o português correto, da maneira portuguesa mesma. Havia um grupo de jornalistas chamado "os iluminados", que corrigiam o português. Durante anos e anos não escrevi nenhuma crítica que não fosse corrigida, sempre tinha coisas que eles achavam que estavam erradas. Mas o pensamento não tinha a menor vigilância. Escrevia com toda a liberdade e o jornal era muito liberal naquela época, porque o jornal não tinha ainda esse peso de direção que tem hoje.

**Percebo que aqui em São Paulo a própria forma de escrever da crítica teatral é diferente e penso que isso resulta da formação universitária dos críticos. No Rio não se sente tanto isso, a crítica é muito mais opinativa.**

Pode ser, porque aqui em São Paulo, de maneira geral, o Sabato e eu tivemos uma influência grande e o Sabato também é uma crítica de tipo universitário. A Mariangela, que faz a crítica d' *O Estado de S. Paulo*, fez a ECA. O Guzik foi inclusive professor na ECA, quer dizer, todos têm uma relação com a universidade. Talvez o pessoal de São Paulo seja mesmo mais acadêmico. Eu estava falando que o Oswald nos chamava de "chato-boys" mas, na realidade, nós éramos muito pouco chatos em comparação com os que vieram depois. Porque na medida que ficou mais acadêmico, ficou mais chato, nesse sentido de mais sério, mais compenetrado.

**O próprio Oswald teve uma polêmica muito grande com o Antonio Candido.**

O Oswald era engraçado, porque ele era o retrato típico do período anterior à Faculdade de Filosofia. Mas, por outro lado, ele fez tudo para entrar na Faculdade de Filosofia. Fez, inclusive, um concurso. A defesa de tese foi toda naquele estilo dele, meio de brincadeira, mas com algumas coisas erradas, porque ele tinha uma cultura literária relativa. Ele era muito vivo, mas não era uma pessoa de grande cultura. Ele pegava tudo no ar. Depois, mais tarde, ele quis concorrer para professor de filosofia. Mas acabaram exigindo que a pessoa para fazer concurso de filosofia tinha que ser formado em filosofia, ele não tinha curso e ficou fora do concurso. O Antonio Candido contou que conversando com ele disse: "Não faça esse concurso, Oswald, existe uma linguagem especial de filosofia, você nem sabe essa linguagem, há um jargão de filosofia." Aí o Oswald fala: "Me dá um exemplo." Diz o Antonio Candido: "Vamos supor que o sujeito pergunta para você o seguinte: Sr. Oswald de Andrade, o sr. está afirmando isso ontologicamente ou deontologicamente?" Oswald: "Eu respondo. Estou considerando do ponto de vista odontológico." Aí você vê o contraste entre a linguagem modernista, lúdica, e a linguagem acadêmica.

**Olhando para o tempo que você começou a escrever, do início dos anos 1940 para cá, que modificação você sentiu em termos de escrita da crítica de teatro?**

Dos últimos anos eu não poderia dizer, porque leio assim por acaso, não leio metodicamente. Metodicamente, eu lia mais os críticos estrangeiros. Porque, de fato, a minha geração toda, nós todos somos muito influenciados pela Faculdade de Filosofia e pela literatura francesa. Comparando as gerações mais novas com a minha, acho uma diferença: nós tínhamos muito o modelo francês, mas o nosso objeto era o Brasil, o mesmo objeto da geração de 22. Porque o Oswald, o Mário, tinham uma influência estrangeira muito grande, mas eles estavam interessados em dar uma forma nova ao Brasil. O Paulo Emilio, por exemplo, passou dez anos na França, escreveu um livro sobre Jean Vigo publicado lá e traduzido também para o inglês. Mas depois que ele veio para o Brasil acabou estudando Cataguases, o cinema brasileiro. Antonio Candido escreveu sobre a literatura brasileira, eu escrevi sobre teatro brasileiro – quer dizer, nós temos uma herança, talvez ainda dos modernistas, de muito interesse pelo Brasil.

**Falamos aqui sobre a escrita jornalística. Gostaria que você falasse um pouco dessa outra escrita, depois que seu trabalho se volta mais para a história.**

Eu me fiz mais em jornalismo, como escrita, mas talvez eu tenha recebido uma certa influência das aulas dos professores franceses. Eles achavam importante a *mise au point*, isto é, saber em que ponto está aquela questão, começar com uma atualização rápida da matéria. O Maugüé dizia que o brasileiro, qualquer assunto que você dá, ele começa o trabalho assim: "Já na Grécia Antiga...", uma coisa um pouco de compêndio, para mostrar que está a par do que aconteceu.

**Como era o seu processo de escrita ?**

Por um período escrevi durante a noite mesmo – para sair no dia seguinte. Antes, normalmente, eu escrevia a crítica como queria: às vezes demorava três, quatro dias, às vezes escrevia depressa. Em geral, eu demorava, porque escrevia mais vagarosamente. E ficava preocupado. Mas o jornal não pressionava. Havia estréia, ele esperava, quando eu escrevia, escrevia e acabou.

**Qual era mais ou menos a demanda?**

Acho que era uma ou duas por semana, mas eu não fazia. Nunca fiz. E realmente foi só para conversa. Porque o jornal, naquela época, tinha uma direção muito liberal. A parte política era sempre muito dirigida, mas na parte literária, artística, a liberdade era completa. Sobre cinema, música, cada um escrevia o que queria, como queria. Acho, aliás, que fui muito beneficiado por isso, porque me deram tempo para desenvolver, não ficaram cobrando. Também é verdade que naquele tempo havia muito pouca crítica e, quando comecei a escrever, logo sobressaí. Eu me lembro que depois de uns seis meses que estava escrevendo, meu pai encontrou com um redator do *Estado* e ele disse: "O Decio é o melhor crítico de teatro do Brasil."

**Você lembra quem estava escrevendo na época?**

Em outros jornais? Vicente Ancona, na *Folha.* Os dois principais eram o *Estado* e a *Folha*, mas havia outros. Para dizer a verdade, acho que fui eu quem formalizou mais essa seção de teatro.

Mas durante um período eu escrevi, como falei há pouco, na própria noite em que via a peça. Achava péssimo, péssimo. Foi influência do Luiz Carlos Mesquita, que era um dos donos do jornal; o apelido dele era Carlão. Era um sujeito muito amigo, muito simpático. Ele esteve nos Estados Unidos e viu crítica saindo no dia seguinte. Nos Estados Unidos era assim, você representava, acabava o espetáculo, e ficava no restaurante até as quatro, cinco horas da manhã, quando já saía a crítica. Aí o Carlão veio e me pediu com uma cara, assim tão enternecida, que não resisti e comecei a escrever. Mas muito contrariado. Depois até escrevi uma carta para ele, dizendo que não queria continuar. Eu podia escrever, no dia, uma coisa curta e depois, mais tarde, escrever uma longa. Mas aí, ou você diz as coisas principais, e já está então na segunda, ou não diz nada, e aí a crítica não rende também. Você é levado a fazer uma coisa toda de juízos de valor, breve, sumária.

12 de maio de 1995

**Gostaria que você falasse um pouco de cada livro e se você chegou a aproveitar para os seus ensaios os cursos que você dava.**

Acho que tenho duas fases totalmente diferentes, uma que é a do crítico de teatro, jornalística. O primeiro livro compreende escritos de um período longo, nove anos, e durante esse período acho que houve uma transformação na minha maneira de escrever. No *Clima* ainda era uma espécie de experiência da escrita. No jornal fui obrigado a escrever com uma certa constância, e com isso acho que realmente aprendi a escrever em *O Estado de S. Paulo.* Quando larguei a crítica e passei a dar aula na USP, comecei a escrever sobre o século XIX, sobre João Caetano. Eu achava que João Caetano era uma figura central no teatro brasileiro no século XIX, portanto você não podia compreender o teatro brasileiro sem antes saber o que João Caetano tinha feito, e me dediquei a isso muito tempo. Mas nunca dei aula sobre João Caetano, nem na graduação, nem na pós-graduação, porque achava uma coisa muito especializada, só interessaria a pessoas estritamente ligadas ao teatro. Eu dava aula de teatro mas dentro da cadeira de literatura brasileira.

Já foi observado que essa minha geração é ligada ao problema da formação: o livro do Antonio Candido é *A formação da literatura brasileira*, o Paulo Emilio tem um livro sobre Humberto Mauro que, num certo sentido, é a formação do cinema brasileiro. O livro sobre João Caetano também foi uma formação do teatro brasileiro, uma vontade de ir às raízes, de articular para compreender as coisas mais modernas.

N' *O Estado de S. Paulo*, como crítico, talvez eu tivesse, como todo mundo daquela época, uma tendência a desenvolver mais o texto, mas não deixava sempre, de dizer alguma coisa a respeito do espetáculo, dos atores, do cenário, procurando uma espécie de unidade no espetáculo. Enquanto que, na Faculdade de Filosofia, eu passei para um plano mais acadêmico mesmo, um plano mais erudito, mais literário.

No livro que escrevi sobre João Caetano, a Gilda de Mello e Souza me disse uma coisa de que gostei. Ela disse, na ocasião, que eu tinha um tipo de construção que no começo a pessoa estranha muito, mas depois compreende. Porque em vez de eu seguir a carreira do João Caetano ano a ano, quer dizer, usar o critério temporal puramente, eu peguei, por exemplo, todas as peças clássicas; depois todas as peças românticas; depois o repertório do melodrama. Para dar um pouco de ordem inclusive na cabeça do leitor. O João Caetano, na vida dele, não tinha essa ordem. Ele montava uma peça clássica, uma peça romântica, um melodrama, era tudo mais ou menos misturado.

Então, no livro, fui obrigado a dar uma divisão lógica que não bate perfeitamente com a divisão cronológica. Então, realmente, para passar de uma escrita para outra senti dificuldade, bastante dificuldade. Tive que mudar um pouco a minha maneira de escrever. Porque a gente sempre que escreve tem sempre um público possível. No jornal o público era um, na universidade o público é outro.

**No jornal trabalha-se com um olhar para o presente, enquanto no ensaio, no estudo historiográfico, é um olhar voltado para o passado. Gostaria que você comentasse essa circunstância**

Você começa a sentir prazer à medida que vai entrando mais no passado, vai compreendendo melhor o passado, porque o passado começa a ficar presente para você. É uma das coisas que dão prazer à gente. O passado se torna vivo. Mas aí precisa um esforço de imaginação crítica, e precisa, sobretudo, ler documentos da época.

Tive realmente essas duas fases que são muito diferentes. Custei um pouco, na segunda, para deslanchar. Demorei para escrever minha tese. Primeiro, porque precisava fazer esse estudo da época e, segundo, porque precisava também modificar um pouco a minha maneira de escrever.

Eu já tinha escrito um esboço de história do teatro brasileiro para o livro do

Afrânio Coutinho que mencionei antes, *A literatura no Brasil.* Foi a primeira vez em que fiz um esforço de interpretação dessa história; mas uma coisa muito sintética, muito resumida. Depois aquilo realmente me serviu de ponto de partida e eu fui desenvolvendo. Até esse trabalho que escrevi agora sobre o teatro musicado ainda é desenvolvendo o que eu fiz para o Afrânio Coutinho.

Vou contar uma coisa engraçada: o Antonio Candido, quando escreveu *A formação da literatura brasileira* disse que não ia pegar teatro, porque não era especialista, e me perguntou se eu podia fazer. Eu disse que podia, mas, na verdade, não fiz. Mas fiquei com aquilo na cabeça, e esse trabalho do livro do Afrânio Coutinho, no fundo, seria o que eu deveria ter escrito para o Antonio Candido, embora o do Candido não chegasse até o moderno. Na verdade, fiquei um pouco com esse tema na cabeça, a formação do teatro brasileiro. Acabei por fazer. Mas, no início, era para sair no livro do Antonio Candido, como um apêndice meu.

**O que é mais fácil, escrever na primeira ou na terceira pessoa?**

Bom, eu acostumei a escrever "nós". E hoje em dia, normalmente eu uso o "nós", porque fiquei 20 anos escrevendo com "nós". Aliás, era o normal naquela época. Já os modernistas escreviam sempre na primeira pessoa porque, exatamente, eles saíam da norma, tinham pontos de vista pessoais e faziam questão de marcar que aquilo era uma coisa pessoal, então era um *eu* gritante. Mas, para a geração do meu pai, por exemplo, esse "eu" parecia uma coisa escandalosa; o "nós" era discreto. Mas senti que se escrevesse com "eu" no jornal, no *Estado*, eu escreveria um pouco diferente.

**No ensaio sobre *Leonor de Mendonça*, pelo que me lembro, é a única vez que você escreve na terceira pessoa: "o autor", "ele"...**

Sobre isso não posso dizer nada, porque fiz intuitivamente. No jornal, por exemplo, eu não ia pôr. Realmente, nunca pensei muito sobre este assunto. Só faço uma referência a isso num preâmbulo que escrevi para um livro sobre Procópio Ferreira, onde falo que muitas vezes eu uso o "nós" quando acho que estou interpretando o sentimento geral daquela ocasião, e o "eu" quando acho que é uma coisa mais particular minha, uma opinião mais pessoal minha, e talvez mais sujeito a dúvidas, uma interpretação meramente pessoal. Mas, fora isso, que eu me lembre, outras vezes, não fiz isso de uma maneira organizada.

**Você acha que existe algum outro texto deste período moderno que seja tão paradigmático do período como é *Leonor de Mendonça* ou *O demônio familiar*?**

Acho que não.

**Logo no primeiro livro, você refere-se à necessidade que havia de se criar uma consciência teatral no país. Acha que ela existe hoje?**

Existe, sem dúvida. Acho que as gerações seguintes se aproveitam das anteriores. Não no sentido que repitam. O teatro atual não é uma repetição do TBC, nem do Arena, nem do Oficina, já é uma outra coisa. Mas nós todos começamos com muito pouco lastro cultural. Aliás, foi um pouco a função da crítica naquele momento, de poder fazer coisas relacionando o teatro brasileiro com o teatro universal. Isso foi muito bom porque, na década de 1940, nós tivemos uma quantidade enorme de companhias estrangeiras aqui. E isso nos ajudou muito. Eu acho que essa consciência teatral hoje em dia existe. O número de pessoas interessadas em teatro é muito maior que naquela época. Quando fiz o meu grupo de teatro amador, fazia com os atores que apareciam, era um número pequeno de pessoas. Tive alguns, inclusive a Cacilda, que eram pessoas talentosas. Mas em alguns espetáculos havia atores muito fracos, mas era o que tinha. Porque o teatro realmente estava num período de queda de prestígio, achava-se que o cinema tinha liquidado com o teatro, então o teatro não despertava interesse. Hoje em dia, de qualquer forma, o teatro existe, tem uma quantidade muito grande de peças sendo representadas, as pessoas mais ou menos sabem, também de ouvir falar, sabem que existe fulano, beltrano.

**O que você acha desses estudos mais psicanalíticos do teatro, do Jean-Pierre Vernant ou mesmo do [Sigmund] Freud?**

O Freud eu não conheço profundamente. Do Vernant li as coisas que ele escreveu sobre teatro grego. Acho muito interessante. Mas acho que o movimento da psicanálise no teatro, em certo sentido, passou. Por exemplo, o *Hamlet*, enfocado psicanaliticamente, é interessante, enriqueceu a nossa perspectiva. Mas a nossa tendência é ter uma perspectiva teatral mesmo, não propriamente a peça como pretexto para você fazer psicanálise de um autor. Aliás, no texto "*Leonor de Mendonça*: amor e morte em Gonçalves Dias" [ensaio incluído no livro *Teatro de Anchieta a Alencar*] eu faço um pouco não de psicanálise, mas de análise do autor. Mas acontece que ali, e eu digo isso até no prefácio, eu tinha um material muito bom. O Gonçalves Dias deixou diários, deixou cartas em quantidade, então não estou imaginando o que ele pensou, estou aproveitando o material dele, de primeira mão. Aí posso estabelecer uma relação entre o que escreveu como homem e as peças que fez.

Agora, a minha tendência é mais ficar no que o autor quis dizer, do que naquilo que ele disse sem querer. Porque a psicanálise é uma interpretação do que se diz sem querer; a análise marxista é também o que o autor revelou historicamente sem querer. Para mim, isso também existe, é claro, também dou uma certa importância, mas não como um todo. A tendência da crítica atual é muito de desvendar o que foi oculto. Também gosto de fazer isso, evidentemente, mas em relação ao teatro brasileiro acho que nós temos uma tarefa inicial que é desvendar o que eles queriam dizer.

**Quanto ao problema da obra fechada em si mesma, o filósofo alemão Hans-George Gadamer fala do círculo hermenêutico, de que os clássicos seriam justamente aqueles que conseguiriam romper, reatualizar o sentido da obra. É um pouco em cima disso que a escola da estética da recepção vai discutir.**

Da estética da recepção eu li o [Hans Robert] Jauss. Um livro excelente que por acaso comprei e li, achei interessante. Mas a gente, no fundo, mesmo antes dele, já entrava um pouco por esse problema da recepção. Foi como o caso do estruturalismo, por exemplo. Mas não se pode ficar trancado num método exclusivo. Eu, pelo menos, emprego para cada autor um método diferente; não tenho um discurso sobre o método. Acho que há autores nos quais a psicologia tem muita importância, há outros em que não tem importância nenhuma, acho que a crítica de poesia não é igual à crítica de teatro...

**A própria obra propõe um método.**

Exatamente. Sem querer, queira ou não, você acaba seguindo algum método.

**Você diz que chega a ser quase mimético.**

Ah, sim. Mas não faço de propósito. Quer dizer, isso eu observei depois de ter escrito. Sobretudo se tiver simpatia. O Paulo Emilio dizia que, para poder criticar bem uma coisa, primeiro você precisa amar em pensamento aquela coisa. A crítica feita por uma pessoa que amou muito aquilo tem uma força maior, porque ela primeiro se identificou e depois se afastou. Acho que, de maneira geral, a minha crítica é mais empática.

**Em termos de objetos de estudo você sempre escolheu coisas que te davam prazer.**

Que me davam prazer. E também para a escolha em livro. De uma maneira geral, escolhi mais as peças de que gostei, os espetáculos de que gostei. Para dar uma idéia do crítico, talvez devesse colocar coisas das quais não gostei de nada. Mas eu achava, sobretudo no primeiro livro, que deviam permanecer antes as coisas boas do que as fracassadas. Até o meu livro sobre o Procópio Ferreira – eu escrevi dois, escrevi primeiro um livrinho, depois escrevi o segundo, que está em *Peças, pessoas, personagens.* No segundo, usei inclusive as críticas que encontrei depois sobre o Procópio. Aí era o contrário, essas eram críticas muito negativas. Até o Otavio Frias Filho, diretor da *Folha de S.Paulo,* achou-me cruel. Fui cruel mesmo com o Procópio, sem dúvida, porque ali era uma luta de pontos de vista, de escola. A mesma coisa fizeram os modernistas, eles foram cruéis com os parnasianos. Foram inclusive injustos. É uma ruptura.

**Em uma das críticas sobre o Procópio você fala que ele andava tristonho, porque representava como se estivesse fazendo um outro teatro que não o teatro dele mesmo, à Procópio.**

Ah, sim. Ele mudou, aliás. Procópio tinha cinqüenta anos quando começou o movimento do TBC, quer dizer, o cenário muda completamente. Ele aí começou a percorrer o Brasil. Aqui em São Paulo apresentou-se no Teatro São Paulo, que era um teatro secundário, com preço mais popular, quer dizer, ele continuou ganhando dinheiro, mas mudou de público.

**Qual seria, para você, a brasilidade da crítica, o que seria, para você, o critério de "nacional" para a crítica ?**

No caso do meu grupo, nós todos temos uma formação muito internacional, mas o nosso objetivo é o Brasil, o nosso objeto é o Brasil. Vamos supor, o Carlos Drummond de Andrade, é extremamente ligado com Minas, o problema inclusive até da cidade em que ele morou, Itabira. Ele pode ser lido em qualquer língua, mas está ligado à experiência pessoal dele. Agora, acho que as grandes escolas literárias são as escolas que pegam todo o seu ser. O romantismo, por exemplo, não era escrever de uma maneira romântica, não é bem isso. É uma maneira de viver romântica, uma maneira de amar romanticamente, é uma visão do mundo. Não é o caso do concretismo na poesia: eles ficam muito na forma, mas não há propriamente uma maneira de viver concreta, concretista. Então, realmente, você pode fazer poesia concretista, mas não existe o romance concretista, o teatro concretista. Existe a pintura concretista e existe a poesia. É também uma visão da vida, sem dúvida, mas não é tão ampla quanto o romantismo. Já o modernismo é uma visão ampla também.

No fundo, sou é modernista. Por isso fico muito impressionado quando leio sobre o pós-modernismo, porque realmente é uma coisa que não consigo compreender bem. Porque o moderno é uma palavra aberta. Não houve um modernismo só, houve uma porção de modernismos. O modernismo de 1920 é um, o modernismo de 1930, 1940, 1950 é outro.

**Você acha que há um envelhecimento do olhar do crítico?**

Acho que sim. Tenho uma formação um pouco sociológica, porque fiz o curso de sociologia; nunca ensinei sociologia, mas ficou alguma coisa em mim. Acho que o teatro, de maneira geral, é uma coisa passageira. O teatro é muito ligado à maneira de falar do momento, até a maneira de vestir, à moral do momento, os hábitos, os costumes – e o teatro normalmente envelhece. Precisa ser um autor muito bom para subsistir, para não envelhecer. No teatro americano, por exemplo, Tennessee Williams continua de pé, mas de maneira geral, aqueles autores todos que faziam sucesso, acho que mais ou menos desapareceram. E a crítica também, acho que está dentro de um ciclo. Sinto, por exemplo, que o ciclo dentro do qual escrevi já está encerrado, que é mais ou menos o ciclo do realismo poético. Hoje em dia, o teatro é mais corporal, mais visual. Isso tudo já não corresponde bem ao meu critério.

**Em termos de teoria do teatro, quem você acha que tem importância, que tenha alterado a forma de se pensar no teatro? Quais são as correntes de historiografia teórica que influenciaram os estudos modernos?**

Acho que a criação de teorias liga-se mais a quem faz o teatro. Aliás, minha teoria é esta: quem realmente descobre coisas é o autor, o ator, não é o crítico. A não ser casos excepcionais, que já citamos, como Zola, Bernard Shaw, que realmente queriam fazer um novo tipo de teatro e se colocavam como críticos. Porque na arte só se tem idéia fazendo. E o crítico em geral acompanha. Agora aqui, modernamente, no Brasil, no período em que fui crítico, por exemplo, houve um progresso teórico muito grande com Brecht. Porque Brecht, com a teoria do teatro épico, lançou um olhar novo, não só sobre o teatro que estava se fazendo, mas também um pouco sobre o teatro anterior. Agora, teoria mesmo, teoria do drama, o Stanislávski, evidentemente na parte do ator, tem uma importância muito grande. Depois há a redescoberta do surrealismo, *O teatro e seu duplo* [de Antonin Artaud]. Há também as companhias americanas de teatro de vanguarda, como o Living Theatre. [Jerzy] Grotowski, evidentemente. Pirandello também teve bastante influência em certo momento, porque procurou desvendar o teatro por dentro, mas tenho a impressão de que passou um pouco. Fora os estudos sobre o teatro clássico francês, teatro grego; aí existem trabalhos teóricos muito bons.

**Idealmente, qual deve ser a distância entre a crítica e o meio teatral?**

Escrevi sobre isso uma vez. Disse que admirava muito os críticos americanos. O Brooks Atkinsons foi crítico do *The New York Times* durante 20 ou 30 anos e, quando encerrou a carreira, a classe teatral lhe ofereceu um jantar, porque ele tinha muito prestígio no meio e com o público também. Foi a primeira vez em que ele ficou conhecendo os atores e as atrizes. Até então, não conhecia ninguém. Quer dizer, isso dá ao crítico, evidentemente, uma liberdade, muito grande. Agora, aqui no Brasil, é ao contrário.

No começo da minha carreira, eu dava aula na Escola de Arte Dramática, que era no prédio do TBC, e depois ia para o bar que tinha embaixo, o Nick-Bar. Ali estavam todos os atores e todo mundo se conhecia. Você tem que fazer um pouco de esforço para dizer coisas menos agradáveis para as pessoas. Acho que, se pudesse, a distância deveria ser maior. Agora, num certo sentido, eu mantive distância. Não sabia das fofocas do palco. Engraçado, comigo, as pessoas não conversavam sobre isso. Mesmo em escolha de peça, eu não palpitava nada, nem em escolha de atores. Fiz algumas indicações. Uma que fiz, que deu certo, foi o Antunes Filho. Vi um espetáculo dele amador e o indiquei para trabalhar na TBC. Mas só que o TBC não deu a ele o prestígio que devia ter dado. Mas ele trabalhou lá e dirigiu algumas coisas. Dirigiu e foi dirigido, foi auxiliar de direção. Digo isso porque no programa do TBC tem um conselho consultivo, uma coisa assim, e meu nome está lá. Mas é uma coisa meramente honorária, porque, no começo, as peças eram feitas por grupos amadores, e o meu grupo amador fez a terceira peça do TBC. Então puseram o meu nome lá, mas todo mundo sabia que não tinha a menor influência, nem no repertório, nem em nada. Você ficar ao mesmo tempo do lado de dentro e de fora é muito difícil.

**Você mencionou o livro do David George, *Modern Brazilian Stage.* O que você achou do livro ?**

Sabe que não li? Ficou com o Sabato durante muito tempo. Eu recebi atrasado e não tive nenhuma vontade de ler. Agora, minhas leituras, faço conforme o que se apresenta no momento. Por exemplo, li agora, durante meses, *Os miseráveis*, de Victor Hugo, que é um romance folhetim imenso. Fiz muita leitura programada, então agora me desprogramei. Faço mais leitura por vagabundagem... Muita coisa que devia ter lido, não li, por causa do teatro. Fiquei muito amarrado dentro da minha especialidade. Acho que para a história do teatro brasileiro, contribuí, sem dúvida, sei que contribuí com alguma coisa. Para o teatro moderno e o teatro também antigo. Mas isso foi mesmo um esforço de vontade grande. Não é que me imponha tarefas, mas, sem querer, levo a sério as coisas imediatas.

**No jornal, o ponto de vista de quem escreve é sempre o leitor. Qual seria, a seu ver, a perspectiva de quem escreve academicamente?**

Quem escreve tem sempre em vista um leitor qualquer. No jornal é o leitor comum. Aliás, não totalmente comum, porque o leitor de jornal já é um leitor qualificado. Quem lê *O Estado de S. Paulo* pertence a certa classe econômica, social, mas é um leitor chamado comum. Agora, quando eu escrevi coisas acadêmicas, aí realmente era para um público muito mais reduzido. Até hoje, as pessoas quando conversam falam mais da minha crítica do que dos livros de história do teatro. E ainda perguntam: "Você não escreve mais crítica?" Faz mais de 25 anos que larguei a crítica. Mas a minha imagem ainda é de crítico. Quando eu era crítico de jornal, era muito lido e influenciava o público. Isso o pessoal de teatro falava. Eu sabia que era lido; encontrava pessoas que me diziam: "Você falou aquilo o que eu senti e não sabia exprimir." Tinha uma reação do público muito favorável. Agora, com os livros acontece o contrário, tenho uma reação pequeníssima. Sei que sou um ponto de referência, mas não um ponto de leitura, propriamente. Sou uma leitura obrigatória para a pessoa interessada em teatro. Mas para outro leitor, o "leitor comum", não.

Em torno de

Julio de Mesquita Filho

II

Decio de Almeida Prado

Se nunca foram íntimos, estiveram frequentemente próximas as relações entre o dr. Julio de Mesquita Filho e o grupo central da revista *Clima*. Chamado ele, em companhia dos filhos, pensou em criar um Suplemento Literário dentro de *O Estado de S. Paulo*, pediu o projeto a Antonio Candido, que me indicou para dirigi-lo. Como coube, na distribuição da matéria, a Lourival Gomes Machado a seção de artes plásticas e a Paulo Emílio Salles Gomes a de cinema, podemos dizer sem exagero que a essência de *Clima*, no que diz respeito a pessoas, passou de uma revista de jovens para as páginas de um grande jornal, que tinha outra penetração e responsabilidade perante o público.

Havia, no entanto, além das diferenças de idade, posição social e nível econômico, uma ruptura profunda que separava a geração do dr. Julio da nossa. Ocorrera, entre uma e outra, a difusão do

Reprodução de páginas do manuscrito do artigo "Em torno de Julio de Mesquita", escrito em 1999 e publicado em fevereiro de 2000, após a morte de DAP

Acervo Decio de Almeida Prado – Reprodução/IMS

# Em torno de Julio de Mesquita Filho

## "Sempre tive total liberdade de escrever"

Devo muito a Julio de Mesquita Filho. Em 1946, entre os 28 e 29 anos, eu ainda balançava entre o teatro e a filosofia que, de um modo ou de outro, vinha ensinando desde 1940. Mas talvez o pendor dramático, sem que eu o soubesse plenamente, já começasse a pesar mais, dentro e fora de mim. Vira na França a renovação empreendida pelos quatro encenadores que se reuniram no chamado Cartel – Jouvet, Dullin, Pitöeff, Baty – e nos Estados Unidos tivera a oportunidade de contemplar no palco algumas atrizes – Ethel Barrymore, de uma irmandade célebre, Helen Hayes, Katharine Cornell, Katherine Hepburn, Tallulah Bankhead –, destacadas entre as maiores.

Encenara um espetáculo amador elogiado surpreendentemente por Oswald de Andrade – fui o mais surpreso – e exercera a função de crítico dramático na revista *Clima*, fundada com meia dúzia de amigos, naqueles anos inaugurais, à volta de 1943, em que o modernismo da Semana de 1922 começava finalmente a penetrar nos palcos brasileiros, com a ajuda providencial de Nelson Rodrigues e Ziembinski.

Foi essa colaboração, acredito, que chamou a atenção do diretor de *O Estado de S. Paulo*. O jornal voltara a seus legítimos donos, os Mesquita, após ter permanecido por cinco anos nas mãos arbitrárias de Getúlio Vargas, no plano federal, e Adhemar de Barros, no estadual. O dr. Julio deu-nos então a honra, a Lourival Gomes Machado e a mim, de nos convidar para ingressar no corpo de redatores por ele dirigido, Lourival como autor de editoriais sobre política internacional, assunto sobre o qual escrevera notas na *Clima*, eu como crítico de teatro, cujos artigos seriam publicados sem assinatura, por representar, supostamente, não uma opinião pessoal, mas o ponto de vista da casa, como então se dizia. Tratava-se, portanto, de uma deferência, não de uma diminuição.

O *Estado* de 1946, pelos critérios atuais, seria julgado um jornal pequeno, quer pelo prédio em que funcionava a redação, na esquina da rua Boa Vista com a Ladeira Porto Geral, quer pelo número de páginas, quer pela carga publicitária. Mas já era, indubitavelmente, um grande jornal, pelo prestígio político que desfrutava e, mais ainda, pela verdadeira ascendência moral que exercia sobre os seus leitores, tradição criada pelo velho Julio de Mesquita e mantida por seus dois filhos, o dr. Julinho e o dr. Chiquinho, como eram conhecidos na intimidade, o primeiro responsável pela parte redatorial e o segundo pela comercial.

Direção, no sentido freqüentemente impositivo e restritivo de hoje, inexistia. Esperava-se, segundo a expressão clássica, que cada um cumprisse o seu dever. Tudo que comportasse um fundo político, ou dissesse respeito à administração pública, vinha diretamente da pena – naquela época não uma simples figura de retórica – de um pequeno grupo de redatores perfeitamente identificados com a linha do jornal, ditada pelo dr. Julio, sempre nítida, sem tergiversações.

**Liberdade** – Quanto aos restantes, sobretudo os ligados às artes, entre os quais eu me incluía, gozávamos de completa liberdade, cabendo-nos definir desde a extensão da matéria até o teor das conclusões. Só nos era exigido, em retorno, correção de linguagem, concebida em moldes portugueses, uma das manias do começo do século, com exclusão de galicismos (detalhe, por exemplo), neologismos (permitidos somente aos grandes escritores) e cacófatos, mesmo os menos percebidos pelo ouvido. Para evitar falhas, os nossos artigos passavam sempre pela revisão de terceiros, cognominados pelos demais, com uma ponta de ironia, de "iluminados", ou seja, aqueles, em número reduzido, que conheciam gramática, assim como as simpatias e antipatias, léxicas ou morfológicas, do *Estado*, que começava a ser *Estadão*.

Também por esse enquadramento profissional, que nos comunicava tranqüilidade, não nos exigindo mais do que poderíamos dar no momento, sou grato a Julio de Mesquita Filho, porque decorria de sua personalidade, avessa a pormenores, voltada inteiramente às questões centrais do Brasil, pensado como um todo. Escrevendo em casa as minhas críticas que, entregues até a meia-noite, sairiam sem falta no dia seguinte, tive tempo e sossego de espírito para desenvolver aos poucos, livre de atropelos, as minhas possíveis qualidades de pensamento e escrita. Foi no *Estado*, sem ninguém olhando por cima de meu ombro, que me preparei para ser crítico e professor de teatro, deixando para trás a filosofia, que não permaneceu em mim a não ser como curiosidade ocasional.

Numa das poucas oportunidades em que o dr. Julio me procurou para conversar sobre uma peça – *Pedreira das almas*, de Jorge Andrade, que tocara num ponto que lhe era caro, o da tradição –, ele veio até a minha mesa (eu já me tornara diretor do "Suplemento Literário" do *Estado*), sentou-se a meu lado e expôs as suas razões, até certo ponto conflitantes com as minhas, com a sua habitual franqueza, sem meias palavras ou reservas de pensamento. Sem impor nada, porém, mesmo porque eu já escrevera a minha crítica.

**Confiança** – Essa mesma impressão de confiabilidade moral causava ele em Lourival Gomes Machado. Disse-me este que se tivesse de indicar alguém a seu filho, como modelo de homem, não apontaria nenhum dos colegas cordiais e espirituosos que encontrávamos na redação e, sim, o dr. Julio, com a sua austeridade, o seu ar sério (sem prejuízo de momentos de humor), a sua preocupação constante com o futuro do Brasil. Ele não era imune, aliás, a rompantes, a assomos da vontade, a bruscas alterações da voz e de palavras, que podiam significar o fim abrupto do diálogo. Mas mostrava-se capaz, então sabendo o gênio nada fácil que tinha, de voltar atrás, entender-se com o adversário da véspera, até de desculpar-se em termos genéricos. Sei que aconteceu tal fato por duas vezes com Sérgio Milliet, chefe da página de arte, e diziam ser essa quase a regra em suas relações afetuosas e não raro tempestuosas com Paulo Duarte, redator-chefe do jornal, igualmente sujeito a altos e baixos emocionais, se bem que não na mesma escala. De qualquer forma, nunca ninguém saiu do *Estado*, ao que eu sabia, por motivo de desentendimento com a direção.

## "Objetivo, utópico, era integrar País numa só comunidade social"

Eu via no dr. Julio duas feições diversas, embora não conflitantes. Era sem dúvida um aristocrata, de temperamento autoritário (a vertente Campos Salles, comentava-se, herdada por linha feminina), uma personalidade alicerçada sobre sólidas convicções, pouco dada a dúvidas, muito resistente ao desgaste do ceticismo. Por esse lado se destinava à ação, ao mando, constituindo-se em centro, não só de um número considerável de amigos, entre eles meu pai, Antonio de Almeida Prado, mas também de partidos políticos, que foram mudando de nome conforme as circunstâncias, porém sem perder contato com o núcleo inicial, representado antes de 1930, em São Paulo, pelo Partido Democrático. Por outro lado, contudo, o da reflexão, das idéias gerais, provinha o dr. Julio de uma linhagem claramente liberal, a de seu pai, capaz de questionar-se continuamente, por colocar o mundo da cultura, referente à ciência e às artes, muito acima de qualquer interesse particular. Colidiam, assim, em seu interior, a passionalidade da maneira de ser e a objetividade própria do bom jornalista. Ele distinguia, de resto, entre uma e outra coisa, expandindo-se mais na conversa do que nos editoriais.

O Brasil, no período de sua juventude, viveu cindido entre o civilismo, aceito como ideal jurídico, e o militarismo, reconhecido como força e presença efetiva. Pois bem, passou o dr. Julio por essas duas experiências sociais, sempre a seu modo, eu diria que existencial, sofrendo na carne as grandes questões públicas. Na disputa eleitoral entre Ruy Barbosa, representante do Direito e o marechal Hermes da Fonseca, símbolo do Exército, ficou ardorosamente com o primeiro, de quem tirou o nome para dar ao seu segundo filho, Ruy Mesquita. (O primeiro chamava-se Julio, como o avô.) Mas não foi com menos entusiasmo que acolheu a campanha a favor da criação do serviço militar, desencadeada por Olavo Bilac, com a finalidade de plasmar, pela disciplina das armas, uma nova consciência nacional, resultante da fusão de todas as regiões e todas as classes. Correspondia esse objetivo, que o tempo demonstrou ser bastante utópico, ao seu desejo de integrar todo o País (escrito sempre com maiúscula no *Estado*) numa só comunidade social. O seu declarado monarquismo – em teoria, claro está – nasceu porventura nesse ponto, no fato de a Coroa Imperial ter assegurado a unidade do Brasil, impedindo que a nossa imensa área territorial se fragmentasse em inúmeras republiquetas (reproduzo, aproximadamente, palavras suas).

Como conciliar, em abstrato, civilismo e militarismo? Talvez, numa interpretação que me ocorre (e poderá ter ocorrido a muitos, não sei se assim formulada), encarando o civilismo enquanto regra e o militarismo, entendido como saída da caserna e tomada de poder, enquanto exceção aceitável, quando não salvadora. Para compreender historicamente essa perspectiva, comum na época, convém não esquecer que o Partido Republicano, tendo alcançado o governo por um golpe militar, não admitia perdê-lo em eleições limpas. Não havia, portanto, saída legal, estritamente civilista. Tal foi o sentido da revolta de 1922 e das revoluções de 1924 e 1930. O dr. Julio esteve com elas, podendo ser incluído sem susto entre os "tenentistas" (chamados dessa forma já que o impulso revolucionário não chegava em geral às altas patentes). Basta dizer que o seu terceiro filho recebeu o nome de Luís Carlos em homenagem a Prestes, que, em sua heróica caminhada militar através do Brasil, surgia ainda como o Cavaleiro da Esperança, o possível regenerador da nossa precária democracia. A ruptura com os tenentistas deu-se depois de 1930, quando alguns entre eles se abrigaram sob o manto getulista, já no poder, ao passo que o maior de todos, o próprio Luís Carlos Prestes, resolveu completar em Moscou a sua formação marxista, na prática como na teoria.

Quanto a Getúlio, em vez de entregar o governo de São Paulo ao Partido Democrático, que defendera a sua candidatura, preferiu ignorá-lo, nomeando como interventor federal um jovem tenentista, João Alberto, sem laços pessoais ou políticos com o Estado que iria presidir. São Paulo, sentindo-se diminuído, tratado como terra conquistada, respondeu com a Revolução de 1932, que teve o dom de irmanar os remanescentes seja do Partido Democrático, seja do Partido Republicano, até então inimigos.

Julio de Mesquita Filho achava-se de novo sob o fogo dos acontecimentos. Nos 15 anos consecutivos de Getúlio (12 em regime de exceção), ele seria exilado por duas vezes, em 1932 e 1937, quando esteve vários anos afastado do Brasil, além de ver *O Estado de S. Paulo* desviado da sua família, acusada falsamente de insurreição. O jornal só voltaria aos dois irmãos Mesquita porque ele jamais assinou o documento que dava validade jurídica, sob a forma de venda, ao que fora, na verdade, pela pressão econômica exercida sobre uma família privada do seu principal meio de subsistência, mera espoliação.

## "Quando intentamos imitar o passado, produzimos o futuro"

Se nunca foram íntimas, estiveram freqüentemente próximas as relações entre Julio de Mesquita Filho e o grupo central da revista *Clima*. Quando ele, em companhia dos filhos, pensou em criar um "Suplemento Literário" dentro de *O Estado de S. Paulo*, pediu o projeto a Antonio Candido, que me indicou para diretor. Como coube, na distribuição da matéria, a Lourival Gomes Machado a seção de artes plásticas e a Paulo Emilio Sales Gomes a de cinema, podemos dizer sem exagero que a essência do *Clima*, ao que diz respeito a pessoas, passara de uma revista de jovens para as páginas de um grande jornal, que tinha outra penetração e responsabilidade perante o público.

Havia, no entanto, além das diferenças de idade, posição social e nível econômico, duas rupturas profundas que separavam a geração do dr. Julio da nossa. Ocorrera, entre uma e outra, a chegada ao Brasil, em ritmo crescente, do modernismo, em arte, e do comunismo, em política. Um causava escândalo; outro apreensão e medo.

**Choque conceitual** – Para dar idéia em poucas linhas do que foi o choque conceitual e mesmo moral proporcionado pelo primeiro modernismo, pouco antes e pouco depois de 1922, relembro uma boutade – chamavam-se assim as tiradas cômicas menos compromissadas com a verossimilhança – de um homem, Filinto Lopes, que não escrevia, mas gostava de conversar com imaginação e humor, sendo considerado o mais espirituoso entre todos os freqüentadores da roda literária do *Estado*. Contou ele que, ao deparar-se com uma tela futurista – o modernismo não firmara ainda o seu nome –, tivera certeza do que ela representava: "Essa não me escapa – ou é a chegada de d. João VI na Bahia, ou é a descoberta do túmulo de Tutancâmon no Egito". Espantou-se ao ler no catálogo: "Criação de avestruzes na Austrália".

Que a farpa atingisse de preferência a pintura, não admira. Esta, mais do que a literatura, ocasionava perplexidade e mofa. Palavras são por si mesmas abstratas, possuindo pouca materialidade. Podem parecer desconexas, sem negar, contudo, o mundo que habitamos. Já o universo visual está presente ante os nossos olhos, os do rosto não menos que os do pensamento, apresentando-se como fato inegável, dado imediato da consciência. De que forma, então, com que direito, pintar o céu com cores que não se aproximam do azul, mostrar uma mulher com dois narizes? Paranóia ou mistificação? A pergunta cruel, como se sabe, que não deixava escapatória entre a loucura e a memória, foi feita por Monteiro Lobato, jogando todo o peso de seu enorme prestígio artístico sobre as costas da inocente Anita Malfatti.

Não era fácil, nas décadas de 10 ou 20, sem a longa experiência de hoje, perceber que a pintura principiava a mudar de objeto, representando menos o mundo do que a ela mesma, como obra fictícia, não natural, carregada portanto de subjetividade. Picasso não pinta o que vê, pinta o que acha que deve ser aquele quadro, usando o material pictórico com toda a liberdade, em obediência antes de tudo ao seu peculiar senso artístico. Não se trata de cópia e sim de criação. Essa é a magnífica abertura estética que fizemos no correr do século XX – ou o beco em que nos metemos. Sem limites e sem padrões, fica difícil distinguir, não apenas entre a boa e a má obra de arte, mas até entre o que ainda é e o que já não é arte. Onde começa e onde termina a pintura, em sua especificidade? Só teremos de verdade pós-modernismo, após tantas camadas sucessivas de modernismos, quando formularmos novos conceitos para a arte, inteiramente outros. Quais serão eles, não sei, porque só me é dado contemplar o presente, e, por outro lado, não acredito nas regressões históricas. Quando intentamos imitar o passado, produzimos com freqüência o futuro. Com raiz na tragédia grega nasceram tanto o teatro clássico francês, de Corneille e Racine, quanto a ópera italiana, de Monteverdi e Verdi.

O dr. Julio, com a passagem do tempo, saiu-se muitíssimo bem do desafio que o modernismo lhe propunha, enquanto jornalista. Quaisquer que tenham sido as suas convicções íntimas, creio que inclinadas mais para o lado conservadorismo, soube acolher no *Estado*, no próprio corpo do jornal, não em seu "Suplemento Literário", entre tantos e tantos outros, desde o irrequieto Oswald de Andrade, seu amigo pessoal, talvez dos tempos da Faculdade de Direito, freqüentada por ambos, até Mário de Andrade, que admirava pela cultura e para quem abriu um perigoso antecedente: permitiu-lhe, em caráter de absoluta exceção, escrever como quisesse, usando inclusive, se não me falha a memória, o si e o pra em lugar dos tradicionais se e para.

## "Se a evolução sacrifica o fraco, a revolução promete salvá-lo"

O impacto do comunismo foi incomparavelmente mais forte, porque visava, por meio do poder político, atingir e modificar o próprio núcleo econômico da sociedade. Significava, em perspectiva, para alguns poucos, os proprietários, diminuição abrupta de riqueza, e para muitos outros, os que nada possuíam, o seu considerável aumento. O ideal de igualdade de fato, e não apenas de direito, vinha pelo menos desde os dias mais conturbados da Revolução Francesa. E o projeto socialista, de produção e distribuição conjunta de bens, revivido pela Revolução Russa em 1918, contava também com uma história quase tão longa quanto essa, remontando aos primeiros escritos e experiências coletivas, classificadas posteriormente como utópicas, por se assentarem sobre a boa vontade dos homens.

A novidade, a surpresa capaz de entusiasmar ou estarrecer, estava, portanto, na vitória do comunismo num país de extensão da Rússia, resultante do emprego da força, sob o comando de um grupo de homens bem preparados teoricamente e prontos para a ação. Triunfara, enfim, após tantas décadas de pregação, a idéia de Revolução, escrita assim com maiúscula para distingui-la das pequenas revoluções então correntes, inclusive as brasileiras.

Em matéria de explicação para o progresso tínhamos de nos contentar, até aquele momento, com o evolucionismo. Agora, na parte referente ao homem, tomara este ponto avançado na frente de batalha ideológica, o que eu chamaria, por contraste, de revolucionismo. Ambos os sistemas, curiosamente, haviam germinado quase ao mesmo tempo, em meados do século XIX: o *Manifesto comunista*, de Karl Marx (e Engels), é de 1848, *A origem das espécies*, de Charles Darwin, de 1859. Mas param aí as coincidências. Não há propriamente comparação entre os dois tipos de explicação porque eles não se sobrepõem, não incidem sobre as mesmas coisas.

O evolucionismo não pensa em escala humana, não calcula o tempo em dias, semanas, meses, mas em milhares, milhões até bilhões de anos. O seu objeto de estudo é a vida, considerada em sua totalidade. Não há nela fins predeterminados, tendência a crescer ordenadamente. Os seres vivos expandem-se em todas as direções, indistintamente, cegamente. Acontece, entretanto, que só os bem adaptados ao meio têm condições de sobreviver e deixar descendência. Existe desse modo evolução, mas num processo lentíssimo, guiado por leis estatísticas, sem disputas individuais a não ser indiretas, e não como resultado de uma inteligência superior. Darwin, biólogo por profissão e empirista por vocação, como bom inglês que era, jamais extrapola os limites que as ciências da natureza impõem a si mesmas, não entrando no terreno das causas primeiras e últimas, da origem do universo e de sua finalidade, domínio deixado a cargo da metafísica.

Marx, em contraposição, dedicou-se às ciências humanas, da economia à sociologia, na criação e desenvolvimento das quais desempenhou papel relevante e polêmico, porém sem cortar de todo os laços que o prendiam à filosofia alemã. Discípulo independente e contestador de Hegel, de quem herdou o objeto e o método de estudo, a história e a dialética, afirmou logo o seu materialismo, sobre o qual procurou edificar, ao modo germânico, um sistema vasto e coeso. Darwin, por exemplo, mantém em suspenso a questão primordial de Deus: podemos acreditar nele, desde que não lhe concedamos o governo material do universo. Marx, ao contrário, nega a sua existência – não há espíritos incorpóreos, desencarnados –, acusando a religião, numa frase destinada a celebrizar-se pela contundência, de ser o ópio do povo.

Estamos, portanto, fechados neste nosso mundo terreno, homem entre homens, vivendo num presente sem transcendências. Se estudamos o passado é com o intuito de apreender as leis que regem a história, de modo a poder engendrar o futuro, livrando-o dos males que conhecemos tão bem. Todos os conflitos individuais reduzem-se, em última análise, à luta de classes, definidas, economicamente, pela posse – ou não – das fontes produtivas. É esta base material que origina e desenha a nossa maneira de ser e de pensar, ao inverso do que estabelecia o idealismo hegeliano. Marx, contudo, se bem o entendi, não menospreza a força da inteligência e da vontade humanas, antes pelo contrário, admitindo que alguém, como é o caso seu e de seus seguidores, valendo-se da capacidade de observação e de raciocínio científico (no sentido de exato), possa reverter essa posição de inferioridade, transitando de objeto a sujeito da história, ou seja, passando a agir e influir não só sobre os acontecimentos políticos como também sobre os sociais e econômicos. Esse alguém poderá inclusive postular, como fizeram Marx e Engels, que o confronto entre o proletariado e a burguesia capitalista, terminando como é inevitável pelo triunfo dos trabalhadores, porá termo de uma vez por todas aos desentendimentos profundos entre os homens. O céu, então, segundo os mais crentes, baixaria à terra. Terminara a época das lutas de classe, tudo graças ao homem. Sob este aspecto, como disse Sartre do existencialismo, o marxismo é um humanismo.

Não se lê o *Manifesto comunista* como exemplo de ciência pura, à maneira de *A origem das espécies*. Ele é em parte interpretação histórica, ainda viva, e em parte profecia revolucionária que, embora marcando decisivamente os séculos XIX e XX, não se concretizou com as anunciadas urgência e abrangência.

O comunismo russo, consolidado por Lênin a partir de Marx e Engels, falava com especial persuasão aos jovens, por sua coragem em assumir posições extremadas, e, mais ainda, aos intelectuais, por tocar com veemência em dois pontos cruciais: o da racionalidade, ao pretender organizar em torno de um só eixo, o governamental, toda a diversidade dos fenômenos econômicos, e o da justiça social, ao colocar-se do lado dos pobres. Se o evolucionismo sacrifica o fraco, o revolucionismo promete salvá-lo (e daí a atração que exerce sobre certo modelo de cristianismo, aquele que acredita que de fato os últimos serão os primeiros).

O marxismo, em suma, no jogo dialético no qual os pólos opostos da tese e da antítese conjugam-se e transcendem-se na síntese, subindo de grau, apresentava-se, ao mesmo tempo, como ciência econômica e generosidade moral, determinismo histórico e possibilidade de libertação humana definitiva. José Saramago, em programa de televisão, disse com um grão de sal que a vantagem que o capitalismo leva é que ele não promete nada. O comunismo, por seu lado, prometia tudo.

# "O mal do mundo não está na perversidade, mas na ignorância"

Se o comunismo russo tivesse correspondido à metade das expectativas que despertou, levaria sem dúvida de roldão todo o século XX. O ressaibo amargo que o seu desaparecimento deixou, inclusive entre os que não formavam em suas fileiras, não foi unicamente pela revelação do número de vidas humanas que ele sacrificou, embora esse dado surpreendesse até mesmo as pessoas bem informadas.

Quanto a mim, recordou-me o comentário irônico feito por Anatole France – sei que não está na moda – sobre o desgaste provocado pela Revolução Francesa. Escreveu ele que "quando se quer tornar os homens bons e sábios, chega-se fatalmente a querer matá-los todos. Robespierre acreditava na virtude: fez o Terror. Marat acreditava na justiça: pedia 200 mil cabeças".

O ceticismo, conclui-se, tomado em doses não letais, é o que impede que as escolhas políticas degenerem em focos de dogmatismo e autoritarismo, desejando não vencer mas calar ou eliminar pela força os adversários, ou seja, aqueles que, pensando diferente de nós, não querem o progresso da humanidade.

Mais surpreendente ainda, contudo, foi a maneira como a União Soviética desfez-se, dir-se-ia que mansamente, sem as previstas guerras internacionais, sem sequer lutas internas, sem que praticamente ninguém se levantasse em armas para defendê-la. A imagem que me ficou foi a de um tecido gasto, que de repente se rompe de alto a baixo. De uma existência política plena, ativa, até litigiosa, tanto para o bem quanto para o mal, passou-se uma espécie de inexistência pacífica, como se a história retomasse o fio no ponto em que fora interrompido.

A Rússia retornou às antigas fronteiras, Leningrado voltou a chamar-se São Petersburgo, Stálin foi renegado pelo Partido Comunista, a igreja ortodoxa reocupou o seu lugar tradicional na sociedade, enquanto, paralelamente, a Iugoslávia fragmentava-se e caía o muro de Berlim, reunindo as duas Alemanhas. Pior que as passadas provações, foi essa volta atrás, sugerindo um pedido de desculpas: fica o dito pelo não dito.

Fazendo um retrospecto, do alto (hélas!) dos meus 82 anos, resumindo o que pude observar com os meus próprios olhos em mais de seis decênios de vida adulta, a minha conclusão diria respeito, sem paradoxo, à fraqueza dos regimes fortes e à força dos regimes fracos. A velha democracia, não sufocando no nascedouro os conflitos sociais, permitindo-lhes o curso mais ou menos desimpedido, parece obter resultados menores porém não tão passageiros quanto os conseguidos pela política de fechar o tampo do caldeirão para esconder o que ferve e borbulha lá dentro. Pelo menos, tem-se nela a possibilidade de efetuar mudanças nos cargos presidenciais de tantos em tantos anos, em datas marcadas de antemão. A simples liberdade jurídica, tão insuficiente quando a temos, faz terrível falta quando desaparece. Lembremos 1964.

Verifico também, e certamente não sou o primeiro a fazê-lo, que a estabilidade do quadro político, conservador nesse sentido, não impede que surjam avanços sociais, como os proporcionados pelo desenvolvimento da ciência, que vem mudando o universo em que vivemos, quanto mais não seja pelo aumento das comunicações, ou como a ascensão da mulher, que, liberada por uma pílula mágica da obrigação de ter filhos não desejados, entra cada dia mais no campo da sexualidade livre e no mundo dos negócios, até então propriedades privadas dos homens.

Nada disso, claro, diminui a importância vital da economia, posta tão bem em relevo por Marx que hoje em dia tornou-se ponto pacífico. A originalidade dele, se bem a entendo, não foi a de reduzir o homem ao econômico, o que de resto os clássicos ingleses já haviam feito, mas a de correlacionar infra e superestrutura, afirmando que o movimento causal se dá nos dois sentidos, e de baixo para cima ainda com maior vigor que de cima para baixo, em contraposição ao que se pensava. São os fatores materiais que determinam em geral os mentais.

O sonho da Grande Revolução embalou toda a minha geração. O grupo do Clima, não sendo constituído por comunistas, admirava os objetivos visados por Marx, tanto por seu lado racional quanto pelo moral. Não uso esta palavra, contudo, sem um certo embaraço, porque o pensamento de esquerda, ao qual pertencíamos, com medo de cair no utópico, evitava qualquer possível resquício de espiritualidade. O stalinismo convencia principalmente porque vencia, porque, desligando a política da moral, empregando também a força e a astúcia, dobrara inimigos internos e externos, de Trotski a Hitler. A vitória era a melhor prova de que a história estava do seu lado.

A posição dos comunistas no Brasil, nos primeiros anos de pós-guerra, definia-se assim: venceremos não só porque somos os portadores da verdade, os arautos do futuro, mas também porque, não nos atando a preconceitos burgueses, somos os mais espertos e os mais práticos. Esse proclamado "realismo" é o que justifica o apoio dado por Luís Carlos Prestes, em 1945 e 1946, a dois populistas de poucos escrúpulos: Getúlio Vargas, que o aprisionara e mandara a sua mulher para a Alemanha nazista, onde foi executada, e Adhemar de Barros, sempre suspeito de corrupção, para quem se inventara, a título de elogio, o célebre "rouba mas faz".

O cotidiano do comunismo, a versão concreta de idéias generosas, em nada nos entusiasmava. Originava, quando muito, a suspensão temporária do juízo, à espera dos acontecimentos. De tantas injustiças e tantas mortes, nasceria, porventura, o "novo homem"? Firmamos a nossa posição, no Clima, em torno de dois princípios: igualdade econômica e liberdade política. Alguns admitiam o recurso à violência, "a parteira da história", no momento da arrancada revolucionária, porém não a sua subseqüente institucionalização.

Constatávamos com alegria a florescência artística alimentada pela Revolução na Rússia e deplorávamos a sanguinária censura imposta a seguir por Stalin, às artes não menos do que à política. A solução, para nós, naquele longínquo ano de 1944, encontrava-se na Esquerda Democrática, com ênfase igual sobre as duas palavras.

Julio de Mesquita Filho permaneceu, através dos tempos, imune a todo e qualquer esquerdismo. Não confiando na Grande Revolução, e sim nas pequenas revoluções brasileiras, punha as suas esperanças na democracia, ou seja, a longo prazo, nas promessas feitas pelo longo e seguro evolucionismo. A perspectiva política que o inspirava foi sintetizada por Antonio Candido, não a seu propósito, em apenas três tópicos: "(1) o saber trará a felicidade dos povos, (2) este saber é aquele que veio da Europa, trazido pelo colonizador, (3) os detentores deste saber formam uma elite que deve orientar o destino das jovens nações" (*Remate de Males*, número especial, Unicamp, 1999).

Compreendo bem esse ponto de vista, que o dr. Julio compartilhava com os amigos, porque o vi várias vezes expresso por meu pai, Antonio de Almeida Prado, sobretudo em relação ao primeiro tópico, o fundamental. O mal do mundo, dizia ele com freqüência, não está na perversidade, mas na ignorância. Ficava claro que este termo devia ser entendido não somente no sentido de desconhecimento da ciência, mas também, e principalmente, no de falta de visão moral.

Tal idéia, como se sabe, provém do iluminismo do século XVIII, o século das luzes, com o seu otimismo quanto à natureza humana, desmentida ou colocada em dúvida pelos fatos políticos posteriores, que dariam nascimento a explicações menos racionalistas e menos individualistas. Creio que o ponto de partida dessa corrente histórica acha-se em Sócrates, ao acreditar que todos os homens contêm dentro de si as sementes da verdade. Ninguém erra porque assim o deseja.

## "São Paulo, depois de 1934, nunca mais foi o mesmo"

O tópico 2, relativo à superioridade de saber europeu, dispensava argumentação para um médico, como meu pai, que recebera, e continuava recebendo, todo o seu ensinamento, de livros e revistas européias, com preferência, entre as línguas latinas, para o francês. Quanto ao item 3, o da missão formadora que caberia às classes altas, parece-me tratar-se de uma das tônicas da época, isso na melhor das hipóteses, para aqueles que tinham por mira, ainda que distante, quase a perder de vista, encurtar o imenso fosso que separa, no Brasil, ricos e pobres. Estes necessitariam de alguém que tomasse conta deles – exatamente a função atribuída às elites, que mereceriam esse nome caso cumprissem tal papel.

Quanto aos trabalhadores, a verdade é que eles só começam a se expressar politicamente, assim mesmo por interpostas pessoas, com o fim do Estado Novo e o começo do populismo, que significa, nesse sentido, um considerável avanço social. A partir de 1945 as eleições tornam-se progressivamente mais democráticas, devido ao aumento do eleitorado, dificultando a ação dos "coronéis", e às apurações eleitorais menos fraudulentas.

Ora, essas constituíam, em linhas amplas, as reivindicações básicas do Partido Democrático de São Paulo, antes de 1930: voto secreto e eleições honestas. O dr. Julio e os seus companheiros de geração política acreditavam que, satisfeitas tais condições preliminares, estariam eles em condição de disputar posições de mando, para o exercício das quais contavam com um bom preparo cultural – muitos eram professores de direito e de medicina – e com a vontade de bem servir o País. Mas verificou-se logo, restabelecido o regime democrático, após Vargas, que não possuíam eles nem os modos, nem a fala popularizante, nem o discurso demagógico que seduziam as multidões nos comícios. Burgueses, mostravam-se como tal, ao contrário de Getúlio, que, não menos burguês do que eles, aparecia aos olhos dos eleitores, graças a anos e anos de propaganda oficial, como "o pai dos pobres" (e "mãe dos ricos", acrescentavam os opositores). O varguismo, pendendo ora para direita, ora para a esquerda, conforme a oportunidade, foi capaz de gerar dois partidos aparentemente opostos, ambos destinados a durar: o PTB, representante dos trabalhadores, e o PSD, que abrigava banqueiros e industriais, além de políticos hábeis, especialistas em adivinhar para que lado sopraria o vento.

O dr. Julio, perdendo a vez que talvez lhe coubesse, firmou-se na oposição, como, de resto, era o seu temperamento, exigente consigo e com os outros. Mas esteve mais próximo do governo estadual, entre 1934 e 1937, por circunstâncias um tanto fortuitas. Getúlio, pretendendo aproximar-se dos políticos paulistas depois da revolução de 1932, pediu-lhes que fizessem uma lista com dez nomes bem aceitos por todos (foi a versão que ouvi naquela ocasião). Entre eles, conforme aquele velho hábito seu de cooptar possíveis adversários, escolheu, para interventor federal em São Paulo, o engenheiro Armando de Salles Oliveira, genro de Julio de Mesquita, já falecido. O dr. Julio, então, com a subida do cunhado ao governo, teve o ensejo, pela primeira vez, de pôr em prática alguns de seus projetos. O principal, compartilhado com amigos entre os quais se destacava o educador Fernando de Azevedo, foi a criação simultânea, pelo mesmo ato governamental, da Universidade de São Paulo e da Faculdade de Filosofia, Ciências e Letras. A primeira reunia num só corpo administrativo a escola que se fundava e as outras já existentes em nível superior, imprimindo-lhes, em conjunto, uma renovada autoridade social e moral. À segunda, de nome um tanto enciclopédico dada a variedade e diversidade dos seus futuros cursos, competia abarcar todas as matérias teóricas que nos faltavam nesse nível – praticamente todas. Custa a crer, mas é fato que não se estudava em São Paulo, a não ser em ginásios e liceus, nem sequer o português e a história do Brasil. Vivíamos, no que diz respeito à cultura geral, de literatura, sobretudo na sua parte criativa, e de direito, que fazia o papel normativo desempenhado de preferência, nos dias atuais, pela economia.

Julio de Mesquita Filho participou de todo esse grande movimento educacional, como uma de suas vozes mais ouvidas, resguardado que estava politicamente por Armando de Salles Oliveira, que, entrementes, se elegera governador. Um ponto, contudo, dos mais importantes, tem de lhe ser concedido com exclusividade. A maneira do dr. Julio julgar o Brasil – comentava sorrindo meu pai –, não batia com exatidão matemática.

Considerados separadamente cada setor – arte, ciência, política, economia, ensino –, nada lhe agradava plenamente, tudo lhe parecia atrasado em relação à Europa, onde estudara por algum tempo. Somando-se, no entanto, tais quantidades exíguas, chegava-se a um país privilegiado, como não existia outro.

Foi esse traço do seu espírito, por um lado, de crítico severo, pelo outro, de patriota exaltado, no velho estilo liberal brasileiro (um homem de esquerda pode ser nacionalista, porém jamais se declarará patriota), que o levou a pensar e executar um plano ousado, que anunciara anos antes em livro: nada menos do que mandar buscar na Europa, a nossa fornecedora de idéias, toda uma equipe de especialistas que elevassem e completassem o nosso pobre quadro docente. Foi assim que a nova Faculdade de Filosofia, Ciências e Letras recebeu, entre muitos outros, e para só ficar na parte humanística, professores como o poeta Giuseppe Ungaretti, o historiador Fernand Braudel e o etnólogo Claude Lévi-Strauss, que já eram ou logo se tornaram valores universais. Com eles vinha uma concepção de ensino que só por exceção vigorava entre nós: professores que não tinham outra ocupação a não ser essa, que empregavam todo o seu tempo e toda a sua energia seja nos cursos que ministravam, variando-os de semestre a semestre, seja nas publicações que preparavam, procurando deixar a sua matéria um pouco adiante do ponto onde a tinham encontrado.

A relação com os alunos também se modificava: eram eles encaminhados aos autores e livros seminais, não a manuais ou obras de divulgação. Aos 20 anos, em 1937, eu cursava ao mesmo tempo a Faculdade de Direito e a Faculdade de Filosofia (os horários compatibilizavam-se). Na primeira, os exames escritos duravam uma hora; na segunda, quatro horas. Numa, exigia-se repetição; na outra, reflexão, se possível pessoal.

Creio que todos nós que passamos pela antiga Faculdade de Filosofia, Ciências e Letras, ou pelos inúmeros institutos derivados do seu posterior desmembramento, devemos a Julio de Mesquita Filho uma boa parte – talvez a melhor – de nossa formação, e não somente a escolar.

Não é comum que a ação de um homem tenha tantas repercussões na coletividade. São Paulo, depois de 1934, nunca mais foi o mesmo. A elite, nesse caso, cumpriu o mandato que se impusera.

## "Democracia moderna apóia-se sobre seu aparato jurídico"

Para Marx, a Grande Revolução seria não só a melhor solução, mas também a única historicamente possível. Capitalismo e proletariado enfrentavam-se como a versão moderna da aparentemente eterna luta de classes. E não era difícil prever o desfecho, dado que – pedindo o símile matemático a Malthus – o desenvolvimento aritmético do capitalismo engendra fatalmente o crescimento geométrico do proletariado, até que se inverta a relação de poder. Aconteceria então o que transformaria a Grande Revolução na Revolução Final. Produção e consumo passando para as mesmas mãos, não se distinguindo mais entre empregados e empregadores, não haveria mais razão para antagonismos cruciais, em que o triunfo de alguém significa o esmagamento econômico e social de todos os outros. O ponto de equilíbrio histórico teria sido finalmente atingido, deixando de existir vitoriosos e vencidos.

Se o choque foi a arma apontada por Marx e utilizada pelo comunismo russo, o alvo teórico tanto de um quanto de outro era o fim definitivo da violência, a chegada ao completo entendimento entre os homens – e é neste ponto que o comunismo, ao contrário do que dizem, destaca-se inteiramente do nazismo. O marxismo, em obediência ao seu cunho filosófico alemão e hegeliano, tende à unidade, à construção de um sistema universal, à confluência das partes em torno do seu centro. Que não seria, de resto, como aconteceu na Rússia, o Estado, porque este estava fadado a desaparecer, tendo perdido a sua função de árbitro em face de classes inimigas.

O esquerdismo, mesmo o brasileiro, não se desprendeu jamais desse impulso unificador, que o fazia imaginar-se não como uma corrente histórica entre outras e sim como uma singularidade destinada à universalidade. Até hoje os partidos de esquerda, e tanto mais quanto mais se cingirem a Marx, têm dificuldade em se congregar, porque cada um julga que cabe exclusivamente a ele essa missão, de início revolucionária, a seguir pacificadora. E não é certamente por acaso que todos os movimentos que se declararam marxistas, visando a unificação econômica, social e moral da sociedade, acabaram por se solidificar à volta de um homem providencial, a quem é delegada a tarefa de construir o futuro.

Já o evolucionismo, que corresponde grosso modo ao liberalismo democrático, por alicerçar-se na idéia de progresso, não na de revolução, aceita de bom grado a diversidade, essa espantosa variedade de formas que deparamos nos animais e vegetais. Algumas sobreviverão, outras serão eliminadas, porém não pela maior ou menor semelhança com um modelo ideal. O crescimento, do unicelular ao pluricelular, dos organismos simples aos complexos, dá-se por intermédio de uma competição em que vencem não as espécies melhores (a natureza não comporta tais noções) e sim as mais bem adaptadas às condições vigentes. A inteligência é o instrumento do homem, que lhe garante em certos casos, graças à ciência, sobrepor-se até às mais pérfidas bactérias. E não há solução final à vista, somente metas intermediárias e passageiras, edificadas por sucessivas gerações, não apontando todas na mesma direção.

Nesse universo neutro, alheio ao bem e ao mal, a introdução da moralidade cabe ao homem, que, ao agir, confirma pela prática, mesmo que não o deseje, a sua preferência por este ou aquele caminho. A vantagem do evolucionismo é prestar-se, como nenhum outro sistema, à tolerância, à aceitação do diferente e até do bizarro. O escritor romano Terencio expressa talvez esse ponto de vista, impregnado de relativismo, ao afirmar que, como homem, nada do que é humano lhe é estranho.

Quanto ao defeito do evolucionismo, reside na ausência de uma significação mais alta para a vida terrena, como a formulada pela religião e pelas filosofias espiritualistas, que justifique, ante nossos próprios olhos, a existência não só do mundo como de nós mesmos. O real contenta-se em existir – o que é pouco para o homem. A ciência serve-lhe de ferramenta, sem lhe indicar finalidades superiores.

A democracia moderna apóia-se sobre o seu aparato jurídico, que abrange desde constituições até códigos específicos. São eles as regras do jogo, as normas que devemos obedecer em determinada época e sociedade. Admitimos que não passem de arranjos provisórios, suscetíveis de mudança, sem qualquer universalidade. Mas, ao contrário dos marxistas, atribuímos valor especial à lei, não por ser perfeita, eterna, mas por ser geral, aplicando-se tanto a mim quanto aos meus concidadãos. Não estabelece igualdade, é verdade, porém pode contribuir para diminuir a desigualdade. É falso concluir, como tenho lido ultimamente, que a abolição da escravatura nada mudou, porque os negros pobres continuaram nessa mesma condição. Suponho que é melhor ser pobre e livre do que pobre e escravo. Não acho que foi inútil a generosa atividade propagandística de um Joaquim Nabuco ou de um José do Patrocínio, nem injustificável a explosão de júbilo com que os abolicionistas saudaram o 13 de Maio. Não creio, aliás, que o passado tenha sido obtuso e que só o presente, representado pelas últimas teorias circulantes nos meios intelectuais, seja capaz de interpretar a realidade.

Julio de Mesquita Filho, salvo poucos interregnos, permaneceu sempre na qualidade de democrata e de oposicionista. No plano internacional, o adversário era, para ele, o comunismo. No nacional, defrontou-se principalmente, em períodos diversos, com o Partido Republicano, Getúlio Vargas, João Goulart e a maioria dos governos militares que se sucederam a 1964. Não que fosse antimilitar. Antes pelo contrário. Mas reservava às Forças Armadas o papel de poder moderador, aquele que intervém em momentos de grave crise nacional, sem perspectiva de decisão civil e pacífica. Assim foi em 1930 e 1945, quando o País inteiro comemorou a entrada de Getúlio no governo e a sua posterior saída.

A adesão ao golpe de 1964, visto por esse ângulo, foi um equívoco. O dr. Julio queria a derrubada de Jango, em quem via o herdeiro de Vargas e o aliado de Luís Carlos Prestes, mas sob condição, como escreveu em editoriais da época, que se retornasse assim que possível a um regime legal. Desejava a troca de pessoas, não de instituições.

Sucedeu, todavia, que os militares, cansados com alguma razão de serem chamados exclusivamente em última instância, para salvar a pátria, resolveram experimentar o poder de forma menos aleatória, assumindo-o por tantos anos quantos fossem necessários para revisar de alto a baixo o Brasil. Somente com o correr do tempo, foram alguns percebendo, os melhores entre eles, que há um desacordo fundamental entre a moral militar, baseada na hierarquia, na obediência ao superior, na ausência de choques, e a prática política, que, travando-se freqüentemente em torno de interesses opostos – os dos vendedores e compradores do mesmo produto, por exemplo –, não dispensa a constante negociação e conseqüentes concessões. Quanto aos outros militares, os piores, no sentido de menos democratas, caíram no autoritarismo e chafurdaram na tortura. Mas não penetraram em cheio no totalitarismo, seja porque careciam de um chefe carismático – como Perón na Argentina, cujo halo sagrado comunicou-se inclusive a Evita –, seja porque não dispunham de um programa doutrinário, como existira na Rússia e na Alemanha. Em tese, persistia, como valor, a democracia. Constou até que foi realizada uma pequena eleição interna, na qual votantes e votados eram todos generais dos mais graduados: como se passar por uma escola militar e fazer carreira fosse a condição "sine qua non" para presidir o Brasil. O militarismo apresentava-se como fato, não como teoria política. Note-se também, de passagem, que a sede de poder não é prerrogativa da classe, nem mesmo entre os generais da América Latina, especialistas na matéria. Os mais rigorosos ditadores deste século – e infelizmente foi o que nunca nos faltou – foram civis, que, aliás, uma vez aboletados no poder, gostavam de ostentar fardas, ou algo que se lhes assemelhasse, certamente para demonstrar publicamente quem estava de fato no comando das Forças Armadas.

## "Não entendo o que significa pós-modernismo"

O dr. Julio, se é que se equivocou em 1964, pagou caro pelo engano. Os seus dois jornais, *O Estado de S. Paulo* e *Jornal da Tarde*, viram-se censurados com tanta força quanto a empregada em outras empresas – ou talvez mais, porque eles, acertadamente, negaram-se a fazer autocensura, não chamando para si essa tarefa desagradável e vergonhosa. Ora, a censura nunca é, não direi inteligente, mas nem mesmo moderada, já que os seus executores, temendo fazer menos, acabam sempre por fazer mais do que lhes é solicitado.

Quando começa a fúria censorial, ninguém sabe como e onde terminará. A princípio, cortam-se críticas adversas, opiniões contrárias. No fim, escondem-se fatos, tapa-se o sol com a peneira. Aos Mesquita, pela projeção moral da família e por sua posição política reconhecidamente de centro, concedeu-se uma escapatória, muito bem aproveitada pelos editores. Os dois jornais puderam publicar, em lugar das matérias suprimidas, receitas culinárias e trechos de Camões, revelando ao leitor, por esse recurso gráfico extravagante e divertido, onde se localizava a censura e qual era a sua extensão. Foi uma forma de protesto original e efetivo, por lançar o ridículo sobre atos governamentais.

Todo o episódio de 64, em suas origens como em seu desfecho, proveio da "guerra fria", aqueles decênios de disputa contínua, ora surda, ora declarada, entre comunismo e democracia liberal. A esquerda, forçando os acontecimentos, lançando mão de greves sucessivas, almejava virar pelo avesso ao menos uma parte do tecido social brasileiro. A direita receava que ceder em algum ponto, abrir qualquer brecha em sua compacta armadura, resultasse na derrota definitiva, como acontecera na Rússia. As posições intermediárias, como parecia ser a de João Goulart – era muito difícil saber o que de fato ele pretendia – estavam fadadas a perecer. Esperava-se uma guerra civil que, dividindo os próprios militares, duraria meses, senão mesmo anos. Depois, foi o que se viu. O poderio da esquerda não passava de uma ilusão, de um "tigre de papel", fabricado pelo pavor da direita e pelo otimismo inocente da esquerda.

Repetia-se, em dose muito maior, o que já se presenciara em 1935, tendo como agentes Getúlio Vargas e Luís Carlos Prestes, este homem íntegro, porém de má visão histórica, tomando como fatos as suas esperanças pessoais. Ele achou que tudo estava pronto no Brasil para a Grande Revolução, que seria deflagrada primeiro nos quartéis, ainda de acordo com a ótica tenentista de 1922 e 1924. O governo de Getúlio, por seu lado, não hesitou em espezinhar a legalidade, entrando numa fase de franco arbítrio jurídico, na qual pessoas de tendências esquerdistas eram presas, em certos casos torturadas, embora não pertencentes ao Partido Comunista e nada tendo a ver com o levante de Prestes. A coerção pesava sobre o pensamento, não sobre atos de algum modo delituosos. Armando de Salles Oliveira, governador de São Paulo, deixou-se levar por essa onda liberticida, insensível à noção de juridicidade, não interessada na defesa dos direitos humanos. Permitiu que vicejasse esse "vale tudo" anticonstitucional, esse estado de espírito indiferente à lei ("A lei, ora a lei..." – sentenciara Getúlio), que acabou, como um "bumerangue" mal-intencionado, por atingi-lo em cheio. Candidato à eleição presidencial que deveria efetuar-se em 1938, antes disso foi preso e deportado. Getúlio Vargas, aproveitando o pânico gerado pelo "espectro do comunismo" (palavras de Marx no *Manifesto comunista*), dera o golpe de 1937, criando o Estado Novo, de feições fascistas, mas que nunca significou mais que o disfarce ideológico de uma ditadura pessoal, que terminaria unicamente em 1945, quando o Exército, que até então o sustentara, retirou-lhe o apoio.

Ocorreu então um fato curioso, só explicável pelas voltas e reviravoltas que a vida pública nacional costuma dar. Paulo Emilio Salles Gomes, meu amigo desde a adolescência, foi, não preso, mas detido (percebam a finura desta distinção jurídica), durante 14 meses. Finalmente solto, em 1937, viajou a Paris. E quem encontrou lá, na condição de exilado? Justamente Armando de Salles Oliveira, sob cujo governo fora ele encarcerado e com quem de resto acabou por travar relações cordiais, de que fui testemunha, já que entre eles não havia incompatibilidades pessoais ou morais. Também em Paris, igualmente deportado, achava-se Julio de Mesquita Filho, em companhia do qual Paulo Emilio freqüentou cursos de ciências sociais. O exílio reunira – mas não unira – o que a prática política separara.

A conclusão, possivelmente, é que, se somos democratas, temos de o ser em qualquer circunstância. Para vencer o comunismo, adotar os seus métodos de ação direta, sem maiores escrúpulos, é uma solução cômoda mas que abre possibilidades insuspeitadas para o futuro, podendo reverter vantagens momentâneas em prejuízos perenes. Não ignoro, claro está, que é fácil ditar normas sumárias e taxativas como essas, quando se raciocina "a posteriori", conhecendo já a conseqüência de cada ato, sem as improvisações do momento.

Mas nem por isso deixa de ser exato que a ruptura da legalidade, tanto em 1935 quanto em 1964, trouxe uma série de arbitrariedades com que não contavam muitos de seus protagonistas. Chego ao final de tudo, destes artigos e provavelmente de minha vida (para não falar de coisas menores como a virada do milênio...), com uma vaga sensação de desaponto, sem prejuízo do otimismo que me é congênito.

Procedendo ao balanço de minha época, sob um ângulo estritamente pessoal, fui justapondo, um tanto aos saltos, ao sabor da imaginação, o objetivo e o subjetivo, o individual e o coletivo, o artístico e o político, o histórico e o ideológico, o nacional e o internacional. E confesso que, ao fechar esse fluxo de indagações, rememorações e reflexões, sinto-me como que rodeado de incertezas, sem saber, em particular, se a minha geração representou um passo à frente em relação à imediatamente anterior – a do meu pai, Antonio de Almeida Prado, e Julio de Mesquita Filho –, como supunha na juventude.

No que diz respeito à arte, não entendo direito o que significa pós-modernismo. Um sistema artístico novo, parece-me, desliga-se do passado, assume identidade e nomes próprios, não dependendo em nada do que ficou para trás. Assim interpretei, por exemplo, o romantismo, o naturalismo, o simbolismo, o surrealismo. Estaremos agora diante de um impasse?

Desaparecerão a literatura, a pintura, a música, tais como as concebemos nos últimos séculos? Penetraremos numa fase de infinitas virtualidades, de alterações tecnológicas cujo alcance não conseguimos sequer imaginar? Quanto à política, só vejo com alguma luz, não o que será, mas o que deveria ser o seu termo último, aquilo que em Aristóteles chama-se causa final. Foi esta expressa por Karl Marx, ou perfilhada por ele, conferindo palavras a uma velha aspiração não só humana como também humanitária. Ei-la, em sua perfeita brevidade: "De cada um conforme a sua aptidão, a cada um conforme a sua necessidade". Trata-se de uma citação já muito gasta, é verdade, mas que no meu entender – e nesse sentido sou marxista – compensa tudo quanto de errado ou de inatural possa ter escrito o seu autor. Só esse objetivo é significativamente utópico para nos elevar acima de nós mesmos, só ele estanca a nossa imensa sede de absoluto. Os meios podem variar. Os fins, não.

# Bibliografia

## 1. Obras de Decio de Almeida Prado

### ▪ Livros

*Apresentação do teatro brasileiro moderno.* São Paulo: Martins, 1956.

*Teatro em progresso – Crítica teatral (1955-1964).* São Paulo: Martins, 1964.

*João Caetano.* São Paulo: Perspectiva, 1972.

*João Caetano e a arte do ator.* São Paulo: Ática, 1984.

*Procópio Ferreira – A graça do velho teatro.* São Paulo: Brasiliense, 1984.

*Exercício findo – Crítica teatral (1964-1968).* São Paulo: Perspectiva, 1987.

*O teatro brasileiro moderno.* São Paulo: Perspectiva, 1988.

*Peças, pessoas, personagens – O teatro brasileiro de Procópio Ferreira a Cacilda Becker.* São Paulo: Companhia das Letras, 1993.

*Teatro de Anchieta a Alencar.* São Paulo: Perspectiva, 1993.

*O drama romântico brasileiro.* São Paulo: Perspectiva, 1996.

*Seres, coisas, lugares – Do teatro ao futebol.* São Paulo: Companhia das Letras, 1997.

*História concisa do teatro brasileiro.* São Paulo: Editora da Universidade de São Paulo – Edusp, 1999.

### ▪ Textos publicados em livros

"A evolução da literatura dramática". *In*: COUTINHO, Afrânio (org.). *A literatura no Brasil.* Rio de Janeiro: Editorial Sul Americana/Livraria São José, 1955, pp. 249-283.

"Prefácio em forma de peça – A Censura ou a auto-censura ou O que não se pode dizer, não se deve dizer". *In*: ESCOBAR, Ruth (direção editorial). *Feira brasileira de opinião.* São Paulo: Global, 1978, pp. 11-24.

"Teatro: 1930-1980". *In*: FAUSTO, Boris (org.). *História geral da civilização brasileira,* tomo III, vol. 4. São Paulo: Difusão Européia do Livro – Difel, 1984, pp. 527-589.

"A personagem no teatro". *In*: MELLO E SOUZA, Antonio Candido (org.). *A personagem de ficção.* São Paulo: Perspectiva, 1985, pp. 51-80.

"O *Clima* de uma época". *In*: PRADO, Decio de Almeida. *Antonio Candido – Pensamento e militância.* São Paulo: Fundação Perseu Abramo/Faculdade de Filosofia, Letras e Ciências Humanas da Universidade de São Paulo – FFLCH/USP, 1999, pp. 25-43.

- Artigos para a *Clima*

"O teatro 'Louis Jouvet' em São Paulo". São Paulo, n. 3, agosto de 1941, pp. 93-101;

"No Rio de Janeiro". São Paulo, n. 3, agosto de 1941, pp. 101-102;

"Ainda sobre Louis Jouvet". São Paulo, n. 4, setembro de 1941, pp. 102-109;

"O homem que veio jantar...". São Paulo, n. 4, setembro de 1941, pp. 105-109;

"O teatro em São Paulo". São Paulo, n. 9, abril de 1942, pp. 110-115;

"Que família...". São Paulo, n. 10, junho de 1942, pp. 99-104;

"Teatro francês no Municipal". São Paulo, n. 13, agosto de 1944, pp. 83-6;

"Teatro em São Paulo". São Paulo, n. 14, setembro de 1944, pp. 86-9;

"A convenção no teatro moderno I". São Paulo, n. 14, setembro de 1944, p. 79;

"A convenção no teatro moderno II". São Paulo, n. 15, outubro de 1944, pp. 61-5.

- Para outras revistas

"Autocrítica da crítica". *Revista do 2º Congresso Brasileiro da Associação Internacional de Críticos Teatrais* – AICT. São Paulo, 1991.

"Ruy bom". *Revista USP*. São Paulo, n. 6, Universidade de São Paulo, junho-agosto de 1990.

- Para jornais

"Carta a uma jovem atriz". *Jornal das Artes*. São Paulo, n. 1, janeiro de 1949.

"Our Town". "Palcos e Circos", *O Estado de S. Paulo*, 28.09.57.

"O Actors' Studio". *O Estado de S. Paulo*, 19.08.61.

"O teatro das segundas-feiras", "Palcos e Circos", *O Estado de S. Paulo*, 15.09.46.

- Entrevistas do crítico

"Decio de Almeida Prado fala-nos do 'Grupo Universitário de Teatro', de São Paulo". *Correio da Manhã*. Rio de Janeiro, 04.10.47. Sem assinatura.

"O palco da memória". *Folha de S.Paulo*, caderno "Mais!" (dedicado a DAP), 06.07.97. Por Nelson de Sá.

## 2. Documentos

### ▪ Do Acervo Decio de Almeida Prado/IMS (São Paulo)

Estatutos da Associação Brasileira de Críticos Teatrais, fundada em 31 de julho de 1937.

Plano do "Suplemento Literário e Artístico" d'*O Estado de S. Paulo*, 6 de agosto de 1956, cópia xerox. Sem assinatura, embora se saiba que o projeto ficou a cargo de Antonio Candido.

Carta de Decio de Almeida Prado ao Dr. Julio Mesquita, [1963].

Carta de Decio de Almeida Prado a Ruy Mesquita, [1963].

Carta de Decio de Almeida Prado à Mercedes-Benz do Brasil, 4 de outubro de 1994.

Memorial apresentado ao Departamento de Letras Clássicas e Vernáculas da Faculdade de Filosofia, Letras e Ciências Humanas da Universidade de São Paulo, pelo professor Decio de Almeida Prado, para concurso de livre-docência, agosto de 1979, cópia xerox.

Carta da Mercedes-Benz do Brasil, assinada por E. Fontana e Waldemar Kunsch, a Decio de Almeida Prado, 8 de outubro de 1993.

Carta da Mercedes-Benz do Brasil, assinada por Antonio Virgílio da Silva, a Decio de Almeida Prado, 10 de abril de 1995.

### ▪ De outras instituições

Processo 24.694 de pedido de subvenção do grupo Os Comediantes ao ministro da Educação e Saúde, Gustavo Capanema, 20 março de 1942. Biblioteca da Fundação Nacional de Arte – Funarte (Rio de Janeiro).

## 3. Dissertação

PEREIRA, Victor Hugo Adler. *Momento teatral: cultura e poder nos anos 40* (mestrado em literatura brasileira). Pontifícia Universidade Católica do Rio de Janeiro, 1981.

## 4. Livros

ABRANTES, Paulo Roberto; MARTINS, Marília (orgs.); VENTURA, Zuenir (entrevistas). *3 Antônios e um Jobim*. Rio de Janeiro: Relume Dumará, 1993.

ABREU, Brício. *Esses populares tão desconhecidos*. Rio de Janeiro: E. Raposo Carneiro Editor, 1963.

ANDERSON, Benedict. *Imagined Communities*. Londres – Nova York: Verso, 1991.

ARANTES, Paulo Eduardo. *Um departamento francês de ultramar – Estudos sobre a formação da cultura filosófica uspiana (uma experiência nos anos 60).* São Paulo: Paz e Terra, 1994.

ARGAN, Giulio Carlo. *Arte e crítica de arte.* Tradução de Helena Gubernatis. Lisboa: Editorial Estampa, sd.

__________. *El arte moderno.* Tradução de Joaquín Espinosa Carbonell. Valência: Fernando Torres Editor, 1975.

__________. FAGIOLO, Maurizio. *Guia de história da arte.* Tradução de M.F. Gonçalves de Azevedo. Lisboa: Editorial Estampa, 1992.

BABLET, Denis. *Esthétique générale du décor de théâtre de 1870 a 1914.* Paris: Centre National de la Recherche Scientifique – CNRS, 1989.

BAUDELAIRE, Charles. *Escritos sobre arte.* Organização e tradução de Plínio Augusto Coelho. São Paulo: Edusp, 1991.

__________. *A modernidade de Baudelaire.* Organização de Teixeira Coelho. Tradução de Suely Cassal. São Paulo: Paz e Terra, 1988.

BARROS DE ALMEIDA, Maria Inês. *Panorama visto do Rio – Companhia Tônia-Celi-Autran.* Rio de Janeiro: Instituto Nacional de Artes Cênicas – Inacen, 1987.

__________. *Teatro Cacilda Becker.* Rio de Janeiro: Inacen, 1987

BUARQUE DE HOLLANDA, Heloisa. *Cultura e participação nos anos 60.* São Paulo: Brasiliense, 1987.

CACCIAGLIA, Mario. *Pequena história do teatro no Brasil.* Tradução de Carla Queiroz. São Paulo: T.A. Queiroz/Edusp, 1976.

CARLONI, J-C.; FILLOUX, J-C. *La critique littéraire.* Presses Universitaires de France, 1969.

CAVALHEIRO, Edgard (org.). *Testamento de uma geração.* Porto Alegre: Globo, 1944.

COSTA LIMA, Luiz (org.). *A literatura e o leitor.* Rio de Janeiro: Paz e Terra, 1979.

COSTA LIMA, Luiz (org.). *Teoria da literatura em suas fontes*, vol. 2. Rio de Janeiro: Francisco Alves, 1983.

COUTINHO, Afrânio. *Crítica e críticos.* Rio de Janeiro: Simões, 1969.

DORIA, Gustavo A. *Moderno teatro brasileiro: crônica de suas raízes.* Rio de Janeiro: Serviço Nacional de Teatro – SNT, 1975.

FAUSTO, Boris (org.). *História geral da civilização brasileira*, tomo III, vol. 4, São Paulo: Difel, 1984.

FERRARA, J.A.; SERRONI, J.C. (orgs.). *Cenografia e indumentária no* TBC *– 16 Anos de história 1948-1964.* São Paulo: Secretaria de Estado da Cultura, 1980.

FERNANDES, Nanci; VARGAS, Maria Thereza. *Uma atriz: Cacilda Becker.* São Paulo: Perspectiva, 1984.

FRANCIS, Paulo. *Opinião pessoal.* Rio de Janeiro: Civilização Brasileira, 1966.

__________. *O afeto que se encerra.* Rio de Janeiro: Civilização Brasileira, 1981.

GALANTE DE SOUZA, José. *O teatro no Brasil. Rio de Janeiro*, 2v. Rio de Janeiro: Ministério da Educação e Cultura-Instituto Nacional do Livro – INL, 1960.

GOMES, Paulo Emilio Salles. *Humberto Mauro, Cataguases, Cinearte.* São Paulo: Perspectiva, 1974.

____________. *Cinema: trajetória no subdesenvolvimento.* São Paulo: Paz e Terra, 1986.

____________. CALIL, Carlos Augusto; MACHADO, Maria Teresa. *Paulo Emilio: um intelectual na linha de frente.* São Paulo: Brasiliense, 1986.

HUGO, Victor. *Do grotesco e do sublime.* Tradução de Célia Berretini. São Paulo: Perspectiva, 1988.

JAUSS, Hans Robert. *Toward an Aesthetic of Reception.* Tradução do alemão de Timothy Bahti. Minneapolis: University of Minnesota Press, 1989.

____________. *A literatura como provocação.* Tradução de Teresa Cruz. Lisboa: Vega, 1993.

LARA, Cecília de. *De Pirandello a Piolim – Alcântara Machado e o teatro no modernismo.* Rio de Janeiro: Inacen, 1987.

LÉVI-STRAUSS, Claude. *Tristes trópicos.* Tradução de Wilson Martins. São Paulo: Anhembi, 1957.

LINS, Álvaro. *Sagas literárias e teatro moderno no Brasil.* Rio de Janeiro: Edições de Ouro Culturais, 1967.

LUCAS, Fábio (org.). *Homenagem a Decio de Almeida Prado.* São Paulo: João Scortecci Editora/União Brasileira de Escritores-SP, 1995.

MAGALDI, Sabato. *Panorama do teatro brasileiro.* São Paulo: Difel, 1962.

____________. *Nelson Rodrigues: dramaturgia e encenações.* São Paulo: Perspectiva/Edusp, 1987.

____________. *Um palco brasileiro: o Arena de São Paulo.* São Paulo: Brasiliense, 1984.

____________ ; VARGAS, Maria Thereza. *Cem anos de teatro em São Paulo.* São Paulo: Senac São Paulo, 2000.

MELO SOUZA, José Inácio de. *Paulo Emilio no Paraíso.* Rio de Janeiro: Record, 2002.

MELLO E SOUZA, Antonio Candido de. *Brigada ligeira e outros escritos.* São Paulo: Editora da Universidade Estadual Paulista Julio de Mesquita Filho – Unesp, 1992.

____________. *Formação da literatura brasileira,* 2v. Belo Horizonte: Itatiaia, 1993.

____________. *Literatura e sociedade.* São Paulo: Companhia Editora Nacional, 1976.

____________. *Recortes.* São Paulo: Companhia das Letras, 1993.

MENDONÇA, Carlos Sussekind. *História do teatro brasileiro.* Rio de Janeiro: Mendonça Machado e Cia, 1926.

MICHALSKI, Yan; Trotta, Rosiane. *Teatro e Estado.* São Paulo/Rio de Janeiro: Hucitec/Instituto Brasileiro de Arte e Cultura – Ibac, 1992.

MORSE, Richard. *Formação histórica de São Paulo – De comunidade à metrópole.* Tradução de Maria Aparecida Madeira Kerbeg, Levi Cruz, Antonio Candido de Mello e Souza e Maria Sylvia Franco Moreira. São Paulo: Difel, 1970.

MOTA, Carlos Guilherme. *A ideologia da cultura brasileira.* São Paulo: Ática, 1985.

NEME, Mário (org.). *Plataforma da nova geração.* Porto Alegre: Globo, 1945.

OSÓRIO, Luiz Camillo. *Flávio de Carvalho.* São Paulo: Cosac & Naify, 2000.

PONTES, Heloisa. *Destinos mistos.* São Paulo: Companhia das Letras, 1998.

RODRIGUES, Nelson. *Teatro completo.* Rio de Janeiro: Nova Aguilar, 1993.

ROSENFELD, Anatol. *O mito e o herói no moderno teatro brasileiro.* São Paulo: Perspectiva, 1982.

__________. *O teatro épico.* São Paulo: Perspectiva, 1985.

SEVCENKO, Nicolau. *Orfeu extático – São Paulo, sociedade e cultura nos frementes anos 20.* São Paulo: Companhia das Letras, 1992.

SILVA, Lafayette. *História do teatro brasileiro.* Rio de Janeiro: Ministério da Educação e Saúde, 1938.

SILVEIRA, Miroel. *A outra crítica.* São Paulo: Símbolo, 1976.

SÜSSEKIND, Flora. *Papéis colados.* Rio de Janeiro: Editora Universidade Federal do Rio de Janeiro, 1993.

__________. *Literatura e vida literária.* Rio de Janeiro: Jorge Zahar Editor, 1975.

__________. *Nelson Rodrigues e o fundo falso.* Rio de Janeiro: SNT, 1977.

TOLEDO, J. *Flávio de Carvalho, o comedor de emoções.* Campinas/São Paulo: Universidade Estadual de Campinas – Unicamp/Brasiliense, 1994.

SETOR DE FILOLOGIA DA FUNDAÇÃO CASA DE RUI BARBOSA (org.). *A crônica – O gênero, sua fixação e suas transformações no Brasil.* Campinas/Rio de Janeiro: Unicamp/Fundação Casa de Rui Barbosa, 1992.

VENTURI, Lionello. *História da crítica de arte.* Lisboa: Edições 70, 1984.

VIANNA FILHO, Oduvaldo [Vianinha]. *Teatro, televisão e política.* São Paulo: Brasiliense, 1983.

WAINER, Samuel. *Minha razão de viver.* Rio de Janeiro: Record, 1987. O volume foi organizado por Augusto Nunes.

WEBER, Max. "A objetividade do conhecimento na ciência social e na ciência política". *In Metodologia das ciências sociais.* São Paulo/Campinas: Cortez/Unicamp, 1992, pp. 107-154.

WERNECK SODRÉ, Nelson. *A história da imprensa no Brasil.* Rio de Janeiro: Civilização Brasileira, 1966.

WEINHARDT, Marilene. *O "Suplemento Literário" de* O Estado de S. Paulo*: 1956-67.* Brasília: Ministério da Cultura-INL, 1987.

## 5. Textos incluídos em livros

ANDRADE, Oswald de. "Diante de Gil Vicente". *In Ponta de lança.* São Paulo: Globo, 1991, pp. 86-89.

BANDEIRA, Manuel. "Vestido de noiva". *In:* RODRIGUES, Nelson. *Teatro completo.* Rio de Janeiro: Nova Aguilar, 1993, pp. 180-183.

BENJAMIN, Walter. "Teses sobre a filosofia da história". *In*: FERNANDES, Florestan; KOTHE, Flávio R. (orgs.). *Walter Benjamin*. Tradução de Flávio R. Kothe. São Paulo: Ática, 1991, pp. 153-164.

____________. "Theses on the Philosophy of History". *In*: ARENDT, Hannah (ed.). *Illuminations*. Tradução de Harry Zohn. Nova York: Schoken Books, 1985, pp. 253-264.

BRANDÃO, Tânia. "As modernas companhias de atores". *In*: Carlinda Fragale Pate Nuñez *et. al. O teatro através da história. Vol.* II *– O teatro brasileiro*. Rio de Janeiro: Centro Cultural Banco do Brasil/Entourage Produções Artísticas, 1994, pp. 211-234.

DORT, Bernard. "As duas críticas". *In O teatro e sua realidade*. São Paulo: Perspectiva, 1977, pp. 53-8.

COELHO, Ruy . "Depoimento". *In*: NEME, Mário (org.). *Plataforma da nova geração*. Porto Alegre: Globo, 1945, pp. 239-248.

GUZIK, Alberto. "Decio de Almeida Prado ou Elegância e estilo". *In*: AGUIAR, Flávio; ARÊAS, Vilma; FARIA, João Roberto (orgs.). *Decio de Almeida Prado – Um homem de teatro*. São Paulo: Edusp, 1997, pp. 221-234.

LEITE. Miriam Lifchitz Moreira. "GUT: o ritmo vivaz". *In*: AGUIAR, Flávio; ARÊAS, Vilma; FARIA, João Roberto (orgs.). *Decio de Almeida Prado – Um homem de teatro*. São Paulo: Edusp, 1997, pp. 159-168.

LINS, Álvaro. "Esquecimento do problema do teatro no Brasil". *In Os mortos de sobrecasaca*. Rio de Janeiro: Civilização Brasileira, 1963, pp. 281-284.

____________. "Shakespeare e o teatro no Brasil". *In Jornal de crítica, 2ª série*. Rio de Janeiro: José Olympio, 1943, pp. 176-184.

MACHADO, Lourival Gomes. "Depoimento". *In*: NEME, Mário (org.). *Plataforma da nova geração*. Porto Alegre: Globo, 1945, pp. 21-28.

MAGALDI, Sabato. "Prefácio". *In*: RODRIGUES, Nelson. *Teatro completo*, 4v. Rio de Janeiro/Brasília: Nova Fronteira/INL, 1981 (vol. 1), 1985 (vols. 2 e 3), (vol. 4), pp. 7-38 (1), pp. 13-48 (2), pp. 7-47 (3), pp. 7-49 (4). Os volumes foram organizados pelo prefaciador.

____________. "O teatro moderno". *In O período moderno*. Rio de Janeiro: Museu Nacional de Belas Artes, 1981, pp. 93-111.

MELLO E SOUZA, Antonio Candido de. "A partir de *Clima*". *In*: LUCAS, Fábio (org.). *Homenagem a Decio de Almeida Prado*. São Paulo: João Scortecci Editora/União Brasileira de Escritores-SP, 1995, pp. 13-6.

____________. "O ato crítico". *In A educação pela noite e outros ensaios*. São Paulo: Ática, 1987, pp. 122-137.

____________. "*Clima*". *In Teresina etc.* São Paulo: Paz e Terra, 1980, pp. 153-171.

____________. "Depoimento". *In:* WEINHARDT, Marilene. O "Suplemento Literário" d'*O Estado de S. Paulo*: *1956-67*. Brasília: INL, 1987, pp. 449-453.

MELLO E SOUZA, Gilda. "Paulo Emilio: a crítica como perícia". *In Exercícios de leitura*. São Paulo: Duas Cidades, 1980, pp. 211-220.

MILIET, Sérgio. "Álbum de família". *In*: RODRIGUES, Nelson. *Teatro completo.* Rio de Janeiro: Nova Aguilar, 1993, pp. 207-209.

ROSENFELD, Anatol. "O teatro agressivo". *In Texto/Contexto.* São Paulo: Perspectiva, 1985, pp. 43-55.

SCHWARZ, Roberto. "Cultura e política (1964-1969)". *In O pai de família e outros estudos.* Rio de Janeiro: Paz e Terra, 1978, pp. 61-92.

__________. "A carroça, o bonde e o poeta modernista". *In Que horas são?.* São Paulo: Companhia das Letras, 1987, pp. 11-28.

SOUZA, Pompeu. "Introdução". *In*: RODRIGUES, Nelson. *Teatro completo.* Rio de Janeiro: Nova Aguilar, 1993, pp. 135-140.

## 6. Periódicos consultados

- De São Paulo

Revista *Movimento*

N. 1, julho-agosto-setembro de 1935.

*Clima*

Coleção completa, números 1-16, maio de 1941-novembro de 1944.

*Anhembi*

N. 36, novembro de 1959;

n. 44, outubro de 1961.

- Do Rio de Janeiro

Revista *Dionysos*

N. 1, 1949;

n. 22, 1975;

n. 23, 1978;

n. 25, 1980;

n. 26, 1982;

n. 27, 1986;

n. 29, 1989.

*Dom Casmurro*:

N. 2, 20 de maio de 1937;

n. 5, 10 de junho de 1937;

n. 22, 7 de outubro de 1937.

6.1. ARTIGOS EM JORNAIS

- ASSINADOS

B.F. "Os Comediantes no rádio". *Folha Carioca*. Rio de Janeiro, 30.08.44.

FARIA ROSA, Abadie. "Amadorismo 'versus' profissionalismo". *Diário de Notícias*. Rio de Janeiro, 27.03.43.

MAGALHÃES JÚNIOR, Raimundo. "'Os Comediantes' que riem e 'Os Comediantes' que choram..." *A Noite*. Rio de Janeiro, 20.11.44.

MELO, Renato Vieira. "*Uma nova dramaturgia*". *O Jornal*. Rio de Janeiro, 13.07.44.

MICHALSKI, Yan. "A voz ativa de *Roda viva* (I)". *Jornal do Brasil*. Rio de Janeiro, 30.01.68.

__________. "A voz ativa de *Roda viva* (II)". *Jornal do Brasil*. Rio de Janeiro, 31.01.68.

__________. "Arena foi à Feira". *Jornal do Brasil*. Rio de Janeiro, 17.09.68.

SANS DURO, Cyro. "Movimento". *Diário da Manhã*. Curitiba, 10.08.35.

SANTA ROSA, Thomás. "Entrevista". *Correio Paulistano*. São Paulo, 20.06.44.

__________. "Realidade mágica do teatro". *Correio da Manhã*. Rio de Janeiro, 16.10.49.

SEGISMUNDO. "Suicídio por amor". *Diário de Notícias*. Rio de Janeiro, 29.06.40.

SIMÕES, João Gaspar. "Da crítica impressionista". *O Estado de S. Paulo*, 12.08.61.

VIANA, Renato. "Depoimento". *Tribuna da Imprensa*. Rio de Janeiro, 16.12.56.

- SEM ASSINATURA

Seção "Teatro". *Diário de Notícias*. Rio de Janeiro, 13.01.40.

Seção "Teatro". *A Noite*. Rio de Janeiro, 30.01.40.

Seção "Teatro". *A Noite*. Rio de Janeiro, 12.03.40.

"A temporada oficial de 1940". *Correio da Manhã*. Rio de Janeiro, 19.03.40.

"Primeiras". *Correio da Manhã*. Rio de Janeiro, 12.05.40.

"Sucesso de gargalhadas alcançado por Delorges e sua companhia em *Filhinho da mamãe*". *Correio da Manhã*. Rio de Janeiro, 14.05.40.

"Uma mulher e três palhaços no Gymnastico pel'Os Comediantes". *Diário de Notícias*. Rio de Janeiro, 24.06.40.

Seção "Teatro". *Diário de Notícias*. Rio de Janeiro, 29.06.40.

"E o teatro popular?" *Correio da Manhã*. Rio de Janeiro, 14.07.40.

Seção "Teatro". *Correio da Manhã*. Rio de Janeiro, 15.07.40.

"Apresentação". "Suplemento Literário" de *O Estado de S. Paulo*, ano primeiro, n. 1, 06.10.56. (Embora não assinado, sabe-se que o texto é de Decio de Almeida Prado.)

Seção "Teatro". *Correio da Manhã*. Rio de Janeiro, 06.03.60.

"Teatro vai ignorar a censura". *Folha de S. Paulo*, 07.06.68.

### 6.2 Em revistas

Arantes, Paulo Eduardo. "Decio de Almeida Prado e o papel do teatro no sistema brasileiro". *Cultura Vozes*. Petrópolis, n. 6, novembro-dezembro de 1995.

Andrade, Mário de. "Elegia de abril". *Clima*. São Paulo, n. 1, abril de 1941, pp. 7-9.

Andrade, Oswald de. "Bilhete sobre fantasia". *Clima*. São Paulo, n. 5, outubro de 1941, pp. 5-6.

Arêas, Vilma. "A crítica viva de Decio de Almeida Prado". *Revista USP*. São Paulo, n. 30, Universidade de São Paulo, junho-agosto de 1996.

Arrabal, José (org.). "Teatro do Estudante do Brasil – Teatro Universitário – Teatro Duse". *Dionysos*. Rio de Janeiro, n. 23, snt, setembro de 1978.

Boal, Augusto. "Elogio fúnebre do teatro brasileiro visto da perspectiva do Arena". *Revista da Civilização Brasileira*, "Caderno especial 2 – Teatro e realidade Brasileira". Rio de Janeiro, julho de 1968.

Camargo Costa, Iná. "Ventos de modernização na crítica teatral". *Novos Estudos*. São Paulo, n. 40, Centro Brasileiro de Análise e Planejamento – Cebrap, novembro de 1994.

Carvalho, Maria Alice Rezende; Melo, Manuel Palácios Cunha; Vianna, Luís Werneck. "Cientistas sociais e vida pública". *Dados – Revista de Ciências Sociais*. Rio de Janeiro: Instituto Universitário de Pesquisas do Rio de Janeiro – Iuperj, vol. 37, 1995.

Coelho, Ruy. "Da crítica". *Clima*. São Paulo, n. 10, junho de 1942, pp. 45-54.

Grotowski, Jerzy. "An Interview With Grotowski". *The Drama Review*. Nova York, vol. 13, n. 1 (tomo 41), 1969.

Guzik, Alberto; Pereira, Maria Lúcia (orgs.). "Teatro Brasileiro de Comédia". *Dionysos*, n. 25. Rio de Janeiro, n. 25, snt, 1980.

Lemos, Tite. "A guinada de José Celso" (entrevista com José Celso Martinez Corrêa). *Revista da Civilização Brasileira*, "Caderno especial 2 – Teatro e realidade brasileira". Rio de Janeiro, julho de 1968, pp. 115-129.

Mello e Souza, Antonio Candido de. *Jornal de crítica. Clima*. São Paulo, n. 10, junho de 1942, pp. 65-71.

MICHALSKI, Yan. "O declínio da crítica na imprensa brasileira". *Cadernos de Teatro*. Rio de Janeiro, n. 100, O Tablado, 1984.

MILLIET, Sérgio. "A novíssima". *Clima*. São Paulo, n. 3, agosto de 1941.

PEIXOTO, Fernando. "Teatro Oficina". *Dionysos*. Rio de Janeiro, n. 26, SNT, janeiro de 1982.

RODRIGUES, Nelson. "Teatro desagradável". *Dionysos*. Rio de Janeiro, n. 1, SNT, outubro de 1949.

__________. "O ensaio geral". *Dionysos*. Rio de Janeiro, n. 22, SNT, dezembro de 1975.

ROSENFELD, Anatol. "O herói humilde". *Revista da Civilização Brasileira*, "Caderno especial 2 – Teatro e realidade brasileira". Rio de Janeiro, julho de 1968.

SÜSSEKIND, Flora (org.). "O Tablado". *Dionysos*. Rio de Janeiro, n. 27, Inacen, 1986.

VÁRIOS AUTORES. "Os Comediantes". *Dionysos*. Rio de Janeiro, n. 22, SNT, 1975.

ZANOTTO, Ilka Marinho *et. al.* "Introdução – O espírito da EAD". *Dionysos*. Rio de Janeiro, n. 29, Inacen, 1989.

## 7. Outros

MESQUITA, Alfredo. "Depoimento". Coleção Depoimentos, vol. II. Rio de Janeiro: SNT, 1977.

MICHALSKI, Yan. "O palco amordaçado". Coleção Depoimentos, n. 13. Rio de Janeiro: Avenir, 1979.

RAMOS, Luis Fernando. *A moderna crítica de teatro no Brasil 1920-1990*. Manuscrito não publicado, sd.

# Índice onomástico

## A

## B



## C

## D

## E



## F



## G

## H



## I



## J



## K

# L



# M

## N

## O



## P



## Q



## R

## S



## T

## U



## V



## W



## Z

# A crítica cúmplice

Decio de Almeida Prado
e a formação do
teatro brasileiro moderno

*Direção Editorial*
Antonio Fernando De Franceschi

*Editor Executivo*
Rinaldo Gama

*Edição*
Francesca Angiolillo

*Checagem e revisão*
José Adolfo Stulman

*Equipe do Acervo Decio de Almeida Prado/IMS*
Maria Inês Rivaben Ricci
Flávia Oliveira Nunes
Eliana Simões Ferreira

*Projeto gráfico e capa*
Hélio de Almeida

*Direção de arte*
Lilian Queiroz

*Produção editorial*
Acássia Correia
Cecília Niji
Denise Pádua
Michele Curcci

*Agradecimentos*
O Instituto Moreira Salles agradece
a colaboração de Silvia Sampaio
e também a: Antonio Candido de Mello
e Souza, Boris Schnaiderman, Clovis
Garcia, João Roberto Faria, Lygia
Fagundes Telles, Ma Ye, Maria Thereza
Vargas, Sabato Magaldi e jornal
*O Estado de S. Paulo.*

# INSTITUTO MOREIRA SALLES

SEDE

Av. Paulista, 1.294, 14º andar, Bela Vista.
CEP: 01310-915. São Paulo-SP.
Tel.: (0 xx 11) 3371-4455; fax: (0 xx 11) 3371-4497.
Internet – http://www.ims.com.br
E-mail: ims@ims.com.br

CENTROS CULTURAIS

**Rio de Janeiro**
Rua Marquês de São Vicente, 476, Gávea.
CEP: 22451-040. Rio de Janeiro-RJ.
Tel.: (0 xx 21) 3284-7400; fax: (0 xx 21) 2239-5559.

**São Paulo**
Rua Piauí, 844, 1º andar, Higienópolis.
CEP: 01241-000. São Paulo-SP.
Tel.: (0 xx 11) 3825-2560; fax: (0 xx 11) 3661-0984.

**Belo Horizonte**
Av. Afonso Pena, 737, Centro.
CEP: 30130-002. Belo Horizonte-MG.
Tel.: (0 xx 31) 3213-7900; fax: (0 xx 31) 3213-7906.

**Poços de Caldas**
Rua Teresópolis, 90, Jardim dos Estados.
CEP: 37701-058. Poços de Caldas-MG.
Tel./fax: (0 xx 35) 3722-2776.

GALERIAS IMS

São Paulo
Unibanco Arteplex
Frei Caneca Shopping
Rua Frei Caneca, 569, 3º piso, Consolação.
CEP: 01307-001
Tel.: (0 xx 11) 3255-8816.

Porto Alegre
Unibanco Arteplex
Shopping Bourbon Country
Av. Túlio de Rose, 100, 2º piso, Passo D'Areia.
CEP: 91340-110
Tel.: (0 xx 51) 3341-9685.

Curitiba
Unibanco Arteplex
Crystal Plaza Shopping
Rua Comendador Araújo, 731, piso LI, Batel.
CEP: 80420-000
Tel.: (0 xx 41) 224-3251.

RESERVA TÉCNICA FOTOGRÁFICA E
RESERVA TÉCNICA MUSICAL
Rio de Janeiro
Rua Marquês de São Vicente, 476, Gávea.
CEP: 22451-040
Tel.: (0 xx 21) 3284-7400.

ESTA OBRA FOI COMPOSTA
POR HÉLIO DE ALMEIDA ESTÚDIO GRÁFICO
EM MINION
E IMPRESSA PELA IPSIS GRÁFICA E EDITORA
PARA O INSTITUTO MOREIRA SALLES
EM FEVEREIRO DE 2005.

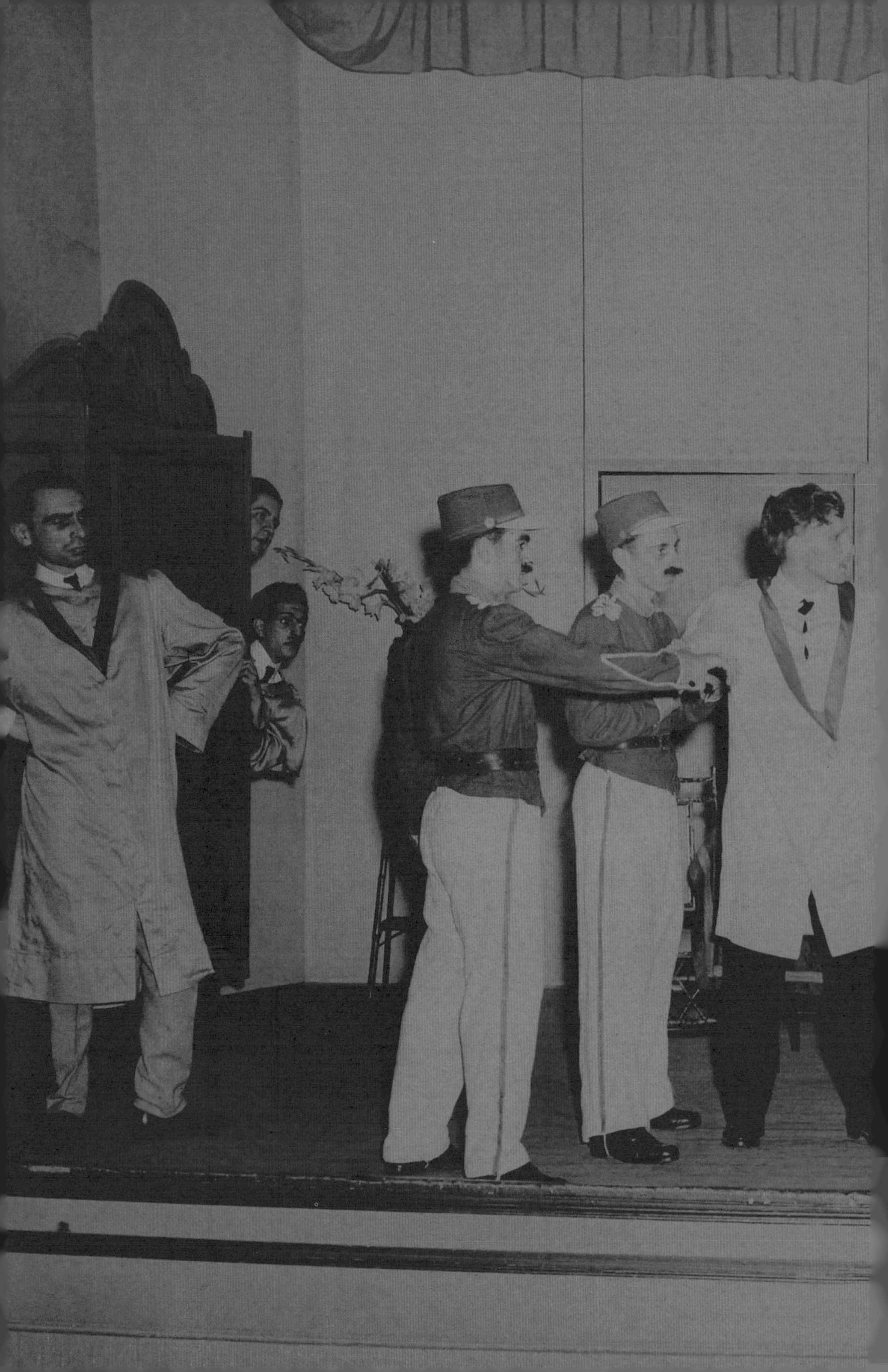